DESCRIPTION

DE

L'ÉGYPTE,

RECUEIL

DES OBSERVATIONS ET DES RECHERCHES

QUI ONT ÉTÉ FAITES EN ÉGYPTE

PENDANT L'EXPÉDITION DE L'ARMÉE FRANÇAISE.

SECONDE ÉDITION

DEDIÉE AU ROI

PUBLIÉE PAR C. L. F. PANCKOUCKE.

TOME SEIZIÈME

ÉTAT MODERNE.

IMPRIMERIE

DE C. L. F. PANCKOUCKE.

M. D. CCC. XXV.

DESCRIPTION

DE

L'ÉGYPTE.

DESCRIPTION

DE

L'ÉGYPTE

OU

RECUEIL

DES OBSERVATIONS ET DES RECHERCHES

QUI ONT ÉTÉ FAITES EN ÉGYPTE

PENDANT L'EXPÉDITION DE L'ARMÉE FRANÇAISE.

SECONDE ÉDITION

DÉDIÉE AU ROI

PUBLIÉE PAR C. L. F. PANCKOUCKE.

TOME SEIZIÈME.

ÉTAT MODERNE.

PARIS

IMPRIMERIE DE C. L. F. PANCKOUCKE

M. D. CCC. XXV.

ÉTAT

MODERNE.

DESCRIPTION

HYDROGRAPHIQUE

DES PROVINCES DE BENY-SOUEYF

ET DU FAYOUM,

Par P. D. MARTIN,

Ingénieur au Corps royal des Ponts et Chaussées.

Les provinces de Beny-Soueyf et du Fayoum, situées dans la partie de l'Égypte désignée autrefois sous le nom d'*Heptanomide*, et connue aujourd'hui sous celui d'*Ouestâny* ou *Égypte du milieu*, présentent un grand intérêt sous le rapport de leur chorographie, qui a été jusqu'à nos jours le sujet d'une controverse dans laquelle les opinions de nos plus illustres géographes n'ont jamais pu s'accorder.

Les descriptions que les anciens nous ont laissées de ces deux provinces, sont tout-à-fait différentes de celles qu'ont données les voyageurs et les critiques modernes les plus connus jusqu'à la fin du XVIIIe siècle; et pour avoir voulu concilier ces différences, on est souvent tombé dans des erreurs très-graves.

Le but de la Commission des sciences et arts devait être, en arrivant en Égypte, de faire disparaître toutes ces incertitudes, et de fixer enfin d'une manière invariable l'opinion que l'on doit avoir du génie et de la puissance des anciens Égyptiens, d'après des autorités aussi recommandables que celles d'Hérodote, de Strabon, de Diodore, de Ptolémée, etc., etc., autorités qu'il était impossible de rejeter, et même de taxer de légèreté. Plusieurs membres de cette commission se rendirent, en conséquence, à Beny-Soueyf et dans le Fayoum, aussitôt qu'ils purent entrevoir les occasions favorables pour faire des incursions. MM. Jomard et Girard déployèrent un zèle infatigable dans leurs recherches, dont ils présentèrent bientôt les résultats à l'Institut du Kaire.

Le premier entreprit de démontrer l'identité des descriptions du lac de Mœris données par Hérodote, Diodore et Strabon, et il prouva jusqu'à l'évidence que ces auteurs avaient eu en vue dans leurs récits le lac connu aujourd'hui sous le nom de *Birket-Qeroun,* qui seul satisfait aux conditions énoncées [1].

M. Girard s'attacha plus particulièrement à la description du Fayoum actuel sous le rapport de l'agriculture et du commerce; mais, en traitant ces matières

[1] *Voyez* le Mémoire sur le lac de Mœris, par E. Jomard, *Antiquités-Mémoires*, tom. VI.

avec la sagacité et les connaissances profondes qui caractérisent tous ses ouvrages, il resta étranger à la discussion de l'ancienne topographie.

Le savant mémoire de M. Jomard avait, à la vérité, fait disparaître toutes les incertitudes; on était assuré de la vraie position du lac de Mœris, de celle du labyrinthe, et d'Arsinoé; on avait reconnu la faiblesse des bases sur lesquelles reposaient les hypothèses de d'Anville et de Gibert : on ne pouvait plus voir le lac de Mœris, ni dans des champs toujours cultivés, tels que les *Bathen*, ni dans une branche sinueuse du Nil à qui l'on a donné le nom de *canal de Joseph*, et qui suffit à peine à la navigation de quelques légères barques. Mais M. Jomard n'avait jusque-là combattu d'Anville et Gibert qu'avec des armes qui pouvaient laisser encore quelques prétextes à l'incrédulité. D'Anville avait, à l'appui de son opinion, dressé une carte dans laquelle, tout en se prononçant pour le Bathen d'après les assertions du P. Sicard, il avait cependant laissé la question indécise en appelant ce Bathen le Mœris d'Hérodote et de Diodore, et en donnant au Birket-Qeroun le nom de Mœris, selon Strabon et Ptolémée. Pour fixer les incertitudes, il fallait parcourir la partie septentrionale du Birket, et ne plus en tracer la direction et l'étendue sur de simples descriptions. Malheureusement, il avait été impossible à MM. Jomard et Girard d'entreprendre cette reconnaissance : à l'époque où ils avaient parcouru ces provinces, l'Égypte, encore incertaine de son sort, ne permettait aux Français observateurs de parcourir et visiter le pays qu'à la suite des corps d'armée chargés d'en assurer la conquête; ne pouvant donc diriger leurs mouvemens avec toute la liberté nécessaire à des opérations d'une grande étendue, ils ne s'étaient encore occupés que de la géographie astronomique, de l'étude des monumens et de leur topographie.

La brillante victoire d'Héliopolis et la reprise du Kaire, en 1800, avaient enfin rétabli le calme en Égypte. La facilité avec laquelle on avait détruit les efforts des Ottomans, regardés dans le pays comme les seuls ennemis redoutables, paraissait avoir familiarisé les Égyptiens avec l'idée de ne plus voir dans les Français que des maîtres inexpugnables dans leur conquête : ils s'accommodaient déjà à leurs mœurs douces et sociables, allaient au-devant de leurs désirs, et aplanissaient les obstacles qui s'opposaient à ce qu'ils parcourussent le pays seuls et avec sécurité. Les membres de la Commission des sciences et arts s'empressèrent de saisir cette circonstance favorable, et se répandirent dans les lieux les plus déserts et les plus inconnus, pour ajouter à leurs découvertes et pour confirmer les résultats de leurs recherches antérieures. Ce fut alors que l'on fit des voyages au mont Sinaï, dans la vallée de l'Égarement, à la tour des Arabes; que l'on conçut le projet de visiter les *Oasis*, d'aller dans l'Abyssinie; et que l'on pût enfin s'occuper avec succès des détails chorographiques de l'Égypte.

Chargés plus particulièrement de tout ce qui concerne le système hydraulique sur lequel repose l'existence de l'Égypte, les ingénieurs des ponts et chaussées s'occupèrent exclusivement du régime du Nil, et des canaux de navigation, d'arrosage et de dessèchement. Les deux provinces de Behneseh et du Fayoum furent mon partage, et je me rendis à Beny-Soueyf vers la fin de messidor an VIII (mi-juillet 1800).

Je ne me dissimulais pas combien ma tâche était grande et difficile à remplir; mais, enflammé par l'importance de ses résultats, je supposai que l'ardeur et le courage suppléeraient à mon insuffisance, et je pris la ferme résolution de parcourir ces provinces dans toutes leurs parties, et d'y lever des cartes détaillées autant qu'il me serait possible de le faire; je me proposai surtout de faire le tour de ce lac de Mœris, qu'aucun voyageur ancien ni moderne n'avait encore fait, et de fixer par-là les idées sur sa forme, son étendue, et l'usage auquel on assurait qu'il avait été employé dans l'antiquité.

L'histoire cite avec complaisance les époques et les hommes par les ordres desquels ont été exécutés les travaux qui ont amélioré l'agriculture en Égypte; la postérité paye à leurs noms le juste tribut de reconnaissance et d'éloge qui leur est dû. Quel avantage pour ma patrie, me disais-je, si, de pareils travaux étant exécutés, l'Égypte doit rester colonie française! et quelle gloire pour les Français, s'ils n'ont travaillé que pour le bien de l'humanité!

Je présente ici le détail de mes recherches et de mes efforts pour parvenir au but que je m'étais proposé. Ce détail servira de texte pour l'explication des cartes que j'ai dressées, et qui font partie de l'Atlas géographique[1].

[1] *Voyez* les cartes n°s. 18, 19, 20 et 21, dans l'Atlas topographique.

Il se divise en deux sections : dans l'une, je donnerai la description de la province de Beny-Soueyf, et dans l'autre, la description de celle du Fayoum.

SECTION Ire.

Province de Beny-Soueyf.

Quelques jours après mon arrivée à Beny-Soueyf, où je trouvai dans le général Zayonchek, commandant de la province, un ami zélé des sciences, qui s'empressa de mettre à ma disposition tous les moyens nécessaires pour faciliter mes opérations, je commençai par dresser plusieurs grands triangles, au moyen desquels je réunis trigonométriquement les villages de Beny-Soueyf et de Bouch avec un grand pic du Moqattam, qui s'élève sur le bord oriental du Nil, et la pyramide que l'on voit à l'entrée du Fayoum. Je levai ensuite, par les méthodes topographiques ordinaires, les détails du nord de la province, que j'attachai à cette charpente trigonométrique, à peu près visible de tous les points.

Ainsi que dans la presque-totalité de la haute Égypte, le Nil coule au pied de la montagne Arabique, sur toute la longueur de la province de Beny-Soueyf. La partie occidentale, qui est la seule cultivable, est divisée naturellement, dans sa largeur, en deux portions distinctes pour l'irrigation. La première, qui commence au bord du Nil, est plus élevée que les grandes eaux, sur environ deux kilomètres de largeur : elle est arrosée par plusieurs petits canaux particuliers à chaque village; on emploie le secours des bras et des machines pour en élever l'eau et la répandre sur les terres. La seconde portion, qui s'étend ensuite jusqu'au pied des montagnes désertes qui séparent l'Égypte du Fayoum, est disposée, pour ses pentes, sur deux plans dont la direction est à peu près perpendiculaire de l'un à l'autre, d'abord à l'ouest, et ensuite au nord, suivant la pente des eaux du fleuve. Je n'entreprendrai point d'expliquer la cause de cette différence de niveau entre ces deux parties de la vallée; elle a été suffisamment développée dans le Mémoire de M. Girard sur l'agriculture de la haute Égypte[1]. Ces deux pentes sont tellement sensibles, que le sol se trouve au moins à deux mètres au-dessous des hautes eaux pendant l'inondation; et la campagne présente, à cette époque, l'aspect d'une vaste mer. Une disposition aussi favorable rend inutiles tous les travaux mécaniques pour l'arrosement : mais elle nécessite de grands ouvrages pour conserver les eaux pendant le temps nécessaire à la fertilisation; car la pente au nord, les entraînant avec la même rapidité que celles du fleuve lors de sa décroissance, les empêche de séjourner assez long-temps sur les terres.

Pour obvier à cet inconvénient, on a construit dans la largeur de cette partie de l'Égypte, et à des distances déterminées par les localités, des digues en terre, qui s'appuient, d'un côté, aux montagnes dans toute leur hauteur, et, de l'autre, viennent mourir à zéro vers les terres élevées sur le bord du Nil. Ces digues font refluer

[1] *Voyez* la Décade égyptienne, tom. III, pag. 30 et 31.

l'eau jusqu'au niveau des parties supérieures, et les conservent ainsi jusqu'à ce que les terres saturées permettent de les laisser s'écouler par des coupures que l'on y pratique.

Ces ouvrages sont donc d'une importance majeure dans le système d'irrigation : leur existence combinée avec celle des canaux a dû dans tous les temps exciter l'attention des gouverneurs. On les distingue en grandes, moyennes et petites digues. Les grandes sont construites sur la largeur entière de la vallée; on en compte onze dans la province de Beny-Soueyf. L'une des plus considérables, qui porte le nom d'*Oukchechy*, est située à environ deux myriamètres au nord de Beny-Soueyf: elle commence d'un côté vers le Nil, au sud des villages de Zâouy et de Masloub, passe au nord des villages de Qemen el-A'rous et de Begyg, et va s'appuyer au désert, touchant presque les villages d'Ouboueyt et de Koum-Abourâdy. La plaine pour laquelle elle a été construite, se termine vers les villages de Behâbchyn, Dalâs, Zeytoun, etc., et comprend une superficie d'environ dix mille hectares, sur laquelle sont répartis dix-huit villages.

Les autres grandes digues sont celles de Behâbchyn, Safanyeh, Saft-rachyn, el-Noueyreh, Choubak, Ehoueh, Badahal ou el-Chantour, Samalout, Menbâl et Bardanouâh.

Les moyennes digues, qui n'intéressent que quelques territoires, partent ou des bords du Nil, ou des grandes digues même, pour aller s'attacher à l'un des monticules sur lesquels sont construits les villages.

Enfin les petites digues sont locales, et seulement dans l'intérêt de quelques *qirât* ou portions de village.

La même disposition de pentes transversales de la vallée a exigé deux espèces de canaux : les grands portent l'eau sur la partie la plus occidentale, jusqu'au pied de la montagne; et les petits, partant du Nil, ou formant rameau sur les grands, se terminent au pied des monticules disséminés sur la bande élevée la plus rapprochée du fleuve.

On pourrait penser, d'après cette disposition, que les terres situées vers la montagne sont toujours susceptibles d'être arrosées naturellement au moyen des grands canaux, quelle que soit la hauteur de la crue du fleuve, puisque leur niveau est inférieur à celui des moindres crues; mais il n'en est pas ainsi. Pour qu'elles soient arrosées, il ne suffit pas que l'inondation arrive à leur hauteur; il faut qu'elle dépasse celle du fond des canaux qui doivent porter l'eau dans ces vastes campagnes. Cette condition ne peut être remplie que par les soins constans d'un gouvernement sage et éclairé; et c'est un avantage que les Égyptiens ne connaissent pas depuis bien des siècles. Ces terres de l'ouest si favorisées de la nature, et sur lesquelles devraient toujours reposer les espérances du reste de l'Égypte, sont les plus malheureuses; elles manquent totalement d'eau dans les crues faibles, et ne peuvent en recevoir qu'en très-petite quantité dans les crues les plus fortes : l'exhaussement des canaux, causé par l'abandon dans lequel on les a laissés si long-temps, s'oppose à l'écoulement des eaux dans ces parties basses; et ce n'est que lorsque l'inondation a dépassé cet exhaussement, qu'elles descendent, pour ainsi dire, en cataracte, et couvrent instantanément les terres sur une très-grande hauteur. Je les ai vues à sec le 24 thermidor an VIII (12 août 1800) et le 10 fructidor suivant (28 août); j'y ai mesuré une hauteur d'eau de 2 mètres et demi vers le milieu, et de 3 mètres au pied du désert, tandis que la crue effective du fleuve n'avait été pendant ce temps que d'un mètre 52 centimètres.

La crue de l'an VII (1799), qui n'avait pu dépasser le fond d'une grande partie de ces canaux, laissa près des trois quarts des terres sans culture, ce qui porta le malheur et la désolation dans une infinité de familles; tandis que la hauteur des eaux était cependant bien au-dessus du niveau de ces terres, sur lesquelles elles auraient répandu la vie et l'abondance, si elles avaient trouvé des issues pour y couler.

Les grands canaux d'irrigation ne doivent donc pas être considérés en Égypte comme de simples réservoirs auxquels on fait des saignées de dérivation le long de leur cours; mais ce sont des routes ou des tuyaux qui conduisent l'eau dans les parties les plus éloignées. Combien il est donc important que ces routes ne soient pas obstruées, et que le fluide puisse les parcourir librement dès qu'il a atteint une des extrémités! La moindre hauteur possible de cette extrémité vers le fleuve, et sa correspondance par une ligne droite avec le point le plus bas des terres intérieures, tel est le but qu'on doit se proposer dans l'aménagement des canaux en Égypte. C'est vraisemblablement celui qu'atteignit Ptolémée

Épiphane dans les travaux immenses qu'il exécuta, et pour lequel la triple inscription du monument de Rosette a consacré son nom parmi les bienfaiteurs de l'Égypte. Les gouverneurs avides et barbares qui se sont succédés depuis (sans en excepter les Romains), ont négligé cette branche essentielle de l'économie politique. Heureux les Français s'ils eussent pu, comme ils en avaient l'intention, réunir dans l'histoire le souvenir de leur gouvernement avec celui du prince dont je viens de parler !

Le nord de la province de Beny-Soueyf est coupé par plusieurs petits canaux dérivés du Nil; on n'y en trouve qu'un seul grand, appelé *canal de Beny-A'dy*, du nom du village auprès duquel il passe. Ce canal a généralement 25 mètres de largeur, et je lui trouvai 2 mètres 50 centimètres de hauteur d'eau le 21 thermidor an VIII (9 août 1800), jour où je l'ai parcouru. Il prend son origine au Nil, à 15 kilomètres de Beny-Soueyf : les barques peuvent y naviguer pendant environ soixante jours, depuis le 15 août jusque vers le 15 octobre. Plusieurs petits canaux s'embranchent sur ses deux rives pour arroser la première partie élevée de la vallée. Vers Tansé, le canal se divise en deux branches, dont l'une va jusqu'à ce village, où se trouve un pont en brique à trois arches, qui est la limite de la navigation, et les eaux vont se perdre dans les terres au pied de la montagne : l'autre partie fait quelques contours, passe auprès des villages d'el-Hâfer, Abousyr, Menfast, Ouboueyt et Qemen, et, après avoir couvert d'eau toute la plaine entre la digue Oukchechy au nord et celle de

Behâbchyn au sud, porte le trop-plein, par un déversoir pratiqué auprès du village de Ma'sarah el-Khalyl, dans un bas-fond inculte entre deux montagnes arides et désertes, d'où les eaux s'écoulent vers le Bahr-Yousef, et vont se jeter dans le Fayoum en passant sous le pont d'Haouârah.

La partie sud de la province offre moins de canaux dérivés du Nil que la partie nord : mais elle est tout aussi bien favorisée sous le rapport de l'irrigation; car elle est sillonnée dans le sens de sa longueur par plusieurs grands canaux parallèles au cours du fleuve, et qui, même dans les crues faibles, couvrent facilement les bandes de terre qu'ils laissent entre eux. Les plus considérables de ces canaux sont connus des géographes sous les noms de *Bahr-Yousef* et de *Bahr-Bathen*, et ont, par leur direction du sud au nord, induit en erreur les académiciens d'Anville et Gibert, qui les ont pris pour le lac de Mœris.

Le Bahr-Yousef, que l'on a toujours représenté, dans les cartes modernes de l'Égypte, comme un canal creusé sur des lignes droites dans une étendue d'environ trente-six lieues, depuis Meylaouy jusqu'à son entrée dans le Fayoum, n'est autre chose qu'une ancienne branche du Nil, tout aussi sinueuse que lui, et qui présente aujourd'hui une largeur d'environ 100 mètres. La plus grande largeur que je lui aie trouvée est de 140 mètres entre le village d'el-Hazé et celui de Menqatyn, où je l'ai mesuré. Cette branche côtoie le pied de la chaîne libyque, comme le fleuve côtoie celui de la chaîne arabique, et vient porter ses eaux dans le Fayoum. Partout son lit est plus bas que la plaine, dont le niveau, ainsi que je l'ai déjà observé, est inférieur à celui des eaux du fleuve; mais, lors de l'inondation, le Bahr-Yousef communique avec les autres canaux parallèles, et couvre avec eux les terres qui se trouvent entre lui et le fleuve.

Le nom de *Bathen* qu'on a improprement donné à un canal, n'est point un nom propre; il s'applique généralement à presque tous les canaux qui parcourent l'intérieur des terres dans la direction du sud au nord[1]. On appelle *Bathen* la partie des terres située entre le Nil et la chaîne libyque. Ce mot dérive de l'arabe *Batn*, qui signifie *milieu, ventre*. C'est ainsi que l'on a traduit par les mots *Ventre de la Vache* la pointe du Delta où les deux branches de Damiette et de Rosette se séparent, pointe que les Arabes appellent *Batn el-Baqarah*.

Un nom plus particulier, quoique plusieurs canaux le portent, est celui de *Fyâd*, qui distingue les grands *bathen* des petits. Le plus grand de tous ces *Fyâd Bathen*, le seul qui ait pu induire en erreur Granger, le P. Sicard et d'Anville, n'a pas plus de six lieues de longueur. Son origine sur le Nil est au village de Cheykh-Zayât, à environ douze lieues au sud de Beny-Soueyf. Il prend ensuite son cours vers le nord-ouest, passe au nord et à une lieue de Fechn, au bas du village de Beny-Sâleh; de là il va se perdre dans les terres, retenu par la digue de Saft-rachyn. Dans l'inondation, la communication avec le Bahr-Yousef se fait un peu au nord du village de Mezourah. Il a environ 56 mètres dans sa

[1] *Voyez* le Mémoire sur le lac de Mœris, par E. Jomard, *Antiquités-Mémoires*, tom. VI.

plus grande largeur : il n'y avait, au moment où je l'ai sondé, le 20 frimaire an IX (11 décembre 1800), qu'environ un mètre 50 centimètres de profondeur d'eau, et sa superficie était à 2 mètres 60 centimètres au-dessous du niveau de la plaine.

On voit plus au sud un autre Fyâd Bathen, dont l'origine sur le Nil est entre le village de Nazlet-Abou-Esné et celui de Qalousâneh. Il passe au pied du village de Matâyeh, où il se divise en deux branches, dont l'une à l'est devient petit bathen, et se perd, à deux lieues de là, dans les terres d'Abou-Girgeh; l'autre, à l'ouest, communique pendant l'inondation avec le Bahr-Yousef, au village d'el-Houeh : mais il n'a pas plus de trois lieues de longueur.

L'arrosement des terres dans la province de Beny-Soueyf s'opère donc, comme dans toute la haute Égypte, par une irrigation naturelle et par une irrigation artificielle, avec cette différence que, dans la partie nord de cette province, la pente à l'ouest se prolongeant jusqu'à la chaîne libyque, l'irrigation naturelle a lieu jusqu'au pied de cette chaîne, tandis que, dans la partie sud, le profil de la vallée présente deux plans inclinés, partant l'un des bords du Nil, et l'autre des bords de la branche dite *Bahr-Yousef*, pour venir former, à leur rencontre dans l'intérieur des terres, un bas-fond ou cunette qui, conservant les eaux plus long-temps que les autres parties, porte, par ce motif, le nom de *Bahr-Bathen*, c'est-à-dire fleuve intérieur. Il suit aussi de cette disposition que l'irrigation artificielle n'a lieu dans la partie nord que sur la bande de terre rapprochée du Nil, tandis que, dans la partie sud, elle a lieu sur les bords du Nil et sur les bords du Bahr-Yousef.

Les méthodes employées pour ce genre d'irrigation sont simples, et ne varient que lorsqu'on doit élever l'eau à une plus ou moins grande hauteur. Ces méthodes sont à peu près les mêmes dans toute l'Égypte, et ont été décrites par plusieurs de mes collègues; mais j'ai fait faire en ma présence des expériences dont on ne sera peut-être pas fâché de trouver ici les résultats.

La méthode la plus simple de toutes est celle qui est représentée fig. 4, pl. 6, *É. M.*, vol. I. Deux hommes adossés à une butte de terre soutiennent avec quatre cordes et balancent un panier d'osier, fait en forme de calotte sphérique et recouvert de cuir : ils puisent l'eau avec ce panier à la volée, et la jetent par le même mouvement sur les terres. Le balancement, la prise et le jet de l'eau sont réglés par un chant particulier, dont on peut voir le mode dans le Mémoire de M. Villoteau sur l'état actuel de l'art musical en Égypte[1]. Cette méthode n'est presque pas en usage dans la haute Égypte, parce qu'elle ne suppose qu'une très-petite différence de niveau entre les terres et la surface des eaux du fleuve; elle ne convient par cette raison qu'à la basse Égypte, où elle est très-usitée. On voit, au reste, que c'est celle qui est connue en Europe sous le nom de *baquetage*, et que l'on emploie dans les épuisemens.

La seconde méthode, qui suppose une plus grande différence de niveau, est très-commune dans toute la haute Égypte. Elle consiste dans l'emploi d'une machine

[1] Voyez *État moderne*, Mémoires, tom. XIV.

appelée *deloû*, qui est représentée fig. 1, 2 et 3, pl. 6, *É. M.*, vol. 1. C'est un levier en bois de 3 mètres de longueur, dont le point d'appui est à un mètre d'une des extrémités, et à un mètre 20 centimètres au-dessus du sol. A l'extrémité la plus longue est attachée une verge mobile de 2 mètres 65 centimètres de longueur, au bout de laquelle se trouve, comme dans la méthode précédente, un panier en osier, recouvert en cuir, et qui se meut sur son axe. A l'autre extrémité du levier est appliqué un contre-poids en terre séchée, dont le but est de faciliter le mouvement d'ascension du panier. Un homme chargé de la manœuvre de ce levier puise l'eau et la verse sur les terres, ou dans un canal destiné à l'y conduire. Les paniers ont 40 centimètres de diamètre sur 25 centimètres de profondeur; ils élèvent environ un centième de mètre cube d'eau. J'ai suivi plusieurs fois la manœuvre de deux *deloû*. Au premier, l'eau était à 2 mètres 30 centimètres en contre-bas du sol : l'ouvrier levait soixante-quatre paniers en six minutes. Au second, l'eau était à 2 mètres 60 centimètres en contre-bas du sol, et l'ouvrier ne levait que cinquante paniers en six minutes. Un seul homme ne travaille que deux heures par jour; il est relevé par un autre qui travaille pendant le même temps. Ainsi, en supposant deux hommes travaillant continuellement depuis le lever du soleil jusqu'à son coucher, il faut environ cinq jours pour arroser un feddân, qui comprend une superficie de 5724 mètres carrés.

Le deloû est en usage pour les terres susceptibles d'être semées en orge, dourah, froment, et autres graines céréales ou oléagineuses; mais il serait peut-être difficile de l'appliquer à la culture du riz, des cannes à sucre, de l'indigo, etc., qui demandent une plus grande quantité d'eau.

Les terres susceptibles de ce genre de culture sont arrosées par une troisième machine, qui consiste en une roue à pots, représentée pl. IV et V, *É. M.*, vol. II, *Arts et métiers*. Deux bœufs sont attelés à l'extrémité d'un levier de 2 mètres 90 centimètres de longueur, au moyen duquel ils font tourner un arbre vertical, qui porte un hérisson horizontal d'un mètre 45 centimètres de rayon, dont les alluchons, au nombre de cinquante-six, engrènent dans une roue verticale dentée, de 80 centimètres de rayon, armée de trente-six alluchons portant 20 centimètres de longueur. Son arbre tournant, qui a 2 mètres 70 centimètres de longueur, porte, à l'autre extrémité, une roue d'un mètre 20 centimètres de rayon, autour de laquelle se meut, par l'effet de la rotation, une échelle de corde portant dix-huit pots de terre cylindriques, placés à 50 centimètres de distance l'un de l'autre. Ces pots montent l'eau au plus haut de la roue, à 5 mètres 20 centimètres au-dessus de la surface du fleuve, et la versent dans une auge, d'où elle est conduite sur les terres par un petit canal.

La circonférence de la route que suivent les bœufs, est de 18 mètres 86 centimètres, et ils font cent cinquante tours par heure. Deux bœufs allant continuellement travaillent pendant trois heures, au bout desquelles ils sont relevés par deux autres bœufs qui travaillent encore trois heures; de manière que quatre bœufs, se relevant ainsi, travaillent chacun six heures par jour, et la roue tourne pendant douze heures, ce qui produit dix-huit cents tours en un jour. Le hérisson horizontal ayant cinquante-six alluchons, et la petite roue verticale en ayant seulement trente-six, celle-ci fait un tour et cinq neuvièmes à chaque tour du hérisson; elle fait donc deux mille huit cents tours pendant qu'il en fait dix-huit cents. Le diamètre de la roue qui porte les pots étant de 2 mètres 40 centimètres, la circonférence est de 7 mètres 54 centimètres, tandis que celle de l'échelle des pots est de 9 mètres. Le nombre de leurs tours est donc en raison inverse de leur circonférence, c'est-à-dire que l'échelle des pots en fait huit cent trente-sept et sept neuvièmes pendant que la roue en fait mille. Mais nous avons vu que celle-ci fait deux mille huit cents tours par jour; celle des pots en fait donc deux mille trois cent quarante-six pendant le même temps. Les pots ont à peu près 16 centimètres de diamètre sur 26 centimètres de profondeur : leur capacité est donc d'un demi-centième de mètre cube; ce qui produit, pour les dix-huit pots, neuf centièmes de mètre cube à chaque tour, et pour les deux mille trois cent quarante-six tours, deux cent onze mètres cubes quatorze centièmes d'eau élevée en douze heures à 3 mètres 20 centimètres de hauteur.

Si l'on veut établir une comparaison entre le deloû et la roue à pots d'après les expériences que je viens de rapporter, on verra, en adoptant les premières, que l'ouvrier qui a élevé, au moyen du deloû, soixante-quatre paniers remplis d'eau à 2 mètres 30 centimètres de hauteur en six minutes, n'en aurait élevé que quarante-six à 3 mètres 20 centimètres de hauteur pendant le même temps. La capacité du panier étant d'un centième de mètre cube, il aurait élevé 4 mètres 60 centièmes dans une heure, et 55 mètres 20 centièmes cubes d'eau pendant douze heures. Le produit du deloû est donc à celui de la roue à pots dans le rapport des nombres 5520 et 21114 : ainsi l'on peut compter quatre *deloû* pour une roue. L'extrême simplicité de cette première machine, la facilité de la construire, de la transporter et de se la procurer partout, ont fait adopter de préférence le deloû que l'on voit répandu sur les bords du fleuve et des canaux d'arrosage dans toute l'étendue de l'Égypte.

Dans la description hydraulique que je viens de donner de la province de Beny-Soueyf, on ne voit rien qui puisse raisonnablement faire penser que le lac de Mœris et ses accessoires aient pu jamais trouver leur place dans cette province. Nous allons entrer dans celle du Fayoum, et là nous verrons toutes les difficultés disparaître sans effort ni opposition, et nous reconnaîtrons enfin que les détails donnés par les anciens s'appliquent si bien à cette province, qu'on est tenté, à chaque pas, de désigner les lieux actuels par les noms qu'ils nous ont transmis.

SECTION II.

Province du Fayoum.

Quoique les recherches et les travaux à faire dans le Fayoum fussent le but principal de mon voyage dans ces contrées, je ne pus cependant y pénétrer que dans les premiers jours de nivose an IX (fin de décembre 1800). Occupé dans les premiers temps, à Beny-Soueyf, à dresser le canevas trigonométrique auquel je devais rattacher la province du Fayoum, je me vis bientôt retenu et dans l'impossibilité de faire aucun mouvement vers l'intérieur des terres, à cause d'une crue extraordinaire du fleuve, qui suspendit mes opérations pendant plus de trois mois. Les débordemens du Bahr-Yousef avaient totalement interrompu la communication entre Beny-Soueyf et le Fayoum. L'isolement de cette dernière province est un grand malheur pour elle; car les Arabes étrangers ne manquent jamais de profiter de cette circonstance pour venir piller les habitans : cet événement eut lieu à l'époque dont je parle; et le commandant de Beny-Soueyf ayant été obligé de faire passer par la digue Oukchechy le secours qu'il envoya à Médine, les Arabes, avertis à temps, disparurent avec leur butin avant que le corps de troupes françaises fût arrivé. Il serait très-important, ainsi que j'en avais ouvert l'avis, que l'on construisît une route de Beny-Soueyf aux villages d'Haouârah et d'el-Lâhoun, qui se trouvent à l'entrée du Fayoum.

Je partis enfin de Beny-Soueyf le 3 nivose an IX (24 décembre 1800), avec mon collègue M. Caristie, et nous allâmes coucher à Haouârah el-Kebyr, gros bourg situé sur la rive gauche du Bahr-Yousef, à l'ouverture de la gorge dans laquelle cette branche du Nil verse ses eaux. En face de nous, et sur la rive droite, nous vîmes le petit village d'el-Lâhoun. La communication entre ces deux villages se fait au moyen d'un pont en pierre de taille, composé de trois arches, ayant chacune 2 mètres 80 centimètres d'ouverture entre les pieds-droits. Ce pont n'a pas seulement pour but d'établir la communication entre les deux villages; car chacune de ces trois arches est barrée par un déversoir qui sert à régulariser la quantité d'eau que la province du Fayoum doit recevoir, de manière que, dans les crues faibles, l'eau ne s'écoule pas en trop grande abondance dans cette province, et ne soit pas perdue pour le reste de l'Égypte; de même que, dans les fortes crues, on ouvre à l'eau un débouché plus vaste, et l'on en débarrasse le sol de l'Égypte, sur lequel un trop long séjour deviendrait préjudiciable.

On voit encore, au parapet de l'est, la trace de trois pierres enlevées sur lesquelles le Mamlouk kâchef Solymân, qui était avec nous, m'assura avoir vu une inscription arabe qui portait que ce pont a été construit par le sultan Solymân ebn Mohammed, dans le VIe siècle de l'hégire. Il est à remarquer que cette époque est celle de la dynastie des Fatimites, sous la domination desquels l'Égypte était redevenue un royaume indépendant, au soin duquel les sultans régnans apportaient par conséquent un intérêt plus particulier.

Entre le pont et le village d'el-Lâhoun, se trouve une digue qui retient les eaux apportées par le grand canal de Beny-A'dy; et, tombant par le déversoir de Ma'sarah dans le bas-fond qui se trouve au pied de la montagne d'Abousyr, ces eaux vont féconder quelques terres autour du village d'el-Lâhoun, et se rendent ensuite, par un ruisseau parallèle au Bahr-Yousef, dans le canal qui arrive à Tâmyeh.

Il existe parmi les habitans du Fayoum une opinion vulgaire sur l'ancien état de cette province, et je crois qu'il n'est pas hors de propos de la rapporter; elle m'a été communiquée par deux hommes en qui j'ai trouvé une intelligence supérieure à celle de leurs compatriotes: l'un est Se'yd-Ahmed, cheykh principal de Médine, capitale du Fayoum; et l'autre, le Mamlouk kâchef Solymân, dont j'ai déjà parlé, qui habitait depuis long-temps le Fayoum. Ils m'ont assuré que, d'après la tradition transmise d'âge en âge, la province du Fayoum n'était, avant l'époque de Joseph fils de Jacob, qu'ils font remonter à une très-haute antiquité, qu'une vaste mer, dont les eaux étaient fournies par le Nil; que Joseph fit construire une digue à el-Lâhoun pour empêcher les eaux de se jeter davantage dans ce golfe; que celles qui y étaient restées s'écoulèrent à la mer, ce qui opéra un prompt dessèchement d'une grande partie des terres. Lorsque le dessus des eaux fut parvenu par ce dessèchement jusqu'au niveau du lit par lequel elles s'écoulaient, le surplus resta dans les parties basses, et forma le *Birket-Qeroun* et le *Birket-Garâh*, qui devinrent l'égout des eaux de la province, et ne diminuèrent de hauteur que par l'évaporation.

Cette opinion, trop au-dessus de la portée des Égyptiens actuels, n'est point, évidemment, un résultat de leur imagination; elle porte avec elle le caractère d'une ancienne tradition; et peut-être, en l'examinant de près, y trouverait-on l'explication de ce grand périmètre que les anciens ont donné au lac de Mœris, et surtout des avantages qu'ils disent que les Égyptiens en retiraient, en le faisant servir tour-à-tour de récipient et de bassin déversant. Cette tradition s'accorde avec ce que j'ai vu autour du Birket-Qeroun; et les conséquences que je tirerai de mes observations, lui donneront ou en recevront peut-être plus de force.

En pénétrant dans l'ouverture que la montagne laisse entre Haouârah el-Kebyr et el-Lâhoun, on voit se développer une immense plaine, qui forme la province du Fayoum. Cette plaine n'est pas de niveau; elle présente deux plans légèrement inclinés, l'un au nord, l'autre au sud. Sur la ligne culminante formée par l'intersection de ces deux plans, on a pratiqué, depuis le pont d'Haouârah et dans la direction de l'ouest, un canal jusqu'à Médine: ce canal traverse la ville; et, à l'extrémité ouest, il se partage en neuf petits canaux qui vont porter l'eau sur les terres des différens villages. La prise est déterminée pour chacun par un pont-déversoir, dont la hauteur est réglée sur la longueur du terrain à parcourir et sur la superficie des terres qu'il doit arroser.

Le premier de ces canaux, c'est-à-dire celui qui est le plus à l'est, s'appelle *Bahr-Naqâlyfeh* : il passe par les villages de Naqâlyfeh et de Selleh.

Le second porte le nom de *Senhour*, et arrive au village de ce nom.

Le troisième, dit de *Synerou*, se rend au village de Fydymyn.

Le quatrième traverse les villages d'A'gmyyn, Beché, Abou-Gonachou et Abou-Keseh.

Le cinquième, dit de *Talat*, va au village de ce nom.

Le sixième passe au village de Senbâtch.

Le septième s'appelle *Bahr-Desyeh* : il porte les eaux sur les territoires de Desyeh, Garadoû, Toubâr et Menâchy.

Le huitième arrose les terres de Moutoud, Ouerid et Abou-Dalaché.

Enfin le neuvième, qui prend son origine sous une arche du pont de la mosquée de Hâggy-Hasan, fertilise le petit village de Zâouyeh.

Il y a, vers l'extrémité est de la ville, d'autres canaux qui, comme les précédens, reçoivent les eaux par des ponts-déversoirs. Celui qui est le plus près de la porte Noueyreh, après avoir contourné une partie des ruines d'Arsinoé, se rend au village de Terseh el-Aksâs.

Le second est le Bahr-Sennoures, qui passe aux villages de Ka'âby, Bayhamou, Khonfecheh, Aboueyt, Mechyd et A'bd-Alateh.

Le troisième enfin est le Bahr-Ma'sarah, qui arrose les villages de Zerby, Foroseh, Kafr-emyr, Sersené et Antartares.

Le canal qui porte les eaux d'Haouârah à Médine, et qui, dans toute cette longueur, conserve le nom de *Bahr-Yousef*, est, comme je l'ai déjà fait observer, plus élevé que le sol de la province; et, ce qui est remarquable, son lit est à nu sur le roc dans toute l'épaisseur des montagnes à travers lesquelles il a été pratiqué.

A environ huit mille mètres du pont d'Haouârah el-Kebyr, on trouve, sur la rive droite, le village d'Haouârah el-Soghayr, auprès duquel a été construit avec beaucoup d'art un mur de soutenement formant déversoir, qui présente une chute d'environ sept mètres de hauteur. Lorsque les eaux s'élèvent dans le Bahr-Yousef au-dessus de ce déversoir, elles tombent dans un large ravin, qui les conduit à Tâmyeh, et de là dans le Birket-Qeroun : il paraît même que ce déversoir n'a pas toujours suffi pour absorber la surabondance des eaux; car on voit, à trois mille mètres plus loin, un autre déversoir qui rejette aussi les eaux dans le premier ravin par un rameau qui les y conduit.

Les détails de cette rive droite du Bahr-Yousef, depuis el-Lâhoun jusqu'à ce second déversoir, présentent un grand intérêt. Auprès du village d'el-Lâhoun, se trouve une première pyramide dont le noyau est en pierres calcaires, et le surplus en briques séchées au soleil. Huit mille mètres plus loin, on voit une seconde pyramide aussi en briques de même nature, et au pied de laquelle passe un ruisseau qui prend son origine au Bahr-Yousef, un peu avant le premier déversoir dont j'ai parlé, et se rend à Tâmyeh par une direction parallèle à celle du grand ravin, qui, ne recevant que le superflu des eaux de la province, reste presque tous les ans à sec, et porte par ce motif le nom de *Bahr-belâ-mâ* (Fleuve sans eau).

Autour de cette seconde pyramide, le sol est couvert de monticules de pierres calcaires et de débris de monumens, qui indiquent évidemment le lieu où fut ce fameux labyrinthe des douze rois, que tous les anciens historiens s'accordent à placer peu au-dessus du lac de Mœris, et non loin de *Crocodilopolis :* on y voit encore un reste de chambre, mais totalement enfoui; des tronçons de colonnes en granit syénite, taillées, comme celles des temples de la haute Égypte, en faisceau de plantes bulbeuses; d'énormes chapiteaux égyptiens, aussi en granit. Pline assure que le labyrinthe était le seul monument de la haute Égypte où l'on eût placé des colonnes de cette matière.

Je me suis transporté sur cet emplacement le 10 nivose an IX (31 décembre 1800), et j'ai lié par quelques opérations trigonométriques la pyramide d'el-Lâhoun avec cette seconde pyramide, que j'ai appelée *pyramide du labyrinthe,* et avec le minaret de la mosquée de Rouby, qui est la plus occidentale de celles de Médine. Au moyen de ces opérations, j'ai déduit la latitude et la longitude de cette ville, qui n'ont pas été prises par M. Nouet, et je lui ai trouvé 29° 28′ 48″ de latitude nord, sur 28° 41′ 9″ de longitude orientale, comptée de l'observatoire de Paris.

La ligne qui unit les deux pyramides, s'est trouvée de 8116 mètres 57 centimètres de longueur, faisant avec le méridien magnétique un angle vers l'ouest de 49° 10′.

La pyramide du labyrinthe est carrée dans son plan sur 110 mètres de côté; mais il paraît qu'elle avait un revêtement dont on ne peut plus assigner l'épaisseur. Un peu en avant de l'angle à l'est, on voit un vaste trou rond, dans le fond duquel commence un souterrain en maçonnerie, qui se dirige vers la partie inférieure de la pyramide. Je descendis par ce trou pour pénétrer dans le souterrain; mais j'y fus bientôt arrêté par un amas de décombres dont il est rempli. Le fond du trou contient de l'eau, que j'ai reconnue très-fortement salée.

En descendant vers le milieu du ravin, vis-à-vis la pyramide du labyrinthe, on trouve les restes d'un long mur en pierres de taille, que je présume avoir été une digue destinée à retenir les eaux qui s'échappaient par le dessus des déversoirs appliqués au grand canal.

La rive gauche du Bahr-Yousef ne présente pas le même intérêt que la rive droite. Les mamelons de roche dont elle est parsemée, et qui sont des appendices de la montagne, attestent que cette rive n'a jamais été cultivée : on y trouve cependant le village de Demechqyn; mais les intérêts et le territoire de ses habitans se lient avec ceux d'Haouârah el-Kebyr, dont ils sont voisins. On ne pourrait même pas parcourir cette rive gauche pour se rendre au village d'el-Hazeb, que l'on trouve après avoir un peu dépassé le second déversoir de la rive droite dont j'ai parlé. C'est auprès de ce village d'el-Hazeb, à l'est et à l'ouest, que se fait, par deux canaux, le déversement des eaux du Bahr-Yousef sur cette partie du grand plan incliné au sud, pour l'arrosement des villages disséminés entre le bahr et le lac de Garâh.

Il paraît que ce plan, outre sa pente au sud, en présente une considérable à l'ouest, vers la pointe du Birket-Qeroun, sur lequel se dirige un large ravin qui porte le nom de *Bahr-Ouâdy*. Pour s'opposer à l'écoulement des eaux sur cette pente, on a construit une grande et magnifique digue, bien différente des ouvrages de cette nature que l'on voit dans la vallée de l'Égypte : celle-ci est en maçonnerie de pierres de taille et de briques cuites, soutenue par d'épais et nombreux contreforts, et construite avec toute la solidité que donne l'observation des règles de l'art. Cette digue, qui prend son origine au village de Defennoû, se termine à un petit ruisseau, qui fait la limite des terres cultivées; elle occupe une longueur d'environ 8500 mètres.

On ne peut qu'être surpris de voir un ouvrage aussi considérable pour l'intérêt d'un petit territoire tel que ce lieu, renfermé entre le lac Garâh, les montagnes qui séparent le Fayoum de l'Égypte, le Bahr-Yousef et la digue, tandis que d'immenses terrains sont abandonnés dans la vallée de l'Égypte, faute de quelques légères dépenses faites aux digues et canaux conservateurs de ces terrains. Je suis assez porté à croire que le monument dont je parle est, comme le pont d'Haouârah, l'ouvrage d'un des anciens sultans Fatimites.

Mon intention était de parcourir tout le Bahr-belâ-mâ jusqu'à Tâmyeh et au Birket-Qeroun : j'allais même en commencer le nivellement, lorsque des circonstances qui amenèrent quelques mouvemens militaires du corps stationné dans la province, me privèrent des soldats qui avaient été mis à ma disposition, et qui m'étaient devenus indispensables pour mes opérations.

Je fus donc forcé, à mon grand regret, de retourner à Médine, où je fis de suite mes dispositions pour entreprendre autour du Birket-Qeroun le voyage que je désirais faire depuis si long-temps. Je profitai de quelque loisir que me laissaient les lenteurs des préparatifs, pour visiter l'emplacement de l'ancienne *Crocodilopolis*, dont le nom fut changé, sous les Ptolémées, en celui d'*Arsinoé*.

Si l'on sort de Médine par le pont qui est vis-à-vis la mosquée de Rouby, on traverse, en se dirigeant au nord, un grand espace parsemé de tombeaux musulmans, après lesquels on trouve, dans la direction sud-nord, plusieurs monticules composés de débris de pierres calcaires, de briques ou de poteries, et disséminés sur un espace d'environ 3500 mètres au nord et 2500 mètres de l'est à l'ouest. Nous avons, M. Caristie et moi, parcouru, visité et fait fouiller chacun de ces monticules, pour y reconnaître la trace de quelques monumens : mais nous n'y avons trouvé que des débris informes, d'où nous n'avons pu tirer d'autre conséquence, sinon que par leur étendue ils désignent l'emplacement d'une ville; et comme il n'en existe pas d'autre aussi considérable dans toute la province, nous en avons conclu que cette ville était l'ancienne *Crocodilopolis*, appelée depuis *Arsinoé*.

Cette certitude nous a été bientôt entièrement acquise, lorsque, par quelques opérations trigonométriques faites sur ces monticules, nous avons trouvé que leur distance à la pyramide du labyrinthe était égale à une longueur de 8702 mètres 98 centimètres, compris 1250 mètres pour la moitié de l'étendue des ruines. Strabon dit positivement[1] que la distance d'Arsinoé à cette pyramide est de cent stades. D'Anville[2] estime à un huitième la réduction que l'on doit donner aux mesures itinéraires en Égypte, pour les rapporter à des lignes droites. D'après le calcul des milles romains, dont il égale quatre au schœne égyptien[3], il trouve trois mille vingt-quatre toises pour la longueur du schœne; ce qui donne cinquante toises deux pieds six pouces, ou 98 mètres 26 centimètres, pour la longueur du stade, à raison de soixante stades au schœne. Les cent stades font donc cinq mille quarante toises un pied huit pouces, ou 9826 mètres : d'où déduisant un huitième, il reste 8598 mètres; ce qui s'accorde assez bien avec la distance que nous avons trouvée trigonométriquement.

Le pied des monticules est baigné à l'est et à l'ouest par deux canaux prenant leur direction au nord, sur une largeur de 30 mètres et une profondeur de 5 mètres 50 centimètres.

Nous avions appris à Médine qu'il existait des ruines importantes à l'ouest de cette ville : nous nous y sommes transportés; mais nous n'avons trouvé qu'un lieu appelé *el-A'moud,* où l'on voit un seul obélisque en granit, à 1000 mètres environ du village de Begyg, et à 4000 mètres de Médine. Mon collègue M. Caristie s'est chargé de donner les dessins et quelques détails sur cet obélisque.

[1] *Rer. geograph.* lib. XVII; Lutetiæ Parisiorum, 1620.
[2] *Traité des mesures itinéraires*, pag. 181.
[3] *Ibid.* pag. 84 et 92.

Enfin, tous les préparatifs de mon voyage autour du Birket-Qeroun étant terminés, je pus me mettre en route pour effectuer cette reconnaissance. J'avais, dans le principe, consulté cheykh Ahmed et Solymân kâchef sur ce voyage, et je leur avais dit que, vu la difficulté de vivre plusieurs jours dans le désert avec mes soldats français, j'avais résolu de n'emmener que des Arabes avec moi. Ils cherchèrent l'un et l'autre à me faire changer de résolution, en m'assurant que les tribus qui parcouraient ces parages, étaient toutes en guerre, et que je ne pouvais me confier à aucune d'elles sans courir les plus grands dangers. Ce fait me fut encore confirmé par un cheykh d'Arabes, qui s'engagea bien à m'accompagner avec trente des siens, si j'avais avec moi autant de soldats français. Je les demandai alors au colonel Eppler, commandant de la province, qui me répondit qu'il en mettrait à ma disposition autant que j'en voudrais pour parcourir les villages ou les terres cultivées, mais qu'il ne m'en donnerait pas un pour le voyage que je projetais.

Le désir ardent que j'avais de faire cette reconnaissance, fit que je m'abouchai de nouveau avec le cheykh arabe; le commandant Eppler se joignit à moi pour détruire les objections nombreuses et sans cesse renaissantes qu'il faisait à toutes nos propositions, et nous le déterminâmes enfin à m'accompagner avec trente des siens à cheval.

Cet Arabe, nommé *A'ly*, était un jeune homme d'environ trente ans, fils de Sâleh, grand cheykh de la tribu des *Sammâlou*, qui avait fixé sa résidence au village de

Minyeh, situé sur les bords du Bahr el-Ouâdy. Ce nom de *Sammâlou* est celui de l'association générale des tribus qui entourent le Fayoum. Sâleh avait trois fils et un neveu, placés chacun à la tête d'une division de la tribu. Le premier, cheykh A'ly, résidait à Médine; le second, Groubeh, était auprès de lui, à Minyeh; et le troisième, O'tmân, habitait Abou-Gandyr. Quelques autres enfans qu'il avait eus de ses femmes esclaves, étaient aussi auprès de lui, et faisaient le charme de sa vieillesse. Le neveu, A'ly-Aboubekr, occupait Nazleh. Je donnerai, à la fin de cette description, un tableau détaillé de toutes les tribus particulières, ainsi que de celles de la province de Beny-Soueyf.

Les *Sammâlou* sont les seuls Arabes qui aient une résidence fixe dans le Fayoum. Ils y sont très-anciens et très-puissans, mais souvent en guerre avec les tribus étrangères, qui viennent faire des incursions dans la province. Ce sont les *Da'fé* de Beny-Soueyf, qui entrent par Tâmyeh, lorsque les eaux atteignent les terres cultivées des villages de Menfast et d'Ouboueyt, où ils font leur résidence. Ce sont aussi les *Fergân*, qui habitent les déserts d'Alexandrie et de la Bahyreh, et qui, entrant par le Qasr-Qeroun, où est leur rendez-vous, viennent faire des expéditions nombreuses, dans lesquelles ils pillent les villages des *Sammâlou*.

Les craintes de cheykh A'ly n'étaient donc pas sans fondement; mais, les ayant une fois vaincues, je me crus sans danger et ne pensai plus qu'à mon projet. J'endossai le *barnous*, je couvris ma tête d'un *tarbouch* enveloppé du châle, et je partis seul Français au milieu de trente Arabes bien armés, et résolus, me disaient-ils du moins, à ne pas se laisser intimider. Cheykh A'ly, voulant sans doute me donner une bonne opinion de sa tribu, me parut, dès ce moment, animé d'un courage que je ne lui avais pas vu jusqu'alors, et qu'il communiqua sans peine à toute sa suite.

Nous quittâmes Médine le 16 nivose an IX (6 janvier 1801), à midi précis, et nous suivîmes notre route exactement au nord, entre plusieurs canaux. Nous laissâmes à gauche un canal sur les bords duquel je vis un petit déversoir en maçonnerie. Nous passâmes bientôt près du village d'el-A'lâm, que nous avions à notre droite, et nous entrâmes dans un bois clair et planté de palmiers, après lequel nous arrivâmes au village de Ka'âby el-Gedyd. Notre chemin le plus court était de suivre au nord-est, vers Ma'sarah et Tâmyeh; mais, sur ce qu'on me dit qu'un monument dont parle Pococke, et qui est connu sous le nom de *Pieds de Pharaon*, se trouvait près de là, nous continuâmes au nord, en traversant le canal qui passe à Ka'âby, et nous arrivâmes à une grande plage de grève, où est situé le village de Bayhamou, auprès duquel s'élèvent les prétendus pieds de Pharaon. Ces pieds ne sont autre chose que deux énormes masses formées de grosses pierres calcaires, portant chacune environ 6 mètres de longueur sur un mètre 30 centimètres de largeur et un mètre de hauteur, posées l'une sur l'autre sans ciment ni liaison. Les deux tas, distans l'un de l'autre d'environ 120 mètres, sont entourés d'autres petits tas disposés de même. On voit aussi de grosses pierres éparses, qui indiquent que ces tas étaient beaucoup plus élevés que je ne les ai vus; car ils n'avaient plus alors que dix assises, portant ensemble une hauteur de 10 mètres : leur plan forme un carré d'environ 8 mètres de côté.

J'avais remarqué que, depuis environ 400 mètres au sud, la pente du terrain commençait à devenir légèrement sensible; ce qui pourrait faire penser que le lac s'étendait jusqu'à ce point. Notre marche avait été réglée depuis Médine, et nous faisions environ 3500 mètres à l'heure : il était alors deux heures mois un quart. De ces ruines, j'apercevais au milieu d'un grand groupe de palmiers au nord le village de Sennoures, où j'arrivai à trois heures, étant parti des pieds de Pharaon à deux heures précises.

Sennoures est un assez grand village, bâti sur un monticule, le plus élevé de tous ceux que j'ai vus en Égypte, et dont j'ai estimé la hauteur à environ 50 mètres. Il formait vraisemblablement autrefois une île du lac, dont on commence à apercevoir les eaux lorsqu'on est arrivé au haut du monticule. Sennoures est un dépôt des salines que l'on exploite sur le lac. Je descendis dans la maison du cheykh el-Habachy, de qui je reçus l'accueil le plus amical. J'achetai dans le village l'orge et les fèves nécessaires pour les chevaux dans le désert, et je partis à cinq heures, dirigeant ma route encore au nord. Nous marchâmes de jour jusqu'à six heures et demie, quoique nous fussions au solstice d'hiver, et nous arrivâmes sur le bord d'un petit ruisseau nommé *Batch*, qui coule de l'est à l'ouest, et porte l'eau depuis Tâmyeh jusqu'au Birket-Qeroun. Elle est amenée de Tâmyeh par un canal venant de Roudah, et à Roudah par celui qui passe au pied de la pyramide du labyrinthe, et par les suintemens du Bahr-belâ-mâ.

Au point où notre caravane arriva, le ruisseau était guéable : il avait environ 8 mètres de largeur et 32 centimètres de profondeur d'eau; mais j'observai qu'il était creusé en forme de canal, sur une profondeur d'environ 10 mètres et une largeur de 80 mètres. Nous étions à deux lieues ouest de Tâmyeh, et l'eau, encore très-bonne, ne se ressentait nullement de la proximité du lac. Nous y fîmes notre provision d'eau, et nous remplîmes nos outres pour toute la traversée du désert.

Cheykh A'ly me dit que ce point était celui du passage des caravanes qui vont directement de Gyzeh à Sennoures. L'inondation n'interrompt même pas la marche de ces caravanes, qui alors remontent jusqu'à Selleh.

J'observai que, depuis Sennoures, la pente vers le lac était encore plus sensible qu'à Bayhamou, et que le plan suivait une seconde pente de l'est à l'ouest : ces pentes étaient tellement marquées, que de la crête du Batch je ne voyais plus au sud qu'une bande générale, tranchant fortement sur l'horizon.

Lorsque nous eûmes rempli nos outres, l'obscurité était déjà complète; car on sait que, dans ces climats, le crépuscule est beaucoup plus court qu'en Europe: nous nous déterminâmes donc à passer la nuit dans ce lieu. Cependant nous allâmes établir notre camp sur la crête du bord septentrional, à environ une demi-heure de distance ouest du point où nous avions passé à gué le canal de Batch.

Depuis notre départ de Médine, mes compagnons de voyage composaient leurs manières sur la conduite de cheykh A'ly envers moi. Celui-ci ne me quittait pas; et, malgré la difficulté que j'éprouvais de m'exprimer dans sa langue, il ne parlait qu'avec moi. Dans la vue de me distraire, et de me plaire sans doute, il me racontait des histoires dont j'avais, je l'avoue, grande peine à suivre le fil, mais qui me donnaient plus de distractions que je ne voulais, parce que j'étais tout entier à mes observations. Quelquefois, au milieu de son récit, j'apercevais au loin un objet qui piquait ma curiosité; j'y courais: mais aussitôt son cheval au galop était sur les traces du mien. Les Arabes, voulant aussi me distraire, exécutaient des combats simulés, en courant alternativement les uns sur les autres; après quoi, l'un d'eux venait auprès de moi me faire entendre les chants héroïques de la tribu. L'air de satisfaction que je lui montrais, était sa récompense, et ils recommençaient leurs jeux, qui cependant n'interrompaient jamais la gravité et la régularité de notre marche.

A peine le signal de halte fut-il donné pour le camp de la nuit, qu'en un clin-d'œil ma tente fut dressée. J'avais apporté deux petits matelas, l'un pour cheykh A'ly, et l'autre pour moi : je ne pus jamais lui faire accepter le sien; et ce ne fut qu'avec peine que je le fis consentir à coucher dans ma tente, où il se contenta d'une natte étendue sur le sable. En quelques minutes le café fut préparé et servi, et l'on fit les apprêts du souper. En attendant, je voulus voir tous mes compagnons, qui vinrent me baiser la main, et s'accroupir rangés autour de mon lit. L'un d'eux, que cheykh A'ly désigna pour orateur, voulant me donner une idée de la gloire et de la supériorité de leur tribu, raconta une de ces histoires dans lesquelles sont rapportés les hauts faits des *Sammâlou*, qu'ils se transmettent ainsi pour entretenir le courage. A tout instant, les auditeurs poussaient des *yâ allah* qui témoignaient leur admiration et encourageaient l'orateur. Quoique je comprisse peu de chose à ce qu'il disait, je n'étais pas en reste pour montrer ma satisfaction, et ils étaient tous enchantés. Enfin l'on apporta les poules et le pilau, et l'on mangea avec avidité. Après le repas, cheykh A'ly congédia tout son monde, et fit allumer des feux autour de ma tente, pour écarter, disait-il, les hyènes, qui sont errantes et très-communes dans ces cantons. Chacun s'enveloppa dans son *barnous* et passa la nuit auprès de son cheval.

Le 17 nivose (7 janvier), nous levâmes notre camp à six heures quarante minutes du matin. La direction principale de notre route était par est-ouest; mais nous déviâmes un instant sur la droite vers le haut de la montagne, laissant le lac à environ une lieue sur notre gauche. La pente s'élève très-doucement et se perd dans une large vallée qui s'étend au nord, et que cheykh A'ly me dit être la route de Médine à Gyzeh et à Alexandrie par le Bahr-belâ-mâ, qui passe auprès des lacs de Natroun. Cette opinion s'accorde avec celle du général Andréossy[1], et l'on verra les conséquences que j'en tire pour l'ancienne utilité du lac.

[1] *Voyez* Observations sur le lac de Mœris, insérées dans le Moniteur du 13 brumaire an IX.

Les Arabes étaient attentifs et cherchaient à reconnaître dans le sable dont cette plage est couverte, s'il avait récemment passé d'autres Arabes. Après environ une heure de marche, ils reconnurent à travers les dunes la trace de ceux de Da'fé, qu'on avait chassés du Fayoum, vingt jours auparavant, ainsi que je l'ai déjà dit.

Nous trouvâmes entre le lac et la montagne une immense quantité de bois sec encore sur pied, qui ressemblait à un jeune taillis desséché : il paraît qu'on ne tire aucun parti de ce bois, qui pourrait cependant être d'une grande utilité à Médine.

Nous arrivâmes à dix heures moins un quart sur le bord du lac : je vis en cet endroit deux énormes buttes isolées l'une de l'autre, et portant 50 mètres de hauteur; l'une, circulaire, a 200 mètres de diamètre, et l'autre, à base quadrilatère, 500 mètres de longueur sur 80 mètres de largeur : celle-ci est la plus proche du lac; elles sont toutes les deux couvertes de fortes pierres calcaires grossièrement taillées. On y voit aussi quelques débris de briques; mais on ne peut y distinguer ni sculptures, ni traces de monument, et les pierres sont à moitié enterrées dans le sable. La situation de ces buttes l'une par rapport à l'autre est sur une ligne qui court nord-est, sud-ouest, sur une longueur d'environ 1000 mètres. Ici la montagne est éloignée de trois lieues au moins du lac; mais elle tend ensuite à s'en rapprocher. Tout cet espace est parsemé de tas de petites pierres rouges, formées d'une espèce de craie assez semblable à ce que nous appelons la sanguine. Les Arabes descendirent tous de cheval, et en ramassèrent avec avidité : ils me dirent qu'on achetait ces pierres pour teindre les toiles et peindre le bois.

Je descendis au bord du lac, dont l'eau très-limpide me parut saumâtre, mais non salée : nous y fîmes tous boire nos chevaux, et nous y prîmes un léger repas. Les Arabes m'assurèrent que le lac contenait de très-beaux et très-bons poissons, mais qu'il n'était point pêché par des habitans du Fayoum; que des pêcheurs du Nil y venaient à cet effet depuis la fin de mars jusqu'à la crue du fleuve. Le lac est aussi très-peuplé d'oiseaux aquatiques. Au point où nous nous trouvions, il me parut avoir une lieue de largeur.

Après avoir passé les deux buttes, on s'aperçoit que le terrain s'élève presque brusquement, quoique par une pente facile, et l'on arrive à un très-grand plateau, dont la surface présente un rocher à nu qui va s'attacher à la montagne éloignée alors de nous d'une petite lieue à droite, et se prolonge jusqu'au bord du lac, à 1000 mètres à gauche. On voit, dans l'espace qui sépare les buttes du plateau, des couches de terre végétale légèrement recouvertes de sable : on y voit aussi quelques vestiges de salines.

Je trouvai sur ce plateau, où j'arrivai à midi dix minutes, les ruines d'une ville, ou peut-être seulement d'un vaste palais, que les Arabes me dirent s'appeler *Qasr-Tafchârah* ou *Medynet-Nemroud*. On y voit encore des murs épais et très-élevés. On y reconnaît différentes constructions dont l'antiquité est attestée par leur disposition. J'aurais désiré pouvoir lever les plans détaillés de ces ruines; mais, n'ayant ni aides ni moyens, ni le temps nécessaire, je me contentai d'en faire un croquis que j'ai rapporté sur ma carte. Les murs sont construits d'une espèce de briques de 20 centimètres de longueur, 10 centimètres de largeur, et 7 centimètres d'épaisseur; elles sont formées de craie blanche et de paille hachée avec un peu d'argile, le tout pétri, et seulement séché au soleil. Ce mélange est très-friable, et se réduit aisément en poussière entre les doigts.

Ces ruines s'étendent jusqu'au bord du lac sur une largeur de 200 mètres, et sur une longueur de 600 mètres dans la direction nord-sud. On y trouve une grande quantité de briques cuites, de poteries, de vases à momies, etc. Dans l'impossibilité où je me voyais de lever le plan de ce lieu, je manifestai aux Arabes le désir d'y faire quelques fouilles; ils se mirent tous à chercher, et l'un d'eux me rapporta une lame droite à deux tranchans, avec une poignée de corne. Cette lame avait 90 centimètres de longueur sur 5 centimètres de largeur, et portait au haut sous la poignée un dessin arabesque, gravé et incrusté d'un filigrane en argent : je l'ai rapportée en France; mais elle m'a été volée à Marseille, au moment où je me disposais à partir pour Paris.

Je descendis de la petite hauteur sur laquelle ces ruines sont situées, et je continuai ma route assez près des bords du lac par une direction ouest-sud-ouest. Le sol était ce même plateau de rocher que j'avais trouvé avant le Qasr-Tafchârah. La montagne que j'avais à ma droite était à une petite lieue du lac, et tendait toujours à s'en rapprocher. Vers les trois heures, notre route, qui était à peu près parallèle à la magistrale du lac, était absolument sud-ouest. Nous descendîmes à cette heure-là dans un bas-fond que je pris d'abord pour un ancien golfe; mais je vis ensuite qu'il se prolongeait vers la montagne, et qu'il en suivait la direction vers l'ouest. A l'entrée de ce bas-fond, sur le bord du lac, j'aperçus une petite hauteur en forme de pyramide : je m'y transportai aussitôt; mais je reconnus que ce n'était qu'un rocher recouvert de terre végétale mêlée de sable : en face, je vis une île basse dans le milieu du lac.

Tout ce bas-fond est parsemé d'une grande quantité de buttes en forme de cône, dont plusieurs sont couvertes de terre végétale et de débris de pierres calcaires, semblables à celles que j'avais vues le matin. Ainsi, dans l'hypothèse probable où le lac s'étendait jusqu'à la montagne (hypothèse appuyée sur les couches que l'on voit, ainsi que les buttes dont je parle, rongées horizontalement par les eaux, et sur les coquilles encore entières que j'ai ramassées au pied), il y a lieu de penser que toutes ces buttes étaient autant d'îles habitées. Les deux pyramides dont parle Hérodote, pourraient bien avoir été placées sur l'une de ces nombreuses îles; mais il serait peut-être difficile de dire sur laquelle, si l'on excepte les deux premières qui sont vers le milieu de la longueur et de la largeur du lac, en supposant qu'il commençât à Tâmyeh, et s'étendît de Bayhamou jusqu'à la montagne Libyque; car, à part cette circonstance du milieu sur laquelle Hérodote paraît appuyer comme sur une chose précise, on trouve un très-grand nombre de ces îles auxquelles, d'après leurs dimensions et la quantité de pierres calcaires dont elles sont couvertes, l'emplacement de ces deux pyramides peut également convenir.

Continuant toujours notre route dans la direction du sud-ouest, nous arrivâmes à quatre heures trente-cinq minutes, après avoir un peu forcé le pas, dans un lieu couvert de bois desséché, semblable à celui que j'avais vu le matin. L'étendue de celui-ci paraissait même beaucoup plus considérable, et les corps d'arbres plus forts : plusieurs étaient de la grosseur du bras, et quelques-uns de la grosseur de la cuisse. Déjà nous avions en vue le Qasr-Qeroun à l'ouest, et j'entrevoyais l'espérance d'aller y passer la nuit, lorsque nous fûmes rejoints par un Arabe envoyé par Sâleh, père de cheykh A'ly; il venait d'apprendre que huit des siens avaient été dépouillés par un parti de trois cents *Fergân* de la Bahyreh : il nous faisait dire de nous tenir sur nos gardes, et surtout de ne point hasarder de combat, vu notre petit nombre; mais que nous devions être tranquilles, qu'il était aux informations pour savoir ce qu'ils étaient devenus, et que, s'il apprenait qu'ils fussent encore de notre côté, il viendrait à notre rencontre avec cinq cents *Sammâlou.* Cheykh A'ly, sans être intimidé par ces nouvelles, me fit observer qu'il n'était pas prudent d'arriver au Qasr-Qeroun à l'entrée de la nuit, que ce point était un rendez-vous des tribus errantes, et que, dans la supposition où quelque parti passerait la nuit aux environs, il continuerait sa route à la naissance du jour, et nous laisserait le champ libre. Je trouvai son raisonnement juste; d'ailleurs, nous ne nous étions presque pas reposés depuis six heures du matin, ce qui faisait dix heures de marche : nous choisîmes dans le bois un endroit bas, couvert et entouré de monticules, parce que la route que nous avions suivie est souvent fréquentée par les *Fergân;* il plaça ses sentinelles, et nous passâmes la nuit dans ce lieu.

Nous étions tout-à-fait sur les bords du lac, et néanmoins très-près de la montagne. Je goûtai encore de l'eau; elle était comme celle du matin : tous les chevaux en burent, même plusieurs de nos domestiques; ce qui contredit un peu l'assertion de Pococke, qui la trouva, dit-il, plus salée que l'eau de la mer. Il y était, à la vérité, un mois et demi plus tard dans la saison que moi; et peut-être l'inondation qui avait précédé son voyage avait-elle été très-faible, tandis que celle qui avait précédé le mien avait été très-abondante.

Le lendemain 18 nivose (8 janvier), nous reprîmes notre route à cinq heures et un quart du matin : mais nous ne pûmes suivre les bords du lac à cause du bois dont ils sont couverts; nous fûmes obligés de nous rapprocher de la montagne, dont la distance au lac était de plus en plus petite. La couche de terre végétale devenait aussi de plus en plus épaisse et sans mélange de sable. Ainsi il n'est pas douteux que toute cette partie septentrionale du lac ne fût susceptible d'être cultivée jusqu'au pied de la montagne, si l'on pouvait l'arroser avec les eaux douces dans la crue.

Enfin nous arrivâmes par une marche un peu plus lente que la veille, vers les sept heures et un quart, à l'extrémité ouest du lac, qui baignait tout-à-fait le pied de la montagne. Je croyais voir ici cette montagne interrompue par l'origine du Bahr-belâ-mâ, que d'Anville a désigné, dans son *Ægyptus antiqua*, sous le nom de *Lycus fluvius;* mais, au lieu de cette ouverture, je vis que la chaîne se continuait à perte de vue dans la direction du sud-ouest, et j'appris des Arabes qu'il n'y a dans ces parages ni Bahr-belâ-mâ, ni aucun bas-fond qui puisse donner prétexte à son existence.

La petite langue de terre qui permet de passer entre l'extrémité du lac et le pied de la montagne, est obstruée par un amas de grosses pierres calcaires qui ne présentent aucune trace de la main des hommes, et que je crois simplement tombées des couches supérieures de la montagne. Ce passage est d'ailleurs d'autant plus difficile, que les bords du lac sont couverts d'une croûte saline qui cède facilement sous les pieds, et au-dessous de laquelle on trouve encore l'eau quelquefois assez profonde. Nos chameaux avaient les plus grandes peines à traverser ce passage. Dans l'impatience où j'étais d'arriver au Qasr-Qeroun, que je voyais distinctement depuis le matin, je laissai la caravane se débarrasser, et je partis seul en avant, me dirigeant par le sud-sud-est vers ce monument, où j'arrivai à huit heures et un quart, ayant mis ainsi une heure à parcourir, au grand trot du cheval, la distance qui le sépare de l'extrémité du lac. La pente, quoique très-douce, était considérable; et néanmoins le Qasr est construit sur une petite élévation qui donne lieu de penser que les eaux du lac étaient autrefois beaucoup plus hautes, et qu'à l'époque où elles s'étendaient jusqu'à la montagne, elles venaient aussi baigner le pied des monumens.

Je ne ferai point ici la description du Qasr-Qeroun;

M. Jomard en a donné les plans et les dessins exacts[1]. Je me permettrai seulement de dire que je n'en crois pas la construction aussi ancienne que celle des temples de la haute Égypte. D'abord ses ruines ne paraissent pas porter l'empreinte des ravages du temps, mais seulement d'une dévastation opérée par la main des hommes. Ensuite on voit, à l'entrée, des rustiques à la manière des Grecs, sur des débris de piliers avancés. Peut-être aussi était-ce une fabrique ajoutée dans des temps postérieurs. Le docteur Pococke a gravé son nom sur celui des pieds-droits de la première porte d'entrée qui est à gauche, et Paul Lucas, sur celui qui est à droite. Je venais de faire une reconnaissance qui présentait un grand intérêt; je ne pus résister au plaisir de la constater, et j'écrivis ces mots sur le pied-droit à gauche, au-dessus du nom de Pococke :

P. D. MARTIN, INGÉNIEUR FRANÇAIS, A PARCOURU
LA PARTIE SEPTENTRIONALE DU BIRKET-QEROUN,
LE 17 NIVOSE, AN IX DE LA RÉPUBLIQUE FRANÇAISE (7 JANVIER 1801).

Du haut du monument, j'examinai attentivement avec une bonne lunette le prolongement de la montagne que j'avais laissée au bord du lac, et je n'y vis, sur une distance à perte de vue, aucune coupure qui pût faire supposer l'ouverture du *Lycus* de d'Anville. Le sol va toujours en montant par une pente douce depuis le lac, et finit par atteindre le haut de la montagne. On voit dans un grand éloignement le mamelon que ce géographe désigne, dans sa carte de l'Égypte moderne, sous le

[1] *Voyez* pl. 69 et 70, *A.*, vol. IV.

nom de *Haram Medaïé el-Hebjad.* Le pourtour du Qasr-Qeroun présente encore quelques murs sur pied tant à l'est qu'à l'ouest, même un petit monument en avant de l'entrée; mais il n'y a pas un seul morceau de granit. La diagonale des chambres carrées du Qasr est à peu près sud-nord; la face principale, ou bien l'entrée, est au sud-est. Si l'on étend sa vue sur l'horizon, on remarque assez près et au sud une crête tranchante du sol, qui indique évidemment l'ancienne limite du lac.

Je partis du Qasr-Qeroun à midi précis, et je pris ma route directement au sud-est. Le sol sur lequel nous marchions est un rocher pur, légèrement recouvert de sable, et parsemé de petits tas de pierres et de briques cuites, mais en très-petite quantité; ce qui m'a fait penser qu'en donnant à ces débris le nom de *Beled Qeroun*, on en a tiré une conséquence un peu hasardée : du moins je suis persuadé que, s'il y a eu quelques constructions sur cette roche, elles sont d'une époque très-récente et de beaucoup postérieure au retrait des eaux du lac, d'une très-petite importance, et ne peuvent, en aucune manière, donner l'idée d'une ancienne ville, qui eût été d'ailleurs d'autant plus mal située que ce lieu a toujours été dépourvu de terre végétale.

Nous allions d'un assez bon pas, parce que nos chameaux étaient partis une bonne demi-heure avant nous. Vers deux heures, nous nous trouvâmes à la hauteur d'une fabrique à gauche sur le bord du lac. Je m'aperçus qu'à partir de ce point, une crête assez élevée s'étend parallèlement à ce bord. A une demi-heure de distance, je vis une seconde fabrique sur la même crête. Ce sont vraisemblablement les lieux auxquels Pococke donne les noms de *Kasr Cophou* et de *Kasr Cobal*. Les Arabes me dirent qu'on désignait toutes ces fabriques sous le nom général de *Qasr-Benât*. Sur les bords du lac, et au pied de la montagne que nous avions alors à droite vers le lac Garâh, se trouvent des salines exploitées par les habitans de Nazleh; on a creusé, pour l'usage de celles-ci, des puits d'où l'on tire l'eau salée, qu'on laisse évaporer sur le sol, et qui donne un sel très-beau et très-estimé.

Depuis le Qasr-Qeroun, la pente est insensible; mais à trois heures je reconnus qu'elle devenait plus forte, et à trois heures un quart nous arrivâmes sur la crête qui termine le désert. Là, j'éprouvai un plaisir difficile à dépeindre. Depuis quarante-huit heures, mes yeux avides de découvertes, et parcourant sans cesse tout ce qui était autour de moi, ne se fixaient que sur des rochers et du sable; l'image de la mort se peignait seule à mon imagination, sans me donner cependant aucune impression de tristesse ou de malaise. J'avais été loin d'éprouver les privations et les incommodités ordinaires des voyages dans le désert : j'avais fait le mien avec tout l'agrément possible; et je doute que jamais un Européen, dans quelque circonstance qu'il se trouve, puisse en faire un semblable. Toujours l'esprit tendu sur mes opérations, je n'avais nullement souffert de la chaleur, qui, quoiqu'au mois de janvier, s'élevait de vingt-deux à vingt-quatre degrés, entre dix heures du matin et trois heures après midi; je n'avais pas fait ouvrir une seule fois les outres pour boire, dans le chemin d'une station à l'autre : mais, au plaisir que me fit éprouver la première vue de la verdure, et de la nature en mouvement, je sentis que mon corps avait été, à mon insu, dans un état de tension continuel.

Nous apercevions au loin le village de Nazleh, dans la même direction sud-est que nous avions suivie depuis le Qasr-Qeroun. Les Arabes, qui avaient suspendu leurs courses dans toute la traversée du désert, firent alors caracoler leurs chevaux autour de moi, m'accablant de saluts, de souhaits et de protestations d'amitié. Ils s'écriaient, dans leur joie, qu'ils ramenaient sain et sauf le Sammâlou *Modabber*, mot qui signifie *régulateur*, et qui leur sert à rendre notre mot *ingénieur;* et ils me donnaient un grand témoignage de leur estime, en ajoutant à ce titre le nom de leur tribu. J'avoue que je n'étais pas insensible à ces démonstrations. Ils m'avaient identifié avec eux; ma figure hâlée par le soleil, mon épaisse moustache, et mon costume de Bédouin, auraient défié le plus habile physionomiste : aussi, parmi les habitans que nous rencontrâmes bientôt, je m'aperçus qu'aucun ne soupçonnait la présence d'un Français dans ce groupe d'Arabes.

Nous arrivâmes à Nazleh à cinq heures. Ce village, assez considérable, est situé à environ trois lieues des bords du lac, sur la rive gauche d'un large canal qui fait suite au Bahr el-Ouâdy, dont j'ai déjà parlé. Autrefois Nazleh n'était arrosé que par un ruisseau qui vient de Médine : mais, depuis que la digue de Minyeh a été rompue, le territoire est inondé, au point que je vis encore de grandes flaques très-près du village, quoique la baisse des eaux, qui s'écoulaient depuis plus de trois mois, eût laissé partout le sol à découvert.

Je passai la nuit à Nazleh, et j'invitai à souper avec moi le cheykh de ce village, ainsi qu'A'ly Aboubekr, neveu de Sâleh, qui était venu avec empressement me rendre sa visite. Je tirai parti de cette réunion, en prenant de chacun en particulier tous les renseignemens qu'ils pouvaient me donner sur les déserts qui entourent le Fayoum. On présume bien que je ne négligeai pas ce qui est relatif aux *Oasis*, et je remarquai avec plaisir que leurs réponses coïncidaient parfaitement avec les détails que j'avais reçus, quelques jours auparavant, du kâchef Solymân et de deux habitans de la petite *Oasis*, que j'avais vus à Médine. Je donnerai plus bas les résultats de ces conférences.

Nous quittâmes Nazleh le 19 nivose (9 janvier), à neuf heures et un quart du matin, et nous fîmes route, toujours par le sud-est, à travers les terres cultivées, qui étaient alors très-crevassées; ce qui rendit notre marche pénible jusqu'au Bahr el-Ouâdy, que nous retrouvâmes seulement à onze heures et un quart, en face du village d'el-A'ryn, situé sur la rive droite. Ici ce ravin avait au moins 16 à 17 mètres de profondeur, sur 200 mètres de largeur; nous y descendîmes pour suivre notre route dans le fond, qui était moins difficile que le dessus des berges. Les eaux coulaient sur la partie droite de son lit, et nous en remontâmes le cours, par une direction sud, jusqu'à l'embouchure d'un petit canal à droite, qui, me dit-on, venait auparavant de Médine en passant par Minyeh, et se rendait au Birket-Qeroun après avoir arrosé les terres des villages établis sur son cours. Les Arabes m'assurèrent que le Bahr el-Ouâdy, que je voyais si vaste, avait été formé par l'irruption soudaine des eaux échappées lors de la rupture de la digue de Minyeh; mais on verra plus bas que cette supposition n'est pas vraisemblable. Les montagnes à l'ouest ne me parurent ici qu'une légère pente, dont la crête se perdait dans un horizon éloigné.

A onze heures et un quart, nous arrivâmes à Abou-Gandyr, village très-élevé, au sud-sud-est de Nazleh. Du haut du monticule sur lequel ce village est construit, je distinguais parfaitement Médine, Nazleh, et toute la partie intermédiaire de la province jusqu'au lac. Une branche du ruisseau qui vient de Minyeh, passe auprès d'Abou-Gandyr; et comme les eaux arrivent jusque-là toujours au niveau des terres, elles forment, en tombant dans l'Ouâdy, une chute d'environ 10 mètres, phénomène inconnu dans le reste de l'Égypte, où l'établissement de machines mues par des cours d'eau serait d'une si grande utilité pour l'irrigation. Mon conducteur, cheykh A'ly, trouva à Abou-Gandyr son frère cheykh O'tmân, chef des tribus établies autour de ce village. Nous ne nous arrêtâmes qu'un quart d'heure dans son camp pour prendre le café, et nous continuâmes notre route par la direction sud-quart-sud-ouest, emmenant cheykh O'tmân avec nous. A midi et un quart nous rentrâmes dans le désert, dont le sol, plus élevé que la terre cultivée, présente un sédiment terreux mêlé de sable jaune, couvert de morceaux de pierres calcaires. Nous étions sur une espèce de plateau, dont la pente insensible s'étend, en descendant au nord-ouest, vers le Qasr-Qeroun, et au sud-est, vers le village et le ruisseau de Garâh. Au sud-sud-ouest, la pente se prolonge insensiblement et à perte de vue en montant.

A une heure moins cinq minutes, nous arrivâmes à une hauteur isolée, qu'on appelle *Koum-Garâh bta el-Malat,* ou *Medynet-Ma'dy*. J'y reconnus des ruines considérables d'une ville qui s'étendait tout autour dans la plaine. Je montai sur la hauteur, et je vis le lac Garâh dans le bas, au sud, à environ une demi-lieue. On me fit apercevoir au loin, dans le sud-sud-ouest, deux montagnes, entre lesquelles sont les deux *Rayân* et le chemin pour aller à la petite *Oasis,* dont je parlerai plus bas. A l'est-quart-nord-est, la montagne se prolonge jusqu'à la gorge d'Haouârah. Au sud-est, on voit le village qui porte le nom de *Medynet el-Garâh.* Le revers de la montagne qui sépare la vallée de Garâh de celle de l'Égypte, forme une pente douce et facile.

Nous quittâmes les ruines de Medynet-Ma'dy à une heure et demie, et nous descendîmes dans un bas-fond de terre végétale légèrement recouverte de sable. Cette terre, quoique déserte, serait susceptible de culture; car il y croît spontanément et sans aucun soin une grande quantité d'arbres et de plantes diverses.

Un canal dont les bords sont cultivés, coule dans ce bas-fond, et va porter ses eaux au sud dans le lac. Nous remontâmes ce canal jusqu'à Medynet-Garâh, où nous arrivâmes à trois heures après midi. Ce village est entouré d'une muraille pour sa défense; mais son intérieur présente un aspect misérable : on y trouve une maison de Mamlouk entièrement ruinée. Les alentours ne sont pas plus agréables. Bien différent des villages d'Égypte, qu'on reconnaît de loin aux nombreux palmiers dont ils sont entourés, Medynet-Garâh n'a pas un seul arbre dans ses environs, et ne présente que l'aspect de la nudité la plus affreuse. J'y restai pour passer la nuit : je voulais voir les *Kaouâm el-Ouazazé,* Arabes dépendans des *Sammâlou,* qu'on m'avait signalés comme de rusés voleurs dont je devais me méfier. Je ne sais si la présence de cheykh A'ly et de cheykh O'tmân leur imposa, mais je sortis de leurs mains sans avoir à m'en plaindre. Ils me parlèrent avec plaisir du Modabber Girard, qu'ils avaient vu et accompagné dans son voyage deux ans auparavant. Leur cheykh Kramné m'offrit ses services pour me conduire au lac qu'ils appellent *Garâh bta el-Gharaq,* distant du village d'environ deux heures de chemin au sud. Je les acceptai; mais je renvoyai cette visite à l'époque où je me rendrais à la petite *Oasis,* voyage dont j'avais conçu le projet depuis que je connaissais les détails et la situation de cette île du désert. J'allai seulement avec lui visiter des débris informes qui portent le nom de *Deyr Zaqkhâoueh bta el-Gharaq,* et dont la position est à environ une lieue de distance du village par la direction sud-quart-sud-est.

Nous partîmes de Gharaq le 20 nivose (10 janvier), à huit heures moins un quart du matin, et nous entrâmes à Sennoures, petit village fermé de murs, autour duquel sont campés les Arabes de la tribu de Ma'rabyn, sur la rive droite du canal, vis-à-vis de Gharaq. Dirigeant ensuite notre route au nord-est, nous trouvâmes plusieurs langues de désert coupées par des parties susceptibles de culture. A neuf heures et demie, nous traversâmes le petit canal qui va se jeter dans l'Ouâdy au-dessous d'Abou-Gandyr, et nous arrivâmes sur l'autre bord à l'origine de la belle digue dont j'ai déjà parlé, et dont j'ai fait connaître l'usage en expliquant le mouvement général des eaux dans la province. Je vais actuellement en donner des détails.

Cette digue, toute construite en briques cuites ou en pierres de taille solidement liées à mortier de chaux et ciment, présente l'aspect d'un de ces grands ouvrages, objets constans de la sollicitude des gouvernemens sages pour l'intérêt des hommes; elle a 6 mètres d'épaisseur dans le haut, sur autant de hauteur en aval. Elle est renforcée d'épis et de contre-forts; et, malgré ces précautions, elle a été rompue vers le milieu, près du village de Sedmoueh, sur une longueur de 60 mètres. Cette rupture paraît devoir être attribuée seulement à la force des eaux, et non à une destruction opérée par les hommes; car on voit encore les gros blocs de maçonnerie emportés au loin en aval. Peut-être pourrait-on dire, et je partage assez cet avis, qu'une aussi grande rupture est un effet de la négligence apportée dans la réparation du premier dégât occasioné par les eaux; car il a suffi d'une légère infiltration pour opérer à la longue toute cette dévastation. Depuis cette époque, la digue n'a plus de but, les campagnes de la vallée de Gharaq sont incultes, et les eaux vont par l'Ouâdy inonder en pure perte les terres depuis Nazleh jusqu'au Birket-Qeroun.

....

Le dessus de cette digue est souvent interrompu par de petits ponts, dans l'ouverture desquels on a pratiqué des déversoirs, destinés sans doute à régler la hauteur des eaux, lorsqu'elles couvraient la vallée de Gharaq. Cette circonstance détruit l'assertion des Arabes, qui prétendent que l'Ouâdy n'existait point avant la rupture de la digue. Les eaux qui passaient sur ces déversoirs, devaient nécessairement se rendre par un canal dans le Birket-Qeroun; seulement, il pouvait être moins large qu'aujourd'hui. La digue fait plusieurs contours, suivant les inflexions du terrain, et se prolonge à l'est, sur une longueur d'environ 8500 mètres, jusqu'au village de Defennoû, où elle se termine.

Déjà notre approche avait été signalée au village de Minyeh, où résidait le grand cheykh Abou-Sâleh, père d'A'ly et d'O'tmân, mes compagnons de voyage; et bientôt nous vîmes paraître leur troisième frère Groubeh, qu'Abou-Sâleh envoyait pour nous féliciter de sa part sur notre heureux retour. Ce bon vieillard vint lui-même à notre rencontre, et, s'arrêtant à cent pas de nous, il descendit de cheval et se dirigea vers moi à pied; je lui rendis aussitôt le même honneur, et nous nous avançâmes seuls l'un vers l'autre, chacun en avant de nos groupes. Cheykh A'ly jusqu'alors n'avait quitté mes mouvemens qu'une fois et malgré lui, lorsque je le laissai à l'extrémité du Birket-Qeroun, et que je courus seul au Qasr; cette fois il ne me suivit point, retenu par le respect qu'il portait à son père, à qui je témoignai toute ma satisfaction d'avoir eu pour compagnons un homme tel que son fils, et des Arabes courageux et fidèles, tels que ses braves *Sammâlou*. Je m'aperçus qu'il était sensible à mes éloges, et dès ce moment la confiance s'établit entre nous. Nous remontâmes à cheval : Abou-Sâleh se tint à ma droite, ses trois enfans derrière; et nous fîmes ainsi une espèce d'entrée triomphante à Minyeh, sur les dix heures et un quart. La population entière s'était portée sur notre passage, et les femmes firent entendre leurs *ululations*, signe ordinaire d'une grande joie.

Abou-Sâleh habitait à Minyeh une maison assez vaste, qui fut bientôt remplie d'un grand nombre de convives de tous les rangs. A peine assis sur les divans, Abou-Sâleh me présenta tous ses enfans, parmi lesquels j'en remarquai un de neuf à dix ans, auquel il témoignait une affection toute particulière : cet enfant, d'une très-jolie figure, montait à cheval, se servait de ses armes aussi bien que le Bédouin le plus expérimenté, et montrait une vivacité de caractère qui plaisait beaucoup à son père. Je dis à Abou-Sâleh que, sans le connaître, j'avais remarqué dans la plaine la bonne mine, la souplesse et la dextérité de cet enfant. Nouveau Jacob, Abou-Sâleh, ému par les louanges que je donnais à son fils bien-aimé, m'en témoigna sa reconnaissance d'une manière qui paraîtra incroyable dans nos mœurs, mais qui est une conséquence de leurs idées sur l'esclavage; il m'offrit cet enfant, me disant que je pouvais l'emmener et l'attacher à mon service. Je lui répondis que j'étais sensible à cette offre, mais que son fils ne serait jamais aussi bien, et qu'il dégénérerait sans doute dans d'autres mains que les siennes; que d'ailleurs j'avais aussi en

France un fils comme le sien, sur qui reposaient toutes mes espérances, et que, connaissant tout le prix de ce bienfait du ciel, je me reprocherais d'en avoir privé celui que désormais je voulais regarder et aimer comme mon père. Il leva les yeux au ciel, et le remercia de lui avoir fait trouver en moi un véritable ami.

On croira, peut-être, que je me plais à peindre ici une scène d'imagination, ou que du moins je m'efforce à lui donner quelque intérêt. La vérité est que je rapporte exactement ce qui s'est passé, et que je rends notre conversation presque mot à mot, telle qu'elle se trouve dans mon journal, où je l'insérai le soir même; mais je dois dire aussi, pour l'explication de ces sentimens d'amitié qu'Abou-Sâleh paraissait vouloir me témoigner, que, me regardant, à cause de ma qualité de *modabber,* comme un personnage très-important, il voulait me déterminer à faire rétablir la digue et ses déversoirs. Je lui parlai de l'état actuel de ce monument comme d'un grand malheur, qu'il entrait dans les vues des Français de réparer le plus promptement possible. Dans un mouvement d'effusion et de reconnaissance, il m'assura que je pouvais disposer de lui et de toute la tribu des *Sammâlou,* qu'ils m'accompagneraient partout où je voudrais aller, et qu'ils répondaient de moi à la vie et à la mort. Je profitai de ce moment pour reparler de mon voyage à l'*Oasis;* il me confirma l'exactitude de tous les renseignemens qui m'avaient été donnés à Médine et à Nazleh, et m'assura que lorsque je lui aurais fait connaître le jour de mon départ, je trouverais tout disposé pour faire cette excursion avec sûreté et agrément. Voici les détails que j'ai recueillis sur ces *Oasis*, et la manière dont nous convînmes de faire le voyage.

El-Ouâh, situé à la hauteur du Fayoum, et désigné dans toutes les anciennes cartes sous le nom d'*Oasis parva*, est à trois journées et demie au sud-ouest de Médine. C'est un petit vallon, dans lequel on trouve plusieurs sources d'eau chaude et d'eau froide. La population se compose de quatre villages contenant chacun cent cinquante à deux cents habitans, qui cultivent beaucoup le dattier, dont ils font leur principal commerce. Ils ont aussi du riz, du dourah, et quelques arbres fruitiers, tels que figuiers, bananiers, orangers et grenadiers; mais ils n'ont pas de blé. Ils transportent ou font transporter par les Arabes *Koby* de la Bahyreh le superflu de leurs denrées au Fayoum et au Kaire, et ils les échangent pour des toiles, du fer et du blé. Il n'y a dans cette *Oasis* ni chevaux ni moutons, vraisemblablement faute de pâturages. Le climat en est très-malsain, parce que les vents du sud, de l'est et de l'ouest, qui traversent d'immenses plages de sable, y apportent un souffle chaud et empoisonné, de la nature du *khamsyn* d'Égypte : aussi les hommes y sont d'une très-petite stature, toujours malades, ou ont l'apparence d'une très-mauvaise santé.

Pour se rendre de Médine à el-Ouâh, on doit passer au lac Garâh. On trouve, à deux heures au sud de ce lac, deux puits appelés *Rayân el-Kebyr* et *Rayân el-Soghayr,* auprès desquels on voit un monument semblable au Qasr-Qeroun. Il reste ensuite à traverser, dans la direction sud-ouest, deux journées et demie de déserts dans lesquels on ne rencontre ni puits, ni aucune trace de végétation.

Je devais faire le voyage avec cinquante Arabes portés sur vingt-cinq dromadaires chargés des alimens et de la boisson nécessaires pour les deux hommes, ainsi que pour l'animal, qui traverse sans boire tout le désert depuis le dernier *Rayân* jusqu'à el-Ouâh : les hommes boivent à Garâh et aux deux *Rayân*, où ils remplissent seulement une outre fort petite pour alléger la charge de leur dromadaire; aussi ne boivent-ils qu'une fois par jour. Cheykh A'ly et moi devions monter chacun un cheval, et deux chameaux devaient porter le bagage, les vivres et trois outres d'eau, une pour chaque cheval et une pour nous deux.

Quant à l'*Oasis* d'Ammon, connue sous le nom de *Syouâh*, la route est à l'ouest du Qasr-Qeroun. On monte la montagne à gauche, et l'on suit toujours à l'ouest. Sept jours et demi de marche séparent cette *Oasis* d'el-Ouâh, et l'on ne met que dix jours en partant de Médine. On trouve au bout de quatre jours de marche un lac d'eau douce appelé *Magrara*. On doit remarquer que ce lac répond à la même distance de Médine qu'el-Ouâh, et l'on pourrait en conclure que ce lac est dans un bas-fond qui fait suite à celui de l'*Oasis*. Trois jours après, on arrive à un puits d'eau saumâtre nommé *Hegé*. Deux journées plus loin, on rencontre quelques huttes habitées, et enfin l'on arrive le lendemain à Syouâh.

Une outre suffit dans ce voyage à deux hommes pendant quatre jours, et une outre par jour pour chaque cheval. Les chameaux boivent au lac, au puits Hegé, à Syouâh, et ne boivent point dans l'intervalle d'une station à l'autre.

Les distances ne sont appréciées dans ces détails que par les journées de marche : j'ai tenté quelquefois de les fixer d'une manière plus certaine; mais cela me fut toujours impossible. Si je demandais combien de lieues on compte depuis le Rayân jusqu'à el-Ouâh, les Arabes me répondaient : « Une seulement. » Lorsque j'en venais à l'explication, ils me disaient : « On ne compte pas dans le désert comme dans le pays cultivé, où les lieues *malaqah* sont toujours la distance d'une station à une autre. Dans le désert, on compte par le temps. » Mais si je leur demandais combien on compte d'heures de marche, ils me répondaient : « C'est suivant la longueur du jour » : car ils comptent douze heures depuis le lever du soleil jusqu'à son coucher, quelle que soit l'époque de l'année; ce qui fait que l'heure n'est point une quantité fixe.

On servit le dîner, qui mit fin à l'intéressante conversation que j'avais eue pendant plus de deux heures avec Abou-Sâleh, ses fils et ses Arabes; après quoi nous nous séparâmes très-satisfaits l'un de l'autre, avec promesse mutuelle de nous revoir bientôt : mais cette promesse n'a malheureusement jamais pu être effectuée; les événemens rompirent tous mes projets, et je n'ai plus revu ce bon cheykh, à qui j'avais déjà voué une grande affection.

Cheykh A'ly et moi nous repartîmes de Minyeh à

une heure, nous dirigeant sur Médine par le nord-est; nous passâmes au village de Ga'freh à une demi-heure de distance, laissant Defennoû sur notre droite. Un quart d'heure après, nous arrivâmes à A'tamneh et ensuite à Etsâ, villages qui se touchent. De là, nous suivîmes le chemin entre Abousyr à droite, et Ma'sarah à gauche; nous traversâmes Souâfyeh, nous passâmes auprès de Begyg, et nous rentrâmes à Médine à trois heures et demie, ayant toujours marché au bon trot du cheval depuis Minyeh.

La reconnaissance que je venais de terminer, avait entièrement fixé mes idées sur le système d'irrigation du Fayoum : mais, pour bien expliquer ce système, et montrer comment il se lie avec ce que disent tous les anciens auteurs, il fallait des données précises sur la relation de tous les points de la province avec le régime du Nil et le sol de la vallée de l'Égypte. Mon intention était d'entreprendre, à cet effet, un nivellement depuis le Nil jusqu'à Haouârah el-Kebyr, de mesurer la chute au pont de ce village, de continuer ensuite jusqu'au point de partage à Médine, et de conduire le nivellement jusqu'au Birket-Qeroun, d'un côté, et jusqu'au lac Garâh, de l'autre : mais je reçus, quelques jours après, des ordres de me rendre au Kaire, et de là à Damiette, pour un projet de route à faire entre Sâlehyeh et Alexandrie. Des retards survenus dans l'exécution de ce projet me laissèrent encore l'espoir de reprendre mes opérations du Fayoum; j'avais même obtenu l'autorisation d'y retourner, et j'allais partir vers le milieu du mois de ventose, commencement de mars 1801, avec le général Damas, nommé commandant des deux provinces, lorsque l'apparition des Anglais, et notre départ d'Égypte qui en fut la suite, mirent fin à tous nos travaux dans ce pays.

CONCLUSION.

Ce que j'ai vu suffit néanmoins pour répandre un grand jour sur la question de la vraie position du lac de Mœris, de sa forme, de son étendue et de son usage. Tout le monde est d'accord sur ce point, que le lac de Mœris avait l'aspect d'une vaste mer, et qu'il avait long-temps été d'une grande utilité pour absorber les eaux dans les trop grandes crues, et fertiliser la vallée de l'Égypte dans la décroissance du fleuve. On varie seulement sur la position de ce lac, et l'on doute qu'il ait pu être fait de main d'homme, vu sa grande étendue.

Les uns, d'après ce passage d'Hérodote, *Κέεται δὲ μακρὴ ἡ λίμνη πρὸς βορέην τε καὶ νότον*, ne cherchent le lac de Mœris que dans un long canal allant du sud au nord; et comme ils veulent lui donner les trois mille six cents stades de circuit que cet auteur lui assigne, et qu'on ne peut trouver un canal aussi long dans la province du Fayoum, ils l'ont cherché et ont cru le trouver dans la province de Beny-Soueyf.

Les autres, au contraire, ne peuvent voir le lac de Mœris que dans le Birket-Qeroun, s'appuyant à cet égard sur la description détaillée de ce lac, que l'on trouve dans Strabon : Θαυμαστὴν δὲ καὶ τὴν λίμνην ἔχει τὴν Μοίριδος καλουμένην πελαγίαν τῷ μεγέθει καὶ τῇ χρόᾳ θαλαττοειδῆ, καὶ τοὺς αἰγιαλοὺς δέ ἐστιν ὁρᾷν ἐοικότας τοῖς θαλαττίοις.

Je n'entrerai point dans cette discussion, qui devient aujourd'hui entièrement superflue, et qui, ainsi que je l'ai déjà dit, a été si savamment et si complètement terminée par le mémoire de M. Jomard. Le Birket-Qeroun d'aujourd'hui est bien certainement le lac de Mœris d'autrefois; mais il n'en est que le bas-fond, la cunette proprement dite, dont l'abaissement est parvenu à son *minimum* par l'équilibre établi entre l'évaporation et les eaux qui y affluent annuellement : d'où il suit qu'il ne faut pas comparer son périmètre actuel avec celui que lui assigne Hérodote. A cette époque, et encore du temps de Strabon, le lac enveloppait entièrement le nome Arsinoïte. Ce géographe le dit expressément, il commençait à la pente que j'ai reconnue sensible au village de Bayhamou, et allait battre la montagne du côté septentrional. Cette certitude d'ailleurs est acquise par la grande élévation du village de Sennoures qui se trouvait dans une île, par les couches de terre végétale que les dépôts ont laissées sur toute la plage au nord du lac, enfin par les sillons horizontaux que l'on voit tracés sur les couches de la montagne dans toute sa hauteur. C'est dans le milieu de cette largeur que l'on voit les îles sur lesquelles étaient élevées les deux pyramides dont parle Hérodote. Le lac s'étendait le long de la montagne à l'ouest jusqu'à une très-grande distance, et retournait ensuite vers le sud, allant se terminer à la crête que j'ai vue près de Nazleh, et venant battre la montagne entre l'Égypte et le Fayoum.

Si l'on considère maintenant l'immense étendue de cette développée, on ne sera pas embarrassé peut-être d'y trouver les trois mille six cents stades d'Hérodote, ou du moins une mesure approchante; car il ne faut pas regarder les dimensions données par cet historien, comme mathématiquement précises. Il nous prévient lui-même qu'il ne peut affirmer comme vrai ce qu'il n'a pas vu, et il ne nous oblige pas de croire tout ce qu'il rapporte d'après les autres. Sa bonne foi dans le détail du procédé qu'il assure avoir été employé pour opérer le déblai des terres provenant du lac, nous avertit aussi de nous tenir en garde sur tout ce qu'il annonce lui avoir été dit par les prêtres d'Égypte. Strabon, qui se pique d'un peu plus de précision, et qui d'ailleurs devait être scrupuleux dans un ouvrage purement géographique, garde le silence sur la mesure de ce périmètre, qu'il n'avait pu ni voir ni apprécier avec justesse; il se contente de dire : Θαυμαστὴν πελαγίαν τῷ μεγέθει. *Admirable par sa grandeur, semblable à une mer.*

La partie faite peut-être de main d'homme est le large canal appelé aujourd'hui *Bahr-belâ-mâ*, qui communique du Bahr-Yousef au Birket-Qeroun. C'est celui qu'Hérodote désigne lorsqu'il dit que son étendue va du sud au nord[1].

J'ai trouvé l'emplacement du labyrinthe exactement, comme je l'ai prouvé plus haut, à cent stades d'Arsinoé, mesure donnée par Strabon, Παραπλεύσαντι δὲ ταῦτα

[1] *Voyez* le Mémoire sur le lac de Mœris, *A. M.*, tom. VI.

ἐφ' ἑκατὸν ςαδίυς, πόλις ἐςὶν Ἀρσινόη; et à l'origine du canal, peu au-dessus du lac, comme le dit Hérodote, Ὀλίγον ὑπὲρ τῆς λίμνης τῆς Μοίριος. Enfin la tradition populaire qui veut que la province du Fayoum ait été autrefois un golfe formé par les eaux du Nil, desséché, rendu à la culture et mis en état de servir à l'irrigation des parties basses de l'Égypte par les soins d'un grand prince, tout démontre qu'il n'existe point de contradiction parmi les anciens, et qu'ils ont tous décrit les lieux tels qu'on les voit aujourd'hui, ou du moins tels qu'on en reconnaît encore l'ancien état. Mais, dira-t-on, comment le lac de Mœris a-t-il pu servir de récipient dans l'inondation, et de réservoir pour l'Égypte dans la décroissance du fleuve? Il serait difficile, je dirai même peut-être impossible, de se rendre raison de cette destination du lac, si l'on s'en tenait à ne voir l'entrée et la sortie des eaux que par le même orifice; mais Strabon parle positivement de deux ouvertures, ςόμασιν ἀμφοτέροις, par l'une desquelles l'eau entrait, tandis qu'elle sortait par l'autre.

On doit se souvenir que l'eau tombe dans le Fayoum par une chute pratiquée sous le pont d'Haouârah el-Kebyr, et que le lit du canal qui la reçoit est le rocher pur; sa hauteur n'a donc pas varié. A l'époque de la plus grande étendue du lac de Mœris, c'est-à-dire immédiatement après le dessèchement du golfe, le niveau était évidemment inférieur à celui du sol de la province : or, nous avons vu que le canal en domine la superficie, puisqu'il est sur la ligne culminante que forme l'intersection des deux plans versans; les eaux ne pouvaient donc pas retourner dans l'Égypte par l'ouverture d'Haouârah el-Kebyr. Cette ouverture n'a jamais pu servir, ainsi que le dit la tradition, que de déversoir pour dégager la haute Égypte de la trop grande quantité d'eau qui nuisait aux terres.

On a vu, *page* 37, que la partie septentrionale du lac présente l'embouchure d'une vallée qui communique à Gyzeh; cette vallée devait donc nécessairement former la seconde ouverture par laquelle on donnait passage aux eaux, lors de la baisse du Nil, pour aller fertiliser les terres de la basse Égypte, dont le sol est de beaucoup inférieur à celui de la haute Égypte.

Ainsi s'explique naturellement la manière dont les eaux entraient dans le lac de Mœris et en sortaient. Détournées de la branche du Nil qui formait l'île Héracléotique du côté de la chaîne de Libye, par le canal de Joseph, elles fertilisaient d'abord le nome Arsinoïte, et leur excédant tombait dans le vaste lac qui enveloppait ce nome, par le canal qui se dirige du sud au nord et passe au pied du labyrinthe. Elles étaient retenues dans ce lac à la hauteur des grandes crues, et venaient, pendant la décroissance du fleuve, par un autre canal également dirigé sud et nord vers Memphis, arroser les terres de la basse Égypte, sur lesquelles l'abaissement du sol permettait qu'elles se rendissent.

Tels sont les résultats de mes travaux, et les conséquences que j'ai tirées de l'inspection des lieux, pendant le peu de temps que j'ai passé dans la province du Fayoum. Je suis convaincu que les opérations qu'il me restait à faire, m'auraient fourni des preuves mathématiques de l'opinion que j'avance. Je regrette de n'avoir pu les terminer, et je désire que quelque Européen inspire un jour assez de confiance aux gouverneurs et aux habitans de ce pays pour pouvoir les entreprendre avec succès.

Les détails que j'ai promis, dans le cours de cette description, sur les Arabes du Fayoum et de Beny-Soueyf, pouvant, dans cette hypothèse, être d'une grande utilité, je me suis fait un devoir de les donner, afin de ne rien laisser à désirer sur ces provinces intéressantes.

TABLEAU

DES ARABES DE LA PROVINCE DU FAYOUM.

NOMS DES TRIBUS, GÉNÉRAUX.	NOMS DES TRIBUS, PARTICULIERS.	NOMS de LEURS CHEYKHS.	VILLAGES où ILS SÉJOURNENT.	NOMBRE D'HOMMES à cheval.	NOMBRE D'HOMMES à pied.	NOMBRE DE cha-meaux.	NOMBRE DE moutons.
SAMMALOU. — ABOU-SALEH, Grand cheykh à Minyeh.	KAOUAM-EL-OUAZAZÉ	*Kramné*	Gharaq el-Toutoun	70.	100.	165.	1000.
	MANASSÉ	*Sâlem-Goreby*	Abou-Gandyr	40.	70.	165.	1000.
	MA'RABYN	*Hout* et *Hâggy-Mahamed*	Sennoures et Lambageh	60.	100.	140.	1000.
	ROUMLAT	*Mahamed A'bd-allah*	Difyneh	30.	70.	55.	400.
	KAMIL-EL-HOUMOUDAT	*Roheym*	Toutioun	70.	150.	150.	1000.
			TOTAUX	270.	490.	675.	4400.

NOMS DES TRIBUS, GÉNÉRAUX.	NOMS DES TRIBUS, PARTICULIERS.	NOMS de LEURS CHEYKHS.	VILLAGES où ILS SÉJOURNENT.	NOMBRE D'HOMMES à cheval.	NOMBRE D'HOMMES à pied.	NOMBRE DE cha-meaux.	NOMBRE DE moutons.
			Report.......	270.	490.	675.	4400.
	HAOUATÉ........	*Tiden-Huseyn*.......	Yelleh.............				
		Solymân-Sedé.......	E'douch............	120.	200.	220.	1500.
		Dâoud..............	Ma'sarah...........				
		Nâsr-Yousef........	Maslouk............				
SAMMALOU. — ABOU-SALEH, Grand cheykh à Minyeh.	FERGAN.........	*Seyd-Dili*..........	Sersené............				
		Ginoda.............	Gebeleh............				
		Abou-el-Qâsim......	Matartâres.........	100.	200.	170.	1000.
		Giâbly A'bd-allah....	Bâhy-Amoun........				
		Abou-Zeyt A'bd-allah.	Terseh.............				
		Moubârek...........	Zâouy..............				
	HOUBAT-A'BD-EL-HOUAÉ........	....	Roudah.............	15.	20.	20.	150.
			TOTAUX........	505.	910.	1085.	7050.

TABLEAU

DES ARABES DE LA PROVINCE DE BENY-SOUEYF.

NOMS DES TRIBUS,		NOMS de	VILLAGES où	NOMBRE D'HOMMES		NOMBRE DE	
GÉNÉRAUX.	PARTICULIERS.	LEURS CHEYKHS.	ILS SÉJOURNENT.	à-cheval.	à pied.	cha-meaux.	moutons.
	OULAT-HAMYDEH.	*A'bd-el-Emya*........	Abousyr...........	100.	20.	500.	1000.
		Sâlem-Aboudyâr.....	A'ouâouneh........				
		Metterid...........	Qemen.............				
	OUTANAT........	*Mahamed-Goreyb*.....	Effoueh...........	100.	30.	600.	1500.
		Billedy............	Meydoun...........				
DA'FÉ.......		*Masa'-Essé*.........					
	NALAT-SA'YD.....	*A'bbâs*.............	Hammâm...........	62.	15.	100.	300.
		Amr-Habbany.......					
	SIDERAT.........	*Aboubekr*...........	El-Hâfer..........	18.	15.	60.	150.
		Yousef-Abouzeyt....					
	EL-QAYD.........	*A'bd-Moua'et*.......	Meymoun..........	42.		60.	150.
		Sakas-el-dyn.......					
			TOTAUX.......	322.	80.	1320.	3100.

NOMS DES TRIBUS, GÉNÉRAUX.	NOMS DES TRIBUS, PARTICULIERS.	NOMS de LEURS CHEYKHS.	VILLAGES où ILS SÉJOURNENT.	NOMBRE D'HOMMES à cheval	NOMBRE D'HOMMES à pied.	NOMBRE DE cha-meaux.	NOMBRE DE moutons.
			Report..........	322.	80.	1320.	3100.
DA'FÉ..........	NOLAT-YEZYD....	*Ibrahym-Zeieta*......	Bonafsyn..........	130.	30.	400.	800.
		Loteyf.............	Saft-Meydoun........				
			TOTAUX.........	452.	110.	1720.	3900.
SA'DNÉ......	SA'DNÉ.........	*Yousef-Hamât*.......	Dandyl.............	102.	......	87.	400.
		Aouit.............	Bourg............				
		A'bd-el-Qader.......	Doualtah...........				
		A'bd-allah-Sourouf...	Dalâs.............				
		A'bd-el-Rahman.....	Sissi..............				
		A'ly..............	Beny-A'dy..........				
		El-Nedrah..........	Abousyr............				
		Zayté.............	Menfast............				
		Hasan-A'ly-Souelli...	Qemen.............				
		A'ly-Rastân.........	Koum-Drygeh.......				
		Ahmed-Mansour.....	Bâbâ..............				
		Aoust-Giouma'......	Meymoun..........				
		El-Se'yd...........	Hagar.............				

NOMS DES TRIBUS.		NOMS de LEURS CHEYKHS.	VILLAGES où ILS SÉJOURNENT.	NOMBRE D'HOMMES		NOMBRE DE	
GÉNÉRAUX.	PARTICULIERS.			à cheval	à pied.	chameaux.	moutons
			Report.......	322.	80.	1320.	3100.
DA'FÉ.......	NOLAT-YEZYD....	*Ibrahym-Zaieta*......	Bonafeyn............	130.	30.	400.	800.
		Loteyf.............	Saft-Meydoum......				
			TOTAUX.........	452.	110.	1730.	3900.
SA'DNÉ......	SA'DNÉ.........	*Yousef-Hamât*......	Dandyl..............	102.	.....	87.	400.
		Aouit	Bourg...............				
		A'bd-el-Qader.....	Doualtah............				
		A'bd-allah-Sourouf...	Dalâs...............				
		A'bd-el-Rahman.....	Sissi...............				
		A'ly...............	Beny-A'dy...........				
		El-Nedrak..........	Abousyr............				
		Zoyté.............	Menfast.............				
		Hasan-A'ly-Souelli...	Qemen.............				
		A'ly-Rastân.........	Koum-Drygeh.......				
		Ahmed-Mansour.....	Bâbâ...............				
		Aoust-Giouma'......	Meymoun..........				
		El-Se'yd...........	Hagar..............				
KO'LLY...	FARAYAT.......	*Girré*...............	Menhara...........	50.	15.	50.	300.
	KASSADOUÉ.......	*Yousouf-Abou-Souen*..	Ahnâs el-Medyneh....	60.	10.	200.	500.
	YANENE.......	*A'bd-Rabou*.........	Zirybeh............	17.	8.	40.	100.
	MAHALYT.......	*Isma'yl-Giassi*.......	Minharah...........	35.	5.	40.	100.
		Mahamed-Ma'ouny...	Menchyet-el-Häggy...				
	KEMEMSÉ.......	*Mahamed-O'ld-E'myd*...	Bazaneh............	120.	40.	200.	500.
		Kasoumé-O'mar.....	Meyâneh...........				
	AYAR........	*Mahmoud-Saqyeh*....	Niné...............	60.	12.	100	400.
		Noukhar...........	Deyr..............				
	EL-A'LAM.......	*Yerebyt*............	Mouzourah.........	40.	.....	100.	500.
		A'ly-Ibrâhym.......					
		E'id-Mohtâr........					
	SANANGA........	....	Saft-rachyn........	35.	.....	60.	200.
	ABOU-OUÉ.......	*Solymân-Abou-Nar*...	Chounoustâs.......	30.	.....	60.	100.
			TOTAUX.........	447.	90.	850.	2700.
MASSARIGA...	MASSARIGA.......	*Akhmet-Abou-Dyâb*..	Zâouyet-el-Ouâny....	80.	200.	50.	200.
		Mahmoud-Giouma'....	Abou-Chorbân......				
		Hasan-Akhmet.......	Choubak...........				

KO'LLY...	FARAYAT.......	*Girré*.............	Menharä...........	50.	15.	50.	300.
	KASSADOUÉ......	*Yousouf-Abou-Souen*..	Ahnâs el-Medyneh....	60.	10.	200.	500.
	YANENE.........	*A'bd-Rabou*.........	Zirybeh............	17.	8.	40.	100.
	MAHALYF........	*Isma'yl-Giassi*....... *Mahamed-Ma'ouny*...	Minharah.......... Menchyet-el-Hàggy...	35.	5.	40.	100.
	KEMEMSÉ........	*Mahamed-A'bd-A'myd*.... *Kasoumé-O'mar*.....	Bazaneh........... Meyâneh...........	120.	40.	200.	500.
	AYAR..........	*Mahmoud-Saqyeh*.... *Noukhar*...........	Niné.............. Deyr..............	60.	12.	100.	400.
	EL-A'LAM......	*Yerebyt*........... *A'ly-Ibrâhym*....... *E'id-Mohtâr*........	Mouzourah.........	40.	......	100.	500.
	SANANGA.......	....	Saft-rachyn........	35.	......	60.	200.
	ABOU-OUÉ......	*Solymân-Abou-Nay*...	Choumoustâs.......	30.	......	60.	100.
			TOTAUX........	447.	90.	850.	2700.
MASSARIGA...	MASSARIGA......	*Akhmet-Abou-Dyâb*.. *Mahmoud-Giouma'*.... *Hasan-Akhmet*......	Zâouyet-el-Ouâny.... Abou-Chorbân....... Choubak...........	80.	200.	50.	200.

NOMS DES TRIBUS, GÉNÉRAUX.	NOMS DES TRIBUS, PARTICULIERS.	NOMS de LEURS CHEYKHS.	VILLAGES où ILS SÉJOURNENT.	NOMBRE D'HOMMES à cheval.	NOMBRE D'HOMMES à pied.	NOMBRE DE chameaux.	NOMBRE DE moutons.
MAHARYTÉ	FARGAL	*Ahmed-Homzah*	Hasib	30.	40.	30.	100.
	OULAD HENEH	*Safa'-O'mar*	Tourfeh	60.	100.	100.	1500.
	EL-HOMOUR	*Mahammed*	Chouchy	20.	60.	30.	500.
	EL-HAZAY	*Zeyt*	E'zbeh	100.	30.	200.	2500.
	OULAD GIABR	*Azyssé*	Zaybeh	30.	25.	30.	80.
	ZA'OUNEH	*A'bd-allah*	Gaouâdeh	30.	20.	15.	60.
	HAMAYDEH	*Ibrâhym-Yousef* *Hasan-Tourky*	Dyqouf	25.	80.	40.	200.
	MARAG	*Mansour-Ahmed* *Solymân-Hedery*	Koum-Ouâly	30.	60.	30.	100.
	EL-ASMAH	*O'mar-Sakhr* *A'bd-allah-Hasan*	Marzouq	15.	30.	20.	150.
	DAHAMSI	*Ebn-Hasan-Abou-Hadah* *Solymân-Abou-Sigr*	Bermaché Safanyeh	30.	60.	40.	600.
	EL-HOMOUD	*Hasan*	Koum-el-A'sel	20.	50.	30.	100.
	TIBENAD	*Hâggy-Barakah*	Cheykh-Ma'soud	30.	100.	60.	600.
			TOTAUX	420.	655.	625.	6490.

NOTICE

SUR

LES POIDS ARABES

ANCIENS ET MODERNES,

Par M. SAMUEL BERNARD.

Lorsqu'on s'occupe de l'économie politique d'une nation, la connaissance exacte de la valeur des poids, des mesures et des monnoies dont elle fait usage, devient indispensable dans la plupart des questions qui se présentent, particulièrement dans celles qui sont relatives aux sciences et au commerce.

La connaissance des poids et mesures des Arabes doit avoir, en outre, pour les Européens un intérêt particulier, parce que chez les uns et chez les autres le système de numération est le même, ainsi que la plupart des divisions et des dénominations de mesures[1]. Nous avons pensé, d'après cela, qu'il serait convenable, au lieu de ne donner qu'une simple table d'évaluation des poids d'Égypte en ceux de France, de faire précéder notre Mémoire sur les monnoies, d'une notice sur les poids arabes anciens et modernes : quant aux mesures

[1] *Voyez* pag. 83, alinéa 4 et suiv.

de longueur et de capacité, elles ont un rapport trop éloigné avec notre objet, et nous laissons à ceux qui s'en sont occupés plus particulièrement que nous le soin de les faire connaître.

POIDS ANCIENS.

Il n'est presque aucune branche de science et de littérature sur laquelle les Arabes n'aient écrit avec plus ou moins de succès. Plusieurs de leurs auteurs se sont occupés des poids et mesures; le traité le moins incomplet que nous connaissions sur cette matière est celui de Maqryzy[1], dont M. Silvestre de Sacy a donné une traduction, à laquelle il a ajouté des notes très-intéressantes.

Maqryzy écrivait son traité vers l'an 841 de l'hégire (1437 de notre ère).

Il cite d'abord et commente longuement la tradition suivante, rapportée par El-Nessây[2] sur l'autorité d'Ebn O'mar, qui la tenait lui-même immédiatement du prophète : « Le boisseau est le boisseau des habitans de Médine; et le poids, celui des habitans de la Mekke. »

Il résulte de cette tradition que les poids et mesures légales des musulmans étaient le boisseau dont on se servait à Médine, et le poids usité à la Mekke.

L'auteur que nous citons se propose, d'après cela,

[1] Le scheïkh Takyeddin Abou-Mohammed Abou-labbas Ahmed Almakrizi. (Trad. de M. de Sacy.)

Pour l'orthographe des mots arabes qui a été suivie dans les notes, *voyez* la remarque qui est à la fin du mémoire.

[2] Le nom de ce docteur est *Abou-Abdalrahman Ahmed ben-Schéhab*; il est surnommé *Nessaï*, parce qu'il était de Nessa, ville du Khorassan. Son ouvrage est intitulé *Ketab alsonan alkébir*; c'est-à-dire, le grand Recueil des lois de la Sunna. Cet

de rechercher la valeur de ces mesures, et d'en faire connaître les noms et le rapport entre elles.

Les noms des poids arabes que Maqryzy donne pour avoir été usités à la Mekke dès le temps du prophète sont rapportés par lui dans l'ordre suivant, quoique ce ne soit pas celui de leur valeur; savoir :

Le *dirhem*, le *dynâr*, le *mitqâl*, le *dâneq*, le *qirât*, l'*ouqyah*, le *nach*, le *neouât*, le *rotl* et le *qantâr*.

Dans ce système de poids, le dirhem [1], ou la drachme, est l'unité de mesure, ou c'est en drachmes que sont évalués tous les autres poids.

La seule subdivision de la drachme qui eût un nom particulier était le *dâneq* : il en fallait six pour faire une drachme.

Le dâneq n'est plus usité en Égypte; cependant la drachme se divise souvent en $\frac{1}{3}$ et en $\frac{1}{6}$, mais sans dénominations particulières pour ces fractions de poids.

Le neouât valait 5 drachmes.

Ce nom de poids n'est pas connu actuellement ou n'est pas usité en Égypte, quoiqu'on se serve souvent de poids de 5 drachmes [2].

Il en est de même du nach, qui valait 20 drachmes [3].

auteur est mort l'an de l'hégire 303 (915 de notre ère). (Extrait de la note 2 de la traduction de M. de Sacy, *Traité des poids et mesures*.)

[1] *Dirhem*, درهم; pluriel, *derâhem*, دراهم; mot persan qui a passé dans la langue arabe. Le mot *drachma* des Grecs et des Latins, et celui de *drachme* des Français, ont un grand rapport avec le mot persan, et il est probable que c'est le même mot. Nous nous servirons de préférence du mot *drachme* pour traduire le mot *dirhem*.

[2] *Névat*, ou *neouât* (نواة). C'est, selon quelques-uns, un morceau d'or de la grosseur d'un noyau de datte, et dont la valeur égale 5 drachmes. (Maqryzy, *Traité des poids et mesures*, traduct. de M. de Sacy, pag. 38.)

[3] *Nasch* s'est formé de *nasf*,

Il paraît que l'ouqyah[1] était de deux sortes : l'une de 10 drachmes, et, selon d'autres, de 10 drachmes $\frac{2}{3}$; l'autre de 40 drachmes. Cependant Maqryzy ne leur donne point de noms différens.

Le nom d'*ouqyah* s'est conservé; mais il désigne actuellement un autre poids composé de 12 drachmes.

Le même auteur rapporte trois évaluations différentes du rotl[2]; savoir : 115 drachmes $\frac{5}{9}$, 128 drachmes, 130 drachmes.

Le rotl de 128 drachmes contenait 12 *ouqyah* $\frac{4}{5}$ de 10 drachmes l'une, ou 12 *ouqyah* juste, de 10 drachmes $\frac{2}{3}$ chacune.

La dénomination de *rotl* subsiste encore aujourd'hui, et s'applique à un poids de 12 *ouqyah;* mais l'ouqyah, comme on l'a dit, est de 12 drachmes[3].

Le quantâr[4] est évalué à 1080 *dynâr,* ce qui fait 1542 drachmes $\frac{6}{7}$; selon d'autres, à 40 *ouqyah* (il s'agit sans doute de l'ouqyah de 40 drachmes), ce qui fait 1600 drachmes; selon quelques-uns, à 1100 *dynâr,* ce qui donne 1571 drachmes $\frac{3}{7}$; dans l'ouvrage d'Ebn Se'yd[5],

نصف, qui signifie *moitié*, en changeant le *sad* en *schin*. (Maqryzy, *Traité des monnoies*, traduction de M. de Sacy, pag. 8, édit. de 1797.)

[1] *Voyez* pag. 84, alin. 1er et 83; et la note [3], ci-dessous.

[2] En arabe, رطل, *rotl* ou *rothl*.

[3] Maqryzy, dans le même passage cité ci-dessus, parle d'un rotl usité anciennement à la Mekke, composé de 12 *ouqyah* de 40 drachmes chacune; ce qui faisait 480 drachmes : mais il n'est point question de ce rotl dans son Traité des poids et mesures. Nous le comprendrons cependant dans le tableau général des anciens poids arabes. (*Voyez* ci-après, pag. 82 et suiv.)

[4] Le mot *kantar* signifiait originairement en arabe *une grosse somme d'argent* (Maqryzy, *Traité des poids et mesures*, pag. 44); en arabe, قنطار, *qantâr*.

[5] *Aboulhassan Ali ben Ismaïl*, surnommé *Ebn Seïda*, mort l'an de l'hégire 458 (1065 de notre ère). (Extrait de la note 105 de la traduction de M. de Sacy, *Traité des poids et mesures*.)

intitulé *El-Mohakkiam*, à 100 *rotl*. Enfin plusieurs traditions rapportent que le prophète a dit : « Le qantâr est de 1200 *ouqyah* » (il s'agit sans doute de celles de 10 drachmes $\frac{2}{3}$).

Le nom de ce poids subsiste encore, et il est en effet de 100 *rotl* de 12 *ouqyah* chacun, ou de 1200 *ouqyah* : d'où l'on voit que la division du qantâr en 100 *rotl*, et du rotl en 12 *ouqyah*, remonte à une assez grande antiquité, et qu'il y a probablement beaucoup d'erreurs et de confusion dans les opinions diverses rapportées par Maqryzy.

On peut soupçonner aussi que le nombre de drachmes qui composait le rotl n'a pas été exactement transmis par la tradition, parce que ce nombre ne paraît coordonné ni avec la division de dix en dix, ni avec la division de douze en douze[1].

Si nous n'avons pas encore parlé du dynâr, du mitqâl et du qirât, c'est qu'il paraît évident qu'à l'époque à laquelle écrivait Maqryzy, comme de nos jours, ces poids formaient un système séparé et distinct, qui ne faisait point partie du système général de poids que nous avons fait connaître. On peut les comparer à nos poids d'essai, ou à nos poids médicaux, qui ont des noms, des subdivisions et un usage particuliers.

Dynâr, mot persan qui a passé dans la langue arabe, était le nom de la monnoie d'or, comme *dirhem* celui de la monnoie d'argent. C'est le *denarius* des Latins, et le mot *denier* des Français. Ces mots ont eu, chez les différens peuples, un sens très-différent; ils ont été

[1] *Voyez* pag. 85, alinéa 4.

appliqués à diverses monnoies d'or, d'argent, et même de cuivre, et quelquefois à certains poids, tels que notre demi-gros, et le poids d'essai de l'argent.

Le dynâr pesait un mitqâl, et l'on se servait indifféremment des mots *dynâr* ou *mitqâl* pour exprimer le même poids[1].

Mitqâl signifiait anciennement un poids quelconque; mais on a fini par appliquer spécialement ce nom à un petit poids qui était celui du dynâr. Par la suite, le système des monnoies d'or a changé, ou leur poids a été diminué, et le mot *dynâr* a cessé en Égypte d'exprimer un poids; mais on a toujours fait usage du poids désigné par le mot *mitqâl* et de ses subdivisions pour évaluer le poids de l'or et celui des pierreries.

Une tradition ancienne rapportait que le prophète avait dit : « Le dynâr est de 24 *qirât.* »

Abou-l-Oualyd ben Rochd[2], dans son livre intitulé *El-Kebyr*, ajoute à cette tradition : « Le qirât est de trois grains d'orge; le dynâr est donc de 72 grains d'orge, choisis d'une grosseur moyenne. »

Ici nous apercevons que les Arabes ont senti la nécessité d'indiquer le rapport des mesures adoptées à quelque quantité prise dans la nature, ou d'assigner un terme de comparaison qui fût constant, ou le moins

[1] L'usage de faire les monnoies égales à un poids déterminé, et de désigner le poids et la monnoie par un même mot, se retrouve chez plusieurs peuples : par exemple, le mot *livre* désignait chez nous en même temps une certaine quantité de monnoie et un poids; le mot *denier* s'appliquait aussi à un poids et à une monnoie : mais il est rare que le rapport primitif entre le poids et la monnoie ait subsisté long-temps. *Voyez* pag. 82, alinéa 2.

[2] C'est celui que nous connaissons sous le nom d'*Averroès*; il mourut l'an de l'hégire 595 (1198).

variable qu'on pût trouver, pour y rapporter l'unité de mesure convenue.

Par exemple, l'idée la plus naturelle, et qui a dû venir la première à presque tous les hommes, a été de comparer les mesures de longueur aux dimensions mêmes de leur corps, comme à celles des doigts, du bras, du pied, ou à la grandeur de leur pas, ou de leurs bras étendus : de là, les dénominations de *doigt, pouce, coudée, pied, pas, brasse, etc.*

Il y avait loin de ces idées grossières à celles de chercher une unité de longueur fixe dans la mesure exacte du pendule à une latitude donnée, ou d'un méridien de la terre, et de déduire ensuite de cette première donnée et du poids de l'eau pure qui, à la même température, conserve constamment le même volume, les mesures de poids et de capacité. On imagina donc de trouver aussi, pour les poids, d'autres rapports ou termes de comparaison dans la nature; et, comme on avait remarqué que les graines de fruit conservaient assez constamment la même figure, à peu près le même volume et le même poids, on prit pour unité de poids les graines de différentes plantes. Telle est l'origine de la dénomination de *grain* qui se retrouve chez un grand nombre de peuples [1].

L'ouvrage cité ici paraît être un traité de jurisprudence. (Extrait de la note 72 de la traduction de M. de Sacy, *Traite des poids et mesures.*)

[1] *Habba*, ou *habbah*, signifie *grain;* les Arabes se servent très-souvent de ce mot seul, comme nous du mot *grain*, quand il s'agit de poids, sans désigner l'espèce de grain. Maqryzy, dans son Traité des monnoies (traduct. de M. de Sacy, pag. 10), dit que, d'après la tradition, le premier qui a inventé l'usage des poids dans les temps reculés, a commencé par former le mithkal,

C'est au poids du grain d'orge (*habbah che'yr*)[1] que les Arabes ont rapporté celui du mitqâl, ou celui du qirât qui en est une subdivision, et ils ont trouvé que le qirât équivalait à 3 *habbah* ou grains d'orge, et le mitqâl à 72 grains.

Quelque imparfaites que soient ces données, on y voit au moins la trace d'un système suivi assez régulièrement; et il est plus que probable que les poids supérieurs étaient, avant qu'on les évaluât en drachmes, des multiples exacts du mitqâl, puisque nous avons vu ci-dessus que le qantâr avait été évalué anciennement en *dynâr* ou *mitqâl*.

Abou O'beyd, dans son livre intitulé *Kitâb el-Amval*[2], dit que le mitqâl a toujours été, dès les temps les plus reculés, une mesure fixe et déterminée.

La drachme a été introduite plus tard.

Les auteurs arabes ne s'accordent pas sur l'origine de la drachme. Les uns prétendent que c'était un poids

qu'il composa de 60 habbas, chaque habba étant égal à 100 grains de sénevé sauvage d'une moyenne grosseur : qu'il fabriqua d'abord un poids égal à ces 100 grains de sénevé, puis successivement d'autres poids égaux à 5 habbas ou à $\frac{1}{12}$ de mithkal, à $\frac{1}{4}$, à $\frac{1}{2}$ mithkal, à 1, à 5, à 10 mithkals et au-dessus. De cette manière, le poids du mithkal était égal à celui de 6000 grains de sénevé. Maqryzy ne dit pas de quelle espèce de habbah il s'agit ici; mais, comme il assure que le mitqâl n'a pas varié, il fallait que ce habbah ou grain fût plus pesant que le grain d'orge. Les *serrâf* d'aujourd'hui comparent aussi le grain au poids d'un certain nombre de graines de rave ou de navet.

[1] En arabe, حبّة, *grain*; شعير, *orge*. Voyez pag. 78, alinéa 4, et pag. 82, alinéa 1er et suivans; *voyez* aussi, pour les grains auxquels on a comparé les poids modernes, p. 86, alinéa 4 et suiv.

[2] M. de Sacy pense qu'au lieu du titre *Kitab alamval*, il faut lire, dans le manuscrit, *Kitab alamthal*, c'est-à-dire, *Livre des proverbes*, parce qu'Abou-Obéid a composé réellement un recueil de proverbes, tandis qu'on ne connaît point de lui

connu et usité bien avant le prophète : d'autres soutiennent que c'était le nom d'une monnoie d'argent dont il se trouvait plusieurs espèces dans le commerce, et qui n'avait pas été frappée par les musulmans[1]; qu'A'bd el-Melek ben Merouân fit peser ensemble une des drachmes les plus fortes et une des plus faibles, et fit frapper une monnoie égale à la moitié de ce poids ou au poids moyen des anciennes drachmes. La drachme devint dès-lors à-la-fois une monnoie et un poids usuel qui servit à évaluer les autres poids.

En supposant, d'après cela, qu'il eût existé précédemment un poids nommé *dirhem*, il est certain que ce poids fut changé, tandis que le mitqâl resta le même. Il fallut dix drachmes nouvelles pour faire sept *mitqâl*.

Enfin il est vraisemblable qu'originairement la monnoie d'argent et la monnoie d'or étaient du même poids[2]; alors le dirhem eût été égal au dynâr, et tous les deux eussent pesé un mitqâl. Le dirhem ayant été diminué, le nom de *mitqâl* resta au poids ancien du dynâr, et

de livre intitulé *Kitab alamval*. (Extrait de la note 113 de la traduction de M. de Sacy, *Traité des monnoies*.) *Voyez*, pag. 103, la remarque n°. 16.

[1] Il y avait deux espèces de dirhems. Les uns portaient une empreinte persane : c'était le *dirhem bagli*, ou *noir*, qui pesait 8 daneks. Les autres portaient une empreinte grecque : c'était le *dirhem tabari*, nommé aussi *ancien*; il pesait 4 daneks. Leur somme donna 12 daneks, dont Ben-Mervan prit la moitié : il fixa ainsi le dirhem à 6 daneks. Il existait aussi un dirhem *djavaréki* de 4 daneks $\frac{1}{2}$. (Extrait de Maqryzy, *Traité des monnoies*, traduction de M. de Sacy.)

[2] Plusieurs passages de Maqryzy changent cette conjecture en certitude; il dit (*Traité des monnoies*, traduction de M. de Sacy, pag. 6) : « Le poids des dirhems de Perse qui avaient cours avant l'islamisme était égal a celui du mithkal d'or; au lieu que, dans les dirhems qui ont cours aujourd'hui, il s'en fant de 3 mithkals sur 10 dirhems. »

Il dit aussi (pag. 7) : « On donnait au mithkal le nom de *dirhem*; on lui donnait aussi celui de *dinar*; »

celui de *dirhem* s'appliqua au nouveau poids auquel la monnoie fut réduite, ou à six *dâneq*.

Il résulte de ces changemens que la drachme ne fut plus un multiple exact, ni du karat, subdivision du mitqâl, ni du habbah, unité de poids naturelle, à laquelle on avait rapporté le mitqâl.

Les auteurs arabes sont partagés d'opinion sur la valeur de la drachme. Les uns la faisaient égale à 50 *habbah* $\frac{2}{5}$, le dynâr ou mitqâl valant 72 grains.

Selon Abou Mohammed ben A'tyah[1], « le habbah dont se composait la drachme est le grain d'orge d'une grosseur moyenne, pris dans l'état naturel d'aspérité, auquel on n'a point ôté sa pellicule, mais dont on a retranché, aux deux extrémités, la portion qui se prolonge et qui dépasse le corps du grain. »

D'autres évaluent la drachme à 57 *habbah* $\frac{6}{10}$ et un dixième de dixième (c'est-à-dire à 57 ^{habbah}61); ce qui donnerait, pour le mitqâl ou le dynâr, 82 grains $\frac{3}{10}$.

Maqryzy prétend concilier les deux opinions, en disant qu'il se peut que 57 ^{habbah}61 pris au hasard équivalent en poids à 50 *habbah* $\frac{2}{5}$ choisis d'une grosseur moyenne.

On voit combien toutes ces données sont éloignées de la certitude et de la précision rigoureuse exigées en métrologie.

La drachme étant déterminée, comme nous venons

et (pag. 31), « Haroun Alraschid remit les types monétaires à Alsindi, qui fit frapper des dirhems égaux aux dynars. »

[1] Abdalhakk ben-Athia est auteur d'un Commentaire sur l'Alcoran. (Extrait de la note 57 de la traduction de M. de Sacy, *Traité des poids et mesures*.)

DIVISIONS DES ANCIENS POIDS DES ARABES.

QANTAR				ROTL				OUQYAH	NACH	OUQYAH		NEOUAT	MITQAL ou DYNAR	DIRHEM	DANEQ	QIRAT ou KARAT	GRAIN D'ORGE OU HABBAH	
de 100 rotl de 128 drachmes, ou 1200 ouqyah de 10 $\frac{2}{3}$ drachmes.	de 40 ouqyah de 40 drachmes.	de 1100 dynâr ou mitqâl de 1 $\frac{3}{7}$ drachme.	de 1080 dynâr ou mitqâl de 1 $\frac{3}{7}$ drachme.	de 12 ouqyah de 40 drachmes[1].	de 130 drachmes.	de 128 drachmes.	de 115 $\frac{5}{9}$ drachmes.	de 40 drachmes.	de 20 drachmes.	de 10 $\frac{2}{3}$ drachmes.	de 10 drachmes.	de 5 drachmes.	de 1 $\frac{3}{7}$ drachme.	ou DRACHME.	de $\frac{1}{6}$ drachme.	de 16,8 pour 1 drachme.	de 50,4 pour 1 drachme.	de 57,61 pour 1 drachme.
1.	8.	8 $\frac{8}{55}$.	8 $\frac{8}{27}$.	26 $\frac{2}{3}$.	98 $\frac{6}{13}$.	100.	110 $\frac{10}{13}$.	320.	640.	1200.	1280.	2560.	8960.	12800.	76800.	215040.	645120.	737408.
	1.	1 $\frac{1}{55}$.	1 $\frac{1}{27}$.	3 $\frac{1}{3}$.	12 $\frac{4}{13}$.	12,5.	13 $\frac{11}{13}$.	40.	80.	150.	160.	320.	1120.	1600.	9600.	26880.	80640.	92176.
		1.	1 $\frac{1}{54}$.	3 $\frac{23}{84}$.	12 $\frac{8}{91}$.	12 $\frac{31}{112}$.	13 $\frac{109}{182}$.	39 $\frac{2}{7}$.	78 $\frac{4}{7}$.	147 $\frac{9}{28}$.	157 $\frac{1}{7}$.	314 $\frac{2}{7}$.	1100.	1571 $\frac{3}{7}$.	9428 $\frac{4}{7}$.	26400.	79200.	90530.
			1.	3 $\frac{3}{14}$.	11 $\frac{79}{91}$.	12 $\frac{3}{56}$.	13 $\frac{32}{91}$.	38 $\frac{4}{7}$.	77 $\frac{1}{7}$.	144 $\frac{9}{14}$.	154 $\frac{2}{7}$.	308 $\frac{4}{7}$.	1080.	1542 $\frac{6}{7}$.	9257 $\frac{1}{7}$.	25920.	77760.	88884.
				1.	3 $\frac{9}{13}$.	3,75.	4 $\frac{2}{13}$.	12.	24.	45.	48.	96.	336.	480.	2880.	8064.	24192.	27652,8.
					1.	1 $\frac{1}{64}$.	1 $\frac{1}{8}$.	3,25.	6,5.	12 $\frac{3}{16}$.	13.	26.	91.	130.	780.	2184.	6552.	7489,3.
						1.	1 $\frac{7}{65}$.	3,2.	6,4.	12.	12,8.	25,6.	89,6.	128.	768.	2150,4.	6451,2.	7374,08.
							1.	2 $\frac{8}{9}$.	5 $\frac{7}{9}$.	10 $\frac{5}{6}$.	11 $\frac{5}{9}$.	23 $\frac{1}{9}$.	80 $\frac{8}{9}$.	115 $\frac{5}{9}$.	693 $\frac{1}{3}$.	1941 $\frac{1}{3}$.	5824.	6657 $\frac{7}{45}$.
								1.	2.	3,75.	4.	8.	28.	40.	240.	672.	2016.	2304,4.
									1.	1,875.	2.	4.	14.	20.	120.	336.	1008.	1152,2.
										1.	1 $\frac{1}{15}$.	2 $\frac{2}{15}$.	7 $\frac{7}{15}$.	10 $\frac{2}{3}$.	64.	179,2.	537,6.	614 $\frac{38}{75}$.
											1.	2.	7.	10.	60.	168.	504.	576,1.
												1.	3,5.	5.	30.	84.	252.	288,05.
													1.	1 $\frac{3}{7}$.	8 $\frac{4}{7}$.	24.	72.	82,3.
														1.	6.	16,8.	50,4.	57,61.
															1.	2,8.	8,4.	9 $\frac{361}{600}$.
																1.	3.	3 $\frac{103}{240}$.
																	1.	1 $\frac{121}{840}$.

[1] *Voyez* pag. 76, note 3.

de le voir, devint la base d'un nouveau système métrique; c'est-à-dire qu'on évalua les poids déjà existans en drachmes et en grains (d'où il résulta encore que ces poids ne furent pas un multiple exact ni de la drachme ni du grain); ou l'on forma de nouveaux multiples exacts de la drachme, auxquels on donna de nouveaux noms; ou enfin on conserva à ces multiples d'anciens noms qui ne s'appliquaient plus à la même valeur.

Nous allons donner, en drachmes et grains, le tableau des poids divers dont il est question dans le traité de Maqryzy.

Nota. Dans le tableau suivant on n'a pas réduit en *décimales* les *fractions* qui auraient donné trop de chiffres, ou qui auraient présenté une série non terminée, et par conséquent moins exacte que la fraction elle-même.

(*Voyez le tableau ci-joint.*)

Nous avons dit que les Européens ont cela de commun avec les Arabes, qu'une grande partie des noms et divisions de leurs poids étaient les mêmes, quoiqu'il n'y eût entre les valeurs de ces poids qui portent des noms semblables qu'un rapport fort variable et souvent assez éloigné.

Notre quintal[1], comme leur qantâr, était composé de 100 livres ou *rotl.*

Notre livre médicale était de 12 onces, comme le rotl des Arabes de 12 *ouqyah*[2].

[1] Le mot *quintal* a de l'analogie avec le mot arabe قنطار, *qantâr*, qui, suivant la prononciation vulgaire, *quintar*, ne diffère du mot français que par l'*r* finale, qu'on a changée en *l*.

[2] Le mot *ouqyah*, en arabe وقية, paraît le même que les mots grecs

L'once médicale se divisait en 7 deniers[1], comme l'ouqyah de 10 drachmes en 7 *dynâr* ou *mitqâl*.

Le denier des médecins, qui était plus pesant que celui des orfévres, équivalait à 82 grains $\frac{2}{7}$ comme le dynâr à 82 grains $\frac{3}{10}$, cette fraction ne différant de la première que de $\frac{1}{70}$ en plus.

Les Romains ont confondu le denier avec la drachme[2], parce que ces deux divisions de poids étaient contiguës et différaient peu : il en est résulté que la drachme a été divisée en 72 grains, et qu'elle a été comparée à notre gros.

Mais c'est le mitqâl ou dynâr des Arabes qui a le plus de rapport à notre gros.

L'ouqyah, ou once arabe, de 10 drachmes $\frac{2}{3}$, contenait anciennement près de 8 *mitqâl* ou gros; et, dans le système actuel des poids en Égypte, l'ouqyah se compose exactement de 8 *mitqâl* ou gros, d'une drachme $\frac{1}{2}$ chacun.

Le mitqâl ou dynâr se divisait aussi, de même que notre gros, en 72 grains.

Dans notre système de poids de marc, on appelle *denier* le tiers du gros, qui répond au scrupule médical.

Le scrupule et le denier, qui se partagent en 24 grains, répondent au tiers du dynâr ou mitqâl des Arabes, ou à une demi-drachme actuelle, le mitqâl étant égal à une drachme $\frac{1}{2}$.

Enfin l'Europe a, comme les Orientaux, le système

οὐγκία, latin *uncia*, et français *once*.

[1] Le mot *denier* est évidemment le même que le mot arabe دينار, *dynâr*. Voyez p. 77, alin. 4 et suiv.

[2] *Voyez* ce que nous avons déjà dit de la drachme, pag. 75, alin. 3 et suivans, et note [1]; et pag. 81, alinéa 2.

particulier de poids et le nom de *karat* dont nous nous servons en France dans les essais d'or pour en évaluer le titre et pour peser les diamans[1].

POIDS ACTUELS DU COMMERCE.

L'unité de poids adoptée actuellement dans le commerce est la drachme, dont nous donnerons ci-après la valeur.

Chez les Arabes, comme chez tous les peuples, pour aider la mémoire, qui retient difficilement un nombre composé de trop de chiffres, et pour avoir, dans les comptes et calculs, moins de chiffres à écrire, on a donné des noms particuliers à certains multiples de l'unité de mesure.

Le système de numération des Arabes étant le système décimal, il eût été plus naturel de ne donner des noms particuliers qu'aux multiples de dix; mais chez eux, comme dans plusieurs autres pays, l'expérience ayant indiqué que la division de douze en douze était facile et commode, parce que, ce nombre et ses multiples ayant beaucoup de diviseurs, il en résultait très-peu de fractions, leur système de mesure présente un mélange de multiples et sous-multiples de dix et de douze.

Le qantâr est de.	100 *rotl.*
Le rotl, de.	12 *ouqyah.*
Et l'ouqyah, de.	12 drachmes.

Il existe, dans le commerce, un autre rotl qu'on appelle *rotl zyâty*[2] ou rotl fort, qui est composé de 14

[1] *Voyez* pag. 95, alin. 2 et suiv.

[2] En arabe, رطل زياتي.

ouqyah; mais on voit qu'il ne fait pas partie du système de division naturel ou ordinaire des poids. Le rotl ordinaire, quand on veut le distinguer du rotl zyâty, s'appelle *rotl qabâny*[1], c'est-à-dire rotl des peseurs.

La drachme se subdivise ordinairement en $\frac{1}{2}$, $\frac{1}{4}$, $\frac{1}{8}$, $\frac{1}{16}$. Ces subdivisions n'ont point de dénominations particulières, à moins qu'on ne les évalue en karats, qui sont les divisions du mitqâl : alors, le mitqâl valant une drachme $\frac{1}{2}$ ou 24 karats, la drachme peut se diviser en 16 karats, et le karat en 4 grains *de blé;* ce qui donne 64 grains pour une drachme. Nous reviendrons à cette division en parlant du mitqâl.

Le mitqâl est encore usité dans le commerce, comme on l'a dit, pour évaluer le poids de l'or, des pierreries, des denrées et drogues précieuses qui se vendent à très-petit poids[2].

Sept *mitqâl* équivalaient anciennement à 10 drachmes, ou 1 mitqâl à 1 drachme $\frac{3}{7}$; mais, comme on a trouvé sans doute embarrassant, dans le calcul, le rapport entre la drachme et le mitqâl, et que 1 drachme $\frac{3}{7}$ approche de 1 drachme $\frac{1}{2}$ à $\frac{1}{14}$ près, le mitqâl dont on se sert habituellement dans le commerce et à la monnoie est de 1 drachme $\frac{1}{2}$.

Ce mitqâl se divise, comme anciennement, en 24 karats[3]. Le karat a été comparé au grain de caroubier[4],

[1] En arabe, رطل قباني.

[2] *Voyez* p. 78, alin. 2; et p. 84, alin. 9.

[3] Le manuscrit de Leyde, que M. de Sacy a consulté pour sa traduction du Traité des poids et mesures de Maqryzy, porte, en marge, la note suivante : « La racine de *kirat* est *karat*, pris de *karrata aleïhi*, c'est-à-dire, il lui a donné peu de chose. » (Note 76, traduction de M. de Sacy.)

[4] Le grain de caroubier s'appelle en arabe *kharoubah.* Le caroubier,

auquel il a été trouvé égal : 24 grains de caroubier ont donné le mitqâl, et 16 la drachme; en sorte que les Arabes ont eu dans cette graine un nouveau terme de comparaison naturel, qui présente toutefois le même inconvénient que la comparaison avec les grains d'orge[1].

Comme cette dernière espèce de grains varie en poids, on a pu, en les comparant au nouveau mitqâl, les choisir un peu plus forts, et le mitqâl passe encore pour équivaloir à 72 grains d'orge.

Mais, soit qu'on ait cru devoir chercher un autre terme de comparaison, le rapport de la drachme au mitqâl étant changé; soit que le grain de blé ait paru plus commode que le grain d'orge, dont il fallait retrancher une partie; soit enfin qu'on ait trouvé plus facile ou plus uniforme de subdiviser le karat par 4[2], comme on l'avait fait pour la drachme : on a trouvé dans les grains de blé, dont quatre choisis d'une moyenne grosseur équivalent au grain de caroubier, un nouveau terme de comparaison qui est généralement adopté[3].

arbre fort connu, est indigène dans tout le Levant. Il est très-commun à Malte. Ses feuilles sont ailées, portant de deux à cinq paires de folioles, presque rondes, luisantes et ondulées. Ses fruits sont des gousses comprimées, un peu coriaces, qui cachent sous leur écorce une pulpe sucrée, et contiennent des semences dures, lisses, ovoïdes et comprimées. C'est avec le fruit du caroubier qu'on prépare le sorbet de kharoub que l'on vend au Kaire, dans les rues et les places publiques. (*Note de M. Delile.*)

[1] Les *serrâf* se servent aussi des graines de la casse, *habbah kheyâr chanbar*, حبة خيار شنبر.

Le cassier est un bel arbre cultivé en Égypte. Il produit les longues gousses cylindriques dont on retire la pulpe de casse, qui est un purgatif doux, fort connu dans les pharmacies. (*Note de M. Delile.*)

[2] *Voyez* pag. 86, alin. 1er et 4.

[3] Le mithkal de Syrie se divisait, à ce qu'il parait, en 24 kirats dont chacun valait 4 habbas. Le kirat (du poids de Syrie) est de 4 habbas. (*Voyez* note 34 et pag. 17 de la traduction du *Traité des monnoies* de Maqryzy.)

D'après cela, le mitqâl vaut 96 grains de blé, et la drachme 64 [1].

Nous avons eu la curiosité de voir quelles pouvaient être les limites d'exactitude d'un rapport qui paraît fondé sur des notions aussi incertaines. Nous avons obtenu les résultats suivans :

	grains.
16 karats ou grains de caroubier, qui doivent équivaloir à une drachme, pris au hasard, ont pesé, en poids de marc, 1°.	53750.
2°.	54625.
16 grains de caroubier, pris parmi les plus sains et les mieux formés, et choisis par un serrâf juif, passant pour très-distingué dans sa profession.	59875.
16 autres grains choisis parmi ceux qui nous ont paru les plus égaux et les mieux formés.	59750.
TOTAL.	228000.
Terme moyen.	57000.

64 grains de blé, devant équivaloir à une drachme, ont pesé, 1°.	54500.
2°.	54875.
3°.	55000.
A reporter.	164375.

[1] Djélaleddin Aboulfadhl Al-soyouti, dans son Traité de l'Égypte, dit qu'Ebn-Fadhlallah, dans son livre intitulé *Almésalik*, parlant du commerce de l'Égypte, s'exprime ainsi : « Le dirhem est de 18 grains de caroubier ou kharoubas; le grain de caroubier, de 3 grain de blé; et le mithkal, de 24 kharoubas. » (Extrait du *Traité des monnoies* de Maqryzy.) Cette assertion nous paraît erronée. S'il s'agit du mitqâl, dont 7 équivalent à 10 drachmes, une drachme ne vaut que 16 *kharoubah* et $\frac{8}{10}$. Si le mitqâl vaut une drachme $\frac{1}{2}$, la drachme ne vaut que 16 *kharoubah*. Pour que la drachme valût 18 grains de caroubier, le mitqâl en valant 24, il faudrait que le mitqâl valût une

	grains.
Report.	164375.
Choisis par le serrâf juif, pleins et sans altération. .	61750.
Idem, choisis par nous.	60500.
Choisis d'une grosseur moyenne.	57875.
TOTAL.	344500.
Terme moyen.	57417.
Terme moyen des deux résultats. .	57208.

Quoique le mitqâl, avec ses subdivisions, forme en quelque sorte un système de poids séparé, nous le comprendrons cependant dans le tableau que nous allons donner des divisions des poids du commerce, afin de ne pas trop multiplier les tableaux, et pour que l'on puisse facilement saisir d'un coup d'œil le rapport entre eux de tous les poids usités; nous en ferons autant à l'égard du rotl zyâty.

drachme $\frac{1}{7}$; ce qui ne paraît pas avoir jamais eu lieu. Enfin c'est probablement au grain d'orge, et non au grain de blé, que l'auteur ci-dessus aurait dû, conformément à toutes les traditions, comparer le grain de caroubier.

DIVISION DES POIDS DU COMMERCE.

QANTAR.	* ROTL ZYATY.	ROTL QABANY.	OUQYAH.	* MITQAL.	DRACHME.	KARAT.	* GRAINS d'orge.	GRAINS de blé.
1.	85 $\frac{5}{7}$.	100.	1200.	9600.	14400.	230400.	691200.	921600.
	1.	1 $\frac{1}{6}$.	14.	112.	168.	2688.	8064.	10752.
		1.	12.	96.	144.	2304.	6912.	9216.
			1.	8.	12.	192.	576.	768.
				1.	1 $\frac{1}{2}$.	24.	72.	96.
					1.	16.	48.	64.
						1.	3.	4.
							1.	1 $\frac{1}{3}$.

* L'astérisque indique les poids qui ne font pas partie du système ordinaire des poids du commerce.

La forme des poids du commerce varie beaucoup; elle est tantôt cylindrique, tantôt cubique; souvent c'est un polyèdre résultant du cube dont on a tronqué les angles : mais, en général, le rotl, le double rotl, le demi-rotl, l'ouqyah, ont la forme d'un anneau imitant un croissant. Cet anneau n'est pas entièrement fermé; en sorte qu'on peut l'enfiler dans une corde sans fin, en écartant les branches du croissant, ou plutôt en comprimant la corde entre les deux pointes du croissant.

Les poids, en général, sont en cuivre, métal qui est préférable au fer, parce que ce dernier s'oxide trop facilement, et que les ouvriers du pays ne sont pas dans l'usage de le fondre et de le modeler. Ces poids se fabriquent en cuivre jaune, ou cuivre rouge allié de bismuth, qui est moins recherché en Égypte que le cuivre rouge.

Les petits débitans et marchands de diverses denrées, pour qui l'achat de poids de cuivre serait trop dispendieux, se servent souvent d'un simple morceau de fer informe, ou d'un caillou qui a le poids convenable.

Chez un peuple aussi peu éclairé et dont la police est si peu perfectionnée, on n'a pas établi, comme en Europe, l'usage et la nécessité d'avoir des poids d'une même forme, qui par cela même sont très-connus, et sur la valeur desquels personne ne peut être trompé; de faire vérifier et marquer ces poids, et de prohiber l'usage de tous ceux qui ne sont pas ainsi marqués, ce qui contribue à rendre la fraude moins facile et plus rare.

On supplée à ces précautions par une surveillance journalière, et des peines extrêmement rigoureuses contre ceux qui ont des balances ou des poids faux[1]. Le moindre déficit dans le poids est quelquefois puni aussi sévèrement que la fraude la plus manifeste. C'est dans cette crainte que la plupart des vendeurs préfèrent avoir des poids plus forts, ou *trébuchans*, selon le sens de l'expression dont ils se servent.

Les balances en Égypte sont, en général, semblables aux nôtres, et la plupart se tiraient autrefois d'Europe.

Les petites balances, qui se fabriquent dans le pays, ont assez souvent le défaut d'être *sourdes*, c'est-à-dire que le levier est courbé, et le point d'appui, ou centre de gravité, au-dessus des pointes d'attache des bassins; ce qui rend la balance peu sensible, ou difficile à faire trébucher.

On fait dans le commerce, surtout pour les poids

[1] L'aghâ chargé de la police parcourt la ville à cheval, précédé d'un esclave qui porte devant lui des poids et une grande balance; il est suivi de ses bourreaux, et escorté par un grand nombre d'esclaves ou domestiques armés de longs bâtons.

Dans les marchés, les places publiques, les bazars et tous les lieux où se trouvent des marchands ou des détaillans, il se fait représenter les poids et les balances d'un ou plusieurs vendeurs pris au hasard ou choisis à son gré.

Quelquefois il interroge les domestiques qui viennent d'acheter quelques denrées, et s'informe du prix qu'ils les ont payées, du poids pour lequel on les leur a livrées, et de quel marchand ils les tiennent. Il fait peser devant lui ces denrées, et, s'il y a fraude dans le poids, ou surtaxe de prix, il fait venir le marchand et le fait punir sur place.

Cette punition consiste ordinairement en des coups de *qourbâg* sur la plante des pieds.

Les domestiques ou esclaves de l'aghâ saisissent le délinquant, l'étendent la face contre terre, lui prennent les jambes dans une espèce de joug en bois, et plusieurs bourreaux armés de *qourbâg* lui appliquent jusqu'à deux ou trois cents coups sur la plante des pieds. L'aghâ compte les coups par les grains de son chapelet. Le patient demande grâce, en implorant l'aghâ, le proun peu forts, un grand usage de la balance que nous connaissons sous le nom de *romaine*, et qui est divisée suivant le système de poids adopté en Égypte dans le commerce.

POIDS USITÉS A LA MONNOIE.

Les poids de la monnoie, qui se faisaient en cuivre jaune, avaient, en général, la forme de polyèdres à faces octogonales. Cette forme s'obtient en tronquant les angles du cube; elle a sur la forme cubique l'avantage de présenter des angles solides moins aigus, qui s'altèrent moins promptement, et dont le choc a moins d'inconvéniens, soit pour dégrader les balances, soit pour blesser les mains ou les pieds des ouvriers.

Les forts poids sont ordinairement garnis, à la partie supérieure, d'une anse ou main, qui peut se relever ou s'abattre. Le nombre des drachmes qu'ils représentent est gravé, au poinçon, sur une des faces du poids.

Il paraîtra sans doute digne de remarque, que, dans

phète, ou Dieu, dont il répète les cent noms ou *perfections*.

Le malheureux marchand estropié, ou les pieds déchirés, ne pourrait regagner sa maison, si quelqu'un de ses amis ou des spectateurs ne l'y portait, en le soutenant sous les bras.

Quelquefois, lorsque les détaillans ont été pris souvent en fraude, ou lorsqu'ils se sont entendus pour faire renchérir les denrées, de manière à faire crier ou ameuter le peuple, l'aghâ, pour donner un exemple plus terrible, fait trancher la tête à quelqu'un d'entre eux.

On peut dire, en général, que c'est une marque d'immoralité et de dépravation, de la part du peuple, que de témoigner de l'intérêt au coupable et de paraître affligé lorsqu'il est puni; mais la peine est si terrible et souvent appliquée avec tant d'injustice, qu'on est moins étonné de voir la populace témoigner sa pitié au délinquant, le flatter, et le consoler. Il n'est que trop ordinaire que les *aghâ* abusent de leur pouvoir arbitraire, pour se faire donner de l'argent ou des présens par les marchands; ils ne punissent souvent celui qui a des balances et des poids exacts, que parce qu'il n'a pas eu la politique de leur faire remettre son tribut.

un pays où les connaissances sont bien moins avancées qu'en Europe, on ait eu cependant, depuis si longtemps, pour la fabrication des monnoies l'idée d'adopter la division décimale des poids, quoique cette division ne fût pas celle du système des poids du pays.

Cet usage s'est sans doute introduit, parce qu'une longue expérience avait démontré aux agens de la monnoie que cette division, s'accordant avec le système de la numération, était infiniment plus commode pour le calcul[1].

Les poids de la monnoie sont donc divisés de 10 en 10 drachmes, et en multiples et sous-multiples de 10 drachmes. Les plus usités etaient ceux de 2000, 1000, 500, 200, 100, 50, 25, 10, 5, 4, 3, 2, 1. Ces multiples et sous-multiples n'ont point de noms particuliers; en sorte qu'on ne se sert que du seul nom de l'unité de poids, qui est la drachme, et tous les calculs se font en drachmes.

La drachme est la même que celle du commerce, et l'on peut lui appliquer ce que nous avons dit précédemment; mais, au lieu d'en rechercher la valeur dans le poids des grains de blé ou de caroubier, on en a conservé les étalons dans une suite de poids déposés à la monnoie, et qui ne servent qu'à vérifier les autres en cas de besoin.

En adoptant, pour les poids de la monnoie, le système décimal, les Égyptiens modernes n'ont pas su

[1] On ne se servait des poids adoptés dans le commerce que pour peser les différentes substances, autres que les matières d'or et d'argent dont s'approvisionnait la monnoie; mais tous les calculs et tous les comptes se faisaient en suivant le système décimal.

conserver, par analogie, la même division pour les fractions ou sous-multiples de la drachme.

Ils l'ont divisée, comme elle l'est dans le commerce, en $\frac{1}{2}$, $\frac{1}{4}$, $\frac{1}{8}$, $\frac{1}{16}$, ou $\frac{1}{3}$, $\frac{1}{6}$, $\frac{1}{12}$, comme nous l'avons dit ci-dessus.

Le mitqâl, tel que nous l'avons précédemment fait connaître, n'a guère son usage à la monnoie que pour les essais d'or.

Les essais se font sur un mitqâl ou demi-mitqâl.

Le mitqâl se divise en 24 karats, et le karat en 4 grains; le grain se subdivise lui-même en $\frac{1}{2}$, $\frac{1}{4}$, $\frac{1}{8}$; ce qui revient à notre division du karat en 32 parties.

C'est principalement dans les hôtels des monnoies, sur lesquels le gouvernement exerce une surveillance constante, et où les procédés exigent une grande précision, qu'on doit retrouver le plus d'exactitude dans les poids.

Nous avons confronté ceux dont on se servait usuellement à la monnoie et dans le commerce, avec ceux qu'on gardait en réserve comme étalons, et nous avons écarté tous ceux qui nous ont paru visiblement défectueux ou altérés.

Nous avons ensuite pesé, séparément ou ensemble, avec des poids de marc très-bien ajustés, les poids étalons de la monnoie : nous avons reconnu que la somme des poids inférieurs était aussi exactement que possible égale aux poids de 2000 et 1000 drachmes, dont ils étaient des subdivisions; mais que chacune de ces subdivisions était affectée, soit en plus, soit en moins, de très-petites erreurs, qui, se compensant à peu près entre elles, devenaient cependant d'autant plus sensibles, lorsqu'on en concluait la valeur des plus forts poids, que le poids fractionnaire était plus petit; ce qui doit être en effet, et ce qui indique que le rapport des poids du pays avec ceux de France devait être déduit des forts poids étalons, ou de la somme des petits poids, et non de quelques poids peu considérables, pris en particulier.

Les poids de 1000 et de 2000 drachmes nous ont donné les résultats suivans :

COMPARAISON DES POIDS DE LA MONNOIE AVEC CEUX DE FRANCE.

POIDS qui ONT ÉTÉ COMPARÉS.	LEUR VALEUR en DRACHMES.		LEUR VALEUR en POIDS DE MARC DE FRANCE.					TOTAUX.				
		drachm.	livres.	onces.	gros.	grains.	fract.	livres.	onc.	gros.	grains.	fractions.
Poids étalons	1°.	2 000.	12.	9.	2.	13	0.	12.	9.	2.	13	0.
	2°.	1 000.	6.	4.	5.	6	5.	12.	9.	2.	13	5.
		1 000.	6.	4.	5.	7	0.					
Poids usuels les mieux conservés	3°.	2 000.	12.	9.	2.	16	0.	12.	9.	2.	16	0.
	4°.	2 000.	12.	9.	2.	14	5.	12.	9.	2.	14	5.
	5°.	1 000.	6.	4.	5.	7	5.	12.	9.	2.	13	5.
		1 000.	6.	4.	5.	6	0.					
	6°.	1 000.	6.	4.	5.	8	0.	12.	9.	2.	15	0.
		1 000.	6.	4.	5.	7	0.					
TOTAL		12 000.	Ont pesé					75.	7.	5.	13	5.
Ce qui donne pour		1 000.						6.	4.	5.	7	125.
Et pour		1.	Poids moyen								57	967 125.

Nous avons cru devoir d'autant plus négliger la fraction $0^{\text{grain}}000125$, que le poids étalon est, comme on le voit, un peu plus faible que les autres; ce qui vient de ce que l'on a toujours soin de tenir les poids usuels plutôt un peu plus forts qu'un peu plus faibles, parce qu'ils tendent assez promptement à s'affaiblir par le frottement.

Pour restituer au poids ce qu'il a perdu, on insère ordinairement un peu de plomb dans les petits trous pratiqués à une des surfaces du poids.

Quelques autres expériences faites en prenant le terme moyen de forts poids de la monnoie et du commerce avaient donné, pour le rapport de la drachme aux grains de notre poids de marc. . . . $58^{\text{grains}}188$,
au lieu du rapport ci-dessus. 57 967;
ce qui fait une différence, en plus, de. . 0 221,
ou de $0^{\text{drachme}}00381$: mais nous pensons que le nombre $58^{\text{grains}}188$ est trop fort, et qu'on doit adopter celui de $57^{\text{grains}}967$. En effet, nous avons trouvé presque constamment que les poids du commerce étaient plus forts, pour les raisons que nous avons fait connaître ci-dessus[1], et qu'ils différaient entre eux de quantités beaucoup plus considérables que ceux de la monnoie.

Cependant un assez grand nombre de divers poids fractionnaires de la monnoie et du commerce qui nous ont paru mériter le plus de confiance, soit pour leur bonne exécution, soit pour leur état de conservation satisfaisante, soit pour la confiance que méritaient les *serrâf* qui s'en servaient, nous ont donné, pesés en-

[1] *Voyez* pag. 92, lign. 5 et suiv.

semble ou séparément, à une très-petite fraction près, pour le terme moyen de la valeur de la drachme conclue de ces différens poids, $57^{\text{grains}}970$; ce qui ne diffère du premier résultat que de 3 grains pour 1000 drachmes.

		livres.	onces.	gros.	grains.	fractions.
600	sequins neufs du Kaire, des mieux ajustés et qui donnaient à la balance de la monnoie 505 drachmes $\frac{1}{4}$, donnèrent, pesés à une balance plus sensible, construite par M. Conté.	3.	2.	6.	54	00.
	D'après le rapport que nous avons adopté pour la drachme, ils auraient dû peser.	3.	2.	6.	55	83.
100	thalaris pesaient communément à la monnoie et presque exactement, parce que cette monnoie n'avait pas éprouvé d'altération, 910 drachmes; ce qui donnait, d'après le même rapport, pour le poids d'un thalari.	0.	0.	7.	23	50.
	L'ouvrage de M. Bonneville sur les monnoies porte le poids légal du thalari à.	0.	0.	7.	24	00.
100	piastres pesaient communément à la monnoie 875 drachmes; ce qui donnerait, d'après notre rapport, pour une piastre.	0.	0.	7.	3	21.
	Elles sont cotées, dans l'ouvrage de M. Bonneville, à.	0.	0.	7.	4	00.
	Mais la fabrication de cette monnoie est moins parfaite que celle des thalaris; et, comme elle circule davantage, elle avait toujours un peu perdu de son poids par le frai.					
	M. Bonneville donne son poids moyen pour être de. . . . . ou $26^{\text{grammes}}920$[1].	0.	0.	7.	2	83.

[1] *Introduction*, pag. XXXIX, édition de 1806.

Nous joignons ici la table du rapport des poids d'Égypte avec le poids de marc et le poids décimal de France : nous y avons compris les dixièmes et les unités de drachme, et ensuite les poids de 10 en 10 et de 100 en 100 jusqu'à 1000; enfin nous avons intercalé dans cette table la valeur de ceux des poids qui ont des dénominations particulières et sont d'un usage fréquent.

(*Voyez cette table ci-jointe.*)

REMARQUES.

1°. PAGE 73, alinéa 2, *chez les uns et chez les autres* (les Arabes et les Européens), *le système de numération est le même.*

Notre système de numération vient en effet de l'Orient (celui des Grecs et celui des Latins étaient très-différens et beaucoup plus imparfaits); mais les Arabes eux-mêmes l'ont reçu de l'Inde. La manière seule dont s'écrivent et dont se lisent les chiffres prouve que la notation arithmétique aujourd'hui universellement adoptée n'est pas d'origine arabe. En effet, les Arabes écrivent et lisent les lettres de droite à gauche, tandis qu'ils écrivent et lisent, comme nous, les chiffres de gauche à droite.

2°. Ibid. *la plupart des divisions et des dénominations de mesures.* *Voyez* ci-après, remarque n°. 20.

3°. Page 74, alinéa 2, *vers l'an* 841 *de l'hégire.* De 1437 à 1438 de notre ère.

Pour convertir d'une manière approximative les années de l'hégire en années de notre ère, il faut observer, 1°. que notre ère a

TABLE

de conversion des poids d'Égypte en poids de marc et en poids décimal de France.

DÉNOMINATION des POIDS D'ÉGYPTE.	LEUR VALEUR — EN DRACHMES d'Égypte.		EN POIDS DE MARC de France.						EN POIDS DÉCIMAL.						
	vaut	drachmes. fractions.	livres.	marcs.	onces.	gros.	grains.	fract.	myriagr.	kilogram.	hectogr.	décagr.	gram.	milligr.	fract.
1 grain de blé....	1/64 ou	0, 015625.	0.	0.	0.	0.	0.	9057.	0.	0.	0.	0.	0.	048.	1079.
1 *habbah* ou grain d'orge....	1/48	0, 020833.	0.	0.	0.	0.	1.	2076.	0.	0.	0.	0.	0.	064.	1439.
1 *harat* ou grain de caroubier	1/16	0, 062500.	0.	0.	0.	0.	3.	6229.	0.	0.	0.	0.	0.	192.	4315.
		0, 1.	0.	0.	0.	0	5.	7967.	0	0.	0.	0.	0.	307.	8904.
		0, 2.	0.	0.	0.	0.	11.	5934.	0.	0.	0.	0.	0.	615.	7808.
		0, 3.	0.	0.	0.	0.	17.	3901.	0.	0.	0.	0.	0.	923.	6712.
		0, 4.	0.	0.	0.	0.	23.	1868.	0.	0.	0.	0.	1.	231.	5616.
		0, 5.	0.	0.	0.	0.	28.	9835.	0.	0.	0.	0.	1.	539.	4520.
		0, 6.	0.	0.	0.	0.	34.	7802.	0.	0.	0.	0.	1.	847.	3424.
		0, 7.	0.	0.	0.	0.	40.	5769.	0.	0.	0.	0.	2.	155.	2328.
		0, 8.	0.	0.	0.	0.	46.	3736.	0.	0	0.	0.	2.	463.	1232.
		0, 9.	0.	0.	0.	0.	52.	1703	0.	0.	0.	0.	2.	771.	0136.
1 *dirhem* ou drachme.......		1, 0.	0.	0.	0.	0.	57.	9670.	0.	0.	0.	0.	3.	078.	9040.
1 *mitqál*................		1, 5.	0.	0.	0.	1.	14.	9505.	0.	0.	0.	0.	4.	618.	3560.
		2.	0.	0.	0.	1.	43.	9340.	0.	0.	0.	0.	6.	157.	8080.
		3.	0.	0.	0.	2.	29.	9010.	0.	0.	0.	0	9.	236.	7120.
		4.	0.	0.	0.	3.	15.	8680.	0.	0.	0.	1.	2.	315	6160.
		5.	0.	0.	0.	4.	1.	8350.	0.	0.	0.	1.	5	394.	5200.
		6.	0.	0.	0.	4.	59.	8020.	0.	0.	0.	1.	8.	473.	4240.
		7.	0.	0.	0.	5.	45.	7690.	0.	0.	0.	2.	1.	552.	3280.
		8.	0.	0.	0.	6.	31.	7360.	0.	0.	0.	2.	4.	631.	2320.
		9.	0.	0.	0.	7.	17.	7030.	0.	0.	0.	2.	7.	710.	1360.
		10.	0.	0.	1.	0.	3.	6700.	0.	0.	0.	3.	0.	789.	0400.
1 *ouqyah*....		12.	0.	0.	1.	1.	47.	6040.	0	0.	0.	3.	6.	946.	8480.
		20.	0	0.	2.	0.	7.	3400.	0.	0.	0.	6.	1.	578.	0800.
		30.	0.	0.	3.	0.	11.	0100	0.	0.	0.	9	2.	367.	1200.
		40.	0.	0.	4.	0.	14.	6800.	0.	0.	1.	2.	3.	156.	1600.
		50.	0.	0.	5.	0.	18.	3500.	0.	0.	1.	5.	3.	945.	2000.
		60.	0.	0.	6.	0.	22.	0200.	0.	0.	1.	8.	4.	734.	2400.
		70.	0.	0.	7.	0.	25.	6900.	0.	0.	2.	1.	5.	523.	2800.
		80.	0.	1.	0.	0.	29.	3600.	0.	0.	2.	4.	6.	312.	3200.
		90.	0.	1	1.	0.	33.	0300.	0.	0.	2.	7.	7.	101.	3600.
		100.	0	1.	2.	0.	36.	7000.	0.	0.	3.	0.	7.	890.	4000.
1 *rotl qabany*.............		144.	0.	1.	6.	3.	67.	2480.	0.	0.	4	4.	3.	362.	1760.
1 *rotl zyáty*.............		168.	1.	0.	0	7.	18.	4560.	0.	0.	5.	1.	7.	255.	8720.
		200.	1.	0.	4.	1.	1.	4000.	0.	0.	6.	1.	5.	780.	8000.
		300.	1.	1.	6.	1.	38.	1000.	0.	0.	9.	2.	3.	671.	2000.
		400.	2.	1.	0.	2.	2.	8000.	0.	1.	2.	3.	1.	561.	6000.
		500.	3.	0.	2.	2.	39.	5000.	0.	1.	5.	3.	9.	452.	0000.
		600.	3.	1.	4.	3.	4.	2000.	0.	1.	8.	4.	7.	342.	4000.
		700.	4.	0.	6.	3.	40.	9000.	0.	2.	1.	5.	5.	232.	8000.
		800.	5.	0.	0.	4.	5.	6000.	0.	2.	4.	6.	3.	123	2000.
		900.	5.	1.	2	4.	42.	3000.	0.	2.	7.	7.	1.	013.	6000.
		1000.	6.	0.	4.	5.	7.	0000.	0.	3.	0.	7.	8.	904.	0000.
		2000.	12.	1.	1.	2.	14.	0000.	0.	6.	1.	5.	7.	808.	0000.
1 *qantár*.................		14400.	90.	1.	1.	1.	28.	8000.	4.	4.	3.	3.	6.	217.	6000

commencé 621 ans après l'hégire ; 2°. que l'année arabe, qui est l'année lunaire, étant de 354 jours, tandis que l'année solaire est de 365, il faut 135 années de l'hégire pour en faire 131 de l'ère chrétienne. Si le départ était le même, il suffirait donc de multiplier le nombre exprimant l'année de l'hégire par 131, et de diviser le produit par 135 ; mais, comme l'ère chrétienne compte 621 ans avant l'hégire, il faut ajouter 621 au quotient, pour avoir l'année correspondante. Réciproquement, pour convertir les années de notre ère en années de l'ère arabe, il faut d'abord retrancher 621 du nombre qui exprime l'année chrétienne, multiplier ensuite le reste par 135, et diviser par 131 : le quotient sera l'année arabe. Dans l'un et l'autre cas, si le reste de la division donnait plus d'une demi-année, ajoutez à l'ère une année de plus.

4°. Page 74, note 2, *grand Recueil des lois de la Sunna.*

Sunna ; en arabe, سنّة, *sonnah ;* pluriel, سنن, *sonan ;* c'est-à-dire grand livre des *sonan*, ou grand recueil des lois, ou règles, ou traditions.

5°. Page 75, alinéa 2, *dirhem.* Voyez la note 1, même page.

Ce mot désignait, en arabe, tantôt un poids, et tantôt une monnoie d'argent ; en grec, δραχμὴ ; en français, *drachme* ou *dragme.*

6°. Ibid. *dynâr.* Voyez page 84, note 1.

Ce mot signifiait originairement *monnoie* ou *pièce d'or ;* il vient, sans doute, du latin *denarius*. Le *denarius nummus* était ainsi nommé parce qu'il valait dix as. Les pièces d'or des Romains ont long-temps circulé en Perse et en Égypte, et l'on en trouve encore quelques-unes parmi les anciennes pièces d'or dont les femmes ornent leur coiffure.

7°. Ibid. *mitqâl ;* en arabe, مثقال.

Ce mot signifie un poids en général. C'était anciennement l'unité de poids, comme aujourd'hui la drachme. La racine arabe est ثقل, *taqil*, peser.

8°. Ibid. *dâneq ;* en arabe, دانق. *Voyez* pag. 79, note 1.

Vient du persan دانه, *dâneh*, ou دانك, *dânek*, qui signifie graine ou grain de plante.

9°. Ibid. *qirât* ou *kirat ;* en arabe, قيراط. *Voyez* page 86, note 3.

En grec, *κεράτιον*; en français, *karat* ou *carat*. Voyez la remarque n°. 23.

10°. Page 75, *ouqyah*. Voyez page 83, note 2.

En grec, *οὐγκία*, d'*ὄγκος*, poids; en latin, *uncia*, mot presque entièrement semblable au grec, si l'on fait attention que l'*u* se prononce *ou* en latin, et qu'en grec le *γ* devant le *κ* se prononce comme *ν*.

11°. Ibid. *nach*. Voyez page 75, note 3.

En arabe, نش, de نصف, *nasf* ou *nousf*, moitié; et نص, *nas* ou *nous*, en supprimant le *fé* (ف). Dans l'écriture vulgaire, on supprime presque tous les points ou accens destinés à indiquer les voyelles, et la prononciation n'est plus alors déterminée que par l'usage ou la tradition; ce qui est cause que la prononciation change et s'altère souvent, et varie beaucoup d'un pays à l'autre. On prononce généralement, en Égypte, *nous*, qui signifie *moitié* ou *demi* (moitié d'une petite monnoie); et, comme le médin ou pârah est actuellement la plus petite monnoie qui ait cours, le mot *nous* indique vulgairement un médin. Les pauvres disent: *A't nous* (اعط نص), Donne un médin. On dit: *Kam dy? Nous* (كم دى نص). Combien cela? Un médin.

12°. Ibid. *rotl*. Voyez page 76, note 2.

La racine رطل, *rathal*, ou *rotl*, signifie *peser avec la main*, *sous-peser*.

13°. Ibid. *qantâr*. Voyez page 83, note 1. En français, *quintal*.

Ces mots paraissent une altération du mot latin *centenarius* ou *centenarium*, que les Grecs ont traduit par *κεντινάριον*. Il serait possible que les Européens eussent pris immédiatement des Arabes quelques noms de poids, tels que *karat*, *quintal* (de *quintar*); les Arabes les ayant eux-mêmes reçus plus anciennement des Grecs et des Romains, par qui ils avaient été conquis et gouvernés pendant long-temps. *Voyez* la remarque n°. 20.

14°. Page 77, ligne 1re, *dans l'ouvrage intitulé* El-Mohakkiam.

En arabe, المحكم; c'est-à-dire *le* (livre ou traité) *clair*, *précis*, *bien établi*.

15°. Page 78, alinéa 4, *dans son livre intitulé* El-Kebyr, *ou* Alkébir.

En arabe, الكبير; c'est-à-dire *le grand* (*livre* ou *traité* sous-entendu). L'objet de ce traité n'est pas indiqué. Ce pourrait être, par exemple, فى الفقه, *fy el fiqeh*, sur la jurisprudence.

16°. Page 80, note 2, *M. de Sacy pense qu'il faut lire* Kitab alamthal.

Ce même savant, dans la note 66 de la traduction du Traité des poids et mesures de Maqryzy, observe que, dans le manuscrit de Leyde, on lit clairement *Kitab alameal*, et qu'il faut s'en tenir à cette leçon.

17°. Page 81, note 1, *dirhem bagli* ou *baghli;* en arabe, درهم بغلى.

On ne peut guère indiquer l'origine ou le sens de cette dénomination; mais les voyageurs mahométans à la Chine parlent aussi du dirhem baghly. On appelait aussi ce dirhem, *fort de poids.* L'épithète de *noir* peut avoir été donnée au dirhem, parce que l'argent contracte par le temps ou par le feu une couleur noire, lorsque la surface n'est pas polie par le frottement.

18°. Ibid. *dirhem tabary* ou *thabari;* en arabe, درهم طبرى; c'est-à-dire, probablement, *dirhem du Tabaristan*, en Perse. On appelait aussi ce dirhem, *ancien.*

19°. Ibid. *dirhem djavaréki;* en arabe, درهم جوارقى, *dirhem gaouâreqy.*

On ignore le sens ou l'étymologie de *gaouâreqy*, ou *djaouâreqy.*

20°. Page 83, alinéa 4, *nous avons dit que les Européens ont cela de commun avec les Arabes, qu'une grande partie des noms et divisions de leurs poids étaient les mêmes.*

Soit que les anciens Égyptiens aient eux-mêmes été les inventeurs de la plupart des sciences et des arts, soit qu'ils les aient reçus de l'Inde et de la Perse, les Grecs et les Romains leur ont emprunté une partie de leurs connaissances. D'un autre côté, les Grecs et les Romains, ayant par la suite conquis successivement l'Égypte, y ont porté beaucoup de leurs usages et de mots de leurs langues. Les Européens, lors des croisades, sont allés puiser dans l'Orient, où les sciences florissaient alors, des notions, des noms et des usages, dont une partie provenait des Grecs et des Romains. Enfin le commerce et les relations avec l'Occident ont pu faire substituer, dans la langue arabe, à des termes plus anciens d'arts et de sciences, des mots européens exprimant des idées analogues.

Il est donc souvent difficile, dans des relations si compliquées, de pouvoir déterminer la véritable origine de quelques idées et usages, et des termes des différens arts et sciences. La probabilité, en général, lorsque l'extraction n'est pas bien connue, est en faveur de la langue la plus ancienne, si le mot n'est pas contraire au génie de cette langue ; mais lorsque ce mot n'a point de racine dans la langue la plus ancienne, et qu'il en a une au contraire dans les langues plus modernes, il n'y a pas de doute qu'il ne provienne de ces dernières.

21°. Page 85, alinéa 8, *rotl zyâty ;* en arabe, رطل زياتى.

C'est probablement une altération du mot زيادتى, *zyâdty*, qui veut dire, *augmenté avec addition.* Le rotl zyâty est le rotl augmenté ou le plus fort. Tous les pesages un peu forts, ceux d'objets volumineux, et particulièrement des marchandises qui sont susceptibles d'avoir ce qu'on appelle une *tare*, se font avec la *romaine.* Le rotl est alors de 168 drachmes, qui ne comptent cependant que pour 144. Les 24 drachmes de surplus passent ordinairement, 1°. pour la tare, ou poids des sacs, vases, enveloppes, et pour les déchets; 2°. pour compenser l'inexactitude de poids qui résulte de la construction de la romaine, à l'aide de laquelle il est plus difficile d'évaluer les différences de poids peu considérables, qu'avec la balance ordinaire, qui s'appelle, en arabe, ميزان, *myzân.*

22°. Ibid. *rotl qabâny* ou *cabani;* en arabe, رطل قبانى.

Qabâny veut dire *peseur,* particulièrement celui qui se sert de la balance que nous appelons *romaine*, en latin *statera.* Le rotl qabâny, ou des peseurs, est celui de 144 drachmes; il sert, en général, pour peser, dans la balance à deux bassins, toutes les marchandises peu lourdes et d'un petit volume. On n'a que de petites balances, qui se tiennent à la main ou se suspendent avec un cordon, et l'on ne se sert point des grands fléaux et plateaux capables de recevoir des poids considérables.

23°. Page 86, alinéa 4, *le karat a été comparé au grain de caroubier.* Voyez note 3, même page.

Qarrata aleïhi, parum dedit illi; en arabe, قرّط عليه. Ce sont les verbes qui sont racines en arabe, et non les substantifs, comme dans la plupart des langues. Néanmoins, cette étymologie est évidemment fausse ou forcée, comme un grand nombre de celles que donnent les grammairiens arabes, enclins à la recherche et aux subtilités. Il est évident que *karat* ou *kirat* est dérivé du grec *κεράτιον*, qui signifie *grain de caroubier*. Les Arabes en ont fait le mot *karat*, qui a le même sens, et le verbe قرّط, qui veut dire, *donner peu de chose*, par une métaphore prise du peu de valeur du grain de caroubier, à peu près comme on dit familièrement en français, *je n'en donnerais pas un zeste*.

24°. Page 86, note 4, *kharoubah;* en arabe, خروبه.

25°. Page 87, note 1, *habbah*, grain; en arabe, حبّ, *hab* ou *habb*, ou حبّة, *habbah*.

26°. Page 88, alin. 4, *serrâf;* en arabe, صرّاف; racine, صرف, *seraf*, changer.

Les *serrâf* évaluent et changent les monnoies. On les emploie surtout à compter, parce que, la monnoie étant très-divisée, il faut du temps, du soin et un ou plusieurs hommes exercés pour compter une somme, même peu considérable.

27°. Page 88, note 1, *dans son livre intitulé* Almésalik, *ou* El-Mesâlik.

En arabe, المسالك, *les Routes*. Ce titre est commun à beaucoup de descriptions géographiques.

28°. Page 92, note 1, *aghâ chargé de la police*.

Il s'appelle, en arabe, محتسب, *mohteseb*, de la racine حسب, *hasab*, compter. (*Voyez* la note 97 du *Traité des monnoies* de Maqryzy, traduction de M. de Sacy.) *Aghâ* est un mot turk, qui signifie *officier commandant*.

29°. Ibid. note, alinéa 2, *dans les marchés, les places publiques, les bazars, etc.*

Bazars; en persan, بازار, *bâzâr*. Ces marchés sont couverts et fermés, à peu près comme ceux de France qui sont établis dans des cours ou enceintes entourées de galeries couvertes et de boutiques.

30°. Ibid. note, alinéa 4, *Cette punition consiste ordinairement en coups de* qourbâg.

Qourbâg; en arabe, قرباج. Ce mot signifie *chose pliée* ou *tortillée*, parce que les *qourbâg* sont ordinairement faites de cuir de buffle tortillé. Ce sont des espèces de *baguettes* ou *badines* qui ressemblent à nos fouets d'écuyer, ou, plus exactement, à ce que nous appelons *nerf de bœuf*. Les caravanes en apportent qui sont faites de lanières de cuir d'éléphant ou de rhinocéros. On les appelle, dans le pays, *nerf* ou *verge d'éléphant;* expression qui est analogue à celle de *nerf de bœuf*.

31°. Page 92, note, alinéa 5, *lui prennent les jambes dans une espèce de joug*.

Tous les moyens employés par les Arabes étant d'une extrême simplicité, ils se servent, pour saisir les pieds de celui à qui l'on inflige des coups de *qourbâg,* d'une espèce d'arc fait avec une corde et la nervure d'une branche de palmier trouée aux extrémités. Ils enlacent le bas des jambes avec la corde, et deux hommes maintiennent les pieds du patient élevés et serrés l'un contre l'autre, en saisissant chacun une des deux extrémités de l'arc.

32. Page 99, alinéa 3, *thalaris* ou *talaris*.

Voyez, pour ce qui concerne cette monnoie, le Mémoire sur les monnoies d'Égypte.

Nota. Pour représenter les mots *arabes* en lettres *françaises*, on a suivi, dans le discours, dans la plupart des notes et dans les remarques, la notation adoptée par la Commission des sciences et arts d'Égypte. Dans celles des notes qui ne sont que des citations, on a dû conserver l'orthographe suivie par M. Silvestre de Sacy.

NOMENCLATURE

DES TRIBUS D'ARABES

QUI CAMPENT

ENTRE L'ÉGYPTE ET LA PALESTINE,

DEPUIS KHAN YOUNES ET GHAZZAH
JUSQU'À L'ORONTE,

ET DANS LA PARTIE SEPTENTRIONALE DU DÉSERT QUI SÉPARE LA MEKKE
DE LA SYRIE;

Par M. LE CHEVALIER AMÉDÉE JAUBERT.

AVERTISSEMENT.

Les mœurs et les usages des Arabes, qui, depuis un temps immémorial, errent dans les déserts de l'Égypte et de la Syrie, sont aujourd'hui suffisamment connus. Les géographes, les historiens et les philosophes de l'antiquité nous ont transmis, à cet égard, des détails peu différens de ceux qu'on lit dans les relations des voyageurs modernes; mais les noms actuels des tribus, leur force présumée, et la désignation des lieux qu'elles habitent, ne se trouvent nulle part présentés avec toute la précision et toute l'exactitude désirables.

A ne considérer que l'obscurité profonde à laquelle ces hordes à demi sauvages semblent avoir été condamnées, et la nullité de nos relations avec elles, il semble en effet assez peu important de connaître toutes les particularités qui les concernent : néanmoins, ces particularités peuvent jeter quelque jour sur la géographie de leurs déserts, et les voyageurs qui viendront après nous ne les trouveront point inutiles; car, naturellement orgueilleux et vains, les Arabes ne sont portés à la bienveillance qu'envers ceux qui les estiment, qui les apprécient, et surtout qui les connaissent. On a donc pensé qu'une bonne nomenclature des tribus de ceux d'entre ces nomades qui habitent les pays compris entre le Nil et l'Oronte ne serait pas sans intérêt. Pour donner à ce travail le seul genre de mérite dont il soit susceptible, on a soigneusement comparé les renseignemens fournis par des hommes du pays réfugiés en France, avec des notes recueillies sur les lieux durant le cours de deux voyages différens; on a transcrit les noms propres en caractères arabes et en français, et l'on a particulièrement évité d'insérer, tant dans la colonne de ces *noms* que dans celle des *observations*, tout ce qui pouvait être l'objet d'une incertitude, ou former la matière d'un doute.

NOMENCLATURE

DES TRIBUS D'ARABES

QUI CAMPENT

ENTRE L'ÉGYPTE ET LA PALESTINE.

ARABES

NOMS DES TRIBUS EN ARABE.	NOMS DES TRIBUS EN FRANÇAIS.	LIEUX D'HABITATION.
عرب الطرابين او ترابين	Les *Therrâbyn* ou *Terrâbyn.*	La vallée de *Tyeh* (تيه) ou de l'Égarement, les environs de *Ghazzah* (غزه), et plus particulièrement le lieu nommé *Deyr el-Tyn* (دير التين), ou Couvent des Figuiers.
عرب السواركه	Les *Seouârkeh*......	Les mêmes déserts jusqu'au mont Sinaï (جبل طور *Gebel-Tour*).
عرب الطور	Les *el-Tour*........	Ainsi que son nom l'indique, cette tribu habite les environs du mont Sinaï.
عرب المحارب او نفيعات	Les *Mohâreb* ou *Nefy'ât.*	Les envir: de *Belbeys* (بلبيس) et de *Qorayn* (قرين).

ARABES D'ÉGYPTE.

NOMS DES TRIBUS EN ARABE.	NOMS DES TRIBUS EN FRANÇAIS.	LIEUX D'HABITATION.	NOMBRE PRÉSUMÉ.	*OBSERVATIONS.*	SOURCES ET AUTORITÉS.
عرب الطرابين او ترابين	Les *Therrâbyn* ou *Terrâbyn.*	La vallée de *Tyeh* (تيه) ou de l'Égarement, les environs de *Ghazzah* (غزّه), et plus particulièrement le lieu nommé *Deyr el-Tyn* (دير التين), ou Couvent des Figuiers.	500 cavaliers.......	Cette tribu, connue de toutes les personnes qui ont voyagé en Égypte dans ces derniers temps, était anciennement plus nombreuse qu'elle ne l'est aujourd'hui. C'est une de celles qui éprouvèrent le plus les effets de la colère d'A'ly-bey, lorsque ce chef de Mamlouks conçut le projet de délivrer l'Égypte des Arabes.	Extrait des notes par nous prises sur les lieux.
عرب السوارکه	Les *Seouârkeh*......	Les mêmes déserts jusqu'au mont Sinaï (جبل طور *Gebel-Tour*).	Nombre inconnu...	Cette tribu est alliée de la précédente. Son cheykh se nommait, en 1799, *Ben Ma'ouy* (بن معوى).	Extrait des notes à nous transmises par feu Mikhayl Sabbagh, copiste arabe de la bibliothèque du roi.
عرب الطور	Les *el-Tour*.......	Ainsi que son nom l'indique, cette tribu habite les environs du mont Sinaï.	400 cavaliers.......	Les Arabes du mont Sinaï transportent au Kaire du charbon et des fruits de cette montagne, et quelques marchandises de l'Inde venues par Soueys.	Extrait des notes prises par nous sur les lieux, et de celles de D. Raphael, récemment mises en ordre et publiées par M. Mayeux.
عرب المحارب او نفيعات	Les *Mohâreb* ou *Nefy'ât.*	Les envir: de *Belbeys* (بلبيس) et de *Qorayn* (قرين).	Plus de 400 cavaliers.	Il ne faut pas confondre cette tribu avec une autre du même nom dont il sera question ci-après.	Extrait des notes prises par nous sur les lieux, et de celles de Mikhayl Sabbagh.

NOMS DES TRIBUS EN		LIEUX D'HABITATION.	NOMBRE PRÉSUMÉ.	OBSERVATIONS.	SOURCES ET AUTORITÉS.
ARABE.	FRANÇAIS.				
عرب التهيانيه	Les *Tihyâinyeh*....	Ces trois tribus habitent les environs sablonneux et stériles de *Khân Younes* (خان يونس).	De 2 à 300 cavaliers.	Ces tribus, quoique dépendantes du gouvernement de *Ghazzah* (غزة), sont considérées comme égyptiennes à cause des nombreux voyages qu'elles font au Kaire. Elles n'avaient, en 1799, qu'un cheykh, qui se nommait alors *Abou Chekâl Ouahydy* (ابو شكال وحيدى).	Extrait des notes à nous transmises par le Syrien Khalyl Mesa'd
عرب الطرابنس	Les *Teribnes*......				
عرب بن البريق	Les *Ben el-Beryq*..		Nombre inconnu...		
عرب الحناجرة	Les *Henâgerat*......	Le désert au sud de *Khân Younes* (خان يونس)............			
عرب القطاب	Les *Qattâb*........	Les environs du Kaire, à une journée environ à l'est-sud-est de cette ville.	600 caval. au moins.	....	Extrait des notes de feu Mikhayl Sabbagh.
عرب البساطين	Les *el-Basâtyn*, ou des Jardins.	A trois lieues à l'est du Kaire..	Peu nombreux......	....	*Idem*, ainsi que de celles de D. Raphael
عرب الحويطات	Les *Haouytât*......	Voisins des précédens........	400 cavaliers.......	Cette tribu a eu des relations fréquentes et amicales avec les Français.	Extrait des notes prises par nous sur les lieux.
عرب الصوالحات	Les *Saouâlhât*.....	Les environs au nord de *Soueys* (سويس)...................	400 cavaliers.......	Les *Saouâlhât* (صوالحات) sont alliés des précédens. Leur chef, que nous avons connu personnellement, se nommait, en 1799, *Cheykh Mohammed ebn Sâleh* (شيخ محمد ابن صالح).	*Idem*.
عرب نصف حرام	Les *Nousfi-Harâm*..	Les bords du petit lac nommé *Birket el-Hâg* (بركة الحاج), ou des Pèlerins, près du Kaire.	500 cavaliers.......	....	*Idem*
عرب البيسار	Les *Bysâr*........	Les environs du vieux Kaire (مصر العتيقه)............	300 cavaliers.......	On rencontre également des Arabes de ce nom auprès des pyramides de Gyzeh.	*Idem*, et de l'ouvrage de M. Mayeux.
عرب العايدى	Les *A'ydy*........	Les environs du Kaire, à une journée à l'est...............	1000 cavaliers.....	Cette tribu très-nombreuse se subdivise en diverses branches, dont les noms nous sont inconnus.	Extrait des notes de Mikhayl Sabbagh.

NOMS DES TRIBUS EN ARABE.	NOMS DES TRIBUS EN FRANÇAIS.	LIEUX D'HABITATION.	NOMBRE PRÉSUMÉ.	*OBSERVATIONS.*	SOURCES ET AUTORITÉS.
عرب الحبايبى	Les *Habâyby*.......	La vallée nommée *Ouâdy'l-Megâoueh* (وادى الجاوه), située à une journée et demie du Kaire, dans le désert.	600 cavaliers.......	Ces quatre tribus, et particulièrement les deux dernières, ont presque toujours été en état de guerre contre les Français.	Extrait des notes de Mikhayl Sabbagh, et de celles prises par nous sur les lieux.
عرب نصف سعد	Les *Nousfi-Sa'd*....	Les mêmes lieux............	300 cavaliers......		
عرب البلى	Les *Bily*..........	*Idem*....................	300 cavaliers......		
عرب الزناني	Les *Zenâny*........	*Idem*....................	200 cavaliers.......		
عرب طوميلات	Les *Toumylât*......	Une vallée du même nom, dans laquelle passait autrefois le canal de Soueys, *Khalyg emyr al-Moumenyn* (خليج امير المومنين).	500 cavaliers......	....	Extrait des notes de Mikhayl Sabbagh, et de celles prises par nous sur les lieux

ARABES DE PALESTINE.

NOMS DES TRIBUS EN ARABE.	NOMS DES TRIBUS EN FRANÇAIS.	LIEUX D'HABITATION.	NOMBRE PRÉSUMÉ.	*OBSERVATIONS.*	SOURCES ET AUTORITÉS.
عرب العايد	Les *A'yd*..........	Les lieux nommés *el-Tell* (التل, la Colline) et *I'râq el-Menchyeh* (عراق المنشيه), jadis occupés par la tribu de Siméon.	Nombre inconnu...	Le cheykh de ces Arabes se nommait, en 1799, *Ebn Huseyn el-Dâymy Ouahydy* (ابن حسين الدايمى وحيدى).	Extrait des notes du Syrien Khalyl Mes'd
عرب قلازين	Les *Qelâzyn*.......				
عرب الجبارات	Les *Gebârât*.......				
عرب العمارين	Les *A'mâryn*......				
عرب باكير	Les *Bâkyr*.........	Entre *Ghazzah* (غزه) et Hébron (*Gebel Khalyl* جبل خليل), ville de l'ancienne tribu de Juda, dès long-temps vénérée comme lieu de la sépulture d'Abraham.	*Idem*............	....	*Idem*

NOMS DES TRIBUS EN		LIEUX D'HABITATION.	NOMBRE PRÉSUMÉ.	*OBSERVATIONS.*	SOURCES ET AUTORITÉS.
ARABE.	FRANÇAIS.				
عرب الوحيدات	Les *Oudhydât*......	Entre *el-A'rych* (العريش) et *Ghazzah* (غزّه), et le désert situé au sud-est de cette dernière ville.	3000 caval. au moins.	Cette tribu puissante domine dans tout le pays compris sous le 31e degré de latitude, entre la Méditerranée et la mer Morte. Elle donne souvent des cheykhs aux tribus voisines, et se subdivise en plusieurs branches, dont la plus généralement connue est celle des Arabes *A'ychah* (عايشه) ou *A'ychyeh* (عايشه), qui habitent auprès de Ghazzah.	Extrait des notes prises par nous sur les lieux, et de celles de D. Raphael, etc.
عرب الاماره	Les *Ammâreh*......	Les environs de *Ramleh* (رمله) et de *Ledda* (لدّ), l'ancienne *Diospolis*.	2 à 300 cavaliers. .	Les *Ammâreh* escortent ordinairement les personnes qui se rendent en pèlerinage à Jérusalem. Leur chef se nommait, en 1799, *Selâmeh 'l-emyr* (سلامه الامير).	Extrait des notes prises par nous sur les lieux, et de celles de Khalyl Me'a'd.
عرب ابوكشك	Les *Abou-Kechk*....	Les bords de la petite rivière de *Fougy* (فوجى) qui coule au nord de Jaffa (يافه *Yâfah*), et les hauteurs qui dominent cette ville.	200 cavaliers.......	Leur cheykh se nommait, en 1799, *Ahmed Bekyr* (احمد بكير).	Extrait des notes à nous remises par Ya'qoub Habayb, ancien cheykh de Chefa'amer en Syrie.
عرب الملاح	Les *Mellâh*, ou vendeurs de sels.	Les mêmes lieux............	Peu nombreux....	....	Extrait de l'ouvrage de M. Mayeux.
عرب عدوان	Les *A'douân*.......	Les envir. de Jérusalem (قدس شريف, *Qods Cheryf*).	*Idem*............	....	Extr. des notes du cheykh Ya'qoub Habayb.
عرب المسعودى	Les *Mas'oudy*.....	Dans le voisinage des précédens, et les bords du Jourdain (نهر الاردن, *Nahr el-Arden*).	*Idem*.............	....	*Idem*
عرب النفيعات	Les *Nefy'ât*........	Ces Arabes vivent dans les cavernes qu'on rencontre auprès de Césarée de Palestine (قيصاريه, *Qaysâryeh*); on les voit souvent errer dans les ruines de cette ancienne résidence des Croisés.	*Idem*.............	Leur cheykh se nommait, en 1799, *A'bd-allah el-Serâb* (عبد الله السراب).	*Idem*, et de celles par nous prises sur les lieux.

NOMS DES TRIBUS EN ARABE.	NOMS DES TRIBUS EN FRANÇAIS.	LIEUX D'HABITATION.	NOMBRE PRÉSUMÉ.	*OBSERVATIONS.*	SOURCES ET AUTORITÉS.
عرب السعديه	Les *Sa'dyeh*........	Les mêmes lieux............	Très-peu nombreux.	....	Extr. des notes du cheykh Ya'qoub Habayb, et de celles prises par nous sur les lieux.
عرب حوارث	Les *Haouâret*.......	Les mêmes lieux............	*Idem*...........	....	*Idem.*
عرب النيمات	Les *Ne'ymât*.......	Le pays compris entre Césarée (قيصاريه) et *Rouhah* (روحه), et les bords de la mer jusques à *Tantourah* (طنطوره).	*Idem*...........	....	*Idem.*
عرب برارس	Les *Berâryeh*	Le pays compris entre *Rouhah* (روحــه) et *el-Marg* (المرج), c'est-à-dire l'ancienne plaine de Jesraël ou d'Esdrelon, renommée par la fertilité de ses pâturages.	200 cavaliers.....	Nous présumons que cette tribu est la même que celle qui se trouve designée sous le nom de *Bararich* dans les notes de D. Raphaël	*Idem.*
عرب مساعد	Les *Mesâ'd*........	Le mont Carmel............	*Idem*	....	*Idem.*
عرب زبيدات	Les *Zebeydât*......	Les retraites montueuses du pays de *Nâplous* (نابـلوس), l'ancienne Sichem du pays de Samarie.	*Idem*	....	*Idem.*
عرب السناقره	Les *Senâquerah*...	Le pays compris entre Jaffa (يـافـه, *Yâfah*) et *Nâplous* (نابلوس), qui fut jadis habité par la tribu d'Éphraïm	Peu nombreux......	....	*Idem.*
عرب الغابه	Les *Ghâbeh*.......	Les lieux qui formaient le domaine de la tribu de Manassé.	*Idem*..........	Ainsi que l'indique le nom de cette tribu, le pays qu'elle habite est assez boisé	*Idem*, ainsi que de celles de D. Raphaël.
عرب السقر	Les *Saqr*..........	Le vaste désert qui s'étend à l'est de la mer Morte, et qui servit autrefois de demeure aux nomades Moabites.	5 à 6000 cavaliers..	Cette redoutable tribu fait de fréquentes incursions dans le pays de *Safed* (صـفـد), ancienne partie du domaine de la tribu de Nephthali, et jusque sous les murs de *Nâplous* (نابلوس), de Saint-Jean-d'Acre (*A'kkah* عكه), et de *Sour* (سور).	Extrait des notes par nous prises sur les lieux, de celles du cheykh Ya'qoub et de la carte de M. Paultre.

NOMS DES TRIBUS EN ARABE.	NOMS DES TRIBUS EN FRANÇAIS.	LIEUX D'HABITATION.	NOMBRE PRÉSUMÉ.	*OBSERVATIONS*	SOURCES ET AUTORITÉS.
عرب الحلف	Les *Halaf*........	Les environs de *Safed* (صفد)..	Peu nombreux...	....	Extr. des notes du cheykh Ya'qoub.
عرب العوج	Les *A'oug*.........	Le lieu nom. *el-A'oug* (العوج)..	*Idem*...............	Le cheykh de ces Arabes se nommait, en 1799, *Abou-Kechk* (أبو كشك), ainsi que la tribu du même nom mentionnée plus haut, *page* 116.	*Idem*, et de celles du Syrien Khalyl Mess'd
عرب تركمان.	Les *Turkomân*.....	Depuis *Qâqoun* (قاقون) jusqu'au pont d'*ebn A'mer* (جسر ابن عامر).	*Idem*..........	Ces Turkomans n'ont rien de commun que le nom avec les tribus qui habitent la plaine d'Antioche, les environs sud-ouest de Damas et le pays d'Antab.	*Idem*
عرب الصقربادیه	Les *Saqarbâdyeh*...	Depuis ce pont jusqu'à *Bysân* (بيسان), l'ancienne Bethsan, dans le pays de Nâplous.	Nombre inconnu...	Ces Arabes habitent les pays qui faisaient autrefois partie des tribus d'Issachar et de Zabulon; ils ont, ainsi que les suivans, combattu les Français sur le mont Thabor.	Extrait des notes de Ya'qoub habyb, de celles prises par nous sur les lieux, et de la Géographie ancienne de d'Anville, tom. II, p. 177.
عرب السمكيه	Les *Semkyeh* (ou Pêcheurs).	Entre le pont des Filles de Jacob (*Gesr Benât Ya'qoub*, جسر بنات يعقوب) et *el-Qanytrah* (القنيطره).	Très-nombreux...	....	Notes du cheykh Ya'qoub.
عرب السميرات	Les *Soumeyrât*.....	Les mêmes lieux............	*Idem*............	....	Notes de D. Raphael
عرب الجعاتين	Les *Ga'âtyn*........	*Idem*.....................	*Idem*............	Les *Ga'atyn* parlent arabe et turk.	*Idem*, et du cheykh Ya'qoub
عرب تركمان التلجيه	Les *Turkmât el-Telgyeh*.	Les environs à l'est d'*el-Qanytrah* (القنيطره), pays boisé.	Inconnu.........	....	*Idem*
عرب نعمات الشرقيه	Les *Ne'ymât el-Charqyeh*.	Dept. *el-Qanytrah* (القنيطره), jusqu'au lieu nommé *el-Gydour* (الجيدور).	Nombreux........	Les *Ne'mât* sont riches en bestiaux.	Extrait des notes prises par nous sur les lieux, et de celles du cheykh Ya'qoub.

NOMS DES TRIBUS EN ARABE.	NOMS DES TRIBUS EN FRANÇAIS.	LIEUX D'HABITATION.	NOMBRE PRÉSUMÉ.	*OBSERVATIONS.*	SOURCES ET AUTORITÉS.
عرب خيط بوادى	Les *Khayt Beouády*.	Au-dessus du lac de Tibériade (تبريه, *Tabaryeh*), entre *Safed* (صفد) et le pont des Filles de Jacob (جسر بنات يعقوب, *Gesr Benát Ya'qoub*).	1000 cavaliers......	....	Extrait des notes prises par nous sur les lieux, et de celles du cheykh Ya'qoub; et, relativement au nombre, extrait des notes de D. Raphaël.
عرب مساعد امّاره و عرب الوهايب	Les *Mesâ'd Ammârah* et les *Ouahâyb*.	Les envir. de *Ryhah* (ريحه), l'ancienne Jéricho.	Nombre inconnu....	Le pays parcouru par ces Arabes fait partie de l'ancien domaine de la tribu de Benjamin.	Extr. des notes du cheykh Ya'qoub.
عرب كاظم امّاره	Les *Kâdem Ammârah*	Les bords occidentaux de la mer Morte, et les montagnes qui se trouvent au nord-est de Jérusalem.	*Idem*		
عرب الثمابيه	Les *Temâhyeh*......	De Jérusalem (*Qods Cheryf*, قدس شريف, ou *el-Qods*, القدس) au Jourdain (نهر الاردن, *Nahr el-Arden*).	*Idem*..........		
عرب الفهيادات	Les *Fehyâdât*......	Les bords du Jourdain (الاردن) jusqu'à *Byzân* (بيسان).	*Idem*..........	....	*Idem.*
عرب الثعاليه	Les *Ta'lyeh*........	Les mêmes lieux............	Nombre inconnu....	....	*Idem.*
عرب البشاتوه	Les *Bechâtoueh*.....	La plaine qui règne à l'est du lac de Tibériade (*Tabaryeh*, تبريه).	Peu nombreux......	Cette plaine faisait partie des possessions de la demi-tribu de Manassé.	*Idem.*
عرب المشاليخه	Les *Mechâlykhah*...	Les mêmes lieux jusqu'au Jourdain (نهر الاردن).	*Idem*............	....	*Idem*, ainsi que de celles de D. Raphaël
عرب الغور	Les *Ghaur*.........	Les bords du petit lac de *Hauleh* (حوله, *lacus Samochonites*).	300 cavaliers......	....	*Idem.*

NOMS DES TRIBUS EN ARABE.	NOMS DES TRIBUS EN FRANÇAIS.	LIEUX D'HABITATION.	NOMBRE PRÉSUMÉ.	*OBSERVATIONS.*	SOURCES ET AUTORITÉS.
عرب صخور الغور	Les *Sekhour el-Ghaur.*	Les bords du lac de Tibériade au nord jusqu'au pays occupé par les précédens. (Pays pierreux.)	300 cavaliers.......	....	Extr. des notes du cheykh Ya'qoub, ainsi que de celles de D. Raphael.
عرب الغوارنه	Les *Ghaouârneh*....	Les mêmes lieux............	Nombre inconnu....	....	Extr. des notes du cheykh Ya'qoub.
عرب الصبيح	Les *Sabyeh*........	Depuis *Chefâ 'l-Ghaur* (شفا الغور) jusqu'au revers méridional du mont Thabor.	*Idem*..........	....	Extrait des notes du Khalyl Mesa'd.
عرب الدكاشرات	Les *Dekâchyrât*....	A l'ouest des précédens......	*Idem*..........	....	*Idem*

ARABES DE SYRIE.

ARABE.	FRANÇAIS.	LIEUX D'HABITATION.	NOMBRE PRÉSUMÉ.	OBSERVATIONS.	SOURCES ET AUTORITÉS.
عرب نميرات و عرب محمدات	Les *Nemyrât* et les *Mohammedât.*	Les env. de *Hasbeyâ* (حاصبيا) et le revers de l'Antiliban qui confine au pays des *Motâouâleh* (بلاد المتاوله).	Nombre inconnu....	....	Extr. des notes du cheykh Ya'qoub.
عرب العباد	Les *E'bâd*.........	Les envir. de *Balqah* (بلقه), d'*el-Mesgid* (المجد) et de *Salat* (سلط).	Très-nombreux.....	....	*Idem*
عرب اهتيم او عرب العدوان	Les *Ahtym* ou les *A'douân.*	Le désert de *Balqah* (بلقه) et les environs de *Chefâ 'l-Ghaur* (شفا الغور), de *Salat* (سلط) et de *Zirqah* (زرقه).	Nombre inconnu....	....	*Idem.*

NOMS DES TRIBUS EN ARABE.	NOMS DES TRIBUS EN FRANÇAIS.	LIEUX D'HABITATION.	NOMBRE PRÉSUMÉ.	OBSERVATIONS.	SOURCES ET AUTORITÉS.
عرب الغنيمات	Les *Ghanymât*.......	Les pays connus sous les noms d'*O'mmân* (عمان) et de *Gerech* (جرش), à l'est de ceux qui précèdent.	Nombre inconnu....	....	Extr. des notes du cheykh Ya'qoub.
عرب المهداوى	Les *Mehdâouy*......	Les mêmes lieux............	*Idem*............	....	*Idem*
عرب بنى حسن	Les *Beny Hasan*....	*Idem*.....................	*Idem*	....	*Idem*.
عرب بنى كلاب	Les *Beny Kelâb*....	Les env. de *Melkah* (ملكه).	*Idem*............	....	*Idem*.
عرب الموالى	Les *Meouâly*.......	Le pays compris entre Émesse (حمص, *Hems*), *Hamâ* (حما) et Alep (حلب, *Haleb*).	De 5 à 6000 cavaliers	....	*Idem*, ainsi que de celles de D. Raphael.
عرب الحدايده	Les *Hadâydeh*......	La plaine nommée *el-Ghoutah*, الغوطه, qui s'étend entre le Liban et l'Antiliban.	Nombreux	....	*Idem*, et, pour ce qui concerne la position d'el-Ghoutah, de la *Bibliothèque orientale* de d'Herbelot.
عرب بنى سعيد	Les *Beny Sa'yd*....	Depuis *el-Beqâa'* (البقاع), près de Balbek, jusqu'aux montagnes des Druses.	Peu nombreux.....	....	*Idem*
عرب الرشوان	Les *Rechouân*......	Ils passent l'été en Syrie et l'hiver en Karamanie.	Mille tentes	Les *Rechouân* parlent l'arabe et le turk; mais le nom de leur tribu est évidemment arabe.	Extr. des notes du cheykh Ya'qoub, et de l'ouvrage récemment publié sous le titre d'*Itinéraire d'une partie de l'Asie mineure*.
عرب القتليه	Les *Qatlyeh*........	Les bords de la rivière nommée *Nahr el-Kebyr* (نهر الكبير), qui se jette dans la mer auprès de *Lâdaqyeh* (لادقيه. *Laodicée*).	Nombre inconnu....	Ces deux tribus passent pour être de la secte des *Nosairis*.	*Idem*
عرب القدمسه	Les *Qadamseh*......	Les env. de *Lâdaqyeh* (لادقيه).	Très-nombreux.....		

NOMS DES TRIBUS EN		LIEUX D'HABITATION.	NOMBRE PRÉSUMÉ.	*OBSERVATIONS.*	SOURCES ET AUTORITÉS.
ARABE.	FRANÇAIS.				
عرب قره جله	Les *Qarah-Hegleh*..	Les bords de l'Oronte (*Nahr el-A'ásy*, نهر العامى).	Très-nombreux......	....	Extr. des notes du cheykh Ya'qoub.
عرب اعنزه	Les *A'nazeh*.......	Le vaste désert compris entre la Mekke (*Mekkah*, مكه), *Farâh* (الفراه) et le *Legiâh* (اللجاه).	*Idem*............	*A'nazeh* est le nom générique de cette puissante tribu, qui se subdivise en une infinité de branches, dont la plus connue en Syrie est celle des *Beny Sakhrah* (بنى صخره).	*Idem*, de celles de D. Raphael, de la carte de M. Paultre, etc., etc.
عرب الهوارى	Les *Haouâry*.......	Le désert qui s'étend au sud de Damas (دمشق, *Demechq*).	Peu nombreux.....	Cette tribu, très-connue en Syrie, occupe le pays jadis habité par les Ammonites.	Notes du cheykh Ya'qoub, carte de M. Paultre, etc.
عرب السرديه	Les *Serdyeh*........	Le pays très-connu sous le nom de *Legiâh* (اللجاه).	*Idem*...........	....	*Idem*
عرب الدماجه	Les *Demâlgeh*.....	Le vaste désert connu aujourd'hui, comme autrefois, sous le nom de *Haurân* (جبل حوران).	*Idem*........	....	*Idem.*

SUPPLÉMENT.

Quoiqu'il n'entre pas dans notre sujet de faire connaître les tribus d'Arabes qui campent dans la haute, moyenne et basse Égypte, ainsi que dans les environs d'Alexandrie, et bien que les renseignemens que nous nous sommes procurés à cet égard ne soient ni très-étendus, ni aussi précis que nous l'eussions désiré; cependant, comme ces Arabes ont eu de fréquentes relations avec les Français, et qu'il en est souvent fait mention dans les ouvrages qui traitent de l'état moderne de l'Égypte, nous croyons faire une chose agréable au lecteur en lui donnant ici les noms des principales tribus.

HAUTE ÉGYPTE.

NOMS DES TRIBUS EN ARABE.	NOMS DES TRIBUS EN FRANÇAIS.	LIEUX D'HABITATION.	NOMBRE PRÉSUMÉ.	OBSERVATIONS.	SOURCES ET AUTORITÉS.
عرب لهوارة	Les *Haouâreh*......	Entre Syène (*Asouân*, اسوان) et *Girgeh* (جرجه).	2000 caval au moins.	Le cheykh de cette tribu est électif. Il réside à *Farchout* (فرشوط).	Extrait des notes recueillies en Égypte, de celles de Mikhayl Sabbagh, etc.
عرب العبابدة و لبابدة	Les *A'bâbdeh* et les *Lebâbdeh*.	La prov. de *Girgeh* (جرجه)..	Très-nombreux.....	....	*Idem.*
عرب زناتى	Les *Zenâty*........	*Tahta* (طهطا)	400 cavaliers.......	....	*Idem*
عرب هنادى و هنادوه	Les *Henâdy* et les *Henâdoueh*.	La prov. de *Girgeh* (جرجه)..	Très-nombreux.....	....	*Idem*

ÉGYPTE MOYENNE.

NOMS DES TRIBUS EN ARABE.	NOMS DES TRIBUS EN FRANÇAIS.	LIEUX D'HABITATION.	NOMBRE PRÉSUMÉ.	*OBSERVATIONS.*	SOURCES ET AUTORITÉS.
عرب العطايات	Les *A'tayât*........	*Manfalout* (منفلوط).........	Nombre inconnu ...	....	Extrait des mémoires de M. Du Bois-Aymé.
عرب ابن وافى	Les *Ebn Ouâfy*.....	Au N. de *Manfalout* (منفلوط)..	*Idem*..............	Leur cheykh se nommait *A'bd-allah ben Mahmoud* (شيخ عبد الله بن محمود).	*Idem.*
	Les *Tahouy*........	Au nord de *Minyeh* (منيه)...	*Idem*..	....	*Idem*
عرب ابو كرايم	Les *Abou-Kerâym*..	*Mellâouy* (ملاوى).........	*Idem*	Leur cheykh se nommait *A'ly* (شيخ على).	*Idem.*
	Les *Gahmeh*	Les bords du canal de Joseph, jusqu'à Minyeh (نواحى بحر يوسف لحد منيه. *Naouâhy bahr Yousef lihadd Minyeh*).	*Idem*...........	....	*Idem*
	Les *Taravouneh*.....	*Tendeh* (تندة).............	*Idem*.	....	*Idem*
	Les *Khouyn* et les *Elazib*.	Les env. de *Samâlout* (سمالوط)..	*Idem*...........	....	*Idem*
عرب الفوايد	Les *Faouâyd*.......	La province de *Beny-Soueyf* (بنى سويف)	300 cavaliers.......	....	*Idem.*
عرب العدايده	Les *A'dâydeh*......	*Idem*.....................	Nombre inconnu....	....	*Idem*
عرب السحارات	Les *Sohârât*........	*Idem*.....................	*Idem*...........	....	*Idem*
	Les *Mehaz*.........	*Idem*.....................	*Idem*...........	....	*Idem*

NOMS DES TRIBUS EN		LIEUX D'HABITATION.	NOMBRE PRÉSUMÉ.	*OBSERVATIONS.*	SOURCES ET AUTORITÉS.
ARABE.	FRANÇAIS.				
عرب المحارب	Les *Moháreb*.......	La province de Minyeh.......	Nombre inconnu....	....	Extrait des mémoires de M. Du Bois-Aymé.
عرب بنى واصل	Les *Beny Ouásel*...	....	*Idem*..........	....	*Idem.*
	Les *Somanlou*......	....	*Idem*..........	....	*Idem*
	Les *Forgán*........	....	*Idem*..........	....	*Idem*
	Les *Tarfeh*........	....	*Idem*..........	....	*Idem*
عرب العزايزى	Les *A'zázy*.......	....	*Idem*..........	....	*Idem.*
عرب بنى وايل	Les *Beny Ouáyl*....	Les env. de *Minyeh* (منيه)...	*Idem*..........	Leur cheykh se nommait, en 1799, *Abou-Baqr* (أبو بقر).	Extrait des notes de Mikhayl Sabbagh.
عرب بنى حرام	Les *Beny Harám*...	Env. d'*Atfyhyeh* (اطفيحيه)...	400 cavaliers......	....	*Idem.*
عرب صعفا	Les *Dho'fá*........	Les environs au nord de *Beny-Soueyf* (بنى سويف).	200 cavaliers	Ces arabes, quoique peu nombreux, sont très-redoutés dans le *Behneseh* (بهنسه).	*Idem.*
عرب خويلد	Les *Khouyled*......	La prov. de *Behneseh* (بهنسه).	400 cavaliers......	....	*Idem*
عرب نجما	Les *Negmá*........	Les mêmes lieux............	200 cavaliers......	....	*Idem.*
عرب غزاله او خبيرى	Les *Ghazáleh* ou les *Khabyry*.	Les envir. de *Gyzeh* (جيزه), et les lieux stériles qu'on trouve dans le voisinage des Pyramides.	Nombre inconnu....	Leur cheykh se nommait, en 1799, *Ahmed* (أحمد).	*Idem.*
عرب زيديه	Les *Zeydyeh*......	Le lieu nommé *Oueym* (وسيم), près de Gyzeh.	300 cavaliers.....	Les *Zeydyeh* se disent issus des Mamlouks qui furent chassés de l'Égypte par le sultan Selym 1er en 1517.	*Idem*

BASSE ÉGYPTE.

NOMS DES TRIBUS EN ARABE.	NOMS DES TRIBUS EN FRANÇAIS.	LIEUX D'HABITATION.	NOMBRE PRÉSUMÉ.	*OBSERVATIONS.*	SOURCES ET AUTORITÉS.
عرب الجويلي	Les *Giouëyly*.......	La prov. de *Bahyreh* (بحيره).	De 5 à 600 cavaliers.	....	Extrait des notes de Mykhayl Sabbagh.
عرب ابن بغداد	Les *Ebn-Baghdâd*..	La province de *Menoufyeh* (منوفيه).	De 4 à 500 cavaliers.	....	*Idem.*

ENVIRONS D'ALEXANDRIE ET DES LACS DE NATROUN.

NOMS DES TRIBUS EN ARABE.	NOMS DES TRIBUS EN FRANÇAIS.	LIEUX D'HABITATION.	NOMBRE PRÉSUMÉ.	*OBSERVATIONS.*	SOURCES ET AUTORITÉS.
عرب الجوابت	Les *Geouâbit*.......	Les bords des lacs de *Natroun* (نطرون).	600 cavaliers.......	Les *Geouâbit* paraissent être d'origine africaine : ils font le transport des sels de natron, depuis les lacs jusqu'à Alexandrie et à *Terrâneh* (ترّانه), et celui des marchandises destinées pour l'oasis d'Ammon (الواح *el-Ouâh*).	*Idem*, et de celles prises par nous sur les lieux.
عرب سمالو	Les *Samâlou*.......	Les mêmes lieux............	200 cavaliers.......	....	Extrait des notes de Mykhayl Sabbagh.
عرب مسنيد	Les *Mecinyd*.......	Le lieu nommé *el-Meymoun*...	500 cavaliers.......	....	*Idem.*
عرب اولاد علي	Les *Beny A'ly* ou les *Aoulâd A'ly*.	Les environs (au sud-ouest) d'Alexandrie.	1000 à 1200 cavaliers.	Cette tribu est puissante par elle-même et par ses alliés. Le cheykh habite un village nommé *el-Qatlyeh* (القتليه), bâti par ses ancêtres dans le voisinage d'un monastère brûlé.	*Idem*, et de celles prises par nous sur les lieux.
عرب مطيريد	Les *Matyreyd*......	Vallée d'*el-Meymoun* (الميمون), à deux journées (ouest) d'Alexandrie.	....	....	*Idem*

OBSERVATIONS

SUR LA TOPOGRAPHIE

DE LA PRESQU'ÎLE DE SINAI,

LES MŒURS, LES USAGES, L'INDUSTRIE,
LE COMMERCE

ET LA POPULATION DES HABITANS;

Par J. M. J. COUTELLE.

Le golfe Arabique, ou mer Rouge, se sépare, sous le 28° de latitude septentrionale, en deux branches, qui se dirigent, l'une au nord-nord-ouest, et l'autre au nord-est. La première est appelée *Bahr el-Qolzoum*, c'est-à-dire *mer de l'ouest*, et c'est à son extrémité qu'est situé le port de Soueys, sur la côte orientale de l'Égypte; l'autre est nommée *Bahr el-A'qabah*, mer d'A'qabah ou de l'est.

La portion de terrain comprise entre ces deux branches, et qui a seize cents lieues carrées de superficie environ, forme la presqu'île de Tor ou Sinaï, dans l'Arabie Pétrée : elle s'étend depuis le 30° 30′ jusqu'au 32° 30′ de longitude, et depuis le 28° jusqu'au 29° 45′ de latitude septentrionale.

Tout l'intérieur est couvert de montagnes, tantôt

primitives, en granit et porphyre; tantôt de nouvelle formation, en grès, et en pierres calcaires et gypseuses.

Les vallées, qui sont habitées par plusieurs tribus arabes, produisent, outre quelques broussailles, un petit nombre de tamaris et quelques *mimosa* appelés *seyâl*. Si l'on excepte quelques plantations de dattiers et de napecas, des jardins au pied des monts Horeb et Sinaï et dans le voisinage de Tor, on ne trouve dans toute la presqu'île aucune espèce de culture ni de terre cultivable.

J'avais témoigné le désir de comprendre le voyage du mont Sinaï parmi ceux dont la Commission des arts devait s'occuper; le gouvernement français était intéressé à connaître particulièrement certaines tribus arabes que la nécessité, un petit commerce de charbon, et le transport des marchandises qui arrivent à Soueys par la mer Rouge, attirent au Kaire plusieurs fois dans l'année : en conséquence, tout fut bientôt arrêté pour le voyage. La caravane de Tor était arrivée depuis quelques jours, et se disposait à retourner dans son pays. M. le lieutenant-général Béliard, qui commandait au Kaire, me proposa de partir avec elle : j'acceptai; et M. de Rozière, minéralogiste, voulut partager les dangers et les fatigues de ce voyage. Le général en chef traita avec les principaux cheykhs, et les revêtit de pelisses; il leur promit une récompense proportionnée à leur fidélité et à leurs services, et leur demanda des otages, qu'ils accordèrent sans difficulté.

PREMIÈRE JOURNÉE.

Nous sortîmes du Kaire, M. de Rozière et moi, le 17 brumaire an VIII (9 octobre 1800), avec nos quatre cheykhs, deux interprètes, l'un égyptien et l'autre grec, deux domestiques égyptiens, et les Arabes qui conduisaient nos chameaux. Nous étions montés sur des dromadaires.

Quelque indispensable que dût paraître une escorte, il était impossible d'en conduire une dans un pays qui ne produit rien, où le transport de notre eau, de nos équipages réduits au plus simple nécessaire, n'était pas sans quelque difficulté : elle eût fait manquer le but que je me proposais, celui d'étudier un peuple extrêmement méfiant, qui croit qu'on ne peut visiter le désert qu'il habite qu'avec le projet de le conquérir.

La confiance la plus entière me parut le seul moyen de réussir avec les Arabes : je n'exigeai d'eux qu'une condition; c'est que nous porterions nos habits français. Outre qu'un habillement auquel nous n'étions pas accoutumés nous eût été plus incommode, ce déguisement aurait excité la méfiance des Arabes, sans rien ajouter à notre sûreté.

La caravane, composée d'une partie des habitans de la presqu'île, qui avait apporté au Kaire du charbon et des marchandises débarquées à Soueys, nous avait précédés, et devait camper dans le désert, à douze milles environ. Nous la rejoignîmes à la fin du jour, après six heures de marche. L'étendue du camp ne nous permit d'en visiter qu'une partie; tous, particulièrement les jeunes gens, parurent nous voir avec une surprise mêlée de plaisir. Nous nous arrêtâmes dans plusieurs groupes où l'on nous offrit du café. L'air de sécurité de deux Européens seuls au milieu d'eux semblait exciter leur admiration.

DEUXIÈME JOURNÉE.

Le lendemain matin nous partîmes; tous les yeux étaient fixés sur nous. Les Arabes nous parurent plus étonnés lorsqu'ils nous virent descendre de dromadaire et marcher sans armes au milieu d'eux [1].

Si nous cassions quelques cailloux, ils nous apportaient les plus transparens, ceux qu'ils croyaient les plus propres à battre le briquet. Si nous examinions leurs vêtemens, ils entraient dans le détail des nôtres. La forme de nos chapeaux, notre habit court et serré, les cuirs dans lesquels nos jambes et nos pieds étaient renfermés, leur semblaient incommodes ou inutiles. Lorsque j'examinai leurs fusils et leurs poignards, un d'entre eux me demanda où étaient mes armes; je lui répondis brusquement en montrant les leurs : « Voilà mes armes; n'es-tu pas armé pour me défendre? — Tu es un bon Français, me répondit-il; tu vas avec tes amis à Tor [2]? »

Je désirais connaître le nombre des hommes et des chameaux qui composaient notre caravane : il m'a été impossible de l'apprendre par les cheykhs [3]. Après plu-

[1] J'avais un fort beau sabre de Mamlouk, que j'ai toujours laissé suspendu au pommeau du bât de mon dromadaire lorsque j'ai marché avec eux.

[2] Les Arabes avaient fait la même demande à M. de Volney dans son voyage en Syrie.

[3] Les Turks généralement n'expriment les quantités que par peu

sieurs essais pour les compter, je les ai estimés à huit cents personnes, en y comprenant plusieurs enfans et quelques femmes; il y avait dix-huit cents à deux mille chameaux, dont quatre-vingt-quatorze étaient chargés de marchandises pour la Syrie, et accompagnés par une tribu de Tor avec laquelle nous n'avions pas traité. Un homme conduit trois chameaux; cinq cents mettent quinze minutes environ à défiler, et notre caravane y employait plus de trois quarts d'heure.

Chaque homme porte un poignard; mais je n'ai pas compté plus d'un fusil pour trois hommes.

La journée de marche est continue. Ceux qui montent sur des dromadaires vont quelquefois en avant, et s'arrêtent un instant pour prendre le café. L'ordre qui s'établit dans le campement, la précision avec laquelle il s'exécute, méritent un détail particulier.

Le lieu du campement est déterminé par les broussailles qu'on rencontre dans quelques parties basses du désert, dans lesquelles l'eau qui tombe une ou deux fois l'année séjourne plus long-temps et fait germer les graines; la caravane s'y dirige et s'y repose après huit à dix heures de marche : la première tribu qui arrive se place, et les autres successivement; ce qui se fait sans confusion. Elles forment un grand cercle; chaque tribu est placée dans la même portion du cercle, et se divise ensuite en escouades composées des familles ou de ceux qui vivent en commun au nombre de six à dix personnes [1].

ou beaucoup; ils ne comptent ni leur âge ni celui de leurs enfans, et répondent, si on leur en demande la cause, qu'ils n'en ont pas besoin.

[1] Il est assez vraisemblable que, les caravanes étant composées des mêmes tribus et familles, l'ordre du campement est toujours le même.

Dans un instant les chameaux sont déchargés, et vont seuls, ou conduits par un enfant, aux broussailles, qui quelquefois sont à un mille du campement[1]. Deux ou trois hommes de chaque escouade courent alors chercher quelques broussailles ou plantes sèches, pendant qu'un de ceux qui sont restés bat le briquet, allume du feu en agitant l'air avec le pan de sa robe, qu'il incline quelquefois pour recevoir le vent obliquement et le diriger sur le feu. Un autre fait rôtir et pile le café[2], pendant qu'un troisième délaye la farine et pétrit le *rouga* ou *foutyr*, espèce de galette sans levain, de cinq à sept millimètres d'épaisseur (deux à trois lignes), et d'une grandeur proportionnée au nombre de ceux qui font partie de l'escouade. Dans moins d'un quart d'heure cette pâte est cuite entre les cendres chaudes, les petits charbons et la crotte de chameau brûlée et souvent même encore enflammée[3].

Bientôt les travaux extérieurs sont finis : on se place autour du feu ; on prend le café en mangeant le *rouga*. Quelques-uns y ajoutent de la farine et du riz bouilli avec un peu d'huile et quelques ognons ; d'autres, des fèves ou des lentilles : le repas finit toujours par le café. La conversation se prolonge souvent pendant plusieurs heures ; on parle des bâtimens qu'on attend de Geddah et d'Yambo', de la charge des chameaux, de la pluie long-temps désirée : s'il se trouve un conteur

[1] Rien ne désigne la route ; le pied des chameaux et celui des hommes ne laissent point de trace dans cette mer de sable et de cailloux.

[2] On fait brûler le café dans une cuiller de fer ; on le broie ensuite avec un long bâton dans un mortier de terre cuite.

[3] Si le nombre est trop grand, on fait plusieurs *foutyr*.

d'histoires, il est écouté avec attention. On ajoute de l'eau sur le marc du café. Placé à une petite distance de ces groupes, je croyais entendre une réunion des habitans de nos campagnes.

Les chameaux reviennent d'eux-mêmes à la fin du jour, et retrouvent l'endroit où ils ont été déchargés; s'ils se trompent, ils accourent à la voix de leur maître qui les appelle.

Je faisais tous les soirs le tour d'une partie du camp : chaque groupe m'invitait à prendre le café, à me reposer sur la peau de chèvre. Si j'acceptais, on me répétait : *Tayeb Francis enta fy Tor, saouâ saouâ.* (Bon Français, tu viens à Tor avec tes amis.)

Le lendemain, avant le jour, on s'occupe de la charge des chameaux, pendant que quelques-uns font le café et le *rouga;* on part ensuite, et l'ordre s'établit naturellement.

TROISIÈME JOURNÉE.

Nous campâmes à Ageroud le troisième jour, à huit milles environ de Soueys, où j'eus l'occasion d'observer que, si nous avions pris une escorte, elle aurait réellement diminué la confiance que nous avions intérêt d'inspirer à nos Arabes. Un officier du génie, qui n'avait pu profiter de notre caravane pour aller à Soueys, partit le lendemain, et nous rejoignit dans cet endroit avec son escorte, après deux jours de marche[1]. Les Arabes les avaient aperçus de loin; je remarquai un grand changement dans leur physionomie, et bientôt j'en

[1] Cette escorte avait fait, ce jour-là, dix-huit lieues dans le désert.

reconnus la cause : ils crurent que je les avais trompés, et qu'une escorte venait avec nous dans leurs montagnes. Je parcourus cette fois un plus grand nombre de campemens. « J'ai compté sur la foi des Arabes, leur ai-je dit; ils peuvent compter sur celle des Français : nous irons seuls, mon compagnon et moi, dans vos montagnes, et vous nous ramènerez au Kaire; l'officier français va à Soueys. » Ils répétèrent que nous allions avec nos amis. Les soldats campèrent au milieu d'eux; le lendemain nous fîmes route tous ensemble sans qu'ils témoignassent la moindre inquiétude.

QUATRIÈME JOURNÉE.

Bientôt la caravane nous quitta pour aller camper aux fontaines de Moïse (*a'youn Mousâ*), après avoir tourné la pointe du golfe. Les chameaux n'avaient pas bu depuis notre départ du Kaire, c'est-à-dire depuis soixante-douze heures, lorsqu'ils arrivèrent aux fontaines. Nous allâmes, avec nos cheykhs, coucher à Soueys.

CINQUIÈME JOURNÉE.

Le lendemain nous nous rendîmes par mer aux fontaines, où nos chameaux nous rejoignirent en traversant la pointe du golfe à marée basse. Notre caravane avait quitté les sources le matin, et chacun se disposait à retourner dans sa tribu à travers les montagnes. Quatre-vingt-quatorze chameaux de notre caravane, destinés pour la Syrie, furent déchargés, et les marchandises restèrent sous la garde de quelques *Tyars*, avec lesquels les marchands traitèrent pour en faire le transport dans cette contrée [1].

Nous restâmes avec nos quatre cheykhs et les Arabes qui conduisaient nos chameaux; nous étions dans la presqu'île de Sinaï; nous n'avions plus rien à craindre des Arabes étrangers qui pouvaient avoir du sang à venger : mais ce qui arriva aux marchands qui nous avaient accompagnés jusqu'à Soueys, et le malheureux sort de l'adjudant-commandant Delaneau [2], prouvent que nous ne devions pas être sans crainte dans un voyage dont nous ne pouvions connaître le terme, puisqu'il dépendait du retour de la caravane; et ce retour au Kaire était subordonné au besoin que les Arabes pouvaient avoir d'y porter des marchandises, ainsi qu'à la tranquillité intérieure. Nous suivîmes toutefois le même système d'abandon et de confiance que nous avions montré au commencement du voyage.

Après avoir visité les sources de Moïse [3], nous continuâmes notre route en laissant la mer Rouge à l'ouest : nous avions à l'est les montagnes appelées *Tyt*, au pied desquelles habitent les *Tyars*. Nous campâmes à cinq milles des fontaines, dans un ravin aride nommé *A'yn*, sans eau, sans broussailles, sans aucune espèce de végétation. Nous n'aurions pas pu faire de feu, si les

[1] Les Arabes ne devaient venir prendre les marchandises que quelques jours après. Ceux qui les avaient apportées furent témoins du marché, et revinrent les piller la veille du jour où les *Tyars* devaient venir les prendre.

[2] L'adjudant-commandant Delaneau, en allant d'Alexandrie au Kaire, fut pris par les Arabes. Il fut racheté pour un chapeau plein de piastres : il s'éleva une dispute pour le partage; un Arabe lui tira un coup de fusil et le tua.

[3] Ces sources sont décrites par M. Monge, *É. M.*, t. xi, p. 555.

Arabes, qui connaissent les campemens, n'avaient pas eu le soin de faire en partant et en route des provisions de combustibles[1].

SIXIÈME JOURNÉE.

Le sixième jour, après huit heures et demie de marche, tantôt dans une plaine aride, tantôt à travers des dunes de sable et des broussailles, on arrive à Abou-Soueyrah, dans un lieu couvert de tamaris et de plantes qui annoncent un terrain plus humide; on y trouve, en effet, une grande quantité de puits à deux mètres et demi (huit pieds environ) de profondeur dans le sable, dont une partie s'est éboulée. L'eau, quoique gypseuse (excepté dans un seul puits), est préférable à celles des fontaines de Moïse : ce lieu est fréquenté par les *Terrâbyn*, qui sont en possession du désert depuis le Kaire jusqu'à la baie de Corondel (*Ouâdy-Corondel*), sur les bords de la mer Rouge. Nous en trouvâmes plusieurs qui faisaient paître leurs troupeaux.

SEPTIÈME JOURNÉE.

En partant d'Abou-Soueyrah, on passe dix heures dans une plaine rase, sur le bord de la mer; ensuite, après avoir traversé plusieurs gorges étroites, on arrive dans la baie de Corondel. Ce lieu est remarquable par ses eaux thermales, nommées *bains de Pharaon* (*hammâm Fara'oun*) : elles coulent au pied d'une montagne de deux cent quatre-vingt-dix à trois cent quatre-vingt-

[1] Souvent, pendant la marche, une partie des Arabes s'éloigne et court à plus d'un mille ramasser des broussailles pour le bivouac du soir.

six mètres (cent cinquante à deux cents toises) d'élévation. La première source fournit environ deux pouces d'eau; le thermomètre de Réaumur s'y élève à cinquante-six degrés. Les pierres sur lesquelles elle coule, et celles qui bordent le canal, sont couvertes de soufre sublimé; plusieurs autres sources coulent à travers le sable sur une longueur de cinquante pas.

A quatre mètres (environ deux toises) d'élévation au-dessus de ces sources on trouve deux ouvertures : celle qui est à droite conduit dans une espèce de grotte dans laquelle le thermomètre s'élève à trente-quatre degrés au milieu d'une chaleur humide, accompagnée d'une odeur forte de soufre; l'autre forme l'entrée d'une excavation qui n'a pas plus d'un demi-mètre (environ quinze à dix-huit pouces) de haut sur une largeur un peu plus grande, où l'on est obligé, pour arriver à la source, de ramper nu, sur une longueur de vingt-trois à vingt-neuf mètres (douze à quinze toises), dans un sable humide et chaud; le thermomètre s'y élève à trente-six degrés. La posture gênante qu'on est forcé de prendre, et l'excessive chaleur, ont fait dire à plusieurs voyageurs que la lumière s'éteignait dans ces espèces de grottes, et qu'on avait à craindre d'y être étouffé en peu de temps. Nous n'y sommes pas restés assez long-temps pour vérifier cette assertion : mais je n'ai pas éprouvé que ma respiration fût gênée; et l'odeur du soufre, dans cet air extrêmement humide, m'a paru supportable.

La baie de Corondel semble avoir été autrefois un assez bon mouillage : ouverte à l'ouest, elle était à l'abri des vents du nord et du sud; et l'on pouvait en sortir par les vents d'est, qui règnent le plus souvent sur la mer Rouge. Les pluies qui tombent une ou deux fois par an sur les montagnes y forment des torrens qui entraînent dans la baie une prodigieuse quantité de cailloux et de quartiers de rocher. C'est là que plusieurs écrivains font arriver Moïse après son passage dans la mer Rouge. Cette baie est maintenant sans eau.

HUITIÈME JOURNÉE.

En sortant de la baie de Corondel on entre dans une vallée étroite, ou plutôt dans un ravin que bordent de hautes montagnes à pic, de près de quatre milles de longueur, et à l'extrémité duquel on arrive sur un plateau planté de quelques dattiers. On y voit un puits d'un mètre (trois pieds environ) de profondeur, qui fournit une petite quantité de mauvaise eau, à laquelle Pococke a trouvé un goût d'acier. L'eau, bientôt épuisée, se renouvelle promptement; les Arabes en abreuvent leurs chameaux. Ce lieu, nommé *Houseyt*, à vingt-quatre milles d'Abou-Soueyrah, quoique fort élevé au-dessus de la mer, est dominé par la chaîne des montagnes qui se prolongent du côté de la Syrie. Les Arabes de Tor sont en possession de ce terrain.

Nous avions encore douze heures de route avant d'arriver au lieu du campement. Quoique celui-ci fût plus agréable que tout ce que nous avions rencontré depuis le Kaire, nous n'y restâmes que le temps nécessaire pour faire boire nos chameaux.

Une longue vallée au sud nous conduisit sur un large

plateau entouré de montagnes qui le mettent à l'abri des vents du nord : la chaleur, à dix heures du matin, y était excessive; le thermomètre cependant n'était qu'à vingt-cinq degrés. De là, traversant une chaîne de montagnes au sud-est, nous entrâmes dans la vallée d'*el-Tâl*, puis dans une gorge où est enterré un cheykh nommé *Reyselchemâleh*. Un des côtés de la vallée, celui où est son tombeau, porte son nom; les Arabes, en passant, y déposent quelques branches d'arbustes ou des morceaux d'étoffe : l'autre côté se nomme *Chebeqyeh*. Ensuite, après avoir parcouru une vallée plantée de tamaris, on retrouve la mer au sud-ouest : nous nous y arrêtâmes pour aller, à cinq cents toises au nord, visiter une partie de la montagne d'où les Arabes tirent du soufre; nous en avons, en effet, trouvé quelques échantillons bien cristallisés.

Reprenant notre route au sud, nous entrâmes dans une baie fort vaste, bordée de hautes montagnes qui la mettent à l'abri des vents de nord, de nord-est et de sud; mais, comme celle de Corondel, elle est presque entièrement comblée. Après l'avoir tournée en marchant dans l'eau sur une longueur d'environ un mille, on campe dans la plaine de Makra, au milieu des dunes formées par les touffes de tamaris qui arrêtent les sables chassés par les vents du nord. On n'y trouve que de mauvaise eau. Notre provision d'eau du Nil nous avait manqué à Soueys, et de fortes pesanteurs d'estomac nous firent sentir la différence de l'une avec l'autre.

NEUVIÈME JOURNÉE.

Après une heure de route dans cette plaine parsemée d'arbustes, nous entrâmes dans une vallée couverte de blocs de granit, de porphyre et de cailloux roulés, détachés de la chaîne qui domine les montagnes calcaires dont nous suivions la direction, et que nous traversâmes ensuite pour arriver à une vallée appelée *Pharan*, où nous couchâmes sans trouver d'eau.

DIXIÈME JOURNÉE.

Le dixième jour, nous passâmes treize heures dans un désert aride et des vallées où l'on trouvait à peine quelques broussailles : la chaîne du mont Sinaï se voit à l'ouest, et des montagnes calcaires sont à l'est. Nous entrâmes dans l'Ouâdy-Gah, où, parmi quelques palmiers, nous découvrîmes un palmier doum. Un puits en maçonnerie, de six pieds de profondeur, fournit une grande quantité de bonne eau. En traversant ensuite une plaine rase, humide et couverte de sel, on arrive dans une heure à Tor.

Bonder-Tor ou *Port de Tor.*

Un golfe d'un mille environ de largeur, sur une profondeur presque égale, forme le port de Tor, sous le 28° 12′ de latitude et le 51° 20′ de longitude septentrionale du méridien de Paris. Le fond n'en est pas généralement bon : il présente des bancs de coraux, des roches couvertes de madrépores et de coquillages à un ou deux mètres de profondeur (trois à six pieds); quelques-uns, presqu'à fleur d'eau, font de toute la partie du nord-ouest une sorte de parterre émaillé de fleurs. La marée, qui monte à Soueys d'un mètre et demi à deux mètres (quatre à six pieds), ne s'élève pas à Tor à plus de trois quarts de mètre (trente pouces) dans les plus fortes marées, et elle n'atteint qu'un tiers de mètre (dix à douze pouces) dans les marées ordinaires.

Ce port est abrité des vents du nord et du nord-est par la chaîne des monts de Sainte-Catherine et de Sinaï, et de ceux de l'est par d'anciennes plantations de palmiers, et par le reste d'une citadelle (*Qala' el-Tor*) presque tout en ruines, mais où l'on voit encore des embrasures à fleur d'eau, couvertes par des voûtes en forme de niche. Ces constructions, l'aspect du terrain, quelques jardins dans le plus mauvais état, presque toutes les clôtures en partie détruites, l'air misérable des habitans, tout présente l'image de la destruction et de la mort. Le port, ouvert au sud-ouest, est fermé, dans sa plus grande largeur, par un banc à fleur d'eau.

Les villages appelés *Chadlyeh* et *Beled el-Nasârah*, qui composent l'ancienne ville de Tor, contiennent vingt-cinq à trente chrétiens et dix à douze Arabes mahométans, non compris les femmes et les enfans. Le petit village de Gebel, au sud de Qala' el-Tor, ne renferme que cinq à six pêcheurs qui servent de pilotes aux bâtimens faisant la traversée de Tor à Soueys ou à Geddah. La population de ces villages ou hameaux n'est pas de plus de cent trente individus.

Les chrétiens sont administrés par un religieux de

Sainte-Catherine au mont Sinaï. C'est lui qui reçoit les provisions apportées du Kaire par les caravanes, et qui les dirige sur le couvent, ainsi que le poisson qu'il fait pêcher. Son logement est aussi simple que la petite chapelle qui est dans sa cour.

A deux milles de Tor, au nord-est, près des montagnes calcaires, ce religieux possède un assez grand jardin, entouré de murs, planté de palmiers, et traversé par plusieurs fontaines d'eaux thermales, dont une est appelée *les Bains*. Un large bassin muré, dans lequel l'eau se soutient à huit décimètres (trente pouces) de hauteur et à vingt-sept degrés de chaleur, semble avoir été construit pour cet usage. Une grande quantité de branches de palmier couvre toute la surface de ce terrain sans culture.

Les malheureux habitans de Tor, n'ayant point de chameaux, parce qu'ils n'ont rien à porter au Kaire pour faire des échanges, sont obligés de faire venir le blé par les caravanes; ce qui en double le prix : ils en consomment peu et vivent de poisson.

A Tor, le vent souffle du nord une grande partie de l'année, excepté pendant l'hiver, où il vient du sud jusqu'au milieu du jour seulement, et le reste de la journée il reprend la direction du nord.

Les petits bâtimens entrent dans le port, dont la profondeur, ainsi que celle de la passe, est de six à huit brasses : mais généralement ceux qui craignent d'être jetés sur la côte, qui est rase, ne s'y arrêtent que pour faire de l'eau; les gros bâtimens restent en rade. On trouve dans le port, à une très-petite distance de la mer, des puits construits en maçonnerie avec beaucoup de soin, qui fournissent de très-bonne eau. Ces puits, le fort, et quelques restes d'anciennes constructions, annoncent que ce port était autrefois plus fréquenté. La misère des habitans, qui ne peuvent rien fournir ni acheter, et le pillage qu'ils ont exercé plusieurs fois sur quelques bâtimens, en éloignent les marchands[1].

En suivant la route ordinaire des voyageurs et celle de nos Arabes, nous serions entrés dans la montagne au nord, pour aller au mont Sinaï, à vingt-quatre milles environ de Tor; mais nous désirions faire le tour de la presqu'île, et reconnaître les ports situés à son extrémité, ainsi que la mer de l'est. Nous avions, pour l'exécution de ce projet, trois jours de marche sans eau, et cinq à six journées de plus à faire à travers les montagnes; nous devions passer dans la tribu des *Mezeyn*, qui ne fait pas partie de la fédération de Tor, et avec laquelle nous n'avions pas traité[2] : ces difficultés toutefois ne nous arrêtèrent pas.

[1] Les habitans de Tor n'ont plus que neuf bateaux de pêcheurs, dont huit appartiennent aux Grecs.

On voit les débris d'un bâtiment échoué : il venait d'Yambo' et entrait dans le port pour faire de l'eau. On assure que le pilote de Tor l'avait fait échouer, et qu'ensuite il fut pillé : il contenait cent trente ballots de toile, de quatre-vingts pièces chacun; quatre-vingts ballots de lentilles, de chacun un demi-ardeb; cent vingt de riz, *idem*; deux de cuivre, de chacun six cents *roll*.

Les Arabes rejettent le pillage sur les Grecs, et ceux-ci sur les Arabes. Quinze ans avant notre arrivée à Tor, la tribu des *Gararché* avait pillé un bâtiment. Les Mamlouks leur défendirent de venir au Kaire. C'est ainsi qu'ils ont détourné les marchands de s'arrêter à Tor.

[2] Ce sont les Arabes de cette tribu qui ont pillé les marchandises que notre caravane avait transportées avec nous du Kaire à l'entrée des montagnes.

Nous éprouvâmes la plus grande résistance de la part de nos Arabes. Ils nous objectèrent la difficulté de porter des vivres pour eux, de l'eau pour leurs chameaux, et nous dirent que nous n'avions traité avec eux que pour aller jusqu'à Tor, et de là au mont Sinaï; que d'ailleurs il pouvait arriver que nous fussions attaqués par les *Mezeyn*, qui seraient jaloux de partager les bénéfices du marché. Nous levâmes tous les obstacles en réformant une partie de nos équipages et de nos conducteurs, en leur donnant des vivres pour eux et leurs chameaux, en leur montrant une volonté ferme de faire le voyage avec un seul guide, et en leur disant enfin que les Arabes pouvaient avoir peur d'une tribu ennemie, mais que les Français étaient amis de toutes les tribus. « Les Français n'ont qu'une parole, me dit le plus ancien cheykh; nous irons avec toi pour qu'il ne t'arrive rien. »

ONZIÈME ET DOUZIÈME JOURNÉE.

Nos Arabes ne nous avaient pas trompés; nous marchâmes deux jours à peu de distance de la mer, tantôt dans une plaine de sable nue, rarement parsemée de quelques arbustes, tantôt à travers des montagnes de porphyre et de granit feuilleté. Nous étions dans la saison variable des vents de sud et de sud-ouest et dans celle des orages, saison la plus désirée, puisqu'elle procure un peu d'eau; mais la chaleur était quelquefois plus accablante que la plus forte que nous eussions éprouvée dans la haute Égypte, à une température beaucoup plus élevée[1]. Après avoir marché long-temps au sud-est, nous entrâmes au sud dans une vallée longue, ou plutôt dans un ravin profond, bordé, des deux côtés, de montagnes formées jusqu'au sommet de cailloux roulés; la pâte qui les lie a acquis assez de dureté pour que d'énormes fragmens se soient précipités dans la vallée sans se désunir. Le port de Râs-Mohammed est situé à l'extrémité, et nous a paru être au milieu de la presqu'île.

Ce port, ouvert à l'est-nord-est, est fermé par une langue de terre ou presqu'île, à l'extrémité de laquelle un pic assez élevé lui a fait donner le nom de *Tête de Mahomet*. Trop près de la montagne, il a été vraisemblablement en partie comblé par les sables et les pierres qui sont entraînés par les torrens : on n'y trouve plus aucune espèce d'habitation.

TREIZIÈME JOURNÉE.

Le troisième jour depuis notre départ de Tor et le treizième de notre voyage, nous partîmes de Râs-Mohammed, pour aller à l'est, à travers les montagnes, au port de Charm, sous le 31° 58′ 10″ de longitude du méridien de Paris et le 27° 56′ 10″ de latitude, où nous arrivâmes après trois heures de marche. Ce port, dont l'entrée est au sud, est partagé par un pic de cent toises environ de largeur sur autant de profondeur. On trouve, à peu de distance du rivage, des puits construits avec de gros blocs de granit. Les bâtimens

[1] Le thermomètre de Réaumur s'est élevé, à l'ombre, à trente-deux degrés.

venaient autrefois y faire de l'eau; et, lorsqu'ils étaient surpris par des vents contraires, dont ils prévoyaient que la durée pouvait être longue, ils débarquaient leurs marchanchises, qui étaient transportées au Kaire par terre. Un santon et plusieurs pierres sépulcrales paraissent annoncer que ce port était autrefois habité. Nous y vîmes quelques pêcheurs qui ne vivent que de poisson, et qui nous en vendirent; ils en mangèrent auprès de nous; et leurs enfans, que nous eûmes bientôt apprivoisés en leur donnant quelques pârats, furent particulièrement étonnés de la forme de nos chapeaux.

Charm paraît être à six à huit milles de la mer de l'est, que nous avons parfaitement distinguée des plus basses montagnes; sa largeur nous parut différer peu de celle de la mer Rouge. Les montagnes sur l'autre rive semblent s'abaisser en se prolongeant dans l'Arabie Pétrée. Nous suivîmes la côte sur une assez grande longueur. Nous aurions désiré d'aller jusqu'à l'A'qabah, la pointe du golfe; mais, outre que nous nous serions éloignés du mont Sinaï, qui était le but principal de notre voyage, il eût fallu traverser un désert inhabité, et que nos Arabes ne connaissaient pas. Nous rentrâmes dans la montagne par l'extrémité sud-est de la presqu'île.

Bientôt après nous rencontrâmes sur une colline quelques tentes dont nous nous approchâmes. Les femmes ne parurent pas trop effrayées; elles nous demandèrent des pârats et des aiguilles.

En suivant la même vallée au nord-ouest, nous trouvâmes quelques arbustes et un campement plus considéſable : c'était celui de la tribu des *Mezeyn*. Nos cheykhs ne nous avaient pas trompés ; ils ne parurent pas contens de nous voir, et ne nous offrirent rien lorsque nous passâmes devant leurs tentes. Un Arabe qui pilait avec un bâton, dans un mortier de bois, un mélange pour faire de la poudre, demanda avec humeur à notre interprète pourquoi il amenait *ces chiens*[1]. Le cheykh de cette tribu ne conduisit pas les nôtres sous sa tente, suivant la coutume des Arabes, pour ne pas nous faire approcher de son camp, que nous avons cependant parcouru. Le repas se fit au milieu de la vallée. Nous ne témoignâmes ni mécontentement ni inquiétude, et nous nous plaçâmes dans le cercle pour manger la chèvre sans être invités. Nous leur fournîmes le café, et nous nous couchâmes tranquillement au milieu d'eux.

QUATORZIÈME JOURNÉE.

Les *Mahatné*, petite tribu dépendante des *Aouârmé*, que nous rencontrâmes à la fin de la journée du lendemain dans la vallée d'el-Nasb, nous donnèrent une idée plus juste de la manière patriarcale avec laquelle les Arabes traitent les étrangers. Le cheykh Hâggy-Hasan vint au-devant de nous, nous fit asseoir à côté de lui sur le devant de sa tente, fit tuer une chèvre, nous donna à laver ; et, pendant que les femmes préparaient le repas et que nous prenions le café, un chanteur, après avoir invoqué Dieu, chanta les couplets suivans, en s'accompagnant avec un instru-

[1] C'est le nom que les mahométans donnent aux chrétiens.

ment à trois cordes[1], dont il tira des sons avec un archet :

> On dépense beaucoup d'argent pour aller à la Mekke.
> On quitte sa maison pendant un an pour aller à la Mekke.
> Quand un cheykh marie son enfant, les cheykhs des autres tribus apportent chacun une chèvre.

Il finit par celui-ci :

> J'ai des enfans qui mangent beaucoup, et j'ai les bras trop courts pour leur chercher du pain.

Le repas fini[2], nous nous reposâmes sous notre tente, que nous avions fait placer en face de celle du cheykh. Nous trouvâmes la même hospitalité dans les autres tribus : mais aucun de leurs cheykhs ne peut être comparé à celui-ci pour les formes honnêtes ; sa physionomie est plus distinguée, son esprit plus vif, quoiqu'il ait l'air un peu égaré[3]. Il avait eu des relations avec

[1] Cet instrument est composé d'une espèce de petite jatte de bois couverte d'une peau de chameau, et traversée, à deux décimètres (sept pouces) environ du bord, par un fer plat de douze à quinze millimètres (six à sept lignes) de large sur trois décimètres (onze à douze pouces) de long. Le gros bout, de deux décimètres (sept pouces) de long, se pose à terre ; un bâton emmanché dans l'autre bout, long de quatre à cinq décimètres (dix-huit pouces), plat en dessus, porte, à l'une de ses extrémités, trois chevilles qui servent à tendre trois cordes formées de la réunion de plusieurs crins qui sont fixés, à l'autre extrémité, à la tige de fer, après avoir passé sur un chevalet.

L'archet, fait d'un morceau de bois brut, et long de quatre à cinq décimètres (dix-huit pouces) environ, porte un paquet de crins fixé à une des extrémités, et tendu à l'autre avec un doigt.

[2] Je décrirai ce repas à l'article des mœurs et usages des Arabes.

[3] Lorsque nous retournâmes au Kaire, ce cheykh donna beaucoup de signes de folie. Il est vraisemblable que son tombeau sera un objet de vénération.

des étrangers, des marchands, et avait fait deux fois le voyage de la Mekke. Il faisait régulièrement ses prières.

QUINZIÈME JOURNÉE.

Jusqu'ici nous n'avions rencontré que quelques *mimosa* et quelques tamaris, des broussailles sèches, des montagnes de granit et de porphyre feuilleté, rarement de l'eau et toujours en très-petite quantité : mais des eaux limpides coulent, dans la vallée d'Elked, entre d'énormes quartiers de roche de granit; quelques portions de terre végétale y sont couvertes de menthes, sur un mille environ de longueur, depuis six toises jusqu'à cinquante de largeur. La vallée est plantée de dattiers et de napecas; quelques enceintes en pierre sèche servent de retraite et de magasin aux Arabes propriétaires qui viennent en recueillir les fruits : mais cette vallée n'est habitée que dans le temps de la récolte. Nous n'avions point encore trouvé de station aussi agréable.

SEIZIÈME JOURNÉE.

Nous ne fûmes pas aussi heureux le lendemain; nous passâmes la journée et la nuit dans des montagnes et des vallées arides sans rencontrer la plus légère apparence de végétation.

DIX-SEPTIÈME JOURNÉE.

Le dix-septième jour enfin, après avoir traversé avec nos chameaux des montagnes que souvent nous avions de la peine à gravir à pied, nous arrivâmes au couvent de Sainte-Catherine.

Un des deux frères qui nous avaient accompagnés jusqu'à Tor était allé nous annoncer par le chemin le plus court. Nous étions attendus avec autant d'impatience que d'inquiétude. Une lucarne élevée au-dessus des murs, qui ont de dix à douze mètres (trente à trente-six pieds) de hauteur, est la seule entrée de cette solitude[1]; elle couvre une large poulie sur laquelle passe un gros câble qui se roule autour d'un tambour établi dans une sorte de parloir; on descend ce câble, terminé par un anneau de corde dans lequel se place celui qu'on veut élever; le tambour est tourné avec des leviers croisés, semblables à ceux qui sont employés sur les ports pour retirer les pierres des bateaux.

Les pères, étant venus nous recevoir, nous firent l'accueil le plus flatteur, et nous conduisirent au quartier des étrangers : nous y restâmes cinq jours, pendant lesquels nous visitâmes le couvent et les lieux saints qui l'environnent.

Ce couvent, dont les murs d'enceinte forment un carré de cent soixante-deux mètres environ (ou quatre-vingt-quatre toises) de côté, et sont construits en blocs de granit d'un demi-mètre environ (dix-huit pouces) de hauteur sur une largeur un peu plus grande, est situé au pied du mont Khouryb ou Horeb.

L'intérieur du couvent se ressent de l'inégalité du terrain sur lequel il est situé : il est composé d'un grand nombre de bâtimens irréguliers construits sur différens

[1] Il existe cependant une porte cochère, mais elle est murée et en partie couverte de terre : elle ne s'ouvre que pour recevoir la visite du patriarche.

plans, et renferme une grande église dédiée à sainte Catherine, vingt-six chapelles qui ont autant de patrons différens, une mosquée[1], des cellules simples qui communiquent à des galeries extérieures et couvertes en bois, une galerie semblable avec plusieurs chambres pour les étrangers, des celliers, et quelques fabriques pour les choses nécessaires à l'existence des religieux et à l'entretien du couvent.

Six religieux et vingt-deux frères habitent cette sainte prison. L'église est composée de trois nefs séparées par des colonnes de granit qui supportent un plafond en bois peint en très-beau bleu et parsemé d'étoiles d'or. Le sanctuaire est fermé par une belle boiserie sculptée et dorée. L'autel est en marqueterie de nacre et d'écaille d'un fort beau travail. La chaire est en marbre, et le siége de l'évêque en bois sculpté et doré; le fond est orné d'un tableau peint sur bois, où l'on voit, dans une perspective[2] mal faite, des détails très-exacts du couvent. Les murs sont couverts d'assez mauvais tableaux peints sur bois, et le pavé est en marbre, granit et serpentin[3].

Les murs d'enceinte sont crénelés : de petits bastions aux quatre angles portent des embrasures couvertes par de petites pièces de deux livres de balle. Ces canons n'ont jamais tiré que pour faire du bruit dans la montagne.

[1] Les religieux nous ont dit que cette mosquée avait été construite à l'époque où des Arabes étaient employés au service intérieur du couvent.

[2] *Voyez* la planche 103, *É. M.*, vol. II.

[3] Il n'y a point de cloches dans le couvent : on appelle à la prière, ainsi qu'aux différens exercices, en

L'arsenal consiste dans un petit nombre de fusils à mèche, dont les moines ont été quelquefois obligés de se servir contre des Arabes qui venaient piller leur jardin situé à l'extérieur, et entouré de murs plus bas et plus faibles que ceux du couvent. On communique dans le jardin par un souterrain fermé d'une porte doublée en fer. Il est assez grand, mais mal cultivé. Il produit cependant des légumes, dont quelques-uns sont semblables aux nôtres, mais moins bons. Il est en outre planté de vignes, d'amandiers, d'orangers, de citronniers, d'abricotiers, de pommiers, de poiriers et d'oliviers. Les arbres, mal entretenus, mal taillés, rarement greffés, produisent des fruits d'une médiocre qualité, mais qu'on trouve délicieux dans un pays où ils sont si rares. Les religieux ne connaissent que la greffe en fente; je leur ai appris la manière d'écussonner et de multiplier la vigne par crossettes.

L'eau est abondante dans la maison, et le jardin est traversé par un ruisseau dont la source donnait encore plus de trois pouces d'eau, quoiqu'il ne fût pas tombé de pluie sur la montagne depuis un an, et que la plupart des sources fussent taries.

La vie des religieux est très-frugale. L'industrie des frères se réduit à très-peu de chose; ils font de l'huile, un peu de vin avec le raisin de leur treille, de l'eau-de-vie avec des dattes, des figues et des raisins secs; ils ne font qu'entretenir et tirent du Kaire toutes leurs provisions, qui leur sont apportées par les caravanes et

frappant avec un petit maillet une longue planche de hêtre qui est suspendue horizontalement par les deux extrémités.

envoyées de cette ville par le principal couvent. Celui-ci s'enrichit des aumônes des chrétiens, qui espèrent obtenir ainsi les dons du ciel par les prières des religieux du mont Sinaï. Si l'on excepte l'office du matin et quelques prières récitées le soir, ces pieux cénobites passent leur temps à ne rien faire. Une bibliothèque assez belle, composée d'un grand nombre de volumes grecs, ne nous a pas paru fréquentée. Tous parlent grec : il n'y a qu'un très-petit nombre de frères qui entendent et parlent l'arabe; ce sont ceux qui font le voyage du Kaire pour les affaires du couvent.

DIX-HUITIÈME ET DIX-NEUVIÈME JOURNÉE.

Le mont Khouryb ou Horeb, au pied duquel est situé le couvent, est un mamelon situé au nord, où l'on passe pour aller sur le mont Sinaï [1]. A cinquante toises environ au-dessus du couvent, on rencontre une fontaine dite *du Cordonnier*, qui fournit toute l'année une petite quantité de très-bonne eau; au deux tiers est une petite chapelle dite *de Marie* ou *du Commissaire*. Sur le sommet de cette montagne, une citerne en maçonnerie, ainsi qu'une espèce de grand vivier, se remplissent par les pluies; tous deux étaient à sec depuis long-temps. Un cyprès sur le plateau est remarquable par sa beauté; à un mètre et demi (quatre pieds) au-dessus du sol, il a près de deux mètres trois quarts de tour (huit pieds

[1] Généralement on porte sur les cartes le mont Horeb et le mont Sinaï comme deux pics à une petite distance l'un de l'autre; c'est une erreur : le mont Horeb est un mamelon de la montagne de Sinaï; le pic qui en est séparé à l'est est celui de Ste.-Catherine, un peu plus élevé.

et demi) avec une hauteur proportionnée[1]. A quelque distance, sur une partie un peu plus élevée du même plateau, deux petites chapelles ouvertes portent les noms d'*Élie* et d'*Élisée*. Les murs sont couverts des noms de ceux qui viennent visiter le mont Sinaï, au sommet duquel on arrive après deux heures de marche par un escalier formé des accidens du rocher et de blocs de granit rapportés. Le passage en était autrefois fermé, et les portes gardées par un homme qui ne laissait entrer que les chrétiens munis d'une lettre du patriarche de Syrie. On voit encore sur cette montagne les restes d'une chapelle bâtie en granit, ainsi qu'une mosquée élevée sur une espèce de caveau d'un mètre et demi (quatre pieds sept pouces) de hauteur sur autant de largeur et de profondeur, qu'on fait remarquer comme le lieu dans lequel Moïse passa quarante jours; et, vis-à-vis, une excavation fort étroite est, dit-on, celle dans laquelle Moïse se cacha lorsque Dieu lui apparut. On voit encore également les ruines d'une seconde chapelle que les Arabes ont détruite, parce que, disaient-ils, elle empêchait la pluie de tomber. Plusieurs citernes, qui étaient à sec, sont creusées dans le granit.

Les Arabes nous attendaient au pied de la montagne: un événement naturel dans cette saison, mais rare et bien long-temps désiré, vint ajouter au respect qu'ils avaient pour les Français, et à leur considération pour nous. Il n'était pas tombé d'eau depuis un an; les troupeaux souffraient, les citernes étaient épuisées depuis long-temps, et les sources diminuées. Nous avions

[1] On en remarque un à peu près semblable dans l'intérieur du couvent.

entendu sur la montagne le tonnerre gronder au loin, et la pluie commençait pendant que nous descendions; nous n'avions pas vu tomber d'eau depuis bien long-temps, et nous jouissions du plaisir de nous sentir mouillés, sans avoir l'orgueil de nous en attribuer la cause, lorsqu'en abordant les Arabes, qui se levèrent tous, nous les entendîmes s'écrier : « *Mâ-châ Allah!* Dieu est grand et miséricordieux. Bons Français, vous avez prié pour nous sur le mont Sinaï; vous nous avez fait donner de la pluie : elle nous est plus précieuse que l'or. » Ils baisaient nos manches, les pans de nos habits, levaient les mains au ciel en répétant : « Bons Français! » Le temps était entièrement couvert; le ciel avait la couleur qui précède en Europe la chute d'une grande quantité de neige : j'en fis faire l'observation à mon camarade. « Nous sommes contens de vous, leur ai-je répondu; nous avons prié sur la montagne, vos vœux et les nôtres seront bientôt comblés. » Nous eûmes à peine le temps de nous mettre à couvert sous un mauvais bâtiment des moines, ouvert à tous les vents; la pluie tomba avec la plus grande abondance, et continua pendant une partie de la nuit avec la même force.

Le lendemain, nous partîmes à la pointe du jour pour aller visiter le mont Sainte-Catherine; nous mîmes quatre heures à parvenir de la base au sommet, en marchant, tantôt sur des pics aigus et décharnés, tantôt sur des roches de porphyre feuilleté ou tout-à-fait délité. A chaque instant, des cascades, des torrens, des ravins, que formait en fondant la neige qui était tombée la veille et qui couvrait encore le dernier tiers de la montagne, rendaient quelques passages extrêmement difficiles : le vent soufflait du nord; et, quoique le thermomètre ne fût qu'à un degré au-dessus de la congélation, la température était très-piquante pour nous, qui depuis long-temps ne connaissions plus ni le froid ni la pluie, et moins encore la neige. Le ciel était pur sur notre tête; mais l'évaporation des eaux tombées sur des rochers qui ne se refroidissent jamais produisait autour de nous et sous nos pieds un nuage épais. Nous étions dans une île; les pics des montagnes les plus élevées autour de nous formaient autant d'écueils dans cette mer de vapeurs.

Une cabane en partie détruite, sur le plateau très-étroit de cette montagne, couvre un bloc de granit, objet de la vénération des chrétiens. Le frère qui nous accompagnait, et les moines, lorsque nous fûmes de retour au couvent, nous expliquèrent les motifs de ce culte.

« Sainte Catherine, vierge d'Alexandrie, fut, d'après les historiens du IXe siècle, martyrisée dans cette ville, sous Maximin II, empereur romain au IVe siècle. Dans le même temps, on trouva sur le pic Sainte-Catherine le cadavre d'une fille; un cénobite en fut averti par des chrétiens : ils allèrent reconnaître ce corps, et jugèrent qu'il était celui d'une martyre, et que ce devait être le corps de sainte Catherine, qui, suivant la tradition conservée dans le couvent, avait été apporté d'Alexandrie par les anges. Ils le descendirent au pied du mont Horeb[1].

[1] Les religieux font remarquer les stations où se reposèrent les por-

Le bruit de ce miracle fut bientôt répandu ; les pèlerinages de Syrie et du Kaire augmentèrent, et procurèrent bientôt aux cénobites les moyens d'élever une petite chapelle qui fut l'origine du couvent. »

Dans la suite, ce corps fut renfermé dans une boîte ou châsse de marbre blanc, et religieusement conservé ; la tête et la main droite sont exposées les jours de fête devant la châsse, et respectueusement honorées. La châsse entr'ouverte laisse seulement apercevoir quelques parties d'un squelette [1].

Nous priâmes le supérieur de nous faire participer à cette pieuse cérémonie : il nous accorda cette faveur pour le lendemain. L'église fut parée comme au jour des plus grandes fêtes, toutes les bougies et toutes les lampes furent allumées. Le supérieur, les moines et les frères, après s'être prosternés plusieurs fois depuis le bas de l'église jusqu'au sanctuaire, vinrent baiser le front de la sainte et l'anneau que portait un de ses doigts.

On nous fit observer, en descendant de la montagne, un très-gros églantier que les moines appellent *le buisson ardent*. Nous avions admiré, en traversant la vallée entre le mont Sinaï et celui de Sainte-Catherine, de superbes blancs de Hollande qui entourent un large vivier que les pluies avaient rempli dans la nuit.

A quelque distance de là, au milieu de la vallée, on nous fit voir le rocher d'où Moïse fit sortir de l'eau [2].

teurs, et révèrent encore les pierres horizontales sur lesquelles le corps fut posé.

[1] Les religieux m'ont fait observer que, s'ils n'exposaient pas tout le corps, c'était par respect pour la pudeur.

[2] Les pluies, en tombant sur les

Plusieurs vallées aboutissent à quelques milles de cet endroit, et forment par leur réunion un large plateau rempli de sable, de blocs de granit et de cailloux, qui porte le nom de *plaine des Israélites;* un monticule de peu d'élévation, au milieu de ce désert, est appelé *montagne d'Aaron.* On assure que quelques Arabes vont encore y tuer des chèvres. En suivant notre route, nous vîmes une roche creuse dans laquelle les moines prétendent que le veau d'or fut coulé.

La caravane était sur le point de partir pour retourner au Kaire; nous devions en profiter, ou courir le risque de rester dans ce désert jusqu'au départ qui aurait suivi son prochain retour, c'est-à-dire plus de six semaines, en supposant qu'aucun événement n'eût contrarié sa marche : nous rentrâmes donc au couvent par la voie de la poulie, et le surlendemain nous quittâmes ces bons solitaires pour retourner au Kaire par la route des montagnes. Nos cheykhs nous attendaient au pied du couvent. Les tribus les plus éloignées étaient en marche

montagues, produisent des torrens qui, suivant long-temps la même direction, entraînent les terres, les pierres, les cailloux roulés, et forment, sur les roches qui résistent à ce déplacement, des rigoles d'autant plus profondes que la pierre est plus tendre et que les torrens sont plus fréquens, jusqu'à ce que ces roches, déracinées par l'enlèvement des terres, soient elles-mêmes précipitées dans les vallées.

Un bloc de granit, de quatre mètres et demi (quatorze pieds environ) de surface carrée, précipité de la montagne au milieu de la vallée, laisse voir sur sa surface verticale une rigole de deux décimètres et demi (environ neuf pouces) de largeur, sur un décimètre (trois pouces et demi) de profondeur, traversée par dix à douze stries ou coupures de trois à quatre centimètres (un pouce et demi à deux pouces) de profondeur, formées par le séjour de l'eau dans les parties les plus tendres de ce bloc, que les moines et les Arabes appellent *le rocher de Moïse.* Ces derniers mettent de l'herbe dans les prétendues bouches, et la font manger à leurs chameaux quand ils sont malades.

pour se réunir toutes à l'entrée de la vallée, et traverser ensemble le désert de Soueys, afin de se protéger mutuellement contre les tribus ennemies qu'on pourrait rencontrer.

Pendant que nous faisions charger nos chameaux, un de nos interprètes vint m'avertir qu'un Arabe annonçait que les Turks étaient maîtres du Kaire, où les Français avaient été égorgés. Je pouvais le faire venir devant les cheykhs, l'interroger sur cette nouvelle, et le confondre, si elle était imaginée pour soulever les Arabes contre nous; mais une discussion n'était pas sans inconvénient. Quelques-uns étaient jaloux du bénéfice que notre voyage procurait à un petit nombre d'entre eux. Je donnai l'ordre à l'interprète d'aller dire au nouvelliste que les Français étaient les amis des Turks; qu'il ne nous connaissait pas s'il croyait nous effrayer, et que je lui envoyais une poignée de pârats comme à un conteur d'histoires. Après être montés sur nos dromadaires, nous distribuâmes des pârats aux pauvres, nous en jetâmes aux enfans, ainsi que nous avions coutume de le faire en quittant chaque tribu, et nous partîmes couverts des bénédictions des bons moines[1].

[1] Un pan de leur muraille d'enceinte était tombé; ils n'avaient aucun moyen de le raccommoder: nous leur promîmes de leur envoyer des maçons, qui partirent en effet par la première caravane, d'après un traité fait avec les Arabes. Plusieurs années après, un voyageur russe, qui est allé par terre de Syrie au mont Sinai, a trouvé notre nom conservé dans la chambre des étrangers, en reconnaissance de ce bienfait. (Extrait du *Journal du Monde élégant*, impr. à Berlin en 1806.)

VINGTIÈME JOURNÉE.

Après six heures de marche dans la vallée de Rahha, et deux dans celle du cheykh Sâleh, nous campâmes près des *Aoulâd Sa'yd*, chez qui nous fûmes parfaitement accueillis. Le cheykh nous conduisit sous sa tente: mais, pendant le repas, il s'éleva une contestation entre lui et un voisin qui voulait nous recevoir; nous les mîmes d'accord en promettant à ce dernier d'aller manger une chèvre avec lui, le lendemain, avant de partir.

VINGT-UNIÈME JOURNÉE.

Nous n'avions plus que deux heures de marche pour arriver dans la fertile vallée de Pharan, occupée par la tribu des *Gararché*, qui est la plus nombreuse, et dont le cheykh est en même temps le plus ancien et prend le titre de grand cheykh. Cette vallée, plantée de palmiers et de quelques napecas, a une longueur d'environ trois milles, et une largeur de deux cents à trois cents mètres (cent à cent cinquante toises) : elle renferme plusieurs enceintes de murs en pierre sèche, formant autant de propriétés appartenant aux habitans plus aisés des tribus voisines, qui viennent y récolter leurs dattes; un cheykh particulier est chargé de la conservation de ces jardins, qui sont sous la protection du grand cheykh.

Le campement dans cet endroit est plus considérable; il est d'environ quarante tentes placées entre des tamaris, et renferme la plus grande partie de la tribu. On y trouve plusieurs puits qui fournissent avec assez d'abondance de l'eau, que l'on puisait à vingt pieds de profondeur environ lors de notre voyage.

Le repas que nous y fîmes fut le même que celui que nous avaient offert les autres tribus; mais la réunion, plus nombreuse, était de quarante-cinq à cinquante personnes, c'est-à-dire de tous les hommes et de tous les enfans de la tribu.

Nous avions à constater un fait important. Pococke, et particulièrement Niebuhr, avaient trouvé, à une journée de la vallée de Pharan, des pierres couvertes d'hiéroglyphes, qui paraissent indiquer des sépultures égyptiennes; on leur avait aussi parlé de l'existence d'une ville ancienne : ce qui s'accorde très-bien avec ce que nous avions eu plusieurs fois l'occasion de reconnaître dans la haute Égypte; savoir, que, lorsqu'on trouve les ruines d'une ville, on est assuré de rencontrer des tombeaux non loin de là, et réciproquement. Comme nous vivions depuis un mois avec nos Arabes, et qu'ils paraissaient avoir autant de confiance en nous qu'on peut en obtenir de ces peuples méfians, nous avions quelque raison d'espérer de retrouver les antiquités dessinées et décrites par Niebuhr : nous interrogeâmes en conséquence les religieux qui avaient fait plusieurs fois le voyage, les hommes âgés, et ceux qui, n'ayant rien à perdre, n'ont rien à cacher; tous s'accordèrent à nous indiquer les ruines d'une ville dans le même lieu, et des pierres écrites dans un autre endroit, qui est précisément celui dont Niebuhr fait mention. Mais nous n'en fûmes pas moins frustrés dans nos espérances; soit ignorance, soit mauvaise foi de la part de nos conducteurs, nous ne fûmes pas conduits à l'endroit où se trouvent les débris antiques que nous étions si empressés de visiter.

VINGT-DEUXIÈME JOURNÉE.

Une heure après être sortis de la vallée de Pharan, nous découvrîmes, sur un monticule élevé d'environ trente mètres (quinze toises), un plateau entouré de hautes montagnes. On voit encore au milieu les débris d'anciennes habitations construites sans goût, dont les fondations sont faites avec des quartiers de rocher non taillés; une partie de ces constructions est en brique crue : au bas de la montagne sont les restes d'un mur épais qui paraît avoir été bâti pour soutenir les terres, ou servir de clôture. A l'est et au nord-est, plusieurs petites maisons sont encore occupées par quelques Arabes, ainsi que des grottes creusées rustiquement dans le rocher.

Les Arabes et les moines assurent que les constructions qui sont sur le monticule, au milieu du plateau, sont les restes d'une petite ville habitée par des chrétiens, et démolie par les Arabes qui les en chassèrent; d'autres prétendent que cette ville s'est écroulée sur les habitans, qui ont été écrasés par sa chute.

Sur un des pics les plus élevés, appelé *pic du Moulin*, on trouve les fondations d'une ancienne église, du même temps que les constructions qui sont au bas. Tout annonce la misère et l'ignorance des anciens habitans de ces bâtimens en ruine, où rien ne ressemble aux monumens égyptiens pour la forme et la solidité.

A quinze ou seize milles plus loin (une journée de marche), on voit encore le pied de la montagne couvert d'inscriptions, avec les chiffres arabes 110, 111, 150, 500 et 600. Le plus grand nombre de ces inscriptions renferme trop peu de lettres pour être autre chose que des noms, dont plusieurs sont précédés ou suivis d'une croix : on y voit des chevaux et des chameaux gravés, des hommes à cheval; un, entre autres, porte une lance dont la pointe est semblable à celle des flèches.

Ces inscriptions sont tantôt sur des pierres horizontales, tantôt sur des pierres verticales; plusieurs sont renversées, parce que les pierres se sont détachées de la montagne depuis qu'elles ont été gravées : elles ne sont jamais à plus de trois mètres et demi d'élévation (dix à douze pieds), et rarement même sont-elles à cette hauteur. Cette chaîne de montagnes, qui est de trois milles environ de longueur, est coupée dans plusieurs endroits par des ravins ou petites vallées, dans lesquelles on ne trouve point de pierres écrites, si ce n'est dans les angles qui sont sur les passages.

Aucune de ces inscriptions n'annonce ni le talent ni l'habitude de graver sur la pierre. Excepté quelques-unes, en petit nombre, qui sont gravées avec un ciseau, toutes sont piquées avec une pierre dure ou au marteau; le dessin des hommes et des chameaux n'annonce aucun principe de l'art.

Il est difficile de se méprendre sur le but de ces inscriptions; il est plus difficile encore d'hésiter sur l'interprétation qu'on doit leur donner : elles ne peuvent avoir été faites que par des chrétiens qui allaient en pèlerinage au mont Sinaï. Le plus grand nombre de ces inscriptions est à l'endroit de la station du soir; il y en a moins dans le lieu du repos de la journée : on n'en trouve dans aucun autre endroit de la route.

Nous copiâmes plusieurs de ces inscriptions, et nous entrâmes ensuite à l'est dans une vallée étroite, où nous campâmes, après avoir fait trois milles, au pied d'une montagne granitique, dans la tribu des *Aouârmé.*

VINGT-TROISIÈME JOURNÉE.

Le lendemain, nous ne fîmes qu'onze milles dans une vallée étroite, entre deux montagnes de grès, sans aucune espèce de végétation, pour arriver sur un plateau élevé, appelé *Ouâdy-Khameyleh*, où nous avons passé la nuit.

VINGT-QUATRIÈME JOURNÉE.

En suivant la vallée un peu plus à l'ouest, nous traversâmes plusieurs ravins couverts de roches de grès, de granit et de porphyre. Nous nous arrêtâmes à Ouâdy-Nasb, à dix milles de l'Ouâdy-Khameyleh, au pied d'une montagne de granit couverte d'inscriptions, quoique ce lieu ne soit qu'une station dans la journée; car, pour trouver de l'eau, il faut envoyer les chameaux à plusieurs milles de là.

Nous étions dans la tribu des *el-Legât*; le cheykh, qui était venu au-devant de nous, nous conduisit à son camp, où nous couchâmes, après avoir mangé la chèvre sous sa tente.

VINGT-CINQUIÈME JOURNÉE.

Après cinq heures de marche, le lendemain, nous trouvâmes à Ouâdy-Hammoud les dernières inscriptions[1]. Passant ensuite dans une vallée profonde et humide, remplie de joncs, plantée de quelques dattiers, et couverte en partie de sel marin et de nitre, sur une longueur de huit milles, nous arrivâmes à Ouâdy-A'sal, où nous couchâmes.

VINGT-SIXIÈME JOURNÉE.

En suivant la vallée au nord-ouest, nous nous reposâmes un instant à Houseyt, au-dessus de la baie de Corondel, pour aller camper à Kourfarq, à dix milles de Houseyt, après avoir atteint un plateau très-élevé, sur lequel on trouve de mauvaise eau dans une espèce de caverne formée dans la pierre calcaire; nous traversâmes la vallée de Corondel, couverte de tamaris, où les Arabes de la tribu des *el-Legât* viennent faire du charbon.

VINGT-SEPTIÈME JOURNÉE.

Nous étions encore à plus de vingt milles des fontaines de Moïse. Depuis la fin de la deuxième journée,

[1] *Voyez*, pour toutes les inscriptions, les *planches A* et *E*, *A.*, vol. v. On en trouve une partie dans le Voyage de Niebuhr en Arabie, tome 1er. Il est vraisemblable que nous avions passé à une très-petite distance de la montagne sur laquelle cet estimable voyageur a copié les hiéroglyphes gravés dans son ouvrage. Mais, soit ignorance, soit mauvaise foi, nos Arabes nous assuraient qu'ils ne connaissaient pas d'autres pierres gravées. Nous avions marché avec la certitude de trouver les hiéroglyphes, parce que, lorsque nous leur faisions observer qu'il

nous avions quitté les montagnes pour entrer dans un désert aride dans lequel nous fîmes seize milles; puis nous campâmes à Ouâdy-Halazé.

VINGT-HUITIÈME JOURNÉE.

Le vingt-huitième jour, nous étions de bonne heure aux fontaines de Moïse; la marée commençait à descendre : nous traversâmes le bras de mer vis-à-vis de Soueys; dans plusieurs endroits, nous avions plus de quatre pieds d'eau. Nous rejoignîmes la caravane le lendemain à Ageroud : elle était composée d'environ douze cents chameaux et de quatre à cinq cents hommes. Le quarante-unième jour depuis notre départ, nous arrivâmes au Kaire[1].

existait encore d'autres pierres, ils nous indiquaient un endroit plus éloigné où elles devaient exister : ce n'est qu'en rencontrant les dernières inscriptions que nous fûmes assurés que nous avions été trompés. La caravane marchait, il n'était plus temps de retourner sur ses pas.

[1] Dans notre traversée du désert, une caravane qui passait à une grande distance nous donna un moment d'inquiétude; mais elle fut reconnue amie.

A deux journées du Kaire, lorsque nous étions campés, trois gazelles se trouvèrent renfermées dans le camp. Repoussées par les cris des Arabes lorsqu'elles se présentaient pour passer, elles fuyaient, et rencontraient les mêmes obstacles : une d'elles traversa la ligne; une seconde, quoique blessée, nous échappa; la troisième fut prise. Les Arabes en avaient tué une que nous achetâmes la veille de notre arrivée au couvent de Sainte-Catherine; la chair ressemble beaucoup à celle d'un très-bon chevreuil.

MŒURS

ET

USAGES DES ARABES DE TOR.

Les habitans de la presqu'île de Sinaï, appelés *Toarah*, ou Arabes de Tor, sont, comme tous les Arabes Bédouins, de la taille moyenne d'un mètre et demi à un mètre sept cent trente-deux millimètres (quatre pieds dix pouces à cinq pieds quatre pouces). Ils ont la peau hâlée, très-brune, presque noire; les yeux vifs, noirs et un peu couverts : ils sont généralement maigres, et sérieux sans être tristes. Ils sont mahométans; mais ils ne connaissent de Mahomet que son nom, et du Qorân que la profession de foi : « Il n'y a pas d'autre Dieu que Dieu, et Mahomet est le prophète de Dieu. » Nous n'en avons rencontré qu'un seul qui faisait régulièrement ses prières; il avait fait deux fois le voyage de la Mekke.

Quoique le séjour habituel de ces Arabes dans des montagnes, au milieu des rochers et d'un pays stérile dont on ne peut jamais être tenté de les déposséder, leur donne, comme à tous les Bédouins, un esprit de liberté dont ils ont souvent abusé; quoique la nécessité les tienne toujours armés pour protéger leur commerce et pour se défendre; quoique les vengeances[1] qu'ils peuvent avoir à exercer contre une tribu ennemie leur aient fait contracter le goût du pillage lorsqu'ils sont victorieux, on ne peut pas se dissimuler cependant qu'on retrouve encore dans toutes les tribus un reste précieux de ces mœurs patriarcales que nous retrace la Genèse dans l'histoire d'Abraham, et que M. de Volney a décrites, avec autant d'exactitude que d'élégance, dans son État politique de la Syrie. Ce que nous pouvons assurer, c'est que, pendant les quarante-un jours que nous avons passés avec les Arabes de Tor, ils ne nous ont inspiré aucune espèce d'inquiétude : notre tente a toujours été ouverte, souvent même abandonnée; nos armes étaient placées au hasard, et jamais il ne nous a manqué la moindre chose.

Nous les avons trouvés favorablement prévenus en faveur des Français. Pour les maintenir dans ces bonnes dispositions, nous ne leur avons jamais rien promis sans leur tenir parole, rien demandé que ce qu'il leur était possible de faire; mais aussi nous l'exigions avec autant de sévérité que si nous eussions eu une force suffisante pour faire exécuter notre volonté. *Les Français n'ont qu'une parole*, nous disaient-ils souvent. Surpris de nous voir, montés sur des dromadaires, marcher avec eux, supporter les mêmes fatigues et les mêmes privations, plusieurs m'ont demandé si tous les Français étaient forts comme moi. « Tu vas au Kaire,

[1] Une loi générale chez les Arabes veut que le sang de tout homme tué soit vengé par celui de son meurtrier; ce qu'on appelle *tár* (talion).

leur ai-je dit; tu dois voir que je ne suis pas un des plus jeunes ni des plus forts. » — « Les Français sont propres aux voyages, » m'ont-ils répondu.

VÊTEMENT.

Les Arabes de Tor ont pour tout vêtement une chemise de laine blanche qui descend au milieu de la jambe, les manches courtes; une espèce de tunique de laine rayée de brun et de blanc, ouverte par-devant, sans manches, et fendue de côté pour passer les bras; un caleçon de toile. Les enfans ont seulement la tunique; plusieurs sont nus. En été, les hommes n'ont que la chemise avec une ceinture de peau ou d'étoffe de laine. Les cheykhs, ceux qui sont plus aisés, sont habillés comme les Égyptiens : plusieurs ont reçu des pelisses des gouverneurs du pays.

Quelques-uns ont pour chaussure une semelle attachée sur le pied avec des lanières de cuir ou des cordons de laine; mais tous ont les jambes nues, selon l'usage des Égyptiens. Ils ont pour coiffure une toque sous un mauvais turban de laine rouge ou blanche : presque tous les enfans ont la tête nue.

Ces Arabes portent pour armes un fusil à mèche, un poignard courbe de cinq décimètres et demi (vingt-un pouces environ) de long, tranchant des deux côtés, le plus souvent garni en argent. Cette arme, fabriquée en Perse, leur est apportée de Geddah; elle est placée sur le devant de la ceinture, de gauche à droite.

Une espèce de giberne de cuir, attachée également sur la ceinture par devant, est remplie de tuyaux de roseau ou d'étuis de bois pour renfermer la poudre : en outre, un baudrier formé de petites lanières de cuir tressées, et terminé par des franges quelquefois décorées de petits morceaux de plomb, porte un petit sac de peau pour l'amadou et les mèches soufrées, et un autre pour les pierres; un briquet y est suspendu par une petite chaîne; un troisième petit sac destiné à recevoir les balles, un grand étui de bois en forme de cornet, rempli également de poudre, et plusieurs autres semblables, sont attachés à ce baudrier.

Les femmes sont vêtues comme celles du peuple au Kaire : un caleçon de moghrabine, toile claire et étroite; une longue robe de toile bleue, ouverte sur la poitrine, avec de larges manches fenduës jusqu'à moitié de leur longueur; un *berqo'h* ou bande d'étoffe noire, d'un double décimètre de large (huit à neuf pouces), de cinq ou six décimètres de long (dix-huit à vingt pouces), attaché des deux côtés de la tête au-dessus des yeux, et sur le milieu du front, avec un petit cordon quelquefois couvert de pârats; voilà de quoi se compose leur habillement : il faut cependant y ajouter un voile de toile bleue et des colliers ou bracelets en verroterie; quelques-unes ont de gros anneaux d'argent au bas de la jambe nue et sans chaussure.

MOBILIER.

Le mobilier des Arabes de Tor consiste dans une tente d'étoffe de laine brune qu'ils fabriquent eux-mêmes, deux meules de pierre pour broyer le blé, une ou deux cafetières, un chaudron et quelques vaisseaux de cuivre, des plats de bois, une cuiller de fer avec une spatule pour brûler le café, et un mortier de terre dans lequel il est pilé avec un bâton. Ce mobilier est celui des gens aisés, qui ont en outre des sacs de laine pour transporter leur charbon.

CAMPEMENT.

Le campement est rarement composé de la tribu entière; le nombre des tentes, proportionné à la quantité de broussailles, d'arbres et d'arbustes qu'on trouve dans les vallées assignées à chacune, ne passe pas douze ou quinze : il faut excepter les *Gararché*, qui ont de trente-cinq à quarante tentes, parce qu'ils sont placés dans la fertile vallée de Pharan.

Les tentes, ouvertes par-devant, sont élevées sur une traverse de bois portée par deux piquets de deux mètres (environ six pieds) de haut, et qui descend en pente à une plus ou moins grande distance sur une autre traverse élevée d'un demi-mètre (dix-huit à vingt pouces) de terre, sur laquelle elle tombe verticalement. Les côtés sont fermés avec une même étoffe ou plusieurs morceaux de différentes couleurs : souvent ces tentes sont coupées par une bande d'étoffe qui se prolonge un peu en avant, et qui sert à séparer l'endroit destiné aux femmes.

PROPRIÉTÉS.

Si l'on excepte quelques terrains des vallées d'Elked et de Pharan, qui sont entourés de mauvaises clôtures et plantés de dattiers et de napecas, le couvent et le jardin des moines, il n'y a point de propriétés dans la presqu'île de Sinaï. Un ou plusieurs chameaux et des chèvres font toute la fortune d'un Arabe. Chaque tribu est répandue sur une portion de terrain sur laquelle elle fait exister ses troupeaux et fait son charbon. La richesse est exprimée par le nombre des chameaux; celui qui n'en a point est pauvre. *Abou faqyr, mâ fyh-ch gemel :* Il est pauvre, il n'a point de chameaux. Dieu en a soin; celui qui a lui donne.

INDUSTRIE.

L'industrie des Arabes de Tor est proportionnée à leurs besoins les plus simples; ils font leurs vêtemens, et fabriquent eux-mêmes, pour leurs tentes, des étoffes avec la laine et le poil de chèvre qu'ils ont filés sans les avoir dégraissés [1].

Quoique la vente du charbon soit leur ressource principale, ils n'ont pas de cognée pour abattre le bois; ils mettent le feu au pied de l'arbre et le brisent avec de grosses pierres : si quelques-uns ont de petites hachettes,

[1] Deux bâtons placés horizontalement et fixés à terre par chacune de leurs extrémités, à une distance plus ou moins grande l'un de l'autre, portent les fils qui doivent former la chaîne de leur toile. Une portion de laine semblable, roulée sur un bâton de trois décimètres (environ un pied), leur sert de navette. Pour faire la trame, ils passent à la main, couchés par terre, cette navette dans chaque fil, en prenant alternativement un fil du dessus et un du dessous. Ils retirent la navette et la repassent jusqu'à ce qu'ils aient atteint l'autre extrémité de la chaîne : ils frappent et rapprochent le fil avec un peigne de dix à douze dents. Quand il est rapproché dans toute sa largeur, ils reviennent à l'autre côté par le même procédé. Je ne crois pas qu'un seul fil de trame soit placé et rapproché dans moins de dix minutes ou un quart d'heure. Les femmes s'occupent de ce travail pendant que leurs maris font le charbon et le portent au Kaire.

elles sont si faibles et si mauvaises, qu'ils ne peuvent s'en servir que pour des branches. Lorsque je leur ai demandé pourquoi ils n'apportaient pas d'outils du Kaire, ils m'ont répondu : *Nos pères faisaient ainsi.* Il leur est indifférent de perdre du bois, pourvu qu'ils ne cessent point d'en trouver à exploiter; ils ne réfléchissent point s'ils en auraient davantage et plus long-temps par un meilleur procédé. *Dieu y pourvoira.* Ils font le charbon en le plaçant horizontalement, le couvrent de terre et l'étouffent sans le mouiller. Ce charbon serait très-bon, s'il n'était pas un peu mince; mais il suffit aux cuisines, ainsi qu'à la plupart des petites forges du Kaire.

Pour ne pas prendre une peine inutile, chacun ne fait que la quantité de charbon que peuvent porter ses chameaux : on le fait à l'endroit où l'arbre a été abattu; on remplit ses sacs, et on les laisse sur le terrain, ou bien on les porte sur le passage de la caravane pour les prendre en passant.

COMMERCE.

Le commerce des Arabes de Tor consiste dans le charbon qu'ils portent au Kaire, et dans le transport des cafés et autres marchandises qui arrivent par la mer Rouge à Soueys.

Le charbon se vend au Kaire six pataques de quatre-vingt-dix pârats, ou dix-huit francs, une forte charge, s'il est de *mimosa* (ou seyâl); quatre pataques et demie, ou cinq, s'il est de tamaris.

Le plus grand nombre des chameaux ne portent que

la moitié ou les deux tiers de la charge; ce qui produit neuf à douze francs. C'est avec la vente de ce charbon que les Arabes pourvoient à leur nourriture et à celle de leur famille et de leurs chameaux pendant six semaines environ que dure le voyage au Kaire. C'est aussi avec cette modique somme qu'ils achètent le café, la farine ou le blé, les féves, le tabac et les pipes, qui sont de première nécessité pour eux, et qu'ils se procurent les parties de leurs vêtemens et de l'équipage de leurs chameaux qu'ils ne peuvent pas confectionner.

On concevrait difficilement comment, avec une si faible ressource, ils pourraient exister; encore moins comment il se trouve parmi eux quelques familles aisées, c'est-à-dire qui possèdent plusieurs chameaux, s'ils n'avaient pas une autre source de richesse, un emploi plus avantageux de ces animaux[1].

Les Arabes font généralement les transports de Soueys au Kaire. Les marchands font avertir un ou plusieurs cheykhs en passant à Tor : ils traitent avec eux pour le transport de leur cargaison, qui exige depuis deux cents jusqu'à trois mille chameaux. Ceux qui ont traité vont faire dans la montagne des marchés particuliers, sur lesquels ils font des bénéfices; la charge entière se paye huit pataques ou vingt-cinq pârats, avec une portion de café.

Outre ces bénéfices, les Arabes de Tor avaient les caravanes de la Mekke, auxquelles ils fournissaient

[1] La richesse s'exprime par le nombre de chameaux. Quand on demande si tel Arabe est riche ou pauvre, on reçoit cette réponse : *Il a un ou plusieurs chameaux*. Celui qui en a quatre est quatre fois plus riche que celui qui n'en a qu'un.

quatre-vingts chameaux pour aller du Kaire à Ageroud. Ils recevaient des beys vingt-quatre mille pârats ou huit cents francs, un quintal de café, douze *ardeb* de blé et trois habillemens.

NOURRITURE.

La nourriture des Arabes consiste en quelques ognons, et en *rouga* ou *foutyr*, espèce de galette composée de farine pétrie dans l'eau sans levain et sans sel, qu'ils font deux fois par jour. Les gens aisés y ajoutent des fèves ou lentilles cuites avec des ognons et un peu d'huile : les pauvres ne mangent que le *rouga*.

Les Arabes de Tor ne tuent de chèvre que les jours de fête et lorsqu'ils reçoivent des étrangers; alors ils mangent du riz, et des dattes s'ils en récoltent.

Dans toutes les tribus, excepté celle des *Mezeyn*, nous avons été traités de la manière suivante.

On étend sur le devant de la tente un morceau de tapis ou quelques peaux de chèvre : les cheykhs s'y placent d'abord; puis les anciens [1], par rang d'âge : tous les habitans de la tribu forment un grand rond en dehors (le feu au milieu). Quand nous arrivions les derniers, la tribu entière se levait; on nous plaçait à côté du cheykh. On donne ensuite à laver, en versant de l'eau sur les mains de chacun; on fait tiédir l'eau, si le temps est froid : on sert le café; puis on apporte devant les étrangers et les anciens un large plat de bois rempli de dattes : ce plat passe successivement dans plusieurs points du grand rond, pour que chacun puisse en

[1] Les pauvres qui sont âgés prennent leur place d'ancienneté.

prendre. Le cheykh de la tribu reste debout auprès de l'espèce de cloison qui forme la séparation des femmes, auxquelles il passe le plat après avoir mangé.

On donne à laver une seconde fois; puis les femmes remettent au cheykh, qui le transmet à chacun, en commençant par les plus âgés, un morceau de chèvre bouillie dans l'eau sans sel, sur un morceau de galette; ensuite il en donne un aux jeunes gens et aux enfans. Par distinction, on nous envoyait dans un plat de bois plusieurs morceaux de chèvre ensemble, avec autant de morceaux de galette.

Le cheykh, à qui les restes sont renvoyés, les remet aux femmes après avoir mangé lui-même. Pendant tout le temps du repas, il est debout pour communiquer avec les femmes et servir l'assemblée.

On donne à laver une troisième fois, en faisant passer un morceau de savon. Dans les intervalles on prend du café. Arrive enfin du riz cuit avec de la farine, des morceaux de galette, un peu d'huile et quelques ognons; le tout est servi dans un grand plat de bois, porté par deux personnes sur un morceau de tapis ou bien une tunique : on le place devant les premiers de l'assemblée; on mange cette espèce de pâtée, comme tout le reste, avec les mains; on passe le plat successivement autour du cercle. Les enfans qui n'ont pu y trouver place, et qui sont debout derrière, en reçoivent une portion dans la main; le plat revient devant le cheykh, qui le passe de la même manière aux femmes. Aucun de ces convives n'est invité : celui qui a faim mange; il s'en retourne aussitôt qu'il est rassasié. Les anciens seuls parlent et interrogent; ce qui n'arrive que rarement aux jeunes gens, et jamais aux enfans. Dans toutes les tribus, on paraissait nous savoir gré de vivre et de manger à leur manière, sans autre distinction que les premières places, à l'entrée de la tente, où nous étions assis sur la peau de chèvre ou morceau d'étoffe.

DANSE.

Les Arabes, dans les jours de fête, ne se livrent pas à une gaieté plus bruyante qu'à l'ordinaire. Les jeunes gens seulement, avec un sabre ou un poignard à la main, font des mouvemens, des gestes, qui imitent grossièrement un combat. La danse des femmes ne ressemble en rien à celle des *a'lmeh* d'Égypte : elle ne s'exécute que la nuit.

Plusieurs hommes se placent en demi-cercle dans la vallée, en se tenant par la main et en se balançant. Ils chantent quelques phrases qui sont analogues à la circonstance[1], et qu'ils accompagnent de temps en temps de battemens de mains.

Pendant le chant, deux femmes arrivent, chacune d'un côté du demi-cercle; elles étendent les bras, passent un pied alternativement devant l'autre, font quel-

[1] Voici quelques-unes de ces phrases : « Nous remercions Dieu et le prophète de ce que nos hommes sont arrivés.

« Toute la tribu est contente, Mousàlem (nom du cheykh) est arrivé avec sa compagnie.

« Mousàlem laisse sa tente ouverte à tout le monde.

« Ceux qui ont chassé les Mamlouks ont écrit à Mousàlem de venir.

« Nous prions Dieu et le prophète que ceux qui commandent en Égypte y restent toujours.

« Nous attendions que Mousàlem fût arrivé pour couper la tête au mouton. »

ques révérences, et avancent en se balançant jusqu'au milieu du demi-cercle : à chaque révérence, les chanteurs s'inclinent. Elles s'en retournent en faisant les mêmes mouvemens; deux autres les remplacent : à la dernière révérence, les hommes s'accroupissent en faisant le cri du gosier qui sert à faire coucher les chameaux.

Un de nos cheykhs, appelé *Krebezât*, était dans le cercle; on a chanté pour lui :

Krebezât charge bien ses chameaux.

Nous avons envoyé aux femmes quelques pièces d'or avec du café, et l'on a chanté :

Les Français nous ont donné du café avec du sucre
dans de belles tasses.

USAGES.

Lorsqu'un cheykh meurt, il est remplacé par son fils, si ce dernier est brave, s'il parle bien et s'il a sa tente ouverte à tout le monde : dans le cas où le cheykh n'a pas de fils, on nomme son plus proche parent, ou celui qui remplit ces conditions; on s'assemble, et il est reconnu sans réclamation.

Les fonctions du cheykh ont quelque ressemblance avec celles de nos juges de paix. Dans les contestations, on vient le trouver : les parties, ainsi que les témoins, lui remettent leurs poignards; il les pique en terre devant lui. Lorsqu'il leur parle, il tient à la main plusieurs poignards qu'il balance. Souvent tous ou plusieurs parlent ensemble et font beaucoup de bruit; s'ils ne s'accordent pas, le cheykh prononce, et leur rend leurs armes; le bruit est apaisé dans l'instant : ils se retirent.

Les crimes, tels que l'homicide, sont vengés par le sang, ou rachetés pour une forte somme.

Une blessure est rachetée en raison de sa grandeur, mesurée avec des grains de blé.

Si un homme aisé se bat avec un homme pauvre, on fait pencher la balance du côté du pauvre.

Les troupeaux étant mêlés et les tentes ouvertes, les Arabes ont besoin d'inspirer une grande horreur pour le vol entre eux. Ils citent et vantent la justice d'un père auquel sa fille avait volé une chèvre : ce père suivit la coupable dans la montagne, et la trouva qui faisait rôtir un morceau de la chèvre; il lui lia les pieds et les mains, et la jeta dans le feu. Une femme infidèle et la fille qui perd son honneur, sont punies de la même manière. Les exécutions ne sont pas publiques : le père, avec plusieurs parens, conduit le coupable dans la montagne.

Les Arabes ne font rien par écrit; aucun ne sait lire ni écrire : ils ont des lois et des réglemens transmis par tradition, et qu'ils apprennent par l'usage.

Une fille est obligée d'épouser le mari que ses parens lui donnent; il n'en est pas de même d'un garçon : généralement les Arabes aiment à se marier dans leur famille.

On peut épouser le fils ou la fille de son oncle, mais on ne peut pas épouser sa belle-sœur ni la sœur de son père. On donne, en se mariant, dix pataques au moins de quatre-vingt-dix pârats (environ trente-deux francs) aux parens de la fille; on ne donne rien à la fille : mais, si le mari divorce, il lui remet cent pièces de trente pârats (cent six francs environ); si c'est elle qui divorce, elle ne peut rien exiger.

Si un père, en mourant, laisse un fils et une fille, le fils prend les trois quarts des troupeaux; s'il laisse un fils et plusieurs filles, le fils ne retire que la moitié.

Si le père laisse une femme sans enfans, ses parens les plus proches ont à son héritage les mêmes droits qu'auraient eus ses enfans; les armes, qui appartiennent à l'aîné, passent au frère, neveu ou cousin.

S'il laisse une seconde femme sans enfans, avec des enfans de la première, la seconde ne peut exiger que ce qu'il lui donne par testament devant des témoins.

Un parent, un homme aisé, se charge des orphelins, ainsi que des troupeaux, dont il rend compte quand les enfans sont grands.

Si les enfans sont sans troupeau, Dieu en a soin : celui qui a leur donne.

Les Arabes ont fort peu de maladies, quoique la plupart soient couchés presque nus; cependant j'ai remarqué qu'à la fin de novembre un assez grand nombre toussaient, et que plusieurs enfans avaient une espèce de coqueluche.

Ils appliquent le feu dans plusieurs circonstances, et quelques-uns rapportent du Kaire des remèdes que leur vendent à bon marché des charlatans. Ils boivent de l'eau bouillie sur du crottin d'âne, pour les maux de tête.

POPULATION.

La population des Arabes de Tor est de neuf cents à mille hommes en état de porter les armes, en comptant les habitans de Tor et les religieux.

Quelques-uns ont plusieurs femmes qui habitent sous des tentes séparées. Les deux tiers au moins sont mariés.

Ils habitent la montagne dans l'ordre suivant :

NOMS des tribus.	NOMBRE D'HOMMES en état de porter les armes.
El-Legât	150.
Aouàrmé	120.
Gararché	100.
Aoulàd Sa'yd	130.
Mezeyn	250

Il y a, en outre, cinq petites tribus ou familles dépendantes de celles-là, et qui sont comprises dans la population ci-dessus; savoir, les *Rezedât*, les *Eteymé*, les *Gerezyât*, les *Drarmé*, les *Hamâdé*.

Enfin les *Gebeleyeh*, autrefois domestiques du couvent de Sainte-Catherine, dont ils sont voisins, forment aussi cinq petites tribus ou familles qui ont chacune un cheykh. Il paraît qu'ils étaient autrefois chrétiens, et qu'ils entraient dans le couvent : depuis qu'ils se sont faits musulmans, ou qu'ils ont été remplacés par des Arabes, ils n'y entrent plus, ne servent pas mieux les religieux que les autres tribus, et sont plus pauvres. Voici leurs noms :

NOMS des tribus.	NOMBRE D'HOMMES en état de porter les armes
Aoulâd Selyn	30.
Aoulâd Abou-Hammed	20.
Aoulâd Abouhebât	15.
Aoulâd Gindy	30.
Aoulâd Rezyn	40.
	135.

Récapitulation.

Les habitans de Tor	46.
Les religieux	30
Les grandes tribus	750.
Les *Gebeleyeh*	135.
TOTAL	961.

Le temps et les circonstances ne nous ayant pas permis de lever la carte et de tracer une route, j'ai pris une note exacte de tous les points de passage; j'ai mesuré les distances par le temps que nous avons employé pour aller d'un point à un autre, en évaluant à deux milles par heure l'espace parcouru par des chameaux chargés, marchant en caravane sans être pressés par les conducteurs, et j'ai trouvé que, pour aller du Kaire à l'extrémité de la presqu'île, en passant du côté de la mer par les points où l'on trouve de l'eau, et en revenant à travers les montagnes, nous avions employé deux cent trente-six heures; qu'ainsi l'on pouvait supposer que cette route était de quatre cent soixante-douze milles, ou deux cent trente-six lieues de poste française. Voici un fait qui justifie cette évaluation.

M. Nouet, astronome, a trouvé, par une opération

trigonométrique, que Soueys était éloigné du Kaire de vingt-huit lieues de deux mille deux cent quatre-vingt-deux toises, c'est-à-dire soixante-trois mille huit cent quatre-vingt-seize toises. Nous avons fait cette route deux fois avec la même caravane, et chaque fois nous avons employé trente-deux heures (à quelques minutes près en plus ou en moins); ce qui nous donne, d'après l'évaluation ci-dessus, soixante-quatre mille toises, ou trente-deux lieues de deux mille toises : d'où l'on voit qu'il n'y a qu'une différence de cent quatre toises entre les deux résultats.

ROUTE DU KAIRE

PAR SOUEYS,

A L'EXTRÉMITÉ DE LA PRESQU'ILE DE SINAI,

Avec l'indication des lieux où l'on trouve de l'eau.

NOMBRE de JOURS de marche.	NOMS DES LIEUX ET STATIONS.	DISTANCES en MILLES.	QUALITÉS DES EAUX.
1er.	Du Kaire dans le désert	12.	Sans eau.
2e.	*Idem*	20.	*Idem.*
3e.	A Ageroud	24.	*Idem.*
4e.	A Byr-Soueys	6.	Eau saumâtre.
	A Soueys	4.	Sans eau.
5e.	Aux fontaines de Moïse	6.	Sulfureuse et gypseuse.
	A'yn	5.	Sans eau.
6e.	Abou-Soueyrah	15.	Gypseuse.
7e.	Baie de Corondel	20.	Sans eau
8e.	Houseyt	4.	Gypseuse.
	Makra	24.	Gypseuse

ROUTE DU KAIRE

PAR SOUEYS,

A L'EXTRÉMITÉ DE LA PRESQU'ILE DE SINAI,

Avec l'indication des lieux où l'on trouve de l'eau.

NOMBRE de JOURS de marche.	NOMS DES LIEUX ET STATIONS.	DISTANCES en MILLES.	QUALITÉS DES EAUX.
1er.	Du Kaire dans le désert	12.	Sans eau.
2e.	*Idem*	20.	*Idem.*
3e.	A Ageroud	24.	*Idem.*
4e.	A Byr-Soueys	6	Eau saumâtre
	A Soueys	4	Sans eau
5e.	Aux fontaines de Moïse	6	Sulfureuse et gypseuse
	A'yn	5	Sans eau.
6e.	Abou-Soueyrah	15.	Gypseuse
7e.	Baie de Coroudel	20.	Sans eau
8e.	Houseyt	4.	Gypseuse
	Makrâ	24.	Gypseuse
9e.	Pharan	14	Sans eau.
10e.	Ouâdy-Gah	26	Bonne.
	Tor	9	Bonne
11e et 12e.	Dans les montagnes	30	Sans eau
13e.	Charm	6.	Bonne.
	et tribu des *Mezeyn*	....	Sans eau.
14e.	Vallée d'el-Nasb	20.	
	Ouâdy-Mandar	9	Bonne.
15e.	Ouâdy-Elkeyd	18.	Bonne.
16e.	Dans les montagnes	14.	Sans eau
17e.	Au couvent de Sainte-Catherine	6.	Bonne
18e et 19e.	Dans les montagnes de Sinaï et de Sainte-Catherine	12	Bonne
	Plaine des Israélites et retour au couvent	8	
20e.	Ouâdy Cheykh Sâleh	15.	Bonne (elle manque dans l'été).
21e.	Ouâdy-Pharan	4.	Bonne.
22e.	Dans une vallée étroite	6	Sans eau
23e.	Ouâdy-Khameyleh	11	*Idem.*
24e.	Ouâdy el-Nasb.	10	Bonne.
25e.	Ouâdy-A'sal	16	Sans eau
26e.	Houseyt	8	
	Kourfarq	10.	Séléniteuse
27e.	Ouâdy-Halazé	16.	Sans eau
28e.	Fontaines de Moïse	4.	
29e, 30e et 31e.	Au Kaire	72	
		472	

9ᵉ.	Pharan	14.	Sans eau.
10ᵉ	Ouâdy-Gah	26.	Bonne.
	Tor	2.	Bonne.
11ᵉ et 12ᵉ.	Dans les montagnes	32.	Sans eau.
13ᵉ.	Charm	6.	Bonne.
	et tribu des *Mezeyn*	....	Sans eau.
14ᵉ.	Vallée d'el-Nasb	20.	
	Ouâdy-Mandâr	2.	Bonne.
15ᵉ.	Ouâdy-Elked	18.	Bonne.
16ᵉ.	Dans les montagnes	14.	Sans eau.
17ᵉ.	Au couvent de Sainte-Catherine	6.	Bonne.
18ᵉ et 19ᵉ.	Dans les montagnes de Sinaï et de Sainte-Catherine	12.	Bonne.
	Plaine des Israélites et retour au couvent	8.	
20ᵉ.	Ouâdy Cheykh Sâleh	15.	Bonne (elle manque dans l'été).
21ᵉ.	Ouâdy-Pharan	4.	Bonne.
22ᵉ.	Dans une vallée étroite	6.	Sans eau.
23ᵉ.	Ouâdy-Khameyleh	11.	*Idem.*
24ᵉ.	Ouâdy el-Nasb	10.	Bonne.
25ᵉ.	Ouâdy-A'sal	16.	Sans eau.
26ᵉ.	Houseyt	8.	
	Kourfarq	10.	Séléniteuse.
27ᵉ.	Ouâdy-Halazé	16.	Sans eau.
28ᵉ.	Fontaines de Moïse	4.	
29ᵉ, 30ᵉ et 31ᵉ.	Au Kaire	72.	
		472.	

EXTRAIT

D'UN

MÉMOIRE SUR LES LACS

ET LES DÉSERTS

DE LA BASSE ÉGYPTE,

Par M. Gratien LE PÈRE,

Ingénieur en chef au Corps royal des Ponts et Chaussées.

L'auteur procède à l'examen des lacs de la basse Égypte dans l'ordre suivant :

1°. Le lac Maréotis,
2°. Le lac Ma'dyeh,
3°. Le lac d'Edkou,
4°. Le lac Bourlos,
5°. Le lac Menzaleh,
6°. Le lac Sirbonide,
7°. Le lac des Deux Mers,
8°. Le lac de Mœris,
9°. Les lacs de Natroun.

1°. Boheyreh el-Maryout. *Lac Maréotis.*

Les eaux du lac *Mareotis* et celles de la mer formaient anciennement du sol des villes d'Alexandrie au centre, de Nicopolis et de Canope au nord-est, des deux Taposiris et de Plinthine au sud-ouest, une longue et étroite péninsule de plus de dix myriamètres de longueur continue : à l'époque où l'armée française occupa l'Égypte, de 1798 à 1801, ce lac n'offrait qu'une plaine sablonneuse, dont la partie la plus basse retenait des eaux de pluie qui y séjournaient une grande partie de l'hiver.

Strabon dit « que le lac *Marea*, ou *Mareotis*, qui s'étendait d'Alexandrie jusqu'à Taposiris (aujourd'hui la tour des Arabes), avait près de trois cents stades (vingt-huit mille cinq cents toises) en longueur, et plus de cent cinquante stades (quatorze mille deux cent cinquante toises) de largeur. Il renferme, dit ce géographe, huit îles, et partout ses bords sont couverts de riches habitations. Ce lac recevait les eaux de plusieurs canaux, tant des parties supérieures que des parties latérales du fleuve. Il était le centre d'un si grand commerce, que le port de la ville d'Alexandrie sur ce lac était plus riche que le port maritime. Les crues du fleuve en augmentaient considérablement l'étendue[1]. »

Pline donne à ce lac, d'après Claudius Cæsar, qui en avait pris les dimensions[2], trente mille pas de largeur et cent cinquante mille de contour; ce qui, à sept cent cinquante-six toises au mille, fait vingt-deux mille six cent quatre-vingts toises de largeur, sur cent treize mille quatre cents toises de contour. Cet historien ajoute qu'il était formé et alimenté par l'euripe de la branche Canopique.

Les deux canaux les plus considérables que ce lac recevait étaient d'abord celui qui, prenant les eaux du

[1] Strab. *Géogr.*, liv. XVII.
[2] Pline, *Hist. nat.* liv. V, ch. X, tom. II, in-4°, édition de 1771.

fleuve dans le nome Arsinoïte et celles du lac de *Mœris* durant le bas Nil, coulait au pied de la montagne occidentale de la vallée d'Égypte, et, passant au pied des pyramides, se rendait dans ce lac après avoir vivifié plusieurs nomes, et particulièrement le nome Nitrite et le Maréotite, qui, à l'ouest, touchent aux déserts de la Libye. Le second canal était celui de *Schedia*, dérivé de la branche Canopique, mais dont le cours ne nous semble pas avoir suivi exactement celui du canal actuel d'Alexandrie, qui le remplace, au moins dans sa partie inférieure.

Le lac *Mareotis* était, ainsi que nous l'avons déjà dit, entièrement desséché lorsque nous prîmes possession de ce pays. On voit par les relations d'Abou-l-fedâ en 1400, de Belon en 1532, de Villamont en 1590, et de Thévenot en 1663, que ce lac et les anciens canaux qui y affluaient existaient encore à ces diverses époques [1]. Villamont dit particulièrement que la pêche de ce lac, éloigné d'une demi-lieue de la ville d'Alexandrie, était alors d'un grand revenu. Son dessèchement ne date donc que de la fin du XVIIe siècle ou du commencement du XVIIIe.

Le 14 germinal an IX (4 avril 1801), l'armée anglo-turque coupa les digues du canal d'Alexandrie, vers l'extrémité occidentale du lac Ma'dyeh, à une distance de sept mille cinq cents mètres de la porte de Rosette, située à l'est de l'ancienne enceinte de cette ville. Les

[1] Belon, livre Ier, chap. XVIII, in-4°, pag. 92, édition de 1554. — Villamont, *Voyages*, livre III, chapitre XVI. — Thévenot, tom. II, chapitre II, in-4°, édition de 1674.

eaux de ce lac, aussi salées que celles de la mer, qui y communique par le ma'dyeh, versèrent successivement par trois à quatre ouvertures, jusqu'à la fin du mois de prairial (15 juin 1801), et mirent soixante-six jours à remplir entièrement l'ancien bassin du *Mareotis*[1].

2°. BOHEYREH MA'DYEH. *Lac Ma'dyeh.*

Le Ma'dyeh, ou lac d'Abouqyr, est un lac de nouvelle formation, dont les eaux participent de la salure de la mer, avec laquelle elles communiquent par un boghâz qui occupe à peu près l'emplacement de l'ancienne bouche Canopique. Son nom lui vient du passage d'eau qui existe à son boghâz, sur la route d'Alexandrie à Rosette[2]. Le boghâz, dont la largeur est de quatre cents mètres (deux cent cinq toises), est situé au centre d'une anse profonde que forme la rade d'Abouqyr, à une distance de six mille mètres (trois mille soixante-dix-huit toises) sud-sud-est du cap de ce nom; sa profondeur varie de deux à trois mètres, suivant la direction, la force et la durée des vents : quand les vents de la mer soufflent avec violence, cette profondeur va jusqu'à quatre mètres, et souvent le passage y est difficile et dangereux.

[1] *Voir*, dans mon Mémoire sur la partie occidentale de la province de Bahyreh, ce qui est dit touchant la reconnaissance et les opérations de sonde et de nivellement que j'ai faites sur ce lac à l'époque de son entière submersion par les eaux de la mer.

[2] *Ma'dyeh* est un mot arabe qui veut dire *passage d'eau*. On passe en effet le boghâz du Ma'dyeh dans un bac établi sur ce point de la route d'Alexandrie à Rosette.

Boghâz est un autre mot arabe qui veut dire *bouche* ou *embouchure avec barre* d'un fleuve, d'une rivière ou d'un lac à la mer.

On trouve, sur la langue de terre sablonneuse qui sépare ce lac de la mer, des vestiges d'une digue construite partie en pierre, partie en bois, et dont la longueur presque continue sur trois mille mètres (mille cinq cent trente-neuf toises) suit la côte de l'ouest à l'est. On lit, dans la relation des voyages de Paul Lucas, qu'en 1715 cette digue fut rompue par un violent coup de mer dont les eaux submergèrent depuis cette époque le lac Ma'dyeh. Elle fut encore très-endommagée en 1782 par une grosse mer. On croit que cette digue, à laquelle on est obligé de faire de fréquentes réparations, appartient au règne de Selym, vers le milieu du XVIe siècle; c'est du moins ce que l'on doit présumer des travaux considérables qui ont été faits sous ce prince sur toute la côte d'Égypte.

La longueur de ce lac s'étend de quatre à cinq mille mètres, à l'est de son ma'dyeh, jusqu'au Qasr-Qiasserah, près de la ville d'Alexandrie, sur quinze à seize mille mètres. Sa plus grande largeur, partant du même point, le ma'dyeh, jusqu'à Tell el-Genân au sud-est, est de douze mille mètres (six mille cent cinquante-six toises).

La profondeur moyenne de ses eaux était d'un mètre (trois pieds) environ, comme on l'apprend de la relation de M. Wilson; à peine quelques barques pouvaient-elles y naviguer : mais la submersion du *Mareotis* par les eaux de mer, lors de la rupture faite aux digues du canal d'Alexandrie, en avril 1801, a dû y former des fosses assez profondes pour permettre à des bâtimens de la flottille anglo-turque, d'un à deux mètres de tirant d'eau, d'y naviguer, et de se rendre de la rade d'Abouqyr, par le ma'dyeh, dans le *Mareotis*.

3°. Boheyreh Edkou. *Lac d'Edkou.*

Le lac d'Edkou, qui prend son nom d'un village assez considérable, situé dans ces parages, occupe en partie l'espace compris entre le Ma'dyeh, dont nous venons de parler, et la branche de Rosette. Ce lac était encore considérable avant l'expédition française; sa pêche formait le revenu principal du canton d'Edkou : mais, depuis, ce lac était presque entièrement desséché, parce que les digues des canaux qui y versent les eaux du fleuve n'ont pas été ouvertes.

Indépendamment de la prise d'eau dans le canal d'Alexandrie par le ravin d'Abou-Gâmous, ce lac reçoit encore les eaux du fleuve de deux autres dérivations, dont l'une prend au village de Sanâbâdeh, près de Foueh, et l'autre, au village de Deyrout.

Dans l'inondation de l'an VIII à l'an IX (septembre 1800), les habitans d'Edkou obtinrent du gouvernement français l'ouverture de la digue de Deyrout, village assez considérable, situé sur la rive gauche du Nil, à l'ouest de Foueh, et celle d'Abou-Gâmous : cette inondation fut si abondante, que les eaux du lac, qui s'élevèrent de cinquante à soixante centimètres au-dessus du niveau des eaux de mer, causèrent quelques dégâts dans le pays, et qu'elles s'ouvrirent une bouche à la mer de cent cinquante mètres environ de largeur, sur une profondeur de trois à quatre mètres, près d'un okel ou caravanserail que les Français désignèrent sous le nom de *la Maison carrée*.

4°. Boheyreh Borollos. *Lac Bourlos.*

Le lac Bourlos occupe la plus grande partie de la côte maritime comprise entre les branches de Rosette et de Damiette. Ce lac, dont la plus grande largeur est de trente-cinq mille mètres (dix-sept mille neuf cent cinquante-sept toises), doit son nom à un cap bas et sablonneux, anciennement connu sous le nom de *Broullo* et de *Parallou* chez les Qobtes. Il semble que la mer envahisse progressivement cette côte; car on trouve aujourd'hui sous les eaux les ruines d'une mosquée et d'un village.

La profondeur des eaux du lac Bourlos n'est en général que d'un mètre : aussi y navigue-t-on difficilement. Il reçoit divers canaux dérivés du Nil : le plus considérable est le canal de Tabanyeh, qui part de Semennoud dans la branche de Damiette.

Le boghâz de Bourlos, dans sa largeur variable de deux cents à deux cent cinquante mètres, offre trois à cinq mètres de profondeur, suivant l'état du fleuve.

5°. Boheyreh Menzaleh. *Lac Menzaleh.*

Le lac Menzaleh s'étend depuis Damiette jusqu'au-delà du château de Tyneh, près et au nord des ruines de Péluse[1]. Il est séparé de la mer par un banc de sable de peu de largeur, coupé par diverses bouches à la

[1] Mém. sur le lac Menzaleh, par M. le général d'artillerie Andréossy. *É. M.*, tom. XI, pag. 519 à 554.

mer, dont les deux plus considérables sont celles de Dybeh et d'Omm-fâreg.

Ce lac doit son nom au village de Menzaleh, chef-lieu d'un canton situé à l'ouest d'une langue de terre qui forme au sud le débouché du canal d'Achmoun.

Les eaux du Menzaleh s'étendent de Tyneh, par le *qantarah*, ou pont situé sur la route de Sâlehyeh à Qatyeh, jusqu'à quarante-cinq mille mètres environ dans le sud, vers le centre de l'isthme; elles y forment des lagunes impraticables, auxquelles les Arabes donnent le nom de *Birket el-Balah* (étang des Dattes). Couvertes de végétation et d'arbrisseaux de nature saline, ces lagunes, qui existaient anciennement, suivant Strabon, se terminent, au sud-est, en un lieu que les Arabes désignent sous le nom de *Râs el-Moyeh* (tête des eaux) : on trouve aux environs quelques hauteurs de décombres d'anciennes habitations, et assez près, à l'est, les puits d'*Abou-l-Rouk*, qui donnent des eaux douces ou légèrement saumâtres. Ces lieux sont fréquentés par les Arabes qui cherchent à cacher leur marche d'Égypte en Syrie.

6°. SEBAKHAH BARDOUAL. *Lac Sirbonis.*

Le lac *Sirbonis*, d'après Hérodote, Diodore et Strabon, commençait au mont *Casius*, situé à l'est de Péluse, et longeait la côte maritime sur plus de deux cents stades (dix-neuf mille toises) de longueur et cinquante stades (quatre mille sept cent cinquante toises) dans sa plus grande largeur[1].

[1] Hérod., *Hist.* liv. II, §. 6. — Diodore, *Bibl. hist.* l. 1er, sect. 1, §. 17.

Les descriptions que nous ont laissées de ce lac Diodore de Sicile et Strabon sont encore conformes à son état actuel. Diodore nous dit que « des corps d'armée y ont péri, faute de connaître ces marais profonds que les vents recouvrent de sables qui en cachent les abîmes. Le sable vaseux, ajoute-t-il, ne cède d'abord que peu à peu sous les pieds, comme pour séduire les voyageurs, qui continuent d'avancer jusqu'à ce que, s'apercevant de leur erreur, les secours qu'ils tâchent de se donner les uns aux autres ne peuvent plus les sauver. Tous les efforts qu'ils font ne servent qu'à attirer le sable des parties voisines, qui achève d'engloutir ces malheureux voyageurs. C'est pour cela qu'on a donné à cette plaine fangeuse le nom de *barathrum*, qui veut dire *abîme*. »

Strabon dit que « toute la région de *Gaza* jusqu'au lac *Sirbonis*, et même du mont *Casius* qui le termine à l'ouest, jusqu'à Péluse, est d'une nature entièrement sablonneuse, stérile et dépourvue d'eau douce. Le sol, qui en est naturellement bas et profond, est marécageux comme celui de la Phénicie. Vers le milieu était une bouche qui s'est comblée; du mont *Casius* part le chemin qui conduit à Péluse. On trouve dans ces parages le retranchement de *Chabria*, et ces abîmes qui, situés aux environs de Péluse, sont formés par les débordemens du Nil dans des lieux naturellement bas et marécageux. »

Le même géographe, livre 1er, dit, en parlant de

— Strabon, *Géograph.*, liv. I, XVI et XVII, et la traduction française de cet auteur. Paris, 1805 et années suivantes.

ces parages : « L'Égypte a dû être anciennement couverte par la mer jusqu'aux marais voisins de Péluse, du mont *Casius* et du mont Sirbonide; car, encore aujourd'hui, quand on creuse en Égypte les mines de sel, on rencontre des bancs de sable et de coquillages fossiles, comme si jadis la mer eût occupé ce pays, et que tous les environs du *Casius* et du lieu nommé *les Gerrhes* eussent été des bas-fonds qui touchaient au golfe de la mer Érythrée. En se retirant, la mer aura découvert ce terrain; mais les eaux seront restées dans le lac Sirbonide, qui ensuite, par l'effet d'un autre écoulement, sera devenu un marais. Durant mon séjour à Alexandrie, ajoute le même auteur, la mer s'éleva si haut entre Péluse et le mont *Casius*, qu'elle inonda toute la plaine qui environne cette montagne, dont elle fit une île, et que le chemin qui conduit en Phénicie pouvait se faire en bateau. Il ne faudrait donc pas s'étonner si jamais, l'isthme qui sépare la mer Égyptienne de la mer Érythrée se rompant ou s'affaissant, ces deux mers venaient à se joindre par un détroit semblable à celui des Colonnes. »

Le lac *Sirbonis* porte aujourd'hui le nom de *Sebâkhah Bardoual*, du nom de Baudouin, roi de Jérusalem, qui, en 1177, après l'expédition par laquelle il se rendit maître de Farâmah, mourut à el-A'rych, en retournant en Syrie. Il occupe principalement tout l'espace compris entre le cap Straky et le cap Kas, qui est de sept à huit heures de marche, en suivant les bords sablonneux de la mer; sa largeur est limitée au sud par la route de Qatyeh à el-A'rych, qui est de dix à onze mille mètres (cinq mille cent trente à cinq mille six cent quarante-trois toises). Tout cet espace, qui est le bassin de l'ancien lac, est encore aujourd'hui recouvert en grande partie de sables mouvans, qui y laissent les mêmes abîmes dont parlent Diodore et Strabon. On doit à un journal de la marche de M. le général de division Menou, au retour de l'armée de Syrie en Égypte, des détails intéressans sur cette partie de la côte que ce général suivit d'el-A'rych à Qatyeh[1]. En voici la transcription :

Itinéraire d'el-A'rych à Qatyeh par les bords de la Méditerranée, tenu par une division de l'armée française, à son retour de Syrie en Égypte.

« Nous sommes partis d'el-A'rych à cinq heures de l'après-midi; et, après une demi-heure de marche au N. O., nous avons gagné les bords de la mer, que nous avons suivis dans une direction O. $\frac{1}{4}$ S. O. pendant une heure et demie, avant d'arriver au puits de Meçoudiac, où nous avons fait de l'eau. Nous étant remis en marche à huit heures du soir jusqu'à onze, en suivant la même direction, nous avons fait quatre lieues jusqu'à cette première halte.

« Le lendemain, nous avons repris notre marche à cinq heures du matin : à sept heures, nous fîmes une fouille dans le terrain, qui offre une grande végétation; l'eau trouvée était extrêmement saumâtre. Le bord de la mer remonte en cet endroit vers le nord :

[1] Le journal de cette marche est dû à M. Lazousky, alors chef de brigade dans l'arme du génie, qui fit partie de la division du général Menou dans sa marche d'el-A'rych à Qatyeh par la côte, du 1er au 3 messidor an VII (19-21 juin 1799). En consignant ici la copie de cette relation intéressante, je satisfais aux vues de ce général, que j'accompagnai souvent dans d'autres reconnaissances et expéditions militaires, et qui me la remit au Kaire pour lui donner la publicité qu'elle trouve dans ce mémoire.

nous marchions O. $\frac{1}{4}$ N., et nous continuâmes de marcher O. N. O. jusqu'à un cap très-bas, nommé *Straky* sur la carte de d'Anville, que nous doublâmes à dix heures et demie du matin.

« Depuis notre départ jusqu'à la hauteur de ce cap, nous avons fait neuf lieues; ce qui se trouve assez d'accord avec la carte. La côte, extrêmement basse, n'a pas plus de cinq à six pieds au-dessus du niveau des eaux de la mer; la plage, comme le désert que nous avions à notre gauche, offre une plaine basse. A l'approche du cap Straky, nous trouvâmes plusieurs petits lacs : le fond de quelques-uns est couvert d'un beau sel blanc, recouvert de six pouces d'eau. Nous en trouvâmes aussi sans eau, et d'autres qui avaient beaucoup de profondeur, mais tous ayant peu d'étendue. Le reste de la journée nous marchâmes, ayant à notre gauche une suite de lacs semblables, et le désert s'étendant à perte de vue sur une plaine immense et très-basse, absolument dépouillée de verdure.

« Après avoir doublé le cap Straky, le bord de la mer reprend une direction O. et O. S. O., en formant une courbure semblable à celle que nous venions de faire en côtoyant la mer depuis el-A'rych. Cette seconde courbure se termine au cap Kas, ainsi nommé sur la carte de d'Anville. Ce cap est formé par des dunes très-élevées, reliées à des terres hautes qui prennent de l'intérieur du désert, et qui terminent le lit d'un ancien lac dans lequel il n'y a plus d'eau : ces hauteurs sont couvertes de broussailles et paraissent susceptibles de culture; plusieurs sentiers qui les traversent, ainsi que les fientes de chameaux, de chevaux et de brebis, dont elles sont couvertes, indiquent assez qu'elles sont fréquentées par les Arabes. Nous découvrîmes dans un fond sablonneux, au pied et sur le revers des dunes, une citerne revêtue en rondines de sapin, qui était entièrement comblée; aux environs on trouve une infinité de débris de poterie de terre, ainsi que quelques vestiges de maçonnerie sur le bord de la mer.

« Nous avions fait alors seize lieues, et nous essayâmes de traverser le désert dans une direction S. O. pour arriver à Qatyeh : mais d'autres lits d'anciens lacs extrêmement étendus nous présentèrent tant de difficultés pour les chevaux et les chameaux, qui enfonçaient jusqu'au ventre, que nous fûmes contraints de regagner les bords de la mer, séparés de ces marais par une espèce de digue en sable de cent à cent cinquante toises de largeur, et de six pieds de hauteur environ au-dessus de la mer. Nous marchâmes encore quatre lieues jusqu'à la halte du soir. Le lendemain, après avoir côtoyé la mer, dont le bord suit une ligne presque droite, dans une direction O. $\frac{1}{4}$ S., et après cinq heures de marche nous trouvâmes une fondation en briques bien maçonnée, ayant la forme d'une maison carrée, traversée intérieurement par un mur. Cette ruine, autour de laquelle on voit d'autres vestiges de maçonnerie, est située à l'extrémité nord d'une hauteur qui ne forme point de çap en mer, et qui termine à l'ouest les grands lits des anciens lacs dont nous venons de parler. En cet endroit, le général de division Menou fit marcher sur Qatyeh; nous avions fait alors depuis el-A'rych vingt-cinq lieues environ sur un sable mouvant, sans trouver d'autre eau que celle de la citerne de Meçoudiac.

« Quant à la citerne du cap Kas, il serait intéressant de la curer pour connaître la qualité et la quantité de ses eaux. Elle se trouve située à neuf lieues des ruines en briques dont nous venons de parler, et des hauteurs que nous avons traversées pour nous diriger sur Qatyeh, en marchant au sud. Dès que nous fûmes sur le sommet de la hauteur, nous découvrîmes les palmiers qui environnent Qatyeh, et, après une heure de marche, nous entrâmes dans le chemin qui va de Tyneh à Qatyeh.

« Fait à Qatyeh, le 3 messidor an VII. *Le chef de brigade du génie*, signé LAZOUSKY. »

On voit par ces descriptions que la nature de ces lieux n'a pas éprouvé de changemens remarquables depuis près de vingt siècles.

7°. LAC AMER. *Lac des Deux Mers.*

Le lac que l'auteur du Mémoire sur le canal des Deux Mers, M. Le Père, mon frère, dont je fus un des coopérateurs, a désigné sous son ancien nom de *lac*

Amer, prend dans ce mémoire une nouvelle dénomination, celle de *lac des Deux Mers*, que je lui donne, comme étant parfaitement adaptée à sa nature, à sa position au centre de l'isthme de Soueys, à l'objet qu'il a rempli dans l'ancienne communication de la mer des Indes à la mer des Grecs, et à celui qu'il est naturellement destiné à remplir dans la réouverture de cette communication [1].

8°. Birket Qeroun. *Lac de Mœris.*

De tous les travaux étonnans des Égyptiens, le lac de Mœris est celui dont les anciens historiens nous ont parlé avec le plus d'éloge, avec le plus d'enthousiasme : mais, quand on connaît le génie des peuples de l'Orient dans tous les temps, l'esprit et le style de leurs écrivains, on n'est plus étonné de trouver, comme le dit Strabon en parlant d'Homère, les mythes ou la fable mêlés à leurs écrits; c'est ainsi que l'on sera toujours en droit de traiter de fabuleux ce qu'Hérodote a écrit des merveilles du lac de Mœris. C'est en effet cet historien, le plus ancien de ceux qui aient écrit avec quelque détail sur l'Égypte, qui, par une tradition erronée ou une interprétation inexacte de ce qu'il aura appris des prêtres d'Égypte à ce sujet, est l'auteur des incertitudes et des erreurs dans lesquelles sont restés jusqu'à notre siècle les écrivains modernes qui se sont occupés de cette question géographique.

Après ce qu'a écrit et publié en Égypte, sur le lac

[1] *Voyez* le Mémoire de M. Le Père sur le canal des Deux Mers, *É. M.*, tom. XI, pag. 37.

de Mœris, M. Jomard, alors capitaine au corps des ingénieurs-géographes[1], je n'entrerai dans aucune discussion sur une question qui me semble assez éclaircie et aujourd'hui terminée.

9°. SEBAKHAH NATROUN. *Lacs de Natroun.*

Une vallée adjacente à la basse Égypte renferme, dans sa partie centrale et la plus basse, quelques lagunes qui prennent leur dénomination de *lacs de Natroun*, d'une substance salino-pierreuse qu'elles produisent. Sa direction nord-nord-ouest court parallèlement à la branche occidentale du Nil, dont elle est distante de dix à douze heures de marche à l'ouest. Cette vallée prend naissance entre les pyramides de Saqqârah et de Gyzeh, et vient se terminer sur les confins de la province de Bahyreh au sud de *Marea*, capitale de l'ancienne Maréotite.

Les lacs de Natroun sont situés entre les parallèles des villages de Myt-Salameh et de Terrâneh sur le Nil, à une distance de douze heures de marche, à l'ouest de Terrâneh; ce qui, à quatre mille mètres de marche à l'heure, donne quarante-huit mille mètres de distance de ce village.

On doit penser que le fond de ces lacs est inférieur au lit du Nil et même au niveau de la Méditerranée : on est encore fondé à croire que les eaux du fleuve y sont conduites par infiltration, en charriant avec elles les substances salino-pierreuses qu'elles dissolvent dans le sol qu'elles parcourent, et qui servent à former et à

[1] Mémoire sur le lac de Mœris. *A.*, tom. VI, pag. 155.

entretenir dans ces fosses naturelles le natroun que les arts ont su, dans tous les temps, approprier à nos besoins industriels. Hérodote dit à ce sujet : « Le Nil, dans ses grandes crues, inonde non-seulement le Delta, mais encore des endroits qu'on dit appartenir à la Libye, ainsi que quelques cantons de l'Arabie, et se répand, de l'un et de l'autre côté, l'espace de deux journées de chemin, plus ou moins. » Pline vient à l'appui de cette assertion, quand il dit que les eaux du Nil agissent dans les salines de Nitrie.

C'est avec peu de fondement, suivant moi, qu'un de nos plus modernes voyageurs, M. Sonnini, rejette et combat l'opinion du naturaliste latin, que M. le général Andréossy adopte et développe dans son Mémoire sur la vallée des lacs de Natroun[1]. Mon dessein n'étant pas d'entrer dans de plus grands détails sur cette vallée et sur les couvens de ces déserts, je renvoie à la notice que j'en ai fournie au Courrier de l'Égypte, et surtout aux mémoires déjà cités de M. Sonnini et de M. le général Andréossy. Je consignerai ici[2] une anecdote propre à faire connaître la nature des déserts au milieu

[1] *Mémoire sur la vallée des lacs de Natroun*, Décade égyptienne, tom. II, pag. 93-122. — Mémoires sur l'Égypte, tom. I, pag. 22; — et Description de l'Égypte, *É. M.*, tom. XII, pag. 1re.

[2] *Voyage aux lacs de Natroun.* Dans le voyage que je fis aux lacs de Natroun, j'accompagnai, sur son invitation, M. le général de division Menou, qui, à la tête de cinq cents hommes d'infanterie, fut chargé, à l'époque du débarquement de l'armée anglo-turque à Abouqyr, le 26 messidor an VII (14 juillet 1799), de battre le désert, afin de couper la retraite à Mourâd. Ce bey, de concert avec l'ennemi, qui menaçait alors les côtes d'Abouqyr, parcourait, avec quelques partis de Mamlouks et d'Arabes, la Bahyreh, qu'il cherchait à soulever, mais dont il avait su se retirer à temps. Nous éprouvâmes, dans cette expédition militaire, et à cette époque des plus fortes chaleurs de l'été, de très-

desquels sont situés les lacs de Natroun, et le danger de les parcourir dans les saisons trop chaudes, et sur-

grandes fatigues, et des pertes en hommes et en chevaux, comme on va le voir dans les détails suivans :

Partis, le 15 juillet 1799, d'Embabeh, village situé sur la rive gauche du Nil, célèbre par la bataille des Pyramides, nous étions, le 16 suivant, dans le désert, à la hauteur et à trois heures de marche à l'ouest d'Ouârdân, marchant sur les couvens grecs et syriens des lacs de Natroun, quand le manque d'eau (nous avions déjà perdu par les fatigues et la soif deux hommes, dont un Grec qui s'était tué de désespoir avec son fusil) força le général Menou à regagner le fleuve, où nous arrivâmes à deux heures, près et au nord de Myt-Salameh. Repartis sur les quatre heures, nous regagnâmes le désert, où nous bivaquâmes; le lendemain nous arrivâmes vers dix heures à Deyr-Makaryout (couvent de Saint-Macaire), après une nouvelle perte de quatre hommes, d'un cheval et d'un chameau : notre marche fut de dix heures effectives, des bords du Nil à ce couvent. Bientôt après notre arrivée, j'eus le bonheur d'y sauver la vie à trois soldats qui, la bouche écumante et dans les convulsions d'une mort violente, avaient été traînés vers le couvent, dont l'entrée avait été interdite à la troupe. Les ayant fait mettre à l'ombre des murs, et leur ayant fait donner de l'eau fraîche à propos et avec mesure, je parvins à les rappeler à la vie, qu'un quart d'heure plus tard ils perdaient sans retour : la troupe fouillait alors, en courant çà et là, les sables du désert, à deux et trois cents mètres du couvent, où elle trouvait quelque peu d'eau saumâtre, capable à peine d'étancher une soif inextinguible. Il faut avoir ressenti quelques atteintes de cette fièvre cruelle, causée dans ces déserts par une soif dévorante, pour s'en faire et en exprimer l'idée. On n'a pas besoin assurément de chercher dans une tempête sur cette vaste et profonde mer de sables de la Libye, la cause de la perte de cette division de l'armée de Cambyse qui fut engloutie dans les contrées d'Ammon : car il suffit bien du souffle brûlant des vents du khamsyn pendant un ou deux jours seulement, ou d'une marche forcée dans ces déserts privés d'eau, pour y faire périr une armée. Le 19 juillet, après quinze heures de marche effective de Deyr-Saydeh (couvent des Syriens), nous regagnâmes par le nord-est le Nil à Ouagyt, et, dans ce trajet, nous perdîmes encore deux hommes à une heure de marche seulement à l'ouest de ce fleuve. C'est sur ces indications que le colonel du corps des ingénieurs-géographes, M. Jacotin, a porté sur la grande carte d'Égypte les traces de cette pénible marche que le général eut à supporter avec le soldat; car cette expédition fut si précipitée, que nous n'eûmes pas le temps de prendre ni les tentes, ni aucune des provisions nécessaires. Quant à moi, après sept jours de notre marche, dont quatre dans le désert, je rejoignis à Abouqyr le général Menou, qui avait pris le commandement du siége de ce fort : après sa reddition, je

tout sans les précautions convenables. On verra qu'il importe de publier cette anecdote intéressante pour ceux qui doivent voyager dans ces contrées.

OBSERVATIONS GÉNÉRALES.

M. Gratien Le Père a fait voir, dit-il, dans la description particulière qu'il a donnée des lacs de l'Égypte, et dont nous avons transcrit textuellement ci-dessus ce qui n'avait pas été publié,

1°. Que le bassin du *Mareotis*, qui longe la côte maritime d'Alexandrie jusqu'à la tour des Arabes, sur trente-huit à quarante mille mètres d'étendue, et qui était entièrement desséché en 1800, est encore évidemment resté inférieur au niveau de la mer, puisque, par suite d'une opération désastreuse, les eaux salées qui en recouvrent aujourd'hui toute l'étendue y ont pris, sur

revins à Rosette, où j'éprouvai une indisposition grave avec tous les symptômes qui caractérisent la peste, mais dont une excessive transpiration que je me donnai par une marche forcée me sauva heureusement. De retour au Kaire un mois après, je fus attaqué d'une ophthalmie qui, pendant douze jours, me priva totalement de la vue, que je ne recouvrai que six semaines après. Beaucoup d'autres personnes éprouvèrent de fortes indispositions de ce voyage. Mon cheval et deux autres du général en restèrent quinze à vingt jours malades, au point qu'on eût peine à les faire suivre en lesse le dernier jour de notre marche d'Ouagyt sur Rahmânyeh. J'ai eu lieu d'observer et de me convaincre que la cause des accidens que j'éprouvai particulièrement est due, indépendamment des fatigues, à l'effet d'une différence trop sensible au corps entre la grande chaleur des jours, qui est de trente-deux à trente-cinq degrés, et l'extrême fraîcheur des nuits au sein de ces déserts, quand on n'a pas la précaution de se bien couvrir de nuit; car une suppression de transpiration est en Égypte, comme dans tous les pays chauds, une des premières causes des maladies inhérentes à leurs climats.

divers points, sept, huit et peut-être jusqu'à dix mètres de profondeur;

2°. Que les lacs Ma'dyeh, d'Edkou, Bourlos et Menzaleh, qui embrassent le reste de la côte maritime de l'ancien Delta, et qui tous communiquent immédiatement par une ou plusieurs bouches à la mer, ont évidemment le fond de leur bassin inférieur à la mer, puisque les eaux saumâtres de ces lacs, en diminuant avec le Nil, reprennent toute la salure des eaux de mer, qui y affluent et s'y élèvent plus ou moins, suivant la force et la direction des vents du large;

3°. Que le lac Sirbonide, qui longe la côte du cap Straky au cap Kaçaroun, recouvert d'une croûte saline, renferme, ainsi que les lagunes adjacentes à l'ouest, vers Tyneh, les mêmes abîmes qui y existaient il y a deux mille ans;

4°. Que le Birket el-Balah, qui communique au nord avec le Menzaleh, et qui s'étend jusqu'au Râs el-Moyeh, vers le centre de l'isthme de Soueys, est encore évidemment inférieur au niveau de la Méditerranée, puisqu'il n'est, à proprement parler, qu'un épanchement des eaux douces ou salées du Menzaleh, suivant ses divers états, par le *qantarah* ou pont qui l'en sépare sur la route d'Égypte en Syrie par Sâlehyeh;

5°. Que pour tout observateur qui parcourra l'isthme de Soueys d'une mer à l'autre, sur la ligne des opérations des ingénieurs français, l'abaissement du sol des lacs Amers au-dessous de la mer Rouge sera une chose sensible et frappante, quand d'ailleurs le résultat de leurs opérations se trouve conforme à celui des ingénieurs de Darius, aux traditions, ainsi qu'aux témoiguages historiques des écrivains anciens et modernes, et enfin des Qobtes et des gens instruits du Kaire;

6°. Que le *Mœris*, dont le Birket-Qeroun n'est plus que la cunette ou la partie la plus basse de cet ancien lac, offre aussi sensiblement l'étendue d'un immense bas-fond dont la profondeur, que nulle opération des modernes n'a vérifiée, peut très-bien être celle indiquée par Hérodote, ayant *cinquante orgyies* (quatre-vingt-douze mètres) au-dessous des plus hautes eaux de ce lac; et que, si, en effet, cette profondeur n'était pas exacte dans l'emplacement des deux pyramides élevées par Mœris, rien ne s'oppose à ce qu'elle puisse l'être pour tout autre point; car son sol paraît être très-inférieur au lit du Nil, et, par induction, à celui de la Méditerranée;

7°. Que le sol du Bahr-belâ-mâ, dont le dessèchement, ainsi que celui de tous les autres lacs de l'Égypte qui cessent d'être alimentés par les eaux du fleuve ou de la mer, est dû sans doute aux anciens travaux de Mœris dont parle Hérodote, et aux évaporations excessives dans ces déserts de sables arides et brûlans; que le sol, dis-je, de cette vallée doit également être inférieur à la Méditerranée;

8°. Enfin, que le bassin des lacs de Natroun, où l'on trouve une carrière naturelle et inépuisable de ce sel-pierre, doit indubitablement être inférieur au lit du Nil, dont les eaux, qui semblent y couler souterrainement, entretiennent dans ces bas-fonds une humidité saline qui est un des principes constituans de cette substance minérale. On peut même préjuger avec quelque fondement que le sol en est également inférieur au niveau des eaux de la Méditerranée.

Si l'on vient, après cette connaissance des lacs de l'Égypte, à considérer la nature générale et particulière de ces lacs, bordés de plaines basses et stériles, où l'on trouve des sables mouvans, imprégnés d'eau saturée de sels de diverses espèces; si l'on considère enfin que la fraîcheur excessive des nuits entretient constamment dans l'atmosphère de ces lacs et des déserts qui les environnent une humidité saline qui pénètre et agit dans tous les corps, on reconnaîtra que, conformément au sentiment des prêtres d'Égypte, rapporté et adopté par Hérodote, Strabon et tous les philosophes de l'antiquité, l'isthme de Soueys, toute la basse Égypte, ainsi que toutes les plages adjacentes à l'ouest, jusque vers l'Oasis d'Ammon dans les déserts de la Libye, appartiennent incontestablement au domaine d'une mer desséchée. Ce sentiment a été partagé par tous les voyageurs modernes qui ont visité ces contrées. Parmi ces voyageurs, on peut citer M. Hornemann, qui, en 1800, ayant traversé l'Afrique d'orient en occident par l'Oasis d'Ammon, a reconnu dans ces déserts les traces les plus sensibles d'un long séjour des eaux de la mer. Je dirai de plus, d'après l'opinion des prêtres d'Égypte et celle d'Hérodote, qu'il est probable que la vallée du Nil, dont le sol s'exhausse constamment du Kaire en remontant vers la Thébaïde, n'est plus aujourd'hui qu'un immense attérissement des sables vaseux du fleuve, et que les vallées du Bahr-belâ-mâ et des lacs de Natroun ont pu former anciennement des golfes semblables à ceux de la mer Rouge. Enfin j'ajouterai que, les déserts de la Libye et de l'Afrique étant en général regardés comme appartenant au sol d'une mer desséchée, les Oasis, ces espèces d'îles cultivées ou cultivables que l'on trouve dispersées sur l'immensité de cette mer de sables, ne sont que des bas-fonds, tels qu'il en existe dans le sein des mers, et dont le sol est encore en partie inférieur au niveau actuel des eaux de la Méditerranée.

Il ne m'appartient pas, dit l'auteur du mémoire, d'assigner une cause à la révolution physique qui a pu changer ainsi la surface de tant de contrées. Je ne prétendrai donc pas trouver cette cause secondaire, plutôt dans l'effet de ce flux et reflux extraordinaires qui, d'après l'Exode, d'accord avec la tradition qui s'en est conservée, au rapport de Diodore[1], chez les Ichthyophages, peuples des côtes de la mer Rouge, auraient mis à sec une grande partie de cette mer, que dans un abaissement instantané des eaux de la Méditerranée par la rupture du détroit des Colonnes d'Hercule, aujourd'hui de Gilbraltar[2], ni enfin que dans la retraite pré-

[1] *Exod.* c. XIV, v. 21, et *Psalm.* CXIII; et Diod. *Bibl. hist.* lib. III, §. 40.

[2] Parmi toutes ces traditions ou hypothèses, celle de l'abaissement instantané des eaux de la Méditerranée par la rupture du détroit des Colonnes, dont il est parlé dans la Géographie de Strabon, nous paraît la plus admissible, comme elle est la plus vraisemblable. Ainsi, admettant que la Méditerranée a recouvert anciennement la plus grande partie des déserts de la Libye et de l'Afrique, ses eaux, en s'abaissant d'une hauteur quelconque par la rupture naturelle ou artificielle du détroit de Gibraltar, auront mis à découvert l'immensité de ces plages, dont le desséchement les aura transformées en une mer de sables stériles et brûlans. *Voir* Strab., *Géograph.*, liv. I, tom. Ier de la trad française; et Pline, *Hist. nat.* l. VI, chap. I.

cipitée des eaux après l'époque de cette catastrophe générale, où le globe que nous habitons a dû rouler, durant des siècles, sous l'enveloppe des eaux d'une mer sans bornes, catastrophe dont les plaines ainsi que les entrailles les plus profondes et les montagnes les plus élevées de la terre portent des traces ineffaçables. C'est en vain que l'esprit justement inquiet de l'homme se tourmente en hypothèses plus ou moins ingénieuses, plus ou moins vraisemblables, sur les causes de ces grandes révolutions; les causes et les époques de ces épouvantables événemens qui nous menacent de leur cours, périodique peut-être, nous sont inconnues, et restent à jamais ensevelies dans la nuit éternelle des temps.

Pour revenir au but de ce mémoire, on terminera en donnant ici le tableau résumé de l'étendue superficielle des lacs maritimes de l'Égypte inférieure, en comparant cette étendue à celle de l'ancien et du nouveau Delta.

TABLEAU *sommaire des surfaces comparées des lacs de l'Égypte inférieure*[1].

DÉNOMINATIONS MODERNES ET ANCIENNES DES LACS.			SURFACES en HECTARES.
1°. Boheyreh Maryout..	Lac Maréotis....	*Mareotis lacus.*	85784.
2°. — Ma'dyeh..	Lac Ma'dyeh................		13832.
3°. — Edkou....	Lac d'Edkou................		33772.
4°. — Borollos...	Lac Bourlos................		112860.
5°. — Menzaleh..	Lac Menzaleh................		183844.
Birket el-Balah......	Étang des Dattes............		13028.
TOTAL........................			443120.
6°. Sebàkhah Bardoual...............		*Sirbonis lacus..*	
7°. Lacs des Deux mers..............		*Lacus amari...*	
8°. Birket Keroun..................		*Lacus Mœridis.*	
9°. Sebâkhah Natroun.	Lacs de Natroun.	*Nitri fodinæ....*	

On voit que si, de cette surface de quatre cent quarante-trois mille cent vingt hectares, on venait, à l'imitation des peuples de la Hollande, pays dont le sol, généralement plus bas de trois à quatre mètres que le niveau de l'Océan, offre un exemple admirable de l'in-

[1] La surface calculée partiellement pour les lacs nos. 1, 2, 3, 4 et 5, a été relevée sur la nouvelle carte de l'Égypte, dressée au Dépôt de la guerre, à l'échelle d'un décimètre pour dix mille mètres, ou 00001 de la nature. On n'a pas cru devoir donner les surfaces des lacs salins nos. 6, 7, 8 et 9, parce qu'on n'en connaît pas assez les dimensions, et que le sol n'est d'ailleurs pas susceptible d'être mis en culture par son dessèchement.

dustrie humaine, à en rendre la moitié ou le tiers seulement à l'agriculture par le desséchement de toutes ces lagunes infectes, source de toute espèce de maladies épidémiques et endémiques dans les pays chauds, l'Égypte, en augmentant et assainissant tout-à-la-fois le territoire de ses provinces maritimes, décuplerait bientôt les intérêts des avances qu'elle pourrait faire à des compagnies de commerce et d'agriculture qui rechercheraient les travaux de cette grande entreprise.

De tous les travaux qu'un gouvernement sage et éclairé puisse faire pour le plus grand avantage de cette contrée, ceux qui auront pour but son irrigation et son desséchement doivent fixer ses premiers regards et faire constamment l'objet de toute sa sollicitude : car, sans les canaux et leurs digues, l'Égypte, cessant d'être vivifiée dans toutes ses parties, n'est plus qu'un corps que la masse des eaux de son fleuve inonde avec surabondance et fait périr de plénitude. L'entretien annuel des digues et des canaux est donc la base fondamentale de l'existence physique de cette contrée. Si l'histoire égyptienne ne nous parlait pas avec admiration, je ne dirai pas de ces travaux gigantesques qui semblent accuser encore de nos jours l'orgueil de quelques-uns de ses princes, mais de ces immenses et utiles travaux qui ne tendaient qu'à l'agrandissement, à l'assainissement comme à la prospérité de cette terre antique et sacrée, on en trouverait encore quelques souvenirs écrits à la surface de son sol. Quelque faibles que soient ces souvenirs, ils attestent que l'Égypte peut redevenir ce qu'elle fut sous les règnes de ces princes bienfaisans. En effet, quand on parcourt la basse Égypte, dont le sol est incontestablement *un don du fleuve*, suivant l'expression propre d'Hérodote, on cherche en vain le cours de ces deux branches principales du fleuve qui formaient les côtés de son ancien Delta. Au lieu de ces anciennes plaines cultivées et fertiles, on ne trouve plus çà et là que des canaux comblés ou entrecoupés, et dont les nombreuses ramifications qui se croisent en tout sens n'offrent plus que les traces à peine reconnaissables d'un système d'irrigation; au lieu de ces bourgades et de ces villes populeuses qui y existaient, on n'aperçoit plus que des hauteurs de décombres nues et arides, restes d'anciennes habitations réduites en cendres; on n'y trouve plus enfin que des lagunes fangeuses et infectes, ou que des sables stériles qui s'étendent et envahissent sans cesse une terre que l'industrie des hommes avait conquise sur des déserts et sur la mer. Que l'on jette les yeux sur la nouvelle carte de l'Égypte, et l'on n'aura qu'une faible idée de la situation affligeante de cette malheureuse contrée. C'est pour en juger avec plus de précision que nous terminons ce tableau par le parallèle des surfaces de l'ancien et du nouveau Delta.

Hérodote nous a donné la base maritime de l'ancien Delta, qu'il établit du lac Sirbonide près le *Casius mons*, jusqu'à *Taposiris*, à l'ouest sur le golfe Plinthinites; il porte cette base à trois mille six cents stades, équivalens à trois cent cinquante-trois mille six cent vingt-huit mètres, au petit stade égyptien de quatre-vingt-dix-huit mètres vingt-trois centimètres[1]. Mais,

[1] Le stade désigné par Hérodote est de soixante au schœne, mesure

réduisant cette base à celle qui est comprise entre les ruines de Péluse et la tour des Arabes, on trouve encore cette distance, mesurée suivant la courbure de la côte, sur la carte annexée au Mémoire sur le canal des Deux Mers, de trois cent cinquante mille mètres environ.

Quant aux deux autres côtés du Delta, nous prendrons la distance directe du meqyâs ou nilomètre situé à la pointe sud de l'île de Roudah, dont le site répond à la Fostât des Arabes ou à la Babylone d'Égypte, jusqu'aux ruines de Péluse à l'est, et à la tour des Arabes à l'ouest, pour le grand Delta. Nous reporterons ces côtés, pour le petit Delta, aux deux villes maritimes des deux grandes branches du Nil, celles de Damiette et de Rosette; et, considérant ces deux surfaces triangulaires comme appartenant au secteur d'un même cercle dont les deux côtés, dans l'une et l'autre, sont des rayons de ce même cercle, nous aurons les dimensions et les résultats suivans :

usitée chez les Égyptiens, ainsi que le dit cet historien, et qui équivaut à deux parasanges. Or, le schœne, qui égale quatre milles romains, est de trois mille vingt-quatre toises; ce qui porte le stade égyptien à quatre-vingt-dix-huit mètres vingt-trois centimètres (cinquante toises deux pieds quatre pouces neuf lignes). *Voir* la traduction d'Hérodote par M. Larcher, liv. II, §. 6 et 9.

INDICATIONS.	DIMENSIONS MÉTRIQUES.		
	Bases maritimes.	Côtés des *Delta*.	
DIMENSIONS DES DELTA. { ancien..... / moderne...	320000m / 135000.	170000m / 170000.	
	hectares.	ares.	centiar.
D'après ces dimensions, on trouve que la surface métrique de l'ancien Delta est de [1]........................	2727583.	63.	36.
Dont on doit déduire la surface triangulaire de toute la partie à l'ouest des déserts (celle des lacs de Natroun) : la base de ce triangle étant de cent quatre-vingt-dix-huit mille mètres sur une flèche de quarante mille mètres, on a..............	396000.	00.	00.
Premier reste en surface de l'ancien Delta........................	2331583.	63.	36.
Dont on doit déduire la surface du nouveau Delta, portée à..........	1147549.	40.	00.
Reste en surface perdue de l'ancien Delta........................	1184034.	23.	36.

On voit, par ce résultat, que l'ancien Delta a perdu plus de la moitié de sa surface, dont encore un cin-

[1] Quoique le côté occidental du grand Delta soit de cent quatre-vingt-dix-huit mille mètres, on ne compte que cent soixante-dix mille mètres, à cause des parties excédantes du désert, dont on a cru devoir cependant faire une estimation pour être portée en déduction.

La distance précise du meqyàs aux ruines de Péluse, relevée sur la carte, se trouve être de cent soixante-huit mille mètres; on l'a portée à cent soixante-dix mille, par rapport aux petites différences en plus qui existent sur les deux autres côtés du petit Delta, se terminant à Damiette et à Rosette. La carte donne cent cinquante-un mille cinq cents mètres des ruines d'*Heliopolis* à celles de Péluse : cette

quième environ est couvert des eaux des lacs *Mareotis*, Ma'dyeh, Edkou, Bourlos et Menzaleh, funestes effets de l'insouciance des dominateurs ou plutôt des spoliateurs de cette malheureuse contrée.

J'ai parlé, dans ce mémoire, des grands travaux d'irrigation et de desséchement qui ont, pour ainsi dire, tiré l'Égypte du sein de la mer, et l'ont élevée, sous les règnes de ses Pharaons, au plus haut degré de prospérité : il ne me reste plus qu'à exprimer les vœux qu'on doit généralement former pour la reprise et l'exécution de ces travaux, que les ravages des hommes, plus encore que ceux du temps, ont entièrement anéantis.

distance diffère de celle qu'Hérodote dit être précisément de quinze cents stades, qui, au stade de quatre-vingt-dix-huit mètres vingt-trois centimètres (cinquante-une toises), donnent cent quarante-sept mille trois cent quarante-cinq mètres. Cette différence serait de quatre mille cent cinquante-cinq mètres, c'est-à-dire de quarante-deux stades un tiers.

TABLES NÉCROLOGIQUES
DU KAIRE,

PENDANT LES ANNÉES VII, VIII ET IX
(1798, 1799, 1800, 1801) :

Publiées par R. DESGENETTES.

Ces tables ont été commencées à l'état-major de la place du Kaire, d'après les ordres du général de division Dugua, commandant de la ville et de la province. Dans le mois de vendémiaire an VIII, la Commission extraordinaire de salubrité fit tenir avec soin, et jour par jour, un registre individuel des décès, avec l'indication de l'âge et du genre de mort. A partir de ce moment, les déclarations de décès furent recueillies jusqu'au jour de l'évacuation de l'Égypte, sans aucune interruption, si ce n'est à l'époque du siége du Kaire, qui suivit la victoire d'Héliopolis.

AN VII. — 1798.

DATES DES DÉCÈS. MOIS ET JOURS nouveaux.	anciens.	DÉSIGNATION DES PERSONNES. Hommes.	Femmes.	Enfans.	TOTAL.
AN VII.	1798.				
Vendémiaire. 1er.	Septembre. 22.	»	»	»	»
2.	23.	»	»	»	»
3.	24.	»	»	»	»
4.	25.	»	»	»	»
5.	26.	»	»	»	»
6.	27.	»	»	»	»
7.	28.	»	»	»	»
8.	29.	»	»	»	»
9.	30.	»	»	»	»
10.	Octobre. 1er.	»	»	»	»
11.	2.	»	»	»	»
12.	3.	»	»	»	»
13.	4.	»	»	»	»
14.	5.	»	»	»	»
15.	6.	»	»	»	»
16.	7.	»	»	»	»
17.	8.	»	»	»	»
18.	9.	»	»	»	»
19.	10.	»	»	»	»
20.	11.	»	»	»	»
21.	12.	»	»	»	»
2.	13.	»	»	»	»
23.	14.	»	»	»	»
24.	15.	»	»	»	»
25.	16.	»	»	»	»
26.	17.	»	»	»	»
27.	18.	»	»	»	»
28.	19.	»	»	»	»
29.	20.	»	»	»	»
30.	21.	»	»	»	»
TOTAUX....		»	»	»	»

AN VII. — 1798.

DATES DES DÉCÈS. MOIS ET JOURS		DÉSIGNATION DES PERSONNES.			TOTAL.
nouveaux.	anciens.	Hommes.	Femmes.	Enfans.	
AN VII.	1798.				
Brumaire. 1er.	Octobre. 22.	»	»	»	»
2.	23.	»	»	»	»
3.	24.	»	»	»	»
4.	25.	»	»	»	»
5.	26.	»	»	»	»
6.	27.	»	»	»	»
7.	28.	»	»	»	»
8.	29.	»	»	»	»
9.	30.	»	»	»	»
10.	31.	»	»	»	»
11.	Novembre. 1er.	»	»	»	»
12.	2.	»	»	»	»
13.	3.	»	»	»	»
14.	4.	»	»	»	»
15.	5.	»	»	»	»
16.	6.	»	»	»	»
17.	7.	»	»	»	»
18.	8.	»	»	»	»
19.	9.	»	»	»	»
20.	10.	»	»	»	»
21.	11.	»	»	»	»
22.	12.	»	»	»	»
23.	13.	»	»	»	»
24.	14.	»	»	»	»
25.	15.	»	»	»	»
26.	16.	»	»	»	»
27.	17.	»	»	»	»
28.	18.	»	»	»	»
29.	19.	»	4.	4.	8.
30.	20.	2.	1.	6.	9.
TOTAUX....		2.	5.	10.	17.

AN VII. — 1798.

DATES DES DÉCÈS. MOIS ET JOURS		DÉSIGNATION DES PERSONNES.			TOTAL.
nouveaux.	anciens.	Hommes.	Femmes.	Enfans.	
AN VII.	1798.				
Frimaire. 1er.	Novembre. 21.	5.	3.	2.	10.
2.	22.	1.	3.	».	4.
3.	23.	2.	7.	5.	14.
4.	24.	1.	2.	4.	7.
5.	25.	7.	5.	8.	20.
6.	26.	3.	2.	9.	14.
7.	27.	4.	2.	2.	8.
8.	28.	1.	1.	4.	6.
9.	29.	3.	2.	8.	13.
10.	30.	1.	»	6.	7.
11.	Décembre. 1er.	1.	5.	6.	12.
12.	2.	1.	2.	12.	15.
13.	3.	2.	2.	5.	9.
14.	4.	2.	6.	7.	15.
15.	5.	4.	2.	5.	11.
16.	6.	4.	4.	3.	11.
17.	7.	3.	3.	3.	9.
18.	8.	1.	4.	4.	9.
19.	9.	»	2.	1.	3.
20.	10.	3.	4.	6.	13.
21.	11.	3.	»	3.	6.
22.	12.	2.	9.	2.	13.
23.	13.	»	6.	4.	10.
24.	14.	5.	2.	7.	14.
25.	15.	1.	1.	6.	8.
26.	16.	3.	3.	3.	9.
27.	17.	2.	4.	7.	13.
28.	18.	»	4.	2.	6.
29.	19.	2.	3.	1.	6.
30.	20.	»	3.	3.	6.
TOTAUX....		67.	96.	138.	301.

AN VII. — 1798, 1799.

DATES DES DÉCÈS. — MOIS ET JOURS		DÉSIGNATION DES PERSONNES.			TOTAL.
nouveaux.	anciens.	Hommes.	Femmes.	Enfans.	
AN VII. —	1798. —				
Nivose. 1er.	Décembre. 21.	1.	5.	2.	8.
2.	22.	3.	3.	10.	16.
3.	23.	1.	2.	6.	9.
4.	24.	4.	»	2.	6.
5.	25.	»	»	5.	5.
6.	26.	»	»	»	»
7.	27.	»	»	»	»
8.	28.	1.	4.	9.	14.
9.	29.	»	»	»	»
10.	30.	»	2.	5.	7.
11.	31.	1.	3.	4.	8.
12.	Janvier 1799. 1er.	1.	5.	6.	12.
13.	2.	3.	2.	5.	10.
14.	3.	1.	3.	3.	7.
15.	4.	3.	4.	13.	20.
16.	5.	8.	»	5.	13.
17.	6.	1.	4.	5.	10.
18.	7.	2.	7.	5.	14.
19.	8.	2.	5.	3.	10.
20.	9.	2.	»	7.	9.
21.	10.	3.	3.	7.	23.
22.	11.	1.	3.	5.	9.
23.	12.	2.	5.	16.	13.
24.	13.	4.	5.	12.	21.
25.	14.	3.	10.	17.	30.
26.	15.	4.	7.	10.	21.
27.	16.	4.	5.	4.	13.
28.	17.	2.	6.	8.	16.
29.	18.	2.	4.	10.	16.
30.	19.	3.	4.	14.	21.
TOTAUX....		62.	101.	198.	361.

AN VII. — 1799.

DATES DES DÉCÈS. — MOIS ET JOURS		DÉSIGNATION DES PERSONNES.			TOTAL.
nouveaux.	anciens.	Hommes.	Femmes.	Enfans.	
AN VII.	1799.				
Pluviose. 1er.	Janvier. 20.	3.	4.	14.	21.
2.	21.	3.	4.	4.	11.
3.	22.	2.	4.	10.	16.
4.	23.	»	»	1.	1.
5.	24.	»	»	»	»
6.	25.	5.	3.	4.	12.
7.	26.	3.	2.	7.	12.
8.	27.	5.	2.	7.	14.
9.	28.	5.	11.	11.	27.
10.	29.	4.	4.	10.	18.
11.	30.	3.	3.	7.	13.
12.	31.	3.	4.	10.	17.
13.	Février. 1er.	2.	3.	4.	9.
14.	2.	1.	4.	3.	8.
15.	3.	1.	4.	3.	8.
16.	4.	1.	6.	12.	19.
17.	5.	4.	4.	6.	14.
18.	6.	2.	3.	1.	6.
19.	7.	1.	4.	6.	11.
20.	8.	1.	6.	12.	19.
21.	9.	»	1.	10.	11.
22.	10.	5.	4.	11.	20.
23.	11.	1.	3.	4.	8.
24.	12.	8.	4.	11.	23.
25.	13.	5.	»	1.	6.
26.	14.	5.	5.	8.	18.
27.	15.	13.	»	3.	16.
28.	16.	3.	3.	3.	9.
29.	17.	2.	1.	5.	8.
30.	18.	6.	6.	9.	21.
TOTAUX....		97.	102.	197.	396.

AN VII. — 1799.

DATES DES DÉCÈS. MOIS ET JOURS				DÉSIGNATION DES PERSONNES.			TOTAL.
nouveaux.		anciens.		Hommes.	Femmes.	Enfans.	
AN VII.		1799.					
Ventose.	1er.	Février.	19.	3.	2.	6.	11.
	2.		20.	»	3.	13.	16.
	3.		21.	3.	2.	5.	10.
	4.		22.	2.	10.	8.	20.
	5.		23.	5.	3.	4.	12.
	6.		24.	2.	3.	3.	8.
	7.		25.	5.	»	9.	14.
	8.		26.	4.	5.	8.	17.
	9.		27.	4.	1.	8.	13.
	10.		28.	6.	9.	7.	22.
	11.	Mars.	1er.	6.	6.	2.	14.
	12.		2.	2.	5.	5.	12.
	13.		3.	6.	2.	3.	11.
	14.		4.	2.	6.	9.	17.
	15.		5.	2.	2.	4.	8.
	16.		6.	6.	7.	17.	30.
	17.		7.	5.	3.	9.	17.
	18.		8.	3.	10.	14.	27.
	19.		9.	1.	8.	10.	19.
	20.		10.	4.	6.	10.	20.
	21.		11.	2.	2.	6.	10.
	22.		12.	1.	4.	10.	15.
	23.		13.	7.	8.	5.	20.
	24.		14.	1.	4.	11.	16.
	25.		15.	3.	5.	20.	28.
	26.		16.	5.	6.	13.	24.
	27.		17.	4.	5.	8.	17.
	28.		18.	1.	5.	15.	21.
	29.		19.	3	7.	11.	21.
	30.		20.	»	»	»	»
Totaux....				98.	139.	253.	490.

AN VII. — 1799.

DATES DES DÉCÈS. MOIS ET JOURS		DÉSIGNATION DES PERSONNES.			TOTAL.
nouveaux.	anciens.	Hommes.	Femmes.	Enfans.	
AN VII.	1799.				
Germinal. 1er.	Mars. 21.	4.	9.	10.	23.
2.	22.	5.	9.	12.	26.
3.	23.	7.	9.	13.	29.
4.	24.	»	4.	11.	15.
5.	25.	4.	5.	12.	21.
6.	26.	5.	4.	11.	20.
7.	27.	5.	3.	6.	14.
8.	28.	6.	9.	19.	34.
9.	29.	3.	8.	11.	22.
10.	30.	»	»	»	»
11.	31.	3.	7.	8.	18.
12.	Avril. 1er.	5.	6.	10.	21.
13.	2.	5.	6.	8.	19.
14.	3.	9.	5.	9.	23.
15.	4.	4.	3.	7.	14.
16.	5.	4.	5.	10.	19.
17.	6.	»	4.	7.	11.
18.	7.	5.	3.	4.	12.
19.	8.	2.	3.	9.	14.
20.	9.	»	5.	15.	20.
21.	10.	»	10.	11.	21.
22.	11.	5.	8.	12.	25.
23.	12.	6.	1.	9.	16.
24.	13.	»	»	»	»
25.	14.	4.	5.	9.	18.
26.	15.	3.	2.	8.	13.
27.	16.	2.	2.	9.	13.
28.	17.	2.	10.	5.	17.
29.	18.	5.	7.	8.	20.
30.	19.	»	»	»	»
TOTAUX....		103.	152.	263.	518.

AN VII. — 1799.

DATES DES DÉCÈS. MOIS ET JOURS nouveaux.	anciens.	DÉSIGNATION DES PERSONNES Hommes.	Femmes.	Enfans.	TOTAL.
AN VII.	1799.				
Floréal. 1er.	Avril. 20.	2.	6.	9.	17.
2.	21.	3.	8.	5.	16.
3.	22.	8.	»	14.	22.
4.	23.	6.	4.	11.	21.
5.	24.	3.	2.	4.	9.
6.	25.	6.	4.	12.	22.
7.	26.	5.	4.	9.	18.
8.	27.	5.	1.	10.	16.
9.	28.	2.	3.	18.	23.
10.	29.	4.	1.	8.	13.
11.	30.	5.	5.	11.	21.
12.	Mai. 1er.	»	3.	10.	13.
13.	2.	3.	6.	10.	19.
14.	3.	5.	5.	9.	19.
15.	4.	2.	2.	7.	11.
16.	5.	3.	4.	5.	12.
17.	6.	3.	8.	11.	22.
18.	7.	4.	4.	12.	20.
19.	8.	5.	8.	12.	25.
20.	9.	5.	8.	13.	26.
21.	10.	4.	8.	15.	27.
22.	11.	5.	7.	11.	23.
23.	12.	6.	4.	11.	21.
24.	13.	5.	4.	15.	24.
25.	14.	2.	5.	17.	24.
26.	15.	4.	3.	10.	17.
27.	16.	2.	7.	7.	16.
28.	17.	4.	4.	14.	22.
29.	18.	2.	4.	11.	17.
30.	19.	3.	7.	9.	19.
TOTAUX....		116.	139.	320.	575.

AN VII. — 1799.

DATES DES DÉCÈS. MOIS ET JOURS		DÉSIGNATION DES PERSONNES.			TOTAL.
nouveaux.	anciens.	Hommes.	Femmes.	Enfans.	
AN VII.	1799.				
Prairial. 1er.	Mai. 20.	4.	5.	12.	21.
2.	21.	3.	8.	10.	21.
3.	22.	1.	7.	19.	27.
4.	23.	3.	5.	8.	16.
5.	24.	5.	4.	10.	19.
6.	25.	2.	2.	16.	30.
7.	26.	»	6.	10.	16.
8.	27.	1.	3.	18.	22.
9.	28.	2.	3.	12.	17.
10.	29.	»	4.	18.	22.
11.	30.	4.	3.	5.	12.
12.	31.	5.	4.	10.	19.
13.	Juin. 1er.	»	4.	10.	14.
14.	2.	1.	6.	11.	18.
15.	3.	1.	9.	10.	20.
16.	4.	3.	3.	4.	10.
17.	5.	4.	12.	8.	24.
18.	6.	5.	8.	11.	24.
19.	7.	7.	5.	12.	24.
20.	8.	2.	7.	13.	22.
21.	9.	1.	5.	14.	30.
22.	10.	2.	6.	10.	18.
23.	11.	1.	3.	11.	15.
24.	12.	1.	2.	20.	23.
25.	13.	»	»	»	»
26.	14.	4.	7.	16.	27.
27.	15.	»	»	»	»
28.	16.	»	»	»	»
29.	17.	4.	5.	12.	21.
30.	18.	5.	2.	20.	27.
TOTAUX....		71.	138.	330.	539.

AN VII. — 1799.

DATES DES DÉCÈS. MOIS ET JOURS		DÉSIGNATION DES PERSONNES.			TOTAL.
nouveaux	anciens.	Hommes.	Femmes.	Enfans.	
AN VII.	1799.				
Messidor. 1er.	Juin. 19.	5.	2.	30.	27.
2.	20.	2.	1.	12.	15.
3.	21.	2.	5.	12.	19.
4.	22.	»	3.	15.	18.
5.	23.	1.	3.	7.	11.
6.	24.	3.	6.	11.	20.
7.	25.	1.	3.	11.	15.
8.	26.	2.	6.	11.	19.
9.	27.	5.	6.	8.	19.
10.	28.	2.	8.	12.	22.
11.	29.	2.	12.	13.	27.
12.	30.	2.	7.	13.	22.
13.	Juillet. 1er.	2.	7.	14.	23.
14.	2.	3.	2.	16.	21.
15	3.	2.	3.	9.	14.
16.	4.	»	5.	13.	18.
17.	5.	11.	9.	11.	31.
18.	6.	3.	1.	9.	13.
19	7.	»	7.	10.	17.
20.	8.	6.	5.	22.	33.
21.	9.	2.	2.	10.	14.
22.	10.	4.	5.	23.	32.
23.	11.	6.	3.	23.	32.
24.	12.	6.	4.	9.	19.
25.	13.	»	»	»	»
26.	14.	2.	3.	15.	20.
27.	15.	4.	2.	9.	15.
28.	16.	2.	15.	»	17.
29.	17.	4.	4.	11.	19.
30.	18.	7.	9.	16.	32.
TOTAUX....		91.	148.	365.	604.

AN VII. — 1799.

DATES DES DÉCÈS. — MOIS ET JOURS		DÉSIGNATION DES PERSONNES.			TOTAL.
nouveaux.	anciens.	Hommes.	Femmes.	Enfans.	
AN VII.	1799.				
Thermidor. 1er.	Juillet. 19.	4.	5.	18.	27.
2.	20.	3.	4.	18.	25.
3.	21.	1.	4.	14.	19.
4.	22.	2.	6.	12.	20.
5.	23.	4.	6.	8.	18.
6.	24.	2.	2.	13.	17.
7.	25.	5.	5.	19.	29.
8.	26.	7.	4.	20.	31.
9.	27.	1.	1.	14.	16.
10.	28.	4.	2.	8.	14.
11.	29.	2.	5.	16.	23.
12.	30	5.	2.	26.	33.
13.	31.	1.	6.	24.	31.
14.	Août. 1er.	3.	1.	17.	21.
15.	2.	3.	5.	18.	26.
16.	3.	3.	3.	9.	15.
17.	4.	4.	7.	26.	37.
18.	5.	3.	1.	26.	30.
19.	6.	4.	2.	21.	27.
20.	7.	4.	3.	17.	24.
21.	8.	3.	3.	12.	18.
22.	9.	4.	»	22.	26.
23.	10.	»	6.	18.	24.
24.	11.	2.	3.	16.	21.
25.	12.	5.	2.	11.	18.
26.	13.	6.	4.	15.	25.
27.	14.	7.	4.	17.	28.
28.	15.	1.	7.	22.	30.
29.	16.	2.	6.	19.	27.
30.	17.	1.	4.	21.	26.
Totaux....		96.	113.	517.	726.

AN VII. — 1799.

DATES DES DÉCÈS. MOIS ET JOURS		DÉSIGNATION DES PERSONNES.			TOTAL.
nouveaux.	anciens.	Hommes.	Femmes.	Enfans.	
AN VII.	1799.				
Fructidor. 1er.	Août. 18.	3.	6.	22.	31.
2.	19.	6.	4.	10.	20.
3.	20.	4.	2.	16.	22.
4.	21.	2.	8.	13.	23.
5.	22.	3.	3.	16.	22.
6.	23.	»	10.	12.	22.
7.	24.	»	»	»	»
8.	25.	8.	5.	31.	44.
9.	26.	1.	5.	13.	19.
10.	27.	4.	6.	18.	28.
11.	28.	1.	4.	14.	19.
12.	29.	3.	2.	10.	15.
13.	30.	5.	6.	22.	33.
14.	31.	3.	2.	10.	15.
15.	Septembre. 1er.	»	5.	17.	22.
16.	2.	4.	3.	18.	25.
17.	3.	2.	4.	8.	14.
18.	4.	2.	5.	20.	27.
19.	5.	»	3.	9.	12.
20.	6.	1.	1.	13.	15.
21.	7.	1.	1.	6.	8.
22.	8.	»	4.	13.	17.
23.	9.	3.	2.	12.	17.
24.	10.	3.	6.	7.	16.
25.	11.	4.	2.	6.	12.
26.	12.	6.	8.	14.	28.
27.	13.	1.	4.	12.	17.
28.	14.	5.	4.	15.	24.
29.	15.	4.	5.	16.	25.
30.	16.	3.	11.	11.	25.
	Totaux. . . .	81.	132.	404.	617.
Jours compl. 1er.	Septembre. 17.	1.	10.	10.	21.
2.	18.	3.	2.	16.	21.
3.	19.	2.	2.	13.	17.
4.	20.	3.	7.	16.	26.
5.	21.	4.	5.	13.	22.
6.	22.	1.	3.	8.	12.
	Totaux. . . .	14.	29.	76.	119.

AN VIII. — 1799.

DATES DES DÉCÈS. MOIS ET JOURS		DÉSIGNATION DES PERSONNES.			TOTAL.
nouveaux.	anciens.	Hommes.	Femmes.	Enfans.	
AN VIII.	1799.				
Vendémiaire. 1er.	Septembre. 23.	6.	3.	6.	15.
2.	24.	1.	2.	13.	16.
3.	25.	5.	1.	14.	20.
4.	26.	4.	6.	16.	26.
5.	27.	»	»	»	»
6.	28.	4.	8.	10.	22.
7.	29.	2.	3.	3.	8.
8.	30.	4.	4.	14.	22.
9.	Octobre. 1er.	3.	3.	8.	14.
10.	2.	1.	8.	16.	25.
11.	3.	3.	4.	9.	16.
12.	4.	5.	4.	11.	20.
13.	5.	3.	5.	9.	17.
14.	6.	2.	4.	16.	22.
15.	7.	4.	2.	9.	15.
16.	8.	5.	5.	15.	25.
17.	9.	1.	4.	4.	9.
18.	10.	4.	1.	12.	17.
19.	11.	9.	3.	17.	29.
20.	12.	6.	8.	8.	22.
21.	13.	6.	3.	17.	26.
22.	14.	2.	4.	13.	19.
23.	15.	4.	2.	8.	14.
24.	16.	8.	3.	16.	27.
25.	17.	2.	7.	10.	19.
26.	18.	6.	2.	10.	18.
27.	19.	8.	3.	11.	22.
28.	20.	1.	4.	8.	13.
29.	21.	2.	4.	10.	16.
30.	22.	2.	2.	12.	16.
TOTAUX....		113.	112.	325.	550.

AN VIII. — 1799.

DATES DES DÉCÈS. — MOIS ET JOURS		DÉSIGNATION DES PERSONNES.			TOTAL.
nouveaux.	anciens.	Hommes.	Femmes.	Enfans.	
AN VIII. —	1799. —				
Brumaire. 1er.	Octobre. 23.	5.	4.	10.	19.
2.	24.	2.	8.	12.	22.
3.	25.	4.	3.	16.	23.
4.	26.	»	1.	12.	13.
5.	27.	3.	3.	15.	21.
6.	28.	6.	11.	19.	36.
7.	29.	4.	4.	13.	21.
8.	30.	3.	1.	8.	12.
9.	31.	5.	3.	8.	16.
10.	Novembre. 1er.	2.	2.	19.	23.
11.	2	1.	5.	14.	20.
12.	3.	4.	1.	11.	16.
13.	4.	8.	6.	14.	28.
14.	5.	2.	4.	8.	14.
15.	6.	5.	3.	15.	23.
16.	7.	1.	3.	20.	24.
17.	8.	1.	5.	12.	18.
18.	9.	2.	8.	9.	19.
19.	10.	3.	2.	17.	22.
20.	11.	5.	7.	7.	19.
21.	12.	4.	»	13.	17.
22.	13.	6.	10.	6.	22
23.	14.	4.	8.	10.	22.
24.	15.	2.	2.	9.	13.
25.	16.	2.	8.	14.	24
26.	17.	1.	7.	17.	25
27.	18.	2.	4	19.	25.
28.	19.	3.	7.	16.	26.
29.	20.	4.	9.	5	18.
30.	21.	5.	8.	12.	25.
TOTAUX....		99.	147.	380.	626.

AN VIII. — 1799.

DATES DES DÉCÈS. MOIS ET JOURS		DÉSIGNATION DES PERSONNES.			TOTAL.
nouveaux.	anciens.	Hommes.	Femmes.	Enfans.	
AN VIII.	1799.				
Frimaire. 1er.	Novembre. 22.	3.	7.	8.	18.
2.	23.	6.	7.	16.	29.
3.	24.	1.	8.	15.	24.
4.	25.	8.	4.	18.	30.
5.	26.	»	2.	19.	21.
6.	27.	1.	4.	23.	28.
7.	28.	4.	5.	19.	28.
8.	29.	3.	7.	12.	22.
9.	30.	8.	7.	29.	44.
10.	Décembre. 1er.	3.	7.	26.	36.
11.	2.	6.	8.	14.	28.
12.	3.	4.	5.	16.	25.
13.	4.	4.	»	25.	29.
14.	5.	3.	7.	10.	20.
15.	6.	5.	10.	24.	39.
16.	7.	5.	4.	21.	30.
17.	8.	10.	14.	19.	43.
18.	9.	6.	3.	18.	27.
19.	10.	4.	9.	14.	27.
20.	11.	5.	6.	25.	36.
21.	12.	5.	4.	26.	35.
22.	13.	1.	2.	24.	27.
23.	14.	8.	7.	18.	33.
24.	15.	7.	5.	15.	27.
25.	16.	3.	6.	20.	29.
26.	17.	7.	4.	24.	35.
27.	18	2.	7.	20.	29.
28.	19.	3.	7.	21.	31.
29.	20.	3.	5.	25.	33.
30.	21.	»	»	»	»
TOTAUX....		128.	171.	564.	863.

AN VIII. — 1799, 1800.

DATES DES DÉCÈS. — MOIS ET JOURS			DÉSIGNATION DES PERSONNES.			TOTAL.
nouveaux.		anciens.	Hommes.	Femmes.	Enfans.	
AN VIII. —		1799. —				
Nivose.	1er.	Décembre. 22.	7.	1.	24.	32.
	2.	23.	2.	6.	27.	35.
	3.	24.	»	8.	20.	28.
	4.	25.	3.	7.	13.	23.
	5.	26.	5.	9.	27.	41.
	6.	27.	2.	6.	20.	28.
	7.	28.	2.	9.	35.	46.
	8.	29.	4.	5.	29.	38.
	9.	30.	5.	5.	24.	34.
	10.	31.	3.	3.	18.	24.
	11.	Janvier 1800. 1er.	5.	10.	27.	42.
	12.	2.	4.	6.	17.	27.
	13.	3.	7.	8.	32.	47.
	14.	4.	4.	6.	17.	27.
	15.	5.	3.	6.	16.	25.
	16.	6.	4.	6.	36.	46.
	17.	7.	5.	1.	30.	36.
	18.	8.	2.	8.	31.	41.
	19.	9.	2.	6.	29.	37.
	20.	10.	2.	2.	34.	38.
	21.	11.	6.	3.	33.	42.
	22.	12.	1.	3.	39.	43.
	23.	13.	»	4.	36.	40.
	24.	14.	1.	5.	44.	50.
	25.	15.	1.	5.	17.	23.
	26.	16.	5.	6.	26.	37.
	27.	17.	4.	4.	33.	41.
	28.	18.	4.	4.	31.	39.
	29.	19.	5.	3.	20.	28.
	30.	20.	4.	5.	28.	37.
TOTAUX....			102.	160.	813.	1075.

AN VIII. — 1800.

DATES DES DÉCÈS. MOIS ET JOURS		DÉSIGNATION DES PERSONNES			TOTAL.
nouveaux.	anciens.	Hommes.	Femmes.	Enfans.	
AN VIII.	1800.				
Pluviose. 1er.	Janvier. 21.	6.	6.	21.	33.
2.	22.	2.	5.	21.	28.
3.	23.	3.	2.	20.	25.
4.	24.	3.	4.	28.	35.
5.	25.	6.	6.	18.	30.
6.	26.	1.	7.	34.	42.
7.	27.	3.	5.	29.	37.
8.	28.	2.	11.	24.	37.
9.	29.	3.	3.	19.	25.
10.	30.	3.	6.	34.	43.
11.	31.	3.	4.	25.	32.
12.	Février. 1er.	4.	6.	16.	26.
13.	2.	2.	4.	27.	33.
14.	3.	4.	2.	19.	25.
15.	4.	4.	5.	14.	23.
16.	5.	4.	2.	20.	26.
17.	6.	5.	5.	22.	32.
18.	7.	2.	1.	13.	16.
19.	8.	»	3.	5.	8.
20.	9.	2.	6.	25.	33.
21.	10.	2.	4.	6.	12.
22.	11.	3.	2.	17.	22.
23.	12.	2.	2.	11.	15.
24.	13.	1.	3.	5.	9.
25.	14.	2.	2.	6.	10.
26.	15.	»	2.	4.	6.
27.	16.	1.	1.	3.	5.
28.	17.	2.	3.	4.	9.
29.	18.	»	1.	1.	2.
30.	19.	2.	4.	8.	14.
TOTAUX....		77.	117.	499.	693.

AN VIII. — 1800.

DATES DES DÉCÈS. MOIS ET JOURS		DÉSIGNATION DES PERSONNES.			TOTAL.
nouveaux.	anciens.	Hommes.	Femmes.	Enfans.	
AN VIII.	1800.				
Ventose. 1er.	Février. 20.	2.	»	7.	9.
2.	21.	1.	»	2.	3.
3.	22.	1.	»	1.	2.
4.	23.	»	3.	9.	12.
5.	24.	»	2.	5.	7.
6.	25.	1.	1.	8.	10.
7.	26.	1.	»	1.	2
8.	27.	»	1.	2.	3.
9.	28.	1.	»	»	1.
10.	Mars. 1er.	»	»	2.	2.
11.	2.	»	»	»	»
12.	3.	»	»	»	»
13.	4.	»	»	»	»
14.	5.	»	»	»	»
15.	6.	»	»	»	»
16.	7.	»	»	»	»
17.	8.	»	»	»	»
18.	9.	»	»	»	»
19.	10.	»	»	»	»
20.	11.	»	»	»	»
21.	12.	»	»	»	»
22.	13.	»	»	»	»
23.	14.	»	»	»	»
24.	15.	»	»	»	»
25.	16.	»	»	»	»
26.	17.	»	»	»	»
27.	18.	»	»	»	»
28.	19.	»	»	»	»
29.	20.	»	»	»	»
30.	21.	»	»	»	»
TOTAUX....		7.	7.	37.	51.

AN VIII. — 1800.

DATES DES DÉCÈS. MOIS ET JOURS		DÉSIGNATION DES PERSONNES.			TOTAL.
nouveaux.	anciens.	Hommes.	Femmes.	Enfans.	
AN VIII. —	1800. —				
Germinal. 1er.	Mars. 22.	»	»	»	»
2.	23.	»	»	»	»
3.	24.	»	»	»	»
4.	25.	»	»	»	»
5.	26.	»	»	»	»
6.	27.	»	»	»	»
7.	28.	»	»	»	»
8.	29.	»	»	»	»
9.	30.	»	»	»	»
10.	31.	»	»	»	»
11.	Avril. 1er.	»	»	»	»
12.	2.	»	»	»	»
13.	3.	»	»	»	»
14.	4.	»	»	»	»
15.	5.	»	»	»	»
16.	6.	»	»	»	»
17.	7.	»	»	»	»
18.	8.	»	»	»	»
19.	9.	»	»	»	»
20.	10.	»	»	»	»
21.	11.	»	»	»	»
22.	12.	»	»	»	»
23.	13	»	»	»	»
24	14.	»	»	»	»
25.	15.	»	»	»	»
26.	16.	»	»	»	»
27.	17.	»	»	»	»
28.	18.	»	»	»	»
29.	19.	»	»	»	»
30.	20.	»	»	»	»
TOTAUX....		»	»	»	»

AN VIII. — 1800.

DATES DES DÉCÈS. MOIS ET JOURS		DÉSIGNATION DES PERSONNES.			TOTAL.
nouveaux.	anciens.	Hommes.	Femmes.	Enfans.	
AN VIII.	1800.				
Floréal. 1er.	Avril. 21.	»	»	»	»
2.	22.	»	»	»	»
3.	23.	»	»	»	»
4.	24.	»	»	»	»
5.	25.	»	»	»	»
6.	26.	»	»	»	»
7.	27.	»	»	»	»
8.	28.	»	»	»	»
9.	29.	»	»	»	»
10.	30.	»	»	»	»
11.	Mai. 1er.	»	»	»	»
12.	2.	»	»	»	»
13.	3.	»	»	»	»
14.	4.	»	»	»	»
15	5.	»	»	»	»
16.	6.	»	»	»	»
17.	7.	6.	1.	1.	8.
18.	8.	7.	6.	14.	27.
19	9.	»	»	»	»
20.	10.	»	»	»	»
21.	11.	5.	6.	9.	20.
22.	12.	6.	6.	11.	23.
23.	13.	6.	12.	17.	35.
24.	14.	7.	6.	15.	28.
25.	15.	5.	9.	8.	22.
26.	16.	3.	11.	8.	22.
27.	17.	6.	6.	10.	22.
28.	18.	13.	10.	3.	26.
29.	19.	5.	6.	12.	23.
30.	20.	2.	7.	9.	
TOTAUX....		71.	86.	117.	274.

AN VIII. — 1800.

DATES DES DÉCÈS. MOIS ET JOURS		DÉSIGNATION DES PERSONNES.			TOTAL.
nouveaux.	anciens.	Hommes.	Femmes.	Enfans.	
AN VIII.	1800.				
Prairial. 1er.	Mai. 21.	4.	1.	14.	19.
2.	22.	4.	7.	12.	23.
3.	23.	9.	8.	7.	24.
4.	24.	5.	3.	6.	14.
5.	25.	6.	5.	17.	28.
6.	26.	5.	4.	9.	18.
7.	27.	8.	6.	7.	21.
8.	28.	7.	6.	8.	21.
9.	29.	5.	7.	15.	27.
10.	30.	2.	4.	11.	17.
11.	31.	3.	4.	9.	16.
12.	Juin. 1er.	1.	3.	11.	15.
13.	2.	1.	7.	10.	18.
14.	3.	2.	8.	10.	20.
15.	4.	9.	1.	8.	18.
16.	5.	5.	11.	5.	21.
17.	6.	4.	5.	9.	18.
18.	7.	5.	3.	12.	20.
19.	8.	2.	2.	5.	9.
20.	9.	1.	7.	13.	21.
21.	10.	5.	8.	12.	25.
22.	11.	4.	5.	8.	17.
23.	12.	1.	7.	13.	21.
24.	13.	6.	5.	6.	17.
25.	14.	4.	8.	3.	15.
26.	15.	3.	6.	9.	18.
27.	16.	4.	6.	7.	17.
28.	17.	4.	6.	8.	18.
29.	18.	2.	8.	8.	18.
30.	19.	1.	6.	13.	20.
TOTAUX....		122.	167.	285.	574.

AN VIII. — 1800.

DATES DES DÉCÈS. — MOIS ET JOURS		DÉSIGNATION DES PERSONNES.			TOTAL.
nouveaux.	anciens.	Hommes.	Femmes.	Enfans.	
AN VIII.	1800.				
Messidor. 1er.	Juin. 20	4.	6.	4.	14.
2.	21.	4.	6.	4.	14.
3.	22.	6.	10.	9.	25.
4.	23.	5.	5.	9.	19.
5.	24.	2.	6.	6.	14.
6.	25.	7.	7.	5.	19.
7.	26.	1.	9.	4.	14.
8.	27.	»	»	»	»
9.	28.	5.	2.	15.	22.
10.	29.	3.	3.	5.	11.
11.	30.	6.	7.	9.	22.
12.	Juillet. 1er.	4.	8.	3.	15.
13.	2.	2.	4.	6.	12.
14.	3.	2.	6.	6.	14.
15.	4.	4.	3.	1.	8.
16.	5.	2.	4.	7.	13.
17.	6.	7.	9.	8.	24.
18.	7.	2.	5.	4.	11.
19.	8.	5.	4.	9.	18.
20.	9.	3.	4.	7.	14.
21.	10.	2.	4.	5.	11.
22.	11.	5.	7.	8.	20.
23.	12.	3.	5.	7.	15.
24.	13.	2.	5.	5.	12.
25.	14.	2.	5.	4.	11.
26.	15.	2.	5.	9.	16.
27.	16.	6.	8.	19.	33.
28.	17.	3.	4.	6.	13.
29.	18.	4.	8.	10.	22.
30.	19.	4.	4.	3.	11.
	TOTAUX....	107.	163.	197.	467.

AN VIII. — 1800.

DATES DES DÉCÈS. MOIS ET JOURS		DÉSIGNATION DES PERSONNES.			TOTAL.
nouveaux.	anciens.	Hommes.	Femmes.	Enfans.	
AN VIII.	1800.				
Thermidor. 1er.	Juillet. 20.	4.	5.	8.	17.
2.	21.	6.	3.	4.	13.
3.	22.	3.	6.	4.	13.
4.	23.	4.	1.	3.	8.
5.	24.	2.	9.	6.	17.
6.	25.	3.	2.	3.	8.
7.	26.	2.	7.	6.	15.
8.	27.	2.	4.	5.	11.
9.	28.	7.	7.	7.	21.
10.	29.	»	3.	6.	9.
11.	30.	2.	3.	3.	8.
12.	31.	2.	4.	5.	11.
13.	Août. 1er.	3.	4.	4.	11.
14.	2.	4.	3.	7.	14.
15.	3.	3.	4.	3.	10.
16.	4.	2.	5.	3.	10.
17.	5.	4.	9.	5.	18.
18.	6.	4.	3.	6.	13.
19.	7.	1.	4.	2.	7.
20.	8.	3.	6.	6.	15.
21.	9.	2.	1.	3.	6.
22.	10.	2.	5.	4.	11.
23.	11.	1.	6.	4.	11.
24.	12.	4.	7.	2.	13.
25.	13.	1.	1.	2.	4.
26.	14.	7.	6.	5.	18.
27.	15.	2.	3.	2.	7.
28.	16.	1.	5.	4.	10.
29.	17.	1.	5.	4.	10.
30.	18.	1.	2.	2.	5.
TOTAUX....		83.	133.	128.	344.

AN VIII. — 1800.

DATES DES DÉCÈS. MOIS ET JOURS		DÉSIGNATION DES PERSONNES.			TOTAL.
nouveaux.	anciens.	Hommes.	Femmes.	Enfans.	
AN VIII.	1800.				
Fructidor. 1er.	Août. 19.	6.	10.	6.	22.
2.	20.	2.	5.	5.	12.
3.	21.	3.	3.	6.	12.
4.	22.	»	6.	4.	10.
5.	23.	1.	1.	3.	5.
6.	24.	2.	1.	6.	9.
7.	25.	3.	2.	5.	10.
8.	26.	5.	4	8.	17.
9.	27.	3	4.	8.	15.
10.	28.	2.	4.	3.	9.
11.	29.	4.	6	6.	16.
12.	30.	4.	6.	5.	15.
13.	31.	2.	2.	2.	6.
14.	Septembre. 1er.	3.	3.	3.	9.
15.	2.	1.	2.	»	3.
16.	3.	2.	1.	4.	7.
17.	4.	2.	3.	3.	8.
18.	5.	2.	2.	3	7.
19.	6.	»	4.	4.	8.
20.	7.	1.	1.	3.	5.
21.	8.	3.	»	5.	8.
22.	9.	2	5.	8.	15.
23.	10.	2.	»	4	6.
24.	11.	3.	3.	3.	9.
25.	12.	3.	2.	4	9.
26.	13	2	2.	6.	10.
27.	14.	4.	2.	8.	14.
28.	15.	4.	2.	5.	11.
29.	16.	1.	4.	6	11.
30.	17.	4.	2	7.	13.
	TOTAUX....	76.	92.	143.	311.
Jours compl. 1er.	Septembre. 18.	5.	3.	3.	11.
2.	19.	6.	6.	7.	19.
3.	20.	2	3.	4.	9.
4.	21.	2.	6.	8.	16.
5.	22.	3.	3.	6.	12.
	TOTAUX....	18.	21.	28.	67.

AN IX. — 1800.

DATES DES DÉCÈS. — MOIS ET JOURS		DÉSIGNATION DES PERSONNES.			TOTAL.
nouveaux.	anciens.	Hommes.	Femmes.	Enfans.	
AN IX.	1800.				
Vendémiaire. 1er.	Septembre. 23.	5.	2.	5.	12.
2.	24.	1.	4.	5.	10.
3.	25.	5.	1.	4.	10.
4.	26.	1.	4.	8.	13.
5.	27.	1.	5.	5.	11.
6.	28.	5.	6.	5.	16.
7.	29.	3.	»	4.	7.
8.	30.	4.	4.	8.	16.
9.	Octobre. 1er.	»	5.	6.	11.
10.	2.	3.	5.	5.	13.
11.	3.	4.	7.	6.	17.
12.	4.	4.	8.	16.	28.
13.	5.	1.	2.	3.	6.
14.	6.	5.	1.	3.	9.
15.	7.	6.	4.	7.	17.
16.	8.	1.	3.	6.	10.
17.	9.	2.	10.	8.	20.
18.	10.	1.	3.	10.	14.
19.	11.	1.	4.	3.	8.
20.	12.	5.	6.	10.	21.
21.	13.	4.	5.	15.	24.
22.	14.	3.	1.	4.	8.
23.	15.	8.	2.	9.	19.
24.	16.	4.	2.	9.	15.
25.	17.	5.	3.	10.	18.
26.	18.	3.	3.	4.	10.
27.	19.	8.	6.	14.	28.
28.	20.	2.	5.	4.	11.
29.	21.	6.	4.	10.	20.
30.	22.	2.	6.	17.	25.
TOTAUX....		103.	121.	223.	447.

AN IX. — 1800.

DATES DES DÉCÈS. — MOIS ET JOURS		DÉSIGNATION DES PERSONNES.			TOTAL.
nouveaux.	anciens.	Hommes.	Femmes.	Enfans.	
AN IX.	1800.				
Brumaire. 1er.	Octobre. 23.	4.	2.	4.	10.
2.	24.	3.	1.	7.	11.
3.	25.	2.	7.	9.	18.
4.	26.	3.	6.	9.	18.
5.	27.	3.	8.	10.	21.
6.	28.	»	8.	10.	18.
7.	29.	2.	4.	4.	10.
8.	30.	4.	4.	8.	16.
9.	31.	3.	11.	19.	33.
10.	Novembre. 1er.	1.	9.	8.	18.
11.	2	4.	7.	10.	21.
12.	3.	5.	7.	2.	14.
13.	4.	1.	2.	12.	15.
14.	5.	3.	4.	8.	15.
15.	6.	2.	7.	8.	17.
16.	7.	3.	5.	5.	13.
17.	8.	6.	6.	10.	22.
18.	9.	6.	4.	12.	22.
19.	10.	2.	5.	10.	17.
20.	11.	9.	1.	11.	21.
21.	12.	1.	7.	4.	12.
22.	13.	5.	8.	12.	25.
23.	14.	1.	4.	11.	16.
24.	15.	4.	4.	11.	19.
25.	16.	4.	5.	14.	23.
26.	17.	3.	7.	13.	23.
27.	18.	9.	5.	4.	18.
28.	19.	»	3.	6.	9.
29.	20.	3.	4.	15.	22.
30.	21.	3.	5.	12.	20.
TOTAUX....		99.	160.	278.	537.

AN IX. — 1800.

DATES DES DÉCÈS. MOIS ET JOURS			DÉSIGNATION DES PERSONNES.			TOTAL.
nouveaux.		anciens.	Hommes.	Femmes.	Enfans.	
AN IX.		1800.				
Frimaire.	1er.	Novembre. 22.	3.	6.	11.	20.
	2.	23.	5.	6.	9.	20.
	3.	24.	2.	6.	6.	14.
	4.	25.	1.	6.	14.	21.
	5.	26.	4.	5.	9.	18.
	6.	27.	5.	5.	7.	17.
	7.	28.	7.	11.	10.	28.
	8.	29.	4.	5.	12.	21.
	9.	30.	2.	5.	10.	17.
	10.	Décembre. 1er.	7.	8.	10.	25.
	11.	2.	5.	11.	9.	25.
	12.	3.	2.	11.	13.	26.
	13.	4.	1.	5.	9.	15.
	14.	5.	3.	4.	10.	17.
	15.	6.	3.	9.	11.	23.
	16.	7.	5.	4.	13.	22.
	17.	8.	4.	12.	14.	30.
	18.	9.	5.	2.	14.	21.
	19.	10.	7.	3.	12.	22.
	20.	11.	3.	6.	11.	20.
	21.	12.	3.	7.	7.	17.
	22.	13.	8.	4.	8.	20.
	23.	14.	2.	4.	6.	12.
	24.	15.	2.	8.	11.	21.
	25.	16.	3.	5.	11.	19.
	26.	17.	»	7.	8.	15.
	27.	18.	5.	4.	9.	18.
	28.	19.	3.	9.	14.	26.
	29.	20.	5.	4.	12.	21.
	30.	21.	1.	8.	15.	24.
TOTAUX....			110.	190.	315.	615.

AN IX. — 1800, 1801.

DATES DES DÉCÈS. MOIS ET JOURS				DÉSIGNATION DES PERSONNES.		TOTAL.
nouveaux.		anciens.		Hommes.	Femmes.	Enfans.	
AN IX.		1800.					
Nivose.	1er.	Décembre.	22.	7.	5.	16.	28.
	2.		23.	7.	4.	6.	17.
	3.		24.	4.	5.	13.	22.
	4.		25.	3.	8.	8.	19.
	5.		26.	3.	3.	2.	8.
	6.		27.	7.	3.	23.	33.
	7.		28.	3.	10.	10.	23.
	8.		29.	7.	2.	10.	19.
	9.		30.	6.	2.	7.	15.
	10.		31.	3.	5.	15.	23.
	11.	Janvier 1801.	1er.	8.	5.	21.	34.
	12.		2.	6.	9.	9.	24.
	13.		3.	4.	3.	16.	23.
	14.		4.	3.	5.	10.	18.
	15.		5.	4.	9.	8.	21.
	16.		6.	4.	6.	6.	16.
	17.		7.	3.	5.	9.	17.
	18.		8.	10.	6.	10.	26.
	19.		9.	1.	2.	9.	12.
	20.		10.	5.	5.	7.	17.
	21.		11.	6.	8.	7.	21.
	22.		12.	5.	4.	16.	25.
	23.		13.	6.	6.	13.	25.
	24.		14.	3.	6.	8.	17.
	25.		15.	5.	6.	12.	23.
	26.		16.	9.	5.	6.	20.
	27.		17.	4.	2.	3.	9.
	28.		18.	3.	2.	14.	19.
	29.		19.	3.	7.	10.	20.
	30.		20.	4.	7.	8.	19.
Totaux....				146.	155.	312.	613.

AN IX. — 1801.

DATES DES DÉCÈS. MOIS ET JOURS		DÉSIGNATION DES PERSONNES.			TOTAL.
nouveaux.	anciens.	Hommes.	Femmes.	Enfans.	
AN IX.	1801.				
Pluviose. 1er.	Janvier. 21.	5.	2.	11.	18.
2.	22.	9.	7.	12.	28.
3.	23.	10.	8.	13.	31.
4.	24.	6.	1.	9.	16.
5.	25.	7.	2.	11.	20.
6.	26.	6.	7.	16.	29.
7.	27.	6.	6.	9.	21.
8.	28.	3.	2.	9.	14.
9.	29.	4.	5.	9.	18.
10.	30.	7.	4.	15.	26.
11.	31.	7.	7.	5.	19.
12.	Février. 1er.	9.	11.	12.	32.
13.	2.	12.	4.	11.	27.
14.	3.	9.	5.	16.	30.
15.	4.	7.	9.	11.	27.
16.	5.	7.	6.	20.	33.
17.	6.	9.	5.	9.	23.
18.	7.	5.	4.	17.	26.
19.	8.	7.	8.	14.	29.
20.	9.	8.	6.	12.	26.
21.	10.	9.	8.	15.	32.
22.	11.	3.	2.	15.	20.
23.	12.	6.	5.	14.	25.
24.	13.	9.	3.	15.	27.
25.	14.	3.	6.	21.	30.
26.	15.	5.	4.	14.	23.
27.	16.	5.	3.	13.	21.
28.	17.	6.	3.	13.	22.
29.	18.	8.	6.	10.	24.
30.	19.	11.	6.	12.	29.
TOTAUX....		208.	155.	383.	746.

AN IX. — 1801.

DATES DES DÉCÈS. MOIS ET JOURS		DÉSIGNATION DES PERSONNES.			TOTAL.
nouveaux.	anciens.	Hommes.	Femmes.	Enfans.	
AN IX.	1801.				
Ventose. 1er.	Février. 20.	9.	11.	21.	41.
2.	21.	7.	12.	22.	41.
3.	22.	6.	8.	31.	45.
4.	23.	11.	6.	22.	39.
5.	24.	8.	9.	23.	40.
6.	25.	10.	4.	20.	34.
7.	26.	8.	16.	27.	51.
8.	27.	9.	13.	25.	47.
9.	28.	16.	8.	24.	48.
10.	Mars. 1er.	14.	13.	30.	57.
11.	2.	15.	12.	20.	47.
12.	3.	16.	14.	25.	55.
13.	4.	11.	15.	24.	50.
14.	5.	14.	12.	37.	63.
15.	6.	10.	10.	33.	53.
16.	7.	16.	8.	30.	54.
17.	8.	12.	10.	33.	55.
18.	9.	9.	22.	24.	55.
19.	10.	11.	18.	37.	66.
20.	11.	8.	8.	28.	44.
21.	12.	11.	7.	43.	61.
22.	13.	10.	11.	28.	49.
23.	14.	15.	14.	42.	71.
24.	15.	13.	14.	39.	66.
25.	16.	12.	12.	31.	55.
26.	17.	15.	12.	37.	64.
27.	18.	18.	18.	40.	76.
28.	19.	11.	23.	39.	73.
29.	20.	9.	15.	44.	68.
30.	21.	20.	14.	48.	82.
TOTAUX....		354.	369.	927.	1650.

AN IX. — 1801.

DATES DES DÉCÈS. MOIS ET JOURS				DÉSIGNATION DES PERSONNES.			TOTAL.
nouveaux.		anciens.		Hommes.	Femmes.	Enfans.	
AN IX.		1801.					
Germinal.	1er.	Mars.	22.	16.	14.	43.	73.
	2.		23.	19.	13.	52.	84.
	3.		24.	22.	14.	50.	86.
	4.		25.	13.	19.	34.	66.
	5.		26.	19.	22.	37.	78.
	6.		27.	17.	15.	57.	89.
	7.		28.	16.	16.	57.	89.
	8.		29.	12.	31.	49.	92.
	9.		30.	27.	24.	61.	112.
	10.		31.	18.	16.	49.	83.
	11.	Avril.	1er.	18.	35.	61.	114.
	12.		2.	26.	28.	86.	140.
	13.		3.	29.	24.	83.	136.
	14.		4.	18.	36.	72.	126.
	15.		5.	25.	28.	68.	121.
	16.		6.	18.	24.	70.	112.
	17.		7.	16.	27.	62.	105.
	18.		8.	28.	32.	62.	122.
	19.		9.	20.	28.	80.	128.
	20.		10.	18.	23.	63.	104.
	21.		11.	17.	24.	46.	87.
	22.		12.	14.	27.	54.	95.
	23.		13.	25.	24.	39.	88.
	24.		14.	15.	18.	58.	91.
	25.		15.	10.	21.	48.	79.
	26.		16.	14.	22.	54.	90.
	27.		17.	21.	20.	37.	78.
	28.		18.	20.	22.	54.	96.
	29.		19.	13.	22.	47.	82.
	30.		20.	19.	29.	36.	84.
		TOTAUX....		563.	698.	1669.	2930.

AN IX. — 1801.

DATES DES DÉCÈS. MOIS ET JOURS		DÉSIGNATION DES PERSONNES.			TOTAL.
nouveaux.	anciens.	Hommes.	Femmes.	Enfans.	
AN IX.	1801.				
Floréal. 1er.	Avril. 21.	19.	27.	49.	95.
2.	22.	24.	25.	37.	86.
3.	23.	16.	26.	58.	100.
4.	24.	20.	30.	50.	100.
5.	25.	20.	20.	39.	79.
6.	26.	10.	23.	38.	71.
7.	27.	16.	22.	41.	79.
8.	28.	12.	21.	31.	64.
9.	29.	24.	22.	27.	73.
10.	30.	15.	15.	32.	62.
11.	Mai. 1er.	11.	31.	36.	78.
12.	2.	12.	24.	32.	68.
13.	3.	8.	15.	32.	55.
14.	4.	8.	15.	37.	60.
15.	5.	14.	23.	32.	69.
16.	6.	15.	23.	37.	75.
17.	7.	5.	15.	39.	59.
18.	8.	8.	22.	32.	62.
19.	9.	9.	23.	27.	59.
20.	10.	7.	15.	33.	55.
21.	11.	5.	30.	27.	62.
22.	12.	7.	15.	27.	49.
23.	13.	10.	16.	20.	46.
24.	14.	8.	15.	16.	39.
25.	15.	3.	15.	16.	34.
26.	16.	4.	7.	16.	27.
27.	17.	1.	10.	18.	29.
28.	18.	4.	10.	16.	30.
29.	19.	6.	14.	10.	30.
30.	20.	3.	7.	6.	16.
Totaux....		324.	576.	911.	1811.

AN IX. — 1801.

DATES DES DÉCÈS. MOIS ET JOURS nouveaux.	anciens.	DÉSIGNATION DES PERSONNES. Hommes.	Femmes.	Enfans.	TOTAL.
AN IX.	1801.				
Prairial. 1er.	Mai. 21.	2.	3.	6.	11.
2.	22.	2.	12.	7.	21.
3.	23.	1.	5.	12.	18.
4.	24.	5.	7.	6.	18.
5.	25.	6.	10.	4.	20.
6.	26.	»	5.	6.	11.
7.	27.	4.	4.	6.	14.
8.	28.	3.	12.	6.	21.
9.	29.	3.	5.	9.	17.
10.	30.	3.	7.	3.	13.
11.	31.	2.	7.	4.	13.
12.	Juin. 1er.	2.	6.	9.	17.
13.	2.	2.	7.	4.	13.
14.	3.	3.	8.	9.	20.
15.	4.	4.	7.	10.	21.
16.	5.	2.	2.	6.	10.
17.	6.	2.	4.	5.	11.
18.	7.	3.	4.	3.	10.
19.	8.	1.	2.	12.	15.
20.	9.	3.	6.	6.	15.
21.	10.	1.	2.	5.	8.
22.	11.	1.	1.	3.	5.
23.	12.	1.	3.	3.	7.
24.	13.	1.	2.	3.	6.
25.	14.	4.	1.	9.	14.
26.	15.	»	2.	2.	4.
27.	16.	1.	4.	5.	10.
28.	17.	»	2.	4.	6.
29.	18.	2.	2.	3.	7.
30.	19.	4.	1.	5.	10.
TOTAUX....		68.	143.	175.	386.

AN IX. — 1801.

DATES DES DÉCÈS. MOIS ET JOURS			DÉSIGNATION DES PERSONNES.			TOTAL.
	nouveaux.	anciens.	Hommes.	Femmes.	Enfans.	
	AN IX.	1801.				
Messidor.	1er.	Juin. 20.	1.	1.	2.	4.
	2.	21.	4.	4.	5.	13.
	3.	22.	2.	3.	6.	11.
	4.	23.	1.	3.	5.	9.
	5.	24.	2.	1.	3.	6.
	6.	25.	3.	3.	4.	10.
	7.	26.	1.	1.	2.	4.
	8.	27.	2.	2.	2.	6.
	9.	28.	3.	4.	7.	14.
	10.	29.	»	»	3.	3.
	11.	30.	1.	1.	1.	3.
	12.	Juillet. 1er.	»	1.	2.	3.
	13.	2.	»	»	»	»
	14.	3.	1.	»	»	1.
	15.	4.	»	»	5.	5.
	16.	5.	»	»	»	»
	17.	6.	»	»	»	»
	18.	7.	»	»	»	»
	19.	8.	»	»	»	»
	20.	9.	»	»	»	»
	21.	10.	»	»	»	»
	22.	11.	»	»	»	»
	23.	12.	»	»	»	»
	24.	13.	»	»	»	»
	25.	14.	»	»	»	»
	26.	15.	»	»	»	»
	27.	16.	»	»	»	»
	28.	17.	»	»	»	»
	29.	18.	»	»	»	»
	30.	19.	»	»	»	»
TOTAUX....			21.	24.	47.	92.

TOTAUX GÉNÉRAUX PAR ANNÉE.

ANNÉES.	DÉSIGNATION DES PERSONNES.			TOTAL.
	Hommes.	Femmes.	Enfans.	
An VII	898.	1294.	3071.	5263.
An VIII	1003.	1376.	3516.	5895.
An IX	1996.	2591.	5240.	9827.
TOTAUX	3897.	5261.	11827.	20985.

RÉSULTAT *général et comparatif des Tables nécrologiques du Kaire, pendant les années* VII, VIII *et* IX (1798, 1799, 1800, 1801).

MOIS.	AN VII.			
	Hommes.	Femmes.	Enfans.	TOTAL.
Vendémiaire	»	»	»	»
Brumaire	2.	5.	10.	17.
Frimaire	67.	96.	138.	301.
Nivose	62.	101.	198.	361.
Pluviose	97.	102.	197.	396.
Ventose	98.	139.	253.	490.
Germinal	103.	152.	263.	518.
Floréal	116.	139.	320.	575.
Prairial	71.	138.	330.	539.
Messidor	91.	148.	365.	604.
Thermidor	96.	113.	517.	726.
Fructidor	81.	132.	404.	617.
Jours complémentaires.	14.	29	76.	119.
TOTAUX	898.	1294.	3071.	5263.

MOIS.	AN VIII.			
	Hommes.	Femmes.	Enfans.	TOTAL.
Vendémiaire	113.	112.	325.	550.
Brumaire	99.	147.	380.	626.
Frimaire	128.	171.	564.	863.
Nivose	102.	160.	813.	1075.
Pluviose	77.	117.	499.	693.
Ventose	7.	7.	37.	51.
Germinal	»	»	»	»
Floréal	71.	86.	117.	274.
Prairial	122.	167.	285.	574.
Messidor	107.	163.	197.	467.
Thermidor	83.	133.	128.	344.
Fructidor	76.	92.	143.	311.
Jours complémentaires	18.	21.	28.	67.
TOTAUX	1003.	1376.	3516.	5895.
	AN IX.			
Vendémiaire	103.	121.	223.	447.
Brumaire	99.	160.	278.	537.
Frimaire	110.	190.	315.	615.
Nivose	146.	155.	312.	613.
Pluviose	208.	155.	383.	746.
Ventose	354.	369.	927.	1650.
Germinal	563.	698.	1669.	2930.
Floréal	324.	576.	911.	1811.
Prairial	68.	143.	175.	386.
Messidor	21.	24.	47.	92.
Thermidor	»	»	»	»
Fructidor	»	»	»	»
Jours complémentaires	»	»	»	»
TOTAUX	1996.	2591.	5240.	9827.

OBSERVATIONS.

Les tables de l'an VII n'ont été commencées que le 29 brumaire. Les circonstances du siége ont empêché dans l'an VIII les résultats de ventose, germinal et floréal. Enfin, les événemens connus de l'an IX ont fait terminer ces tables le 15 messidor.

Indépendamment de ce que ces tables pouvaient être utiles à la statistique, le médecin en chef de l'armée d'Orient les envisageait sous un autre point de vue : elles lui apprenaient journellement ce qu'il avait lieu d'espérer ou de craindre sous le rapport de la salubrité, pour la conservation des garnisons du Kaire, ou pour celle des différens corps de troupes que des opérations militaires réunissaient souvent dans l'enceinte ou dans les environs de cette ville.

MÉMOIRE

SUR

LES MONNOIES D'ÉGYPTE,

Par M. SAMUEL BERNARD[1].

INTRODUCTION.

But et utilité des recherches sur les monnoies arabes.

Les monnoies, considérées uniquement comme médailles, sont des monumens historiques qui servent à faire connaître, d'une manière plus ou moins précise, la date des événemens et des règnes, les noms et les titres des princes, les progrès ou la décadence successive des arts. Cette espèce de monumens, chez les Arabes, nous paraît exiger une étude d'autant plus suivie et plus approfondie, que leur histoire, malgré l'importance que lui donne l'étendue de leur domination, nous est moins connue, qu'elle présente plus de révolutions, et qu'ils sont privés totalement, ou en partie, des ressources qu'offrent aux Européens, pour perpétuer le souvenir des temps passés, la sculpture,

[1] *Voyez* le 7e alinéa de la section III, *seconde partie*. Ce mémoire est publié en 1821 (1re édition).

la peinture, les sociétés savantes, les archives, et surtout l'imprimerie et les bibliothèques.

Sous le rapport des finances et du commerce, c'est une partie essentielle de la statistique de chaque peuple, que la connaissance du système de ses monnoies, de leurs valeurs nominale et intrinsèque, du rapport de ces valeurs avec celles des monnoies des autres nations, de la quantité qui en a été mise en circulation, etc.; et plus les variations qu'ont éprouvées les monnoies ont été fréquentes, plus il est nécessaire de les rechercher et de les constater, afin de pouvoir entendre les traditions et les écrits dans lesquels il en est question, et d'avoir, autant que possible, des idées exactes des diverses valeurs indiquées par les mêmes dénominations, ou des dénominations diverses qui peuvent correspondre à une même valeur.

Les arts et leurs procédés, chez un peuple dont les mœurs, les usages et les idées sont si opposés aux nôtres, ne peuvent manquer d'exciter la curiosité; et cette vérité avait été si bien sentie par un des hommes les plus instruits et les plus versés dans tous les arts, qui leur a rendu de si grands services, et qui, chargé de diriger l'exécution graphique du Voyage en Égypte, nous a été enlevé par une mort prématurée[1], qu'il a représenté dans une suite de tableaux pleins de vérité une partie des différens arts et métiers des Égyptiens : or, il en est peu d'aussi importans que l'art monétaire,

[1] M. Conté, chef de brigade des aérostiers, membre de l'Institut d'Égypte, administrateur du Conservatoire des arts et métiers, mort à Paris, le 17 décembre 1805.

MONNOIES D'ÉGYPTE.

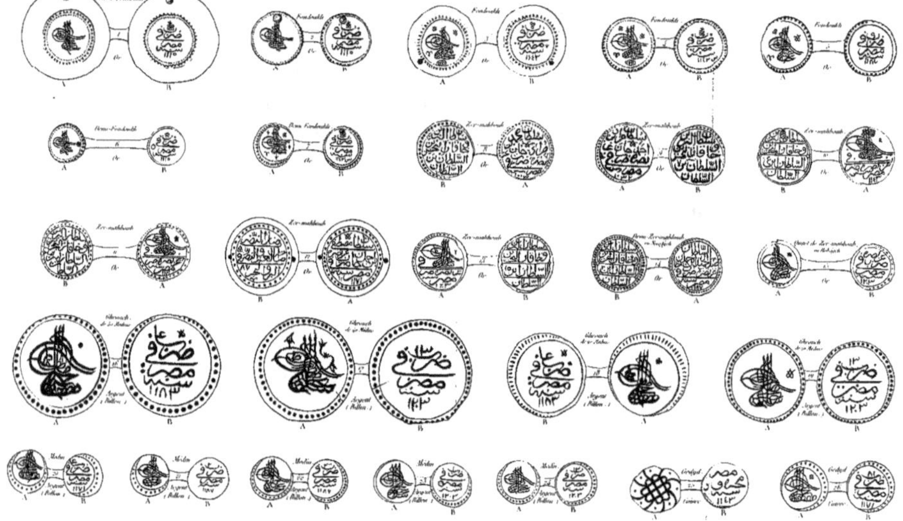

qui exigent le concours d'autant d'autres arts, et qui puissent donner une idée plus exacte du degré d'industrie et de civilisation auquel une nation est parvenue.

Objet et division de ce mémoire.

Nous nous étions d'abord proposé de publier toutes les monnoies arabes inédites que nous aurions reconnues pour avoir été frappées en Égypte, depuis que les khalifes ont commencé à y régner, jusqu'à nos jours : mais M. Marcel s'étant spécialement occupé des monumens et inscriptions koufiques et des médailles arabes, et étant parvenu à réunir un grand nombre de ces médailles, plus ou moins curieuses, nous nous sommes fait un plaisir de lui communiquer celles que nous avions pu nous procurer, lui laissant le soin de traiter ce qui a rapport aux médailles, considérées comme monumens historiques. Nous nous occuperons plus particulièrement de ce qui concerne l'art monétaire.

Nous traiterons d'abord, dans la première partie, des monnoies arabes et étrangères fabriquées ou ayant eu cours en Égypte; de ce qui a rapport à la forme, au type, à la valeur des monnoies du pays, aux variations qu'elles ont éprouvées, etc., depuis les khalifes jusqu'à nos jours.

Nous ferons connaître ensuite, dans la seconde partie, le système monétaire actuel des Égyptiens, tel que les Français l'ont trouvé établi, et tel qu'il continuera sans doute à l'être, à de légères modifications près, sous le gouvernement des pâchâs ou des beys. Nous indiquerons ce qui a rapport au prix de l'or et de l'argent, aux frais et bénifices du monnoyage, aux procédés en usage au Kaire pour la fabrication, et enfin à l'administration des monnoies [1].

Si les détails que contiendront ces deux dernières sections présentent bien moins d'intérêt que s'il s'agissait de peuples anciens, ils ne nous paraissent pas moins utiles à recueillir. Ce sera prévenir, par la suite, un grand nombre d'erreurs et d'incertitudes, que de constater l'état actuel des monnoies en Égypte; et si l'on eût anciennement consigné, dans quelques livres ou manuscrits, sur les différens systèmes monétaires introduits successivement en Orient, des données aussi détaillées et aussi certaines, il ne resterait plus, sur la numismatique arabe, aucune espèce d'obscurité.

Quoique nous nous occupions exclusivement des monnoies d'Égypte, une partie de ce que nous dirons peut s'appliquer en général aux monnoies musulmanes, et jeter du jour sur la numismatique de l'empire Ottoman [2] et des peuples orientaux; ce qui aurait pu donner quelque intérêt à ce sujet, s'il eût été traité par une main plus habile.

Nous ne négligerons pas non plus les occasions de faire connaître les usages particuliers au pays, lorsqu'ils auront quelque rapport avec notre sujet; non pas tant pour le rendre moins aride, que pour remplir un des principaux buts que se sont proposés les membres

[1] *Voyez* la Table des matières.

[2] Cet empire a pris son nom de celui de l'*emyr* Athman, ou *O'tmân* (عثمان), fondateur de l'empire Ottoman, et dont le règne remonte à l'an 700 de l'hégire (1301 de notre ère). De là viennent aussi le nom d'*Osmanlis* par lequel on désigne les

de la Commission des sciences et des arts d'Égypte, celui de donner une idée exacte des mœurs et des coutumes des Égyptiens.

Auteurs qui ont écrit sur les monnoies arabes.

Les Arabes, sous leurs khalifes, jouent un rôle brillant dans l'histoire : ils soumirent à leurs armes une grande partie du monde; ils cultivèrent avec succès les arts et les sciences; plusieurs de leurs auteurs ont encore conservé parmi nous une grande réputation; il est peu de questions de législation, de morale et de politique, qu'ils n'aient traitées; ils ont transmis ce goût des sciences à leurs descendans, particulièrement aux écrivains d'Égypte : mais, l'instruction et la civilisation étant tombées depuis lors en décadence, les productions de leurs auteurs modernes ne sont plus guère que des compilations ou des commentaires des ouvrages anciens.

Les Arabes ont, sur les monnoies et sur les poids et mesures, des traités anciens et modernes. Le plus connu est celui de *Maqryzy*[1], auteur estimé, qui a écrit sur plusieurs objets relatifs à l'administration, au gouvernement et à l'histoire. M. Silvestre de Sacy, célèbre par son érudition dans les langues orientales, en a donné une traduction[2].

sujets de la Porte, et celui d'*ottomane* qu'on donne à une espèce de sofa.

[1] *Voyez*, pour les noms et les ouvrages de cet auteur, le Mémoire de M. Marcel sur le meqyâs de l'île de Roudah, *É. M.*, tom. xv, p. 1re.

Pour ce qui concerne l'orthographe des noms arabes, *voyez* la note qui est à la fin de notre Notice sur les poids arabes, ci-dessus, p. 100.

[2] Traité des monnoies musul-

Cet ouvrage commence, comme tout ce qu'écrivent les Arabes, par l'invocation, *Au nom du Dieu clément et miséricordieux*[1], *etc.* Cette formule consacrée évite aux auteurs le soin de chercher un début; c'est par elle que commencent leurs ouvrages de science et de littérature, aussi bien que ceux de morale et de religion. Ils la placent en tête des livres les plus abstraits comme en tète des écrits les plus futiles et les plus licencieux.

Vient ensuite la citation d'un passage du *Qorân*[2], qui a un rapport plus ou moins direct, et souvent très-éloigné, avec le sujet du livre; après quoi l'auteur ne manque pas de faire remonter la science dont il traite jusqu'à Adam[3].

Les Arabes sont surtout curieux d'étymologies, de traditions et d'anecdotes.

Quoique le traité de *Maqryzy* soit peu complet, et que le peu de soin que met l'auteur à distinguer les monnoies et les poids des différens pays soumis par les musulmans, y jette quelque obscurité, il renferme cependant plusieurs faits intéressans pour la numismatique des Arabes.

Nous avons eu aussi recours à l'ouvrage de M. Tych-

manes, trad. de l'arabe de Makrizi, par A. I. Silvestre de Sacy. (A Paris, chez Fuchs, rue des Mathurins, 1797.)

[1] *Besm Allah el-rahman el-rahym*, etc.

بسم الله الرّحمن الرحيم

[2] *El-Qorân* (القران) signifie la lecture. Racine, *qurâ* (قراء), il a lu.

[3] « Aboubecr Ben-Abi-Schaiba rapporte, dans son ouvrage intitulé *Mosannaf*, sur l'autorité de Kiab, que l'origine de la monnoie remonte à Adam, qui frappa des dinars et des dirhems, et qui a dit que, sans ces deux sortes de monnoies, on ne peut jouir des commodités de la vie. » (Traité des monnoies de Makrizi, traduction de M. de Sacy, pag. 5.)

sen sur la numismatique des mahométans[1], ouvrage que consulteront avec fruit tous ceux qui désirent approfondir l'étude des monnoies arabes. Il y donne une liste des auteurs qui ont écrit sur les monnoies koufiques et arabes, et des principales collections de médailles arabes qu'il connaît en Europe.

Nous avons fait précéder notre Mémoire sur les monnoies, d'une Notice sur les poids arabes anciens et modernes[2]; nous joignons ici une planche comprenant les monnoies du Kaire, que nous avons fait graver, et qui sont citées dans le courant de ce mémoire[3], et un tableau indiquant, pour ces monnoies et plusieurs autres d'Égypte et de Constantinople, les variations qu'elles ont éprouvées dans leur poids, leur titre, leur valeur nominale et intrinsèque[4], etc.

[1] *Olai Gerhardi Tychsen..... Introductio in rem numariam Muhammedanorum*, Rostochii (1794), *ex off. Stilleriana*.

[2] *Voy.* l'al. 2 de la note [1], p. 271.

[3] Cette planche se trouve à la fin de ce mémoire.

[4] *Voy.*, à la suite de ce mémoire, le Tableau détaillé des monnoies arabes.

PREMIÈRE PARTIE.

Des monnoies arabes et étrangères ayant eu cours ou fabriquées en Égypte, depuis les khalifes jusqu'à nos jours.

CHAPITRE PREMIER.

Noms et espèces des différentes monnoies.

§. I. *Monnoies d'or.*

L'OR, considéré généralement, et comme métal, s'appelle en arabe *dahab*[1]. L'or monnoyé, ou la monnoie d'or, lorsqu'on n'en considère pas l'espèce, se nomme *a'yn*[2]. La monnoie d'or spécifiée, ou la pièce d'or monnoyée, soit qu'elle fût fabriquée dans le pays, soit qu'elle vînt de l'étranger, s'appelait anciennement *dynâr*[3].

Maqryzy, dans son Traité des monnoies, cite une tradition d'après laquelle le prophète a dit qu'il avait laissé à chaque pays ses mesures et sa monnoie, et à l'Égypte son *ardeb*[4] et son *dynâr*.

[1] ذهب

[2] عين. Ce mot signifie monnoie d'or et même d'argent.

[3] دينار. *Voyez*, pour le nom et la valeur du *dynâr*, considéré comme poids, notre Notice sur les poids arabes, pag. 77, 84, 101 (citée dans la note [1], pag. 271).

[4] L'*ardeb* (اردب) est une me-

L'Égypte ayant été conquise dans la vingtième année de l'hégire (641 de notre ère), *A'mrou ben el-A'âs*[1], envoyé par *O'mâr*[2], imposa en *dynâr* une capitation sur les Qobtes.

Sous le polythéisme et depuis l'établissement de l'islamisme[3], jusqu'à l'invasion des Turkomans, sous les ordres de Saladin[4], la seule monnoie qui eût un cours légal en Égypte, suivant *Maqryzy*, était la monnoie d'or; c'était la seule dont on fit usage pour évaluer le prix de la main-d'œuvre et de toutes les marchandises, et pour calculer les revenus de l'État et les impôts.

On trouvera cette assertion moins extraordinaire et plus vraisemblable (quoique cet usage paraisse contraire à celui qui est beaucoup plus généralement répandu chez les divers peuples de la terre, d'évaluer tout en argent), si l'on fait attention que la monnoie d'or était, dès l'origine, d'un poids peu considérable, et, par la suite, d'un titre peu élevé, et que ses subdivisions étaient fort petites; en sorte qu'elles équivalaient à peu près aux monnoies d'argent usitées chez d'autres nations, comme nous le verrons lorsqu'il s'agira du poids et du titre.

sure de capacité, principalement pour les grains, dont le nom et l'usage subsistent encore en Égypte: ce mot est égyptien. *Voyez* A'bd-el-Latyf, pag. 150.

[1] *Voy.* le §. VI du ch. III, *pr. part.*

[2] عمر بن الخطاب *O'mar ben el-Khattâb*, le second khalife. *Voy.* le §. I du chap. III, notes. L'entrée d'*A'mrou* en Égypte date de l'an 19 de l'hégire (640 de notre ère).

[3] Islamisme, la religion de Mahomet, du mot arabe *islâm* (اسلام); racine, *salma* (سلم), *salvus fuit.*

[4] En arabe, *Salah-ed-dyn* (صالح الدين). *Voyez*, pour les noms de ce prince, le Mémoire de M. Marcel sur le meqyâs, note 5e de l'Introduction, *É. M.*, tom. XV, pag. 24. *Voyez* aussi le 4e alinéa du §. II,

Il paraît certain que, bien avant l'établissement de l'islamisme en Égypte, on y fabriquait des *dynâr*; néanmoins plusieurs monnoies d'or étrangères y avaient cours, ainsi que dans la plus grande partie de l'Orient.

On y importait des *dynâr*, ou monnoie d'or, qu'avaient frappés les Grecs. Il faut entendre, par les Grecs que désigne *Maqryzy*, l'empire Romain transféré à Constantinople[1], et que nous appelons le Bas-Empire. Les Égyptiens appellent encore de nos jours les Grecs, *Roumy*[2], c'est-à-dire Romains. D'après le témoignage de plusieurs auteurs arabes, les monnoies d'or anciennes venant de Constantinople s'appelaient *heracla*[3], nom qui leur vient de l'empereur Héraclius[4].

Les monnoies d'or des différens peuples qui ont commercé avec l'Égypte y ont eu plus ou moins cours, selon que le commerce de ces peuples a été plus ou

chap. I, *première partie*, et les notes de ce même paragraphe. Ce fut ce prince qui détruisit la dynastie des Fâtémytes en Égypte.

[1] L'ancienne Byzance, qui prit le nom de *Constantinople*, ville de Constantin, de l'empereur de ce nom, qui en fit la capitale de l'empire d'Orient. Les Arabes l'appellent encore *Qostantynyeh* (قسطنطينيه) ou *Qostantyneh* (قسطنطينه). Elle est désignée sur leurs monnoies, tantôt de cette dernière manière, tantôt par le nom d'*Islâmboul* (اسلام بول), qui signifie ville de l'islamisme : la terminaison *boul* ou *poul* est prise du grec *polis* (πόλις), ville. Néanmoins le mot vulgaire est *Istânboul* (استانبول), dont nous avons fait *Stamboul*. On donne pour étymologie de ce nom les trois mots grecs *eis tên polin* (εἰς τὴν πόλιν). Ce n'est que par une espèce de raffinement ou de jeu de mot que, dans le style recherché, on en a fait *Islâmboul*, ville du salut, ou plénitude du salut; si, au lieu de faire dériver la terminaison *boul* de *polis*, on la prend, ce qui est plus naturel, pour le mot *boul* (بول), qui, en turk, signifie plein, abondant.

[2] En arabe, رومي.

[3] En arabe, *Heraqlah* (هرقله).

[4] Héraclius monta sur le trône l'an 610 de l'ère chrétienne (onze ans avant l'hégire), et mourut l'an 641 (l'an 21 de l'hégire). Ce fut sur

moins actif, et surtout selon que leur monnoie a été d'un titre plus élevé.

Les relations qui pouvaient avoir lieu avec la métropole, ou résidence du gouvernement, aujourd'hui avec Constantinople, ont dû verser en Égypte quelques monnoies de ces capitales.

Gènes et Venise ayant été long-temps en possession de faire un très-grand commerce avec le Levant, les sequins de Gènes, et surtout ceux de Venise[1], qui sont d'un or très-pur, ont circulé anciennement en Égypte, et y sont encore très-recherchés. Avant l'arrivée des Français, ils se payaient fort cher; et les Mamlouks qui furent dépouillés sur le champ de bataille par nos soldats, en avaient tous sur eux une plus ou moins grande quantité.

Les monnoies d'or d'Europe s'appelaient en Égypte *affranty*[2], du mot *Franc*, nom que les habitans du pays donnent généralement aux Européens.

Ce nom de *Franc* remonte à l'époque des croisades, parce que ce furent les Français qui jouèrent le principal rôle dans ces guerres religieuses, et que leur roi, S. Louis, attaqua l'Égypte. Telle est l'ignorance des Égyptiens modernes en géographie, que tous les chrétiens d'Europe sont pour eux des Francs, et qu'ils ne connaissent de la France que Marseille.

Celles des pièces d'or et même d'argent qui sont les

la fin de son règne que l'Égypte lui fut enlevée par *O'mar*. Voy. p. 275, alinéa 1er et note [2].

[1] *Voyez* pag. 280, note [5].

[2] الفرنتى. *Voyez* les notes du §. III, chapitre III, *première partie*. *Francs* se dit aujourd'hui en Égypte *Af-frangy* (افرنجى), qu'on prononce *Affranguy*.

plus anciennes, d'une belle fabrication et du métal le plus pur, et qui ne sont pas assez abondantes pour avoir cours de monnoie, sont recherchées pour servir de parure aux enfans et aux femmes. Leurs ornemens de tête ne sont souvent autre chose que des pièces de monnoie, plus ou moins anciennes, garnies d'un petit anneau qui sert à les suspendre, ou simplement percées d'un ou deux trous[1] pour pouvoir être attachées au turban[2].

Toutes les femmes ont l'usage de séparer leurs cheveux en un grand nombre de petites tresses, qu'elles allongent avec de la soie de la même couleur, tressée de la même manière que les cheveux. C'est à ces tresses, qui leur descendent jusqu'à la ceinture, qu'elles entrelacent des diamans, des perles, des ornemens en or et quelquefois en argent, et surtout des pièces d'or plus ou moins anciennes et d'un titre plus ou moins élevé; en sorte que ces parures de femme sont de véritables médailliers, et que c'est dans les *harem*[3] ou sérails[4] que les antiquaires trouveraient les monnoies les plus curieuses.

Les premiers émyrs[5] chargés par les khalifes du gou-

[1] *Voyez* les pièces gravées sous les n°s. 1, 2, 3, 6, 7, 10 et 12, planche jointe à ce mémoire.

[2] Les femmes pauvres se contentent d'une espèce de chapelet ou guirlande de médins attachés au bas du turban. Le turban des femmes s'appelle en arabe *tarbouch* (طربوش), qui vient probablement du mot arabe طرّة, qui veut dire toupet, et du mot persan بوش, vétement, c'est-à-dire qui couvre le sommet de la tête.

[3] En arabe, *harym* (حريم), c'est-à-dire lieu défendu. Racine, *harama* (حرم), il a prohibé.

[4] Sérail, mot corrompu du turk *serây* (سرأى), palais.

[5] *Émyr*, en arabe أمير, signifie prince, commandant.

vernement de l'Égypte, les khalifes mêmes qui vinrent y fixer leur résidence, ou ceux qui parvinrent à s'emparer du pouvoir, continuèrent à faire frapper aux mêmes poids et titre et au même type les monnoies usitées dans le pays, et en altérèrent ensuite successivement la valeur, ou firent au type divers changemens[1].

Lorsque ces changemens furent tellement marqués, qu'on pouvait considérer la monnoie comme nouvelle, ou d'une espèce différente, on la désignait ordinairement, pour la distinguer de celles qui avaient été fabriquées précédemment, par le nom du prince ou de son lieutenant.

Ainsi l'*émyr Abou-l-A'bbâs Ahmed ben-Touloun*[2], nommé gouverneur de l'Égypte par le khalife *el-Motaouakkel*[3], s'étant rendu indépendant vers l'an 254 de l'hégire (868 de notre ère), et ayant pris même le titre de sultan, fit frapper des *dynâr* qui, de son nom, furent appelés *ahmedy*.

Le *qâyd Abou-l-Hassan Ga'ouar*[4], lieutenant d'*el-Mo'ez le-dyn-Allah*[5], fit fabriquer en Égypte, vers l'an 358 (969 de notre ère), des *dynâr*, qui s'appelèrent *mo'ezzy*, du nom du khalife *el-Mo'ez*.

[1] *Voyez* la sect. III de la *seconde partie*.

[2] ابوالعبّاس احمد بن طولون. *Voyez* le 3ᵉ alinéa du §. III, ch. III, *première partie*.

[3] *El-Motaouakkel A'l-Allah* (المتوكّل على الله); c'est-à-dire qui se fie sur Dieu. *Voyez* le texte et les notes du §. III, chapitre III, *première partie*.

[4] Son nom entier est *Abou-l-Hassan Ga'ouar el-Khatyb el-Saqaly* (ابو الحسن جعور الخطيب الصقلى). *Qâyd* (قايد) signifie général. *Voyez* le §. VI du chap. III, *première partie*.

[5] C'est le surnom que prit le khalife *Abou-temym Ma'ad* (ابو تميم معد). *Voyez* les §. II et VI du chapitre III, *première partie*.

Sous *Nâser Farag* (fils du sultan *Barqouq*[1], le premier des Mamlouks Circassiens[2], qui monta de nouveau sur le trône en 808 (1405 de notre ère), on altéra le titre des *dynâr*, et l'on mit une grande négligence dans leur fabrication. Ces *dynâr* furent appelés *nâsery* de son surnom de *Nâser*[3], qui veut dire victorieux.

Il est vraisemblable qu'anciennement on fabriquait des demi-*dynâr* et des quarts de *dynâr*, quoique les auteurs que nous avons consultés n'en fassent pas mention. *Maqryzy* ne parle de la fabrication de quarts de *dynâr* qu'au sujet des pièces d'or *de plaisir* qu'on frappait à certaines fêtes[4].

Les monnoies d'or plus récentes, ou celles qui par la suite ont remplacé les *dynâr*, sont les *fondouklis* et les sequins.

Nous n'avons pu nous assurer quel était le premier qui avait fait frapper en Égypte les fondouklis[5]. On a cessé d'en fabriquer depuis la fin du règne d'*A'bd-el-Hamyd*.

Cette monnoie étant usitée à Constantinople, il est

[1] الناصر فرج بن السلطان برقوق. Il avait commencé à régner en 801 de l'hégire (1399 de l'ère chrétienne).

[2] En arabe, *el-Mamâlyk el-Ge-râkasseh* (المماليك الجراكسة), ou *el-Gerkassyeh* (الجركسية).

[3] ناصر. *Voy.* le texte et les notes du §. III, ch. III, *première partie*.

[4] *Voyez* le §. IV du chap. I, *première partie*.

[5] En arabe, *fondouky* (فندكي). Les sequins de Venise s'appelaient anciennement et s'appellent encore en arabe *bondouky* ou *bendoky*, dont on a fait en langue franque (*voy.* pag. 277, alin. 3 et 4) le mot *fondoukli*, nom corrompu du turk *Ouendykly*, *Vendykly* (وندبكلى), Vénitien; de *Ouendyk*, *Wendyk* ou *Vendyk* (وندبك), Venise. En Égypte, on dit aujourd'hui *Bendyk* (بندبك) pour Venise.

probable qu'elle doit son origine à cette capitale de l'empire, et que le but de son établissement a été, en la rapprochant davantage du titre des anciens *dynâr*[1], de mettre en circulation une monnoie d'une plus haute valeur que les sequins, qui, par la suite des temps, avaient remplacé les *dynâr,* mais dont on avait depuis lors successivement diminué le titre et le poids.

On fabriquait aussi en Égypte des demi-fondouklis, semblables en tout aux fondouklis, excepté qu'ils avaient une surface moins grande, que les caractères de l'écriture étaient plus déliés[2], et que le poids était de moitié moindre.

Nous ne croyons pas qu'on aït frappé habituellement des quarts de fondoukli, si ce n'est comme pièce de fantaisie[3], pour étrennes.

Le mot *sequin,* en italien *zecchino*[4], n'est employé, pour désigner la monnoie d'or à laquelle nous l'appliquons, que par les marchands européens et les interprètes du pays, qui se servent d'un jargon provenant de l'italien et du français corrompus, et qu'on connaît sous le nom de *langue franque.*

Le sequin du pays s'appelle en arabe *zer-mahboub*[5], ou simplement *mahboub.*

[1] Ou plutôt de la forme et du titre des sequins de Venise.

[2] *Voyez*, à la suite de ce mémoire, la planche des monnoies gravées, n°s. 6 et 7.

[3] *Voyez* le §. IV du chap. I, *première partie.*

[4] Les mots *sequin* et *zecchino* se rapprochent beaucoup des mots arabes *sikkah* et *sekkeh* (سكّة). La racine *sekk* (سكك) signifie en général un clou, et *sikkat*, le coin avec lequel on frappe, ou le fer marqué d'une empreinte qui sert à frapper les monnoies. Il se prend aussi pour l'empreinte même de la monnoie.

[5] زر محبوب, c'est-à-dire or

Le sequin ou *zer-mahboub* est une monnoie d'or différente en poids, titre, valeur et type, du fondoukli dont nous venons de parler. Ces deux espèces de monnoie existent aussi concurremment à Constantinople.

Nous ne savons pas non plus quel est le prince qui, le premier, fit frapper des sequins; nous croyons cependant que cette monnoie est antérieure au fondoukli, et qu'elle est une altération de l'ancien *dynâr*.

Il existe dans la circulation deux espèces de sequins qui ne diffèrent guère que par le type: l'un, et c'est le plus ancien, a ses deux côtés couverts d'écriture semblable, disposée à peu près en même nombre de lignes. Sur la face A, les noms du sultan sont en toutes lettres, tandis que, sur la même face, l'autre sequin porte le chiffre ou paraphe du sultan[1]. L'autre aire B est la même dans les deux espèces de sequins.

On fabriquait aussi en Égypte des demi-sequins, qu'on appelle, par abréviation, *nousfyeh*[2], c'est-à-dire demi, et des quarts de sequin, nommés *rouba'yeh*[3], ce qui veut dire quart. Le type de ces dernières pièces était différent, comme nous le verrons, parce que leur surface était trop petite pour contenir autant d'écriture que les sequins.

Nous n'avons point vu de quarts de sequin de la pre-

bien aimé, du mot persan زر, qui signifie or (et non, selon quelques étymologistes, de زهر, diminutif زهير, qui veut dire fleur), et de *mahboub*, en arabe محبوب, c'est-à-dire chéri.

[1] *Voyez* la planche des monnoies gravées; pièces d'or, nos. 8 et 10. *Voyez* aussi le §. III du chap. III, *première partie*.

[2] Ou *nosfyeh* (نصفية).

[3] Ou *roba'yeh* (ربعية). *Voyez* le §. IV du chap. I, *première partie*.

mière espèce de ceux dont nous avons parlé ci-dessus, c'est-à-dire sans chiffre ou paraphe, quoiqu'il soit possible qu'on en ait fabriqué.

§. II. *Monnoies d'argent et de billon.*

L'argent en arabe s'appelle *faddah*[1]; et ce mot, comme celui d'*argent* en français, s'applique également au métal et à la monnoie qui se fabrique avec ce métal.

La même monnoie se désigne par le mot *felous*, pluriel de *fels*[2], qui signifie écaille de poisson, et, par métaphore, une chose mince et arrondie. On désignait anciennement par ce mot la monnoie de cuivre[3]; on l'a appliqué depuis à celle d'argent ou aux médins.

Les pièces d'argent monnoyées se nommaient anciennement *dirhem*[4], nom qui était aussi celui d'un poids auquel la monnoie était égale.

Jusque vers le milieu du ve siècle de l'hégire (le xie de notre ère), la monnoie d'or fut, comme nous l'avons dit[5], la seule monnoie légale de l'Égypte. Lors de l'invasion des Gozzes ou Turkomans, sous la conduite de Saladin[6], vers l'an 567 (1171 de notre ère), on entendit, pour la première fois, prononcer en Égypte le nom de *dirhem*, c'est-à-dire qu'on commença alors à évaluer

[1] فضه

[2] فلس; plur., *felous* (فلوس). Ce mot n'est plus usité qu'au pluriel.

[3] *Voyez* le §. III du chap. I, *première partie*.

[4] درهم. *Voyez* notre Notice sur les poids arabes, pag. 75, alinéa 4 et note [1] (citée pag. 271, note [1]).

Voyez aussi le §. I du chap. IV, *première partie*.

[5] *Voyez* pag. 275, alinéa 3.

[6] *Voyez* ibidem. Saladin, né en 532 (1138 de notre ère), mourut en 589 (1193 de notre ère).

en *dirhem* les marchandises, les impôts, etc.; car, avant même l'islamisme, on avait en Égypte non-seulement des *dirhem* étrangers, mais encore des *dirhem* fabriqués dans le pays, et qui, sous les premiers souverains de l'Égypte, continuèrent à être frappés, d'abord sans aucun changement, puis ensuite au type des khalifes, à des poids et titres différens des anciens *dirhem*.

L'usage de donner le nom du souverain aux monnoies frappées à son coin a quelquefois été suivi en Europe; on a appelé *carolus, philippes, louis, etc.*, diverses monnoies frappées par divers princes.

Les *dirhem*, comme nous l'avons déjà observé pour les *dynâr*[1], prirent souvent en Égypte le nom du prince ou du gouverneur qui les avait fait frapper. Tels sont les *dirhem nâsery*, frappés vers l'an 583 (1187 de notre ère), ainsi nommés du surnom *el-Nâser*[2], que portait le sultan *Sâlah-ed-dyn*[3]; les *dirhem kâmely*, frappés vers l'an 622 (1225 de notre ère), sous le règne d'*el-Malek el-Kâmel Nâsr-ed-dyn*[4]; les *dirhem dâhery*, frappés vers l'an 658 (1260 de notre ère), sous *el-Malek el-Dâher Rokn-ed-dyn Bybars*[5]; les *dirhem mahmoudy*, frappés vers l'an 781 (1379 de notre ère), du nom de l'*émyr Mahmoud ben-A'ly*[6]; enfin les *dirhem maouyady*,

[1] *Voyez* pag. 279, alinéa 2.

[2] الناصر. *Voyez*, pour ce surnom adopté par plusieurs princes d'Égypte, le §. III du ch. III, *première partie*.

[3] *Voyez* pag. 275, alinéa 3, et le §. II du chap. IV, *première partie*.

[4] الملك الكامل ناصر الدين.

[5] الملك الظاهر ركن الدين بيبرس, surnommé *el-Bondoqdâry* (البندقداري). *Voyez* le §. II du chap. II, *première partie*.

[6] الامير محمد بن على

frappés vers l'an 818 (1415 de notre ère), par le sultan *el-Malek el-Maouyad Abou-nasr el-Cheykh el-Mahmoudy*[1].

Les monnoies étrangères qui furent le plus répandues en Égypte, vers le commencement de l'hégire, se distinguaient en deux espèces, suivant *Maqryzy* : les unes, connues sous le nom de *dirhem* noirs, forts de poids, que l'on nommait aussi *baghly*[2]; les autres connues sous le nom de *dirhem tabary*[3], et qui ne pesaient que la moitié des premiers.

Les *dirhem baghly* venaient de Perse. Hyde, dans son Histoire de la religion des anciens Perses[4], dit que la ville et le pyrée d'*Urmyah*, ainsi que la ville de *Chyrâz*[5], furent construits par un homme riche nommé *Râs Magous*[6], à qui l'on donnait le sobriquet de *Râs el-baghl*[7], qui signifie tête de mulet, et que c'est de lui qu'a pris son nom une sorte de monnoie qu'on appelle *dirkem baghly*. M. de Sacy ne croit pas que cette étymologie soit bien fondée.

L'épithète de *noirs* que l'on donnait aux anciens *dirhem* vient sans doute de l'opposition de la couleur qu'ils avaient contractée par le temps, avec l'apparence brillante des *dirhem* nouvellement frappés, qu'on distingua

[1] السلطان الملك المويد ابو نصر الشيخ المحمودى. *Voyez* le §. II du chap. I, *première partie*.

[2] بغلى. *Voyez* notre Notice sur les poids arabes, pag. 81, note [1], et pag. 103, remarque 17°.

[3] طبرى. *Voyez* ibid.

[4] Pag. 104, édition de 1700.

[5] *Armyah*, en arabe ارميه; *Chyrâz*, en arabe شيراز.

[6] راس مجوس, c'est-à-dire tête de mage. *Magous* ou *majous* signifie adorateur du feu.

[7] راس البغل

sous le nom de *dirhem blancs*. Il n'est pas à présumer qu'on ait jamais été dans l'usage de ne pas décaper ou dérocher les pièces de monnoie avant de les frapper. Plusieurs circonstances peuvent noircir le fond de celles d'argent, telles que l'enfouissement dans la terre, l'impression du feu, de l'humidité et surtout des vapeurs [1]. Les lettres et les points saillans reprennent, par un léger frottement, l'éclat métallique, qui se détache fortement sur le fond qui reste noir.

M. Tychsen conjecture que les *dirhem tabary* prenaient leur nom de la ville de Tibériade [2], ou parce que ces pièces y avaient été frappées, ou parce que les Arabes fréquentaient beaucoup cette ville pour leur commerce avec les Romains, et en tiraient les monnoies frappées par les empereurs.

Maqryzy cite aussi, comme répandus dans le commerce, les *dirhem moghreby* [3] et les *dirhem yemeny* [4]. *Moghreb* signifie le couchant : les Arabes ont donné ce nom aux pays de leur domination situés vers l'occident, non-seulement aux contrées de l'Afrique que nous appelons la *Barbarie*, et où sont situés Tripoli, Tunis, Alger, Fez, Maroc, etc., mais encore à l'Espagne et aux autres pays qu'ils avaient conquis en Europe. Le nom d'*Yemen* a été donné aux pays que les anciens ont connu sous le nom d'*Arabie heureuse*. Les monnoies

[1] Principalement des vapeurs qui contiennent de l'hydro-sulfure ou acide hydro-sulfurique.

[2] Ancienne ville de Judée, bâtie par Hérode-Agrippa en l'honneur de Tibère ; en arabe, *Tebryah* (طبريه).

[3] مغربى ; de *moghreb* (مغرب), le couchant.

[4] يمينى ; de *yémin* (يمين), qui signifie la droite.

dont il s'agit venaient principalement de Médine, la Mekke, etc.

Lorsque le sultan *el-Malek el-Maouyad*[1] vint de Damas en Égypte, son armée et les gens qui la suivaient apportèrent une grande quantité de *dirhem bondoky*[2], ainsi nommés parce qu'ils provenaient du commerce avec les Vénitiens, et des *dirhem nourouzy*, ainsi appelés sans doute du nom de l'*émyr Nourouz el-Hâfedy*[3]. Ces espèces eurent cours dans le commerce et furent reçues avec plaisir, parce qu'il y avait long-temps qu'on n'avait fabriqué de *dirhem* en Égypte, où l'on ne voyait plus que des monnoies de cuivre[4].

Parmi les monnoies modernes provenant de l'étranger, la plus commune et la plus usitée dans le commerce, jusqu'à l'arrivée des Français en Égypte, était la piastre d'Espagne.

Cette monnoie, plus abondante que toutes les autres, parce que les Espagnols, qui tenaient en leur possession les mines d'argent les plus riches, convertissaient en piastres presque tout l'argent qui en sortait; cette monnoie, dis-je, était celle dont le change était le plus avantageux pour les autres puissances. Il suivait de cet

[1] *Voyez* pag. 284, alinéa 2, et pag. 293, alinéa 3.

[2] *Voyez* le 4e alinéa de la p. 280 et la note 5.

[3] الامير نوروز الحفظى. Cet émyr commandait à Damas à l'époque où *el-Malek el-Maouyad* en partit pour se rendre en Égypte.

Les cadeaux du premier de l'an s'appellent *nourouzyeh* (نوروزيه), de *nourouz* (نوروز), qui signifie, en persan, nouveau jour, ou premier jour de l'an : peut-être est-ce là l'étymologie des *dirhem nourouzy*. Il s'agirait alors de *dirhem* d'étrennes. *Voyez* le §. IV du chap. I, *première partie*.

[4] *Voyez* le §. III du ch. I, *première partie*.

avantage et de son abondance, qu'elle était plus généralement répandue dans le commerce du monde, et qu'elle devenait en quelque sorte une monnoie de convention, qui, d'une part, servait de moyen d'échange avec presque toutes les nations, et, de l'autre, alimentait non-seulement presque toutes les monnoies des divers états, mais encore une partie de leurs orfévreries. Elle ne servait pas uniquement, dans le commerce, à solder les marchandises; elle formait elle-même un objet de trafic considérable, et composait souvent une partie du chargement des navires et des caravanes.

Le thalari ou thaler[1], monnoie d'Allemagne dite risdale d'espèce ou écu de convention, fabriquée par diverses puissances pour servir de moyen d'échange dans le commerce avec divers pays, et particulièrement la risdale d'Autriche, était également fort répandu en Égypte. Cette pièce fut portée, au tarif arrêté par une commission de Français et de négocians du pays[2], au même taux que la piastre. Le change lui était même plus favorable, quoique la piastre ait réellement un peu plus de valeur intrinsèque, à cause de la supériorité du titre. Cette faveur pouvait tenir non-seulement à la nature des relations commerciales, mais encore à ce que le poids du thalari est plus fort, et peut-être aussi à ce que son exécution est plus parfaite.

[1] *Thalari* dérive du mot allemand *reischsthaler*, dont nous avons fait le mot *risdale*; ou plutôt c'est le mot *thaler*, auquel on a donné, dans la langue franque, la terminaison italienne. Le mot *thaler*, dans quelques pays d'Allemagne, et particulièrement en Saxe, en Hanovre et en Prusse, est la monnoie de compte, et répond à notre mot *écu*.

[2] *Voyez* le Tarif des monnoies d'Égypte, *prem. part.*, ch. IV, §. III

Les Arabes désignent les piastres et les thalaris par le mot *ryâl*[1]. Ils distinguent la piastre d'Espagne par la dénomination particulière d'*abou-madfa'*[2], qui veut dire le père aux canons, à cause de la figure du roi qui est d'un côté, et des deux colonnes qui sont de l'autre : ils prennent pour des canons les colonnes d'Hercule. Ils désignent le thalari par le nom d'*abou-tâqah*[3], qui signifie le père à la fenêtre[4], à cause de la figure que l'on voit d'un côté, et des armes à l'aigle écartelées qui sont sur l'autre surface, et dont l'écusson du milieu a quelque ressemblance avec les fenêtres à grillage du pays. Du mot *abou-tâqah* l'on a fait, par corruption, le mot *pataque* dans la langue franque[5], lequel a passé dans la langue arabe vulgaire.

L'admission des fortes monnoies d'argent dont nous venons de parler est devenue d'autant plus nécessaire dans le commerce en grand, qu'on fabrique peu d'or

[1] Le mot *ryâl*, en arabe ريال, signifie *pullus struthio-cameli*, le petit de l'autruche. Quelques étymologistes ont cru que ce nom aura pu être donné aux monnoies, parce qu'anciennement celles des Ptolémées et celles des Romains, plus récemment celles d'Allemagne, présentent la figure d'un aigle, que les Arabes ont pris pour une autruche. Il est plus raisonnable de croire que le mot *ryâl* ou *réal*, comme beaucoup d'autres noms européens, aura passé dans la langue arabe.

[2] ابو مدفع

[3] أبو طاقة. On a supprimé l'*a* (ا), parce qu'on l'a pris pour un article, et on a prononcé *poutaqa* ou *pataqa*, le *b* se changeant souvent en *p*, comme dans *pâchâ* pour *bâchâ*.

[4] Pour comprendre ce qui a donné lieu à ce singulier rapprochement, il faut savoir que les fenêtres des maisons en Égypte sont garnies d'espèces de jalousies ou grilles, en treillis composé de très-petits morceaux de bois tournés et assemblés les uns dans les autres, qui forment des dessins variés, lesquels ont, en grand, quelque rapport aux dessins de nos dentelles ou de nos papiers découpés à jour.

[5] *Voyez* pag. 277, alinéa 3, et pag. 281, alinéa 3.

en Égypte, et qu'il n'y existe point de monnoie d'argent dont la valeur se rapproche de celle des pièces d'or, ou qui soit intermédiaire entre les monnoies d'or et la menue monnoie.

A Constantinople, où les matières d'argent sont sans doute plus abondantes, où le commerce est plus actif, où les moyens d'exécution, dans les ateliers monétaires, sont plus complets et plus perfectionnés, on fabrique des pièces de bas aloi de 100, de 80, de 60, de 40, de 20, de 10 et même de 5 pârats.

Cette série de pièces, qui forme un système complet de monnoies d'argent ou de billon sur l'échelle décimale, et dont le médin ou le pârat est la dernière division, n'a pas été adoptée habituellement en Égypte.

Le Mamlouk *A'ly-bey*[1], surnommé le Grand, qui, par son courage et la hardiesse de ses projets, se fit un nom fameux en Orient et parvint même à fixer quelque temps les regards de l'Europe, paraît être le seul qui ait fait frapper des pièces de 40 et de 20 médins, à l'imitation de celles qu'on fabriquait à Constantinople. On assure aussi qu'il en fit frapper de 100 et de 80 médins[2]. Nous n'avons pu nous en procurer, et il est au moins certain qu'il y en eut bien peu de mises en circulation.

On désignait ces pièces par le nom de *ghrouch*[3] : elles

[1] على بيك, qu'on prononce *bey*. *Beyk* (بيك) signifie, en turk, seigneur ou maître.

[2] *Voyez* le §. I du chap. IV, *première partie*.

[3] غروش. M. de Sacy pense que ce mot vient de l'allemand *groschen*, qui signifie gros (nom de poids). Quelques pièces d'Allemagne portent, par abréviation, le mot *grosch* en gros caractères.

étaient frappées au coin du sultan régnant, ou du moins elles portaient son chiffre. Nous en avons fait graver une de 40 médins, sous le n°. 16, et une de 20 médins, sous le n°. 18[1]. Lorsqu'il sera question du type et du millésime, nous indiquerons les particularités que présentent les pièces d'*A'ly-bey*.

Après la mort de ce Mamlouk[2], les matières d'argent étant devenues rares, et la fabrication des *ghrouch* présentant moins d'avantages que celle des médins, on cessa de fabriquer des pièces de 40 et de 20 médins. Peut-être aussi, comme c'était une innovation, suffisait-il qu'*A'ly-bey* fût vaincu, pour que la monnoie qu'il avait créée fût décréditée et démonétisée.

M. de Volney, dans l'histoire d'*A'ly-bey*, dit[3] que ses piastres perdirent 20 p. o/o, parce qu'on prétendit qu'elles étaient surchargées d'alliage; qu'un négociant en fit passer dix mille à Marseille, et qu'elles rendirent à la fonte un bénéfice assez considérable. Si ces pièces ne perdirent pas plus de 20 p. o/o sur leur valeur nominale, il est impossible qu'il y eût du bénéfice à les exporter[4]. Peut-être, dans les renseignemens qu'on a donnés à M. de Volney sur les monnoies d'*A'ly-bey*, aura-t-on voulu parler, non de celles d'argent, mais de celles d'or, auxquelles pourrait s'appliquer du reste parfaitement le passage que nous venons de citer.

[1] *Voyez* la planche des monnoies arabes jointe à ce mémoire; *voyez* aussi le §. IV du chap. III, *première partie*.

[2] *Voyez* les notes du §. VII, chapitre III, *première partie*.

[3] Voyage en Syrie et en Égypte, tom. 1er, chap. 8. — Précis de l'Histoire d'Ali-bek, pag. 110, note 1re, édition de 1787.

[4] *Voyez* les §. III et IV du ch. IV, *première partie*, la valeur intrinsèque des pièces de 40 et de 20 médins.

Les machines qui avaient servi à la fabrication des *ghrouch* d'*A'ly-bey* furent détruites par la suite, et nous n'en trouvâmes aucune trace à la monnoie du Kaire.

Le général en chef de l'armée française ordonna, vers la fin de 1798 (1213 de l'hégire), que la fabrication des pièces de 40 et de 20 médins fût rétablie, et nous fûmes chargés de faire reconstruire les ateliers et les machines nécessaires [1].

Ces nouvelles pièces furent aussi très-bien reçues dans le commerce, et leur fabrication fera époque en Égypte, comme celle des piastres d'*A'ly-bey*.

Les *dirhem*, qui, dès l'origine, étaient d'un poids peu considérable, avaient éprouvé successivement des altérations dans leur poids et dans leur titre, par la cupidité de ceux qui gouvernaient l'Égypte.

Quelques princes plus désintéressés, ou guidés dans l'administration par des idées plus saines et plus justes, rehaussèrent le poids et le titre de cette monnoie.

Maqryzy rapporte que le sultan Saladin [2], ayant démonétisé les *dirhem* noirs, qui étaient forts de poids et d'un titre élevé, fit frapper des *dirhem* alliés à égale partie d'argent et de cuivre. Peut-être le titre et le poids de cette monnoie furent-ils encore baissés, jusqu'à l'époque à laquelle *el-Malek el-Kâmel* [3] démonétisa tous les *dirhem*, connus alors au Kaire et à Alexandrie sous le nom de *ouaraq*, et fit fabriquer des *dirhem* qui, par

[1] *Voy.* le Tableau des monnoies, qui termine ce mémoire.

[2] *Voyez* pag. 275, alinéa 3, et pag. 283, alinéa dernier.

[3] *Voyez* pag. 284, alinéa 2, et le §. 1 du chap. II, *première partie*.

leur titre et leur poids, se rapprochaient davantage des *dirhem* anciens ou pièces de monnoie de bon aloi.

On pourrait entrevoir dans cette monnoie nommée *ouaraq* [1], mot qui signifie feuille, l'origine des médins, qui se fabriquent aujourd'hui avec des feuilles de billon, aplaties ou planées à coups de marteau. Peut-être même le médin n'était-il qu'une subdivision de cette monnoie usuelle appelée *ouaraq*.

Les *cheykh Isma'yl* [2] et *A'bd-el-rahman* [3], qui passaient au Kaire pour être distingués par leurs connaissances, nous ont donné, sur l'étymologie du mot *médin*, en arabe *mâydy* [4], les renseignemens suivans.

Le Mamlouk *el-Cheykh*, étant devenu khalife, et ayant pris les titres de *Sultân el-Malek el-Maouyad Abou-nasr el-Cheykh* [5] (noms qui signifient l'empereur, le roi, l'assisté (de la grâce), père de la victoire, le seigneur), fit frapper des demi-*dirhem*, qui, de son nom, furent appelés *maouyady*, ou, par abréviation, *maydy*. On les nommait aussi *nous* [6], c'est-à-dire demi, mot dont on se sert encore aujourd'hui pour désigner un médin ou pârat.

Soit que l'on considère les médins comme une alté-

1 ورق, feuille de papier; pluriel, *aouarâq* (اوراق). *Voyez* la note 22 du tableau joint au ch. IV de la *première partie*; voyez aussi le §. VI du chap. I, *seconde partie*.

2 اسمعيل

3 عبد الرحمن

4 ميدى ou plutôt مايدى.

5 *Voyez* pag. 284, alinéa 2. Plusieurs princes musulmans ont pris le surnom d'*el-Maouyad* (المويد). Ce mot signifie qui est soutenu, appuyé, assisté (de la grâce), de *ayd* (ايد), qui veut dire aidé, secouru.

6 نص, abrév. de *nosf* (نصف). *Voyez* notre Notice sur les poids arabes, pag. 73, note 3, et p. 102, remarq. 11°. (citée p. 271, note 1).

ration de l'ancien *dirhem,* soit qu'on les regarde comme une monnoie nouvelle, dont la fabrication a été introduite en Égypte comme à Constantinople, où l'on en frappe une semblable connue sous le nom de *pârah*[1], il n'en est pas moins vrai que cette singulière monnoie, plus mince qu'une feuille de papier, qu'un souffle léger suffit pour disperser, et dont un millier se renferme dans un cornet de papier peu volumineux, est devenue la principale monnoie d'Égypte, celle qui sert aux achats en gros comme au menu détail, dans laquelle se font tous les comptes et se prélèvent les impôts.

En quelque proportion que le cuivre soit allié à l'argent dans la monnoie, on ne se sert point en Égypte, d'un nom particulier pour la désigner, et l'on n'a point de mot qui réponde à notre mot *billon.*

Si l'on applique ce nom de *billon* à toute monnoie dans laquelle le cuivre domine, les pièces de 40 et de 20 médins, et les médins dont nous avons parlé, sont réellement du billon, et depuis assez long-temps il ne se fabrique pas, à proprement parler, de monnoie d'argent. Nous n'avons compris sous ce dernier titre les médins et les pièces de 40 et de 20 médins que parce que ces monnoies ont remplacé celles d'argent, dont elles tiennent lieu.

[1] En turk, پاره ; en arabe, *bârah* (باره).

§. III. *Monnoies de cuivre.*

Le cuivre métal s'appelle *nahâs*[1].

La monnoie de cuivre se nommait anciennement *fels*[2]; au pluriel, *felous*.

Les pièces de cuivre étaient de petites portions de ce métal, taillées d'un poids à peu près égal. Il n'en existait qu'une petite quantité en circulation, et l'on ne mettait pas le cuivre au rang des monnoies : on ne s'en servait alors que pour l'achat des marchandises de peu de valeur, ou pour la menue dépense du ménage. Les denrées de première nécessité étaient à si bon marché, qu'un homme du peuple ne dépensait guère, chaque jour, que quelques pièces de cuivre pour sa subsistance.

Cet état dura jusqu'à l'an 800 de l'hégire environ (1398 de notre ère). Les monnoies d'or et d'argent étant devenues successivement fort rares, principalement à cause des malheurs et des révolutions arrivés en Égypte depuis 806 (1404 de notre ère), les pièces de cuivre devinrent plus nécessaires et plus recherchées, et leur valeur, dans le trafic, s'élevait de beaucoup au-dessus de leur valeur intrinsèque.

Elles avaient commencé à s'introduire dans le commerce, concurremment avec la monnoie d'argent, du temps que *el-Dâher Barqouq*[3] était *émyr*, vers l'an 781 (1379 de notre ère).

[1] نحاس

[2] *Voyez* pag. 283, alinéa 2 et note [2].

[3] الظاهى برقوق. *Voyez* la note [3] de la page suivante.

Barqouq étant devenu sultan, *Mahmoud ben-A'ly* [1], à qui il donna la charge d'*Ostâdâr* [2], fit frapper au Kaire et à Alexandrie une grande quantité de *felous*, ou monnoie de cuivre, à cause du bénéfice que présentait cette fabrication, et fit cesser celle des *dirhem*, qui devinrent extrêmement rares. Les orfèvres en fondirent beaucoup, et on en exporta une grande quantité. On frappa sans doute des pièces de cuivre de diverses valeurs, et qui étaient des subdivisions les unes des autres.

Cette fabrication continua plusieurs années sous *Barqouq* et sous son fils *el-Nâser Farag* [3]. Les Francs [4] importèrent alors beaucoup de cuivre rouge en Égypte. Le cours forcé que l'on donna aux *felous*, ou la valeur nominale qu'on leur assigna bien au-dessus de leur valeur réelle, fut cause qu'il s'en introduisit beaucoup de faux dans la circulation.

Les pièces de cuivre furent d'abord données en compte jusqu'en 806, où l'on ordonna de les donner au poids, soit qu'il s'en trouvât plusieurs dont le poids était altéré, soit qu'il fût trop long et trop embarrassant de les compter.

La monnoie de cuivre finit par devenir la seule monnoie usuelle, et l'on évaluait les marchandises et l'or même en *felous*.

[1] محمد بن على

[2] استادار. Ce mot est dérivé de deux mots persans, *istár* (استار), maître, et *dár* (دار), maison, palais, et répond au mot *majordome*, ou *maître du palais*.

[3] *Voyez* pag. 280, alinéa 1er et note [1]; *voy.* aussi la page suivante, alinéa 1er.

Voyez, pour les pièces de cuivre qui présentent le mot *dynár*, le §. v de ce chapitre.

[4] *Voyez* pag. 277, alinéa 4.

Maqryzy, qui a écrit son traité de 818 à 823 de l'hégire[1], se plaint amèrement de cet usage absurde, qu'on rougit, dit-il, de rapporter. Jamais le cuivre, ajoute-t-il, n'a été considéré dans aucun pays, ni anciennement, ni dans ces derniers siècles, comme une monnoie principale; il n'a commencé à avoir cours, en cette qualité, que sous le monarque le plus exécrable, *el-Nâser Farag*[2]. L'argent est proprement la monnoie légale qui n'a jamais cessé d'avoir cours dans le monde, et ce sont les monnoies de cuivre qui ont ruiné l'Égypte.

Il propose au sultan qui régnait alors sur l'Égypte, *el-Malek el-Maouyad*[3], et qui avait rétabli la fabrication des *dirhem*, 1°. d'ordonner que dans tous les actes publics et privés, sur tous les registres des finances, enfin, dans tous les marchés et stipulations, aucune somme ne soit énoncée autrement qu'en *dirhem maouyady*[4]; 2°. de démonétiser les anciens *felous*, et de leur substituer des *felous maouyady*, dont le poids et la valeur seraient établis sur les bases suivantes : on ajouterait au prix du *qantâr*[5] de cuivre que l'on importe du pays des Francs[6], tous les frais qu'il en coûte à l'hôtel des monnoies pour les convertir en *felous*, et l'on en conclurait combien il en faut pour la valeur d'un *dynâr* et pour celle d'un *dirhem maouyady*. Il cherche à prouver la bonté de cette opération ; mais il est cer-

[1] De 1415 à 1420 de l'ère chrétienne.

[2] *Voyez* p. 280, note [1], et p. 296, alinéa 2.

[3] *Voy.* p. 284, al. 2 ; p. 295, al. 3.

[4] *Voyez* ibidem.

[5] *Voyez*, pour le mot *qantâr* et la valeur de ce poids, notre Notice sur les poids arabes anciens et modernes, pag. 76, dern. alin.; p. 83, alin. 5 et note [1]; p. 102, rem. 13°. (citée pag. 271, note [1]).

[6] *Voyez* pag. 296, alinéa 2, et pag. 277, alinéa 4.

tain qu'elle eût fait beaucoup de tort au peuple, surtout à la classe peu fortunée, dans laquelle se trouve répandue la presque totalité de la basse monnoie, et dont on eût diminué tout d'un coup et par une secousse violente les modiques ressources.

La seule mesure juste et loyale eût été d'échanger à la monnoie, contre des *dynâr* et des *dirhem*, les *felous* démonétisés, en raison de la valeur pour laquelle ils avaient cours dans le commerce avant leur démonétisation ; valeur qu'on eût pu estimer en prenant pour terme de comparaison le prix moyen des denrées de première nécessité (du blé, par exemple) en *dynâr* et *dirhem* nouveaux. Mais il serait arrivé infailliblement qu'on eût trouvé dans la circulation une quantité de *felous* bien plus considérable que celle qui avait été émise par le gouvernement, et cette opération eût été ruineuse et impraticable. Quand le gouvernement fait fabriquer une trop grande quantité de monnoie ayant une valeur fictive et un cours forcé, il se met dans l'alternative, lorsqu'il devient urgent de remédier aux abus qui en résultent, ou de s'obérer, s'il veut retirer la monnoie pour sa valeur nominale, ou de faire banqueroute aux particuliers, s'il ne la prend que pour sa valeur réelle.

Lorsque la fabrication des monnoies d'argent fut rétablie, qu'elles se multiplièrent ainsi que leurs subdivisions; que leur poids, leur titre, et par conséquent leur valeur, furent successivement diminués, elles purent servir à l'achat des menues denrées et tenir lieu de monnoie de détail. On put se passer plus facilement des monnoies de cuivre, plus altérables, d'une odeur désagréable, décréditées par la trop grande quantité mise en circulation, beaucoup plus embarrassantes par leur volume, exigeant par-là même des frais de fabrication plus considérables et présentant moins de bénéfice au gouvernement. On diminua ou l'on cessa entièrement l'émission des pièces de cuivre; et le mot *felous*, qui désignait d'abord particulièrement la monnoie de cuivre, s'appliqua ensuite aussi à la monnoie d'argent, et devint un mot générique, qui répond en français à celui d'*argent* ou de *monnoie*[1].

Les pièces de cuivre qui furent fabriquées, soit sous *el-Maouyad*[2] pour servir d'appoint aux *dirhem* dont il avait élevé le titre, soit à une autre époque pour suppléer à la rareté de la monnoie d'argent, prirent le nom de *gedyd*[3], qui signifie nouveau, c'est-à-dire monnoie nouvelle.

Nous publions, sous les n°s. 25 et 26, deux *gedyd* de cuivre d'une époque et d'une fabrication différentes[4].

Enfin, la valeur des denrées continuant à augmenter, et celle des médins à diminuer, au point qu'il ne fut plus nécessaire de recourir à une monnoie de moindre valeur, on a cessé la fabrication des *gedyd* depuis long-temps. Cependant le petit peuple fait encore

[1] On dit *hât felous* (هات فلوس), « donne de l'argent, » ou « donne de la monnoie, » s'il s'agit de changer un sequin ou une piastre. *Ketyr felous* (كثير فلوس), beaucoup d'argent.

[2] *Voyez* p. 284, alin. 2; p. 293, alin. 3, et pag. 297, alin. 1er.

[3] جديد. On prononce au Kaire *guedyd*, et dans d'autres pays *djedyd*. On est convenu, dans la Description de l'Égypte, de représenter le ج par *g* devant l'*e* et l'*i* comme devant les autres voyelles.

[4] *Voyez* la planche des monnoies gravées, à la suite de ce mémoire. *Voy.*, pour la forme, le type, etc., de ces monnoies de cuivre, les divers paragraphes du ch. II, *prem. partie*.

usage, soit de divers *gedyd*, soit de petites pièces de cuivre grossièrement taillées et sans empreinte, qu'il se procure chez les marchands de cuivre, et qui, dans le détail, lui tiennent lieu de subdivisions du médin, afin qu'il puisse acheter les menues marchandises, telles que des herbes, pour une quantité moindre d'un médin ou pârat. Il faut jusqu'à dix de ces pièces pour valoir un médin; en sorte qu'on peut les assimiler à ce qu'étaient chez nous les deniers.

§. IV. *Médailles ou pièces de fantaisie.*

L'usage de faire frapper des médailles différentes des monnoies, et ayant pour but de consacrer ou de rappeler le souvenir des événemens remarquables des règnes par des emblèmes, des dates ou des légendes, n'est point connu dans l'Orient, ou du moins n'y est pas établi en système, comme chez les Européens.

Il existait cependant une coutume fort ancienne, et qui est suivie encore de nos jours; c'est de faire fabriquer, à certaines époques, pour étrennes ou pour gratifications, des pièces d'or qui ordinairement ne différaient des autres qu'en ce qu'elles avaient beaucoup plus de surface. Quelquefois le graveur donnait à son écriture plus d'élégance, plus d'apparence et de richesse au grenetis; ou il traçait deux grenetis concentriques, l'un autour et l'autre sur le bord de la pièce; enfin, il ajoutait, entre ces deux grenetis, des fleurons, des entrelacs ou autres ornemens; mais communément la légende, le titre des pièces et le poids étaient les mêmes; ou l'on doublait ce poids pour former des doubles-fondouklis, des doubles-sequins; ou bien on ne l'augmentait que de moitié. Les pièces équivalaient, dans ce dernier cas, à 1 fondoukli $\frac{1}{2}$, ou à 1 sequin $\frac{1}{2}$. Tels sont les fondouklis gravés (dans la planche relative à notre mémoire) sous les n°s. 1 et 5 [1].

Cependant l'on changeait quelquefois la légende, et l'on amplifiait les titres du souverain, soit pour distinguer les pièces de monnoies ordinaires, soit pour honorer le prince. La pièce d'or que nous avons fait graver sous le n°. 12 en offre un exemple [2] : elle est plus grande que les autres, et est évidemment une pièce de plaisir ou d'étrennes, différente du sequin gravé sous le n°. 11, quoiqu'ils soient frappés l'un et l'autre au Kaire, sous le même règne; celui de *Moustafa* [3], monté sur le trône de Constantinople en 1171 (1757 de notre ère).

Quoique ces pièces de fantaisie ressemblent plus à des monnoies qu'à de vraies médailles, elles circulaient peu; se gardaient comme nos pièces de crédit, de mariage, ou de gala, ou comme nos jetons; se portaient en ornement [4], se donnaient en cadeau, et se vendaient quelquefois aux Juifs pour être fondues.

Un usage semblable existait en Perse. On y fabriquait, au rapport de Chardin [5], pour les distribuer au

[1] La première est un double fondoukli; la seconde, un fondoukli simple. *Voyez* le 2e alinéa du §. II, chap. II, *première partie*. Voyez la planche à la suite de ce mémoire.

[2] *Voyez* la planche; *voyez* aussi les §. III et VII du chap. III, *première partie*.

[3] *Moustafa ben Ahmed* (مصطفى بن احمد). *Ben* veut dire fils.

[4] *Voyez* pag. 278, alinéa 1er.

[5] Voyage de Chardin en Perse, tom. IV, pag. 279, édition de 1711. *Voyez* aussi pag. 287 de ce mémoire, note 3.

jour de l'an, des pièces qui n'avaient pas cours de monnoie.

Les pièces d'or de Constantinople, que M. Bonneville a publiées sous les nos. 6, 7, 8, 10, 11 et 20, planches 1, 2 et 3 des monnoies de Turquie, et celles du Kaire sous les nos. 4, 15 et 21, mêmes planches[1], ne sont pas précisément des monnoies courantes, mais des pièces d'or d'étrennes ou de fantaisie; les premières, de l'espèce des fondouklis[2]; les autres, de celle des sequins ou *zer-mahboub*[3].

Maqryzy, dans la Description de l'Égypte, dit, en parlant des cérémonies du jour de l'an, que le khalife donnait ordre, à la fin de l'année, de fabriquer à l'hôtel des monnoies, au millésime de la nouvelle année, un certain nombre de *dynâr*, de *rouba'yeh*[4], de *qirât* et de *dirhem* ronds[5], qu'il envoyait pour étrennes au vizir, à ses parens et à chacun des officiers de plume et d'épée. On envoyait aussi des *dynâr* seulement, en présent aux officiers et salariés, pour la fête des victimes. Cette fête, qui durait trois jours, termine le *Ramadân*[6], qui est en quelque sorte, le carême des musulmans.

Maqryzy rapporte, dans un autre passage, qu'à l'ancien hôtel des monnoies, le premier qui fut établi au Kaire, on frappait, du temps des Fâtémytes[7], les *dy*-

[1] Traité des monnoies d'or et d'argent qui circulent chez les différens peuples, etc.; Paris, 1806. — Après la page 205.

[2] *Voyez* pag. 280, alinéa 3.

[3] *Voyez* pag. 281, alinéa 3.

[4] ربعيه, de *rouba'* (ربع), qui signifie quart.

[5] *Voyez* le §. 1 du chap. II, *première partie*, et pag. 306, alin. 1er.

[6] رمضان, neuvième mois de l'année musulmane.

[7] فاطميه ou فاطميون, pluriel de *Fâtemy* (فاطمى); du nom de

nâr ou plutôt les *kharoubah*[1] des étrennes et du jeudi des lentilles. Ce jour était le jeudi saint des Qobtes[2], lequel avait pris le nom de jeudi des lentilles parce que les chrétiens font cuire ce jour-là des lentilles. C'était encore, du temps de *Maqryzy*, l'époque d'une des foires les plus célèbres au Kaire et dans toutes les provinces d'Égypte : *Maqryzy* l'appelle aussi le jeudi du serment.

Dans la première partie du passage de *Maqryzy* que nous venons de citer, il n'est point question de *qirât*[3], mais seulement de *rouba'yeh* et de *dirhem* ronds qu'il désigne par *moqachqalah*, épithète dont M. de Sacy ignore la signification. En parlant ensuite de la distribution des pièces d'étrennes, *Maqryzy* ne fait plus mention de *dirhem* ronds, mais de *qirât*, et, dans d'autres endroits, de *kharoubah*. M. de Sacy présume que les *dirhem* dont il est question sont ce que l'auteur appelle ensuite *qirât*. Il nous paraît plus vraisemblable que le *qirât* et le *kharoubah* étaient la même pièce d'or. Le *mitqâl*, qui était le poids du *dynâr*, se divisait en vingt-quatre *qirât*[4], et le *qirât* était censé égal au poids du *kharoubah* ou grain du caroubier[5]. Il y a sans doute omission dans la première partie du passage de *Maqryzy*; après les *rouba'yeh*, il aurait dû citer aussi les *qirât*. Dans les distributions au vizir, à ses parens et

Fâtmah (فاطمه), fille du prophète et épouse d'*A'ly*, dont ces khalifes se disaient descendans. Ils régnèrent d'abord en Afrique et s'emparèrent ensuite de l'Égypte.

[1] *Voy.* notre Notice sur les poids arabes, pag. 86, alinéa 2 et note 4; pag. 104, remarque 23°.

[2] *Voyez*, pag. 78 du Traité des monnoies de *Maqryzy*, note 152.

[3] *Voy.* notre Notice sur les poids arabes, pag. 78, alinéa 2; pag. 86, alinéa 2; pag. 101, 104 et 105, remarques 9°, 23° et 24°.

[4] *Voyez* ibid.

[5] *Voyez* ibid.

aux officiers de plume et d'épée, il ne s'agit plus que de monnoies d'or, et le *qirât* était la plus petite pièce de ce métal, la même dont parle ensuite notre auteur sous le nom de *kharoubah*. Enfin, les *dirhem* ronds étaient une monnoie d'argent, qui n'était distribuée sans doute qu'aux gens du vizir et des principaux personnages, et aux ouvriers de la monnoie [1].

On ne frappait que des *kharoubah* pour le jeudi des lentilles, et cette fabrication variait de dix mille à vingt mille de ces pièces. On y employait de cinq cents à mille *dynâr*. Outre que le poids des *dynâr* pouvait bien, à cause du frai ou de l'altération dans le poids des monnoies d'or, être au-dessous de 1 *mitqâl* ou de 24 *qirât* [2], le surplus des *dynâr* était employé en déchets, frais de fabrication, gratifications aux employés de la monnoie.

On voit, d'après ce que nous venons de dire, que les pièces d'or appelées *qirât* ou *kharoubah* étaient fort petites et d'une valeur modique; elles étaient aux monnoies d'or ce que les médins ou pârats sont aux monnoies d'argent.

De nos jours on a conservé l'usage de faire frapper, pour étrennes et pour être donnés en présent, ou pour être remis à des personnes de distinction (qui en faisaient la demande et qui envoyaient de l'or pour le faire monnoyer), des sequins, des demi-sequins et des quarts de sequin, qui ne différaient des autres que par une plus grande surface, et par le soin que le graveur mettait à tracer l'écriture des légendes.

[1] *Voyez* pag. 406, alinéa 1er.

[2] *Voy.* le §. II du ch. II, *pr. partie.*

Les présens ou gratifications en argent s'appellent *bakhchych* [1]. Dans les pays soumis au despotisme, et surtout dans ceux où le pouvoir appartient au plus fort et au plus hardi, c'est un moyen efficace et très-usité de se faire des partisans, que les présens et les largesses. Il n'y a guère de droits établis et de justice distributive; tout est faveur et libéralité. On paie très-peu en traitemens fixes, et quelquefois beaucoup en gratifications.

On ignore dans ces pays la réserve ou l'espèce de pudeur qui sied aussi bien à celui qui donne qu'à celui qui reçoit. Dans les fêtes privées, où l'on admet pour divertissement les *a'lmeh* [2] ou danseuses du pays, et des musiciens, lorsqu'on paraît satisfait du talent des virtuoses, les personnes invitées leur font des cadeaux en argent, et l'on proclame le nom de celui qui a donné, et la valeur de son présent. L'amour-propre et l'ostentation s'en mêlent; on a vu plus d'une fois la vanité piquée d'un *bey* ou d'un *cheykh* donner jusqu'à cent sequins à un musicien barbare.

Les grands ont une nuée de domestiques qui les suivent partout, et à qui ils ne donnent point de gages : ils leur font seulement présent d'habits ou de quelques menues pièces d'or à certaines fêtes [3]; mais ils leur laissent le droit de mettre à contribution ceux qui ont besoin du maître. On ne l'aborde guère sans distribuer des *bakhchych* aux valets. Ils vous en demandent, si vous oubliez

[1] بخشيش, mot persan qui signifie don, cadeau; de *bakhchydan* (بخشيدن), donner.

[2] *Voy.*, sur les *a'lmeh* d'Égypte, *É. M.* — *A'lmeh* (عالمه) signifie proprement savante.

[3] *Voyez* pag. 300, alinéa 1er et suivans.

de leur en offrir, et quelquefois ils en exigent. Au reste, un pareil usage existe encore dans tel pays de l'Europe où, dans le palais même du prince, les gens de la maison, qu'on appelle *la famiglia,* vous attendent au passage pour vous demander la *buona mano.*

Les *dirhem* ronds sont les seules pièces d'étrennes en argent dont nous ayons entendu parler [1].

Les médins étant actuellement la seule monnoie d'argent usitée en Égypte, on en distribue, sans rien changer à leur fabrication, aux employés et ouvriers de la monnoie, pour étrennes, et à la fin du *ramadân* [2].

§. V. *Fausses monnoies.*

Plus il y a de différence entre la valeur nominale et la valeur réelle de la monnoie, plus le gouvernement est exposé à la voir contrefaire, soit dans l'intérieur, soit par les étrangers.

Peut-être est-ce au gain considérable qu'a dû présenter la fabrication des espèces de cuivre, lorsque cette monnoie est devenue la principale et presque la seule d'Égypte, et à la tolérance, dans la circulation, des monnoies des pays voisins, qu'on doit attribuer cette quantité de pièces de cuivre, plus mal exécutées les unes que les autres, sur lesquelles on a imité grossièrement les anciens types, les anciennes légendes, et même les noms et les figures de princes chrétiens [3] et de princes musulmans.

[1] *Voyez* pag. 302, alinéa 2, et pag. 303, alinéa 1er.

[2] *Voyez* ibid. et p. 302, note 6.

[3] *Voyez* le §. 1 du chap. III, *première partie.*

Le bas peuple, les Arabes[1] et les *fellâh*, étant, anciennement comme aujourd'hui, très-ignorans, ont pu recevoir des peuples voisins, et introduire de proche en proche jusque dans l'intérieur du pays diverses monnoies, sans reconnaître si elles étaient fausses ou étrangères. Nous avons eu, en Égypte, un singulier exemple de cette ignorance. Lorsque notre armée y arriva, les pauvres paysans se connaissaient si peu en métal et en monnoie, que, tandis qu'ils hésitaient à prendre nos écus de France, parce qu'ils n'étaient pas habitués à voir de si fortes pièces, ils échangeaient avec nos soldats, qui étaient aussi surpris qu'enchantés du succès de ce qu'ils appelaient une ruse de guerre, toute sorte de comestibles contre des boutons de cuivre, d'étain ou de composition, pourvu qu'ils fussent plats et qu'on en eût supprimé la queue ou l'anneau qui sert à les attacher. Les *fellâh*[2] les prenaient pour des monnoies, parce qu'ils se rapprochaient davantage de la forme et de l'apparence des monnoies de bas aloi dont ils avaient une idée imparfaite. Il en résulta que les vêtemens d'un grand nombre de nos soldats, en arrivant au Kaire, se trouvèrent dégarnis de boutons.

On peut ajouter que la fraude dans le titre des monnoies est d'autant plus facile chez une nation peu éclairée, que l'art des essais est un secret qui n'est guère connu et pratiqué qu'à la monnoie.

Les arts sont trop imparfaits en Égypte, les ouvriers

[1] Nous entendons les Arabes qui se sont établis sur la lisière ou même dans l'intérieur de l'Egypte.

[2] فلّاح ; au pluriel, *fellâhyn* (فلّاحين).

sont trop dénués de ressources ou d'industrie, et trop exposés aux délations et à la surveillance d'une police rigoureuse, pour que la fabrication, un peu en grand, des fausses monnoies, puisse jamais s'y établir. Quelques ouvriers, à diverses époques, ont bien pu y fabriquer de fausses pièces par des moyens peu compliqués qui n'exigent que de la patience et de l'adresse des mains; telle pourrait être la fabrication au marteau et au poinçon : mais il est plus probable que l'introduction des fausses monnoies a souvent été due à la rivalité, à la haine ou à la cupidité des nations ou peuplades voisines.

Tout porte à croire aussi que, dans des momens d'anarchie et d'usurpation, ceux qui s'emparaient du pouvoir, ont poussé quelquefois eux-mêmes l'abus de bénéficier sur les monnoies, jusqu'à en fabriquer de fausses.

Maqryzy rapporte qu'*O'beyd-Allah ben-Zyâd*[1] altéra le premier les *dirhem*, et en fit frapper de faux, quand il s'enfuit de *Basrah*[2], en l'an 64 de l'hégire (684 de notre ère). Sous les dynasties persanes des *Bouydes*[3] et des *Seljeucydes*[4], les mauvais *dirhem* se multiplièrent et se répandirent dans les provinces.

M. Tychsen cite des exemples de monnoies arabes de cuivre dont la légende porte : « Ce *dynâr* (ou ce *dirhem*) a été frappé à, etc. » Comme les *dynâr* étaient des

1 عبيد الله بن زياد

2 *Basrah* (بصرة), dont nous avons fait *Bassora*. *O'beyd-Allah* était gouverneur de cette ville pour le khalife *Mo'aouyah ben-Yezyd*.

3 Du nom de *Bouyah* (بوية), chef de cette dynastie.

4 Ou *Selgioucydes*. En arabe, *Selgiouqyoun* (سلجوقيون), ou plutôt *Selgouqyah* (سلجوقية); du

monnoies d'or, et les *dirhem* des monnoies d'argent, il paraît évident que ce sont de fausses pièces qui avaient été dorées ou argentées lors de leur émission; à moins que, pour éviter la dépense de faire fabriquer de nouveaux coins, on n'eût employé, pour frapper des pièces de cuivre, ceux qui avaient servi à fabriquer des *dynâr*.

On a soupçonné les Mamlouks, lorsqu'ils se sont emparés de la monnoie du Kaire, d'avoir, dans des momens de détresse, altéré les monnoies, et d'avoir particulièrement fait fabriquer de fausses pièces d'or. Nous avons vu au Kaire plusieurs fondouklis qui passaient pour faux. Nous en avons fait graver un sous le n°. 5 : il porte, du côté A, le chiffre du sultan *A'bd-el-Hamyd ben-Ahmed*[1]; de l'autre côté B, l'année 1187 (1774 de notre ère, qui est celle de l'avénement de ce sultan; et en haut de la pièce, le chiffre 9, qui indique que la pièce a été fabriquée en 118-9 (1775)[2], époque qui répond au temps où le Mamlouk *Mahamed-bey*, surnommé *Abou-dahab*[3] (le père de l'or), à cause de sa prodigalité, ayant succédé à *A'ly-bey*, qu'il trahit et fit périr, se préparait à porter la guerre en Syrie contre *Dâher*[4], ancien allié d'*A'ly-bey*. Au reste, les chiffres que présentent ces fondouklis ne prouveraient pas qu'ils eussent été fabriqués précisément à l'époque qu'ils in-

nom de *Selgouq* (سلجوق), un de leurs chefs.

[1] عبد الحميد بن احمد. *Voyez* le §. II du chap. IV, *prem. partie*.

Voyez la planche des monnoies gravées, pièce n°. 5.

[2] *Voyez*, pour les millésimes, le §. VII du chap. III, *première partie*.

[3] محمد بيك ابو ذهب. *Voyez* le texte du §. II, chapitre IV, et les notes du §. VII, ch. III, *pr. partie*.

[4] ظاهر. *Voy.* le Voyage en Égypte et en Syrie de M. de Volney, édition de 1787, tom. I, pag. 131.

diquent; car il est très-possible, quand il s'agit de fausse monnoie, que la date elle-même soit fausse.

Parmi les médins qui circulaient dans le commerce, nous en avons rencontré quelques-uns de cuivre jaune blanchi.

§. VI. *Monnoies de compte.*

On appelle monnoie de compte, pour la distinguer de la monnoie réelle, une unité de monnoie fictive qui sert à exprimer et calculer les diverses valeurs : ainsi notre livre tournois était une monnoie de compte, parce que les sommes s'exprimaient en livres, quoiqu'il n'y eût point de monnoie réelle d'une livre.

Nous avons vu que les Égyptiens avaient d'abord compté en *dynâr*[1], ensuite en *dirhem*[2], et même en *felous* ou monnoie de cuivre[3], et qu'ils comptent aujourd'hui en médins[4]; néanmoins les impôts ont été assez anciennement et continuent à être établis en une monnoie fictive qu'on appelle pataque[5]. Il paraît que, l'ayant été, dans l'origine, en *dynâr*, et ensuite dans la monnoie d'or qui remplaça le *dynâr*, on admit concurremment avec cette monnoie, trop rare pour acquitter les impôts, celle des piastres et thalaris ou *ryâl*[6], devenus abondans dans le commerce et qui avaient alors à peu près la même valeur, en monnoie courante telle que pouvaient être les *dirhem*, les *felous* ou médins.

[1] *Voyez* pag. 275, alinéa 1er et suivans.

[2] *Voyez* pag. 283, alinéa 3 et suivans.

[3] *Voyez* p. 296, alinéa 3 et suiv.

[4] *Voyez* pag. 293, alinéa 2.

[5] *Voyez* pag. 289, alinéa 1er et note 3.

[6] *Voyez* pag. 289, alinéa 1er et note 1.

La pataque, monnoie fictive, lors de l'arrivée des Français en Égypte, passait pour être de 90 médins, taux auquel *A'ly-bey,* vers 1773 de notre ère, avait fixé la valeur du thalari [1]. Alors la pataque monnoie de compte, dans laquelle se calculait et se prélevait l'impôt, et la pataque monnoie réelle, ou le thalari, furent toutes deux, pendant quelque temps, de 90 médins; mais, tandis que la pataque, en matière d'impôt, continua à être de 90 médins, la valeur du thalari allait en augmentant, par la dépréciation des médins, et valait, lors de notre arrivée, jusqu'à 150 médins. Comme le sequin *zer-mahboub*, à cette dernière époque, était de 180 médins, le demi-sequin, qui en valait 90, équivalait à une pataque monnoie de compte.

En remontant vers l'établissement de l'impôt en pataques, il est certain que cette monnoie de compte, ou celle qu'elle remplaça, équivalait à moins de 90 médins. Les *serrâf* [2] et les Qobtes [3] qui étaient chargés de la perception des impôts, et qui, vers l'époque de la conquête de l'Égypte par les Français, percevaient assez généralement 90 médins pour chaque pataque, ne comptaient au *moultezim* [4] que 80 ou 85 médins, et

[1] *Voyez* pag. 288, alinéa 1er et note [1].

[2] Ou changeurs publics. *Voyez* notre Notice sur les poids arabes, pag. 105, remarque 26e (déjà citée pag. 271, note [1]). *Voyez* aussi les notes du §. I, chap. I, section II, *seconde partie*.

[3] *Voyez*, pour ce qui concerne les fonctions que remplissent les Qobtes et les *serrâf* dans la perception des impôts, le Mémoire sur l'administration de l'Égypte, par feu Michel-Ange Lancret, *É. M.*, t. XI, p. 461, et le Mémoire sur les finances de l'Égypte, par M. Estève, tom. XII, pag. 41.

[4] ملتزم. Le *moultezim* est le propriétaire ou seigneur des terres, dont le paysan ou colon, qu'on appelle *fellâh* (*voyez* p. 307, note [2]), n'est que le tenancier. *Voyez* les

gardaient pour eux la différence, ou comme profit abusif, ou comme indemnité convenue. Si, par hasard, le contribuable payait en demi-sequins, ils ne prenaient le demi-sequin que pour une pataque de 85 médins, et le comptaient pour 90 au *moultezim*.

Les médins perdant continuellement de leur valeur, tandis que le produit des terres, tant en impôts qu'en redevances ou prix de ferme, était fixé en pataques monnoies de compte, le gouvernement et les *moultezim*, pour ne pas voir diminuer continuellement leurs revenus, avaient deux partis à prendre, ou celui d'évaluer la pataque à un plus grand nombre de médins, à mesure de la dépréciation de cette dernière monnoie, ou celui d'ajouter de nouveaux impôts.

On n'eut presque jamais recours au premier moyen; mais on usa amplement du second, et l'on créa une foule de contributions additionnelles, dont la quantité finit par excéder de beaucoup l'impôt primitif[1].

Quoique cette marche soit à peu près celle de la plupart des gouvernemens, qui, au lieu d'augmenter directement l'impôt territorial, ou le principal des contributions, élèvent plutôt les recettes, à mesure des besoins de l'État, par des centimes additionnels, ou des impositions diverses, les gouverneurs de l'Égypte nous paraissent avoir eu un intérêt particulier à ne pas surhausser la valeur de la pataque dans la perception des impôts.

mémoires cités dans la note précédente.

[1] *Voy.*, pour ces divers impôts, les mémoires cités page précédente, note 3.

Le *myry*[1], impôt territorial établi par *Selym*[2], ou plutôt par son successeur *Solymân* 1er[3], pour être versé au trésor des sultans de Constantinople, étant perçu en pataques monnoie de compte, dont la valeur restait la même, on ne payait au sultan, pour le *myry*, que la même quantité de médins qu'anciennement; et tous les prélèvemens additionnels établis par les Mamlouks ou les gouverneurs, et même par les *moultezim*, tournaient à leur profit.

Les fortes sommes s'évaluent en bourses ou sacs[4] de 25000 médins. A Constantinople, le sac n'est que de 20000 pârats.

CHAPITRE II.

Forme et module.

§. I. *Forme.*

Les Arabes, avant l'islamisme, si l'on en croit *Maqryzy*, ne se servaient que de morceaux d'or et d'argent informes, dont les divisions coïncidaient avec les poids

[1] الميري

[2] سليم. *Voyez* le mémoire de feu Michel-Ange Lancret, cité ci-dessus, pag. 311, note [3].

[3] سليمان. *Voyez* ibid.

[4] En arabe, *ky's* (كيس), sac. On appelle *sourrut* (صرّة), bourse, le présent ou tribut envoyé à la Mekke. *Voyez* la Chrestomathie arabe de M. de Sacy, tom. III, pag. 508 et 562.

et en portaient les noms. Quelques peuples ont eu des monnoies carrées. On fabrique encore ou l'on fabriquait, il y a peu d'années, en Barbarie, des pièces d'argent ovales [1], ou de la forme d'un parallélogramme dont les côtés sont légèrement convexes [2] : mais l'usage général a toujours été d'arrondir les monnoies, parce que cette forme est la plus commode et la moins sujette à s'altérer par le frottement.

L'*émyr* des fidèles *A'bd-Allah ben-el-Zobeyr* [3], qui se fit déclarer khalife à la Mekke, l'an 64 de l'hégire (683 de notre ère), fut le premier qui fit arrondir les monnoies d'argent; celles qu'on avait fabriquées jusqu'à lui étaient aplaties et grossièrement exécutées : mais il est probable que la forme ronde qu'on leur donna ne fut pas encore bien parfaite, qu'on aplatissait le métal au marteau, qu'on le frappait au poinçon, et qu'on ne connaissait point le laminoir, le coupoir et le balancier.

Tel était l'usage suivi anciennement chez les Grecs et les Romains, et depuis en Europe. En France, ce ne fut que sous Henri II que le laminoir fut adopté, et ce ne fut que sur la fin du règne de Louis XIII que le

[1] Nous avons une de ces pièces ovales, avec un cordon sur la tranche, pesant 27 grammes 530, laquelle paraît d'un bon aloi, et porte d'un côté : « Frappé à *Rabât el-Fetah* (رباط الفتح), » et de l'autre, en trois lignes, *Ahed, Ahed*, 1191 (احد احد 1191); c'est-à-dire seul, unique, 1191 (de l'hégire, 1777 de notre ère). Les chiffres sont de forme européenne et non arabe. *Voyez* le ch. IV de la sect. II, *seconde partie*.

[2] L'autre pièce n'a point de cordon et paraît coulée; elle est semblable du reste à la précédente pour les légendes, excepté que le millésime est 1188 (1774 de notre ère); elle pèse 28 grammes 180.

[3] عبد الله بن الزبير

coupoir avec le balancier fut appliqué à la fabrication des monnoies[1].

El-Malek el-Kâmel, qui démonétisa, comme nous l'avons rapporté[2], les espèces qui circulaient en Égypte, fit fabriquer en 622 (1225 de notre ère) des *dirhem* ronds.

Nous ignorons à quelle époque le découpoir aura été adopté en Égypte. Il ne serait pas impossible qu'il l'eût été antérieurement au temps où l'on commença à en faire usage en Europe; car on sait que, lorsque les arts et les sciences florissaient chez les Arabes, l'Europe était encore presque dans la barbarie.

Aujourd'hui même on ne taille point en Égypte les pièces d'or au découpoir.

Il résulte du procédé qu'on emploie pour les arrondir, et de l'habitude de les frapper à coin libre[3], que le diamètre des diverses pièces n'est jamais rigoureusement le même; que rarement elles sont parfaitement circulaires et d'une égale épaisseur; qu'elles sont quelquefois fendues sur le bord; qu'une des deux empreintes ne marque pas entièrement, si la pièce est trop petite, si l'ouvrier la pose mal sous le balancier, ou si les coins sont mal ajustés. Enfin, il arrive assez souvent qu'une

[1] *Voyez* le mémoire intitulé *Considérations générales sur les monnoies*, par M. Mongez, lu à la 2e classe de l'Institut, le 17 germinal an IV (6 avril 1796), publié, la même année, chez Agasse, libraire, rue des Poitevins. Cet excellent ouvrage est un de ceux qui ont le plus contribué à mettre à la portée de tout le monde des notions aussi claires qu'exactes sur l'art monétaire, dont on avait fait long-temps une espèce de science occulte, qui avait une langue particulière, barbare et presque inintelligible.

[2] *Voyez* pag. 292, alinéa 6, et pag. 284, alinéa 2 et note 4.

[3] *Voyez* le §. IX du ch. III, *première partie*.

partie de la légende ou le millésime manque, ou que l'on a bien de la peine à les déchiffrer.

Les pièces d'argent, ou *ghrouch,* fabriquées sous *A'ly-bey* et pendant le séjour des Français en Égypte[1], étant taillées au découpoir, sont, ainsi que les médins, d'un diamètre plus uniforme, et mieux arrondies, excepté celles qui se déforment, étant frappées à coin libre: telle est la pièce d'*A'ly-bey* gravée sous le n°. 18, et quelques-uns des médins, n°s. 20 et 21[2]. Ce qui contribuait surtout à rendre les pièces de 40 et de 20 médins moins exactement rondes, c'est qu'on avait la mauvaise coutume, pour les ajuster, de les limer sur la tranche, au lieu de les limer sur face, comme en France, ou, mieux encore, d'enlever, suivant le procédé adopté à Paris et dans quelques autres monnoies, une légère couche de l'une ou l'autre surface, ou moyen du fer à rabot de la machine à ajuster.

Les monnoies de cuivre sont, en général, celles qui présentent le plus d'irrégularité dans leur forme et d'imperfection dans l'exécution; soit qu'on crût devoir attacher moins de prix à leur bonne fabrication, à cause de leur moindre valeur; soit que les ouvriers y eussent mis beaucoup d'impéritie ou de précipitation, lorqu'on en frappa de grandes quantités dans le temps le plus malheureux et où les monnoies devaient être le plus mal administrées.

[1] *Voyez* pag. 290, alinéa 3, et pag. 292, alinéa 2; *voyez* aussi le §. III du chap. II, sect. II, *seconde partie.*

[2] *Voyez* la planche ci-jointe. Ces pièces ont été prises au hasard parmi celles qui ont quelque irrégularité, et le graveur a peut-être un peu exagéré les défauts qu'elles présentaient.

§. II. *Module*.

Le module des monnoies d'or, d'après ce que nous avons dit précédemment, a dû beaucoup varier : cependant il n'a jamais été fort grand, parce que le poids de la monnoie d'or ne paraît pas avoir excédé un *mitqâl*[1], ou un peu plus d'un gros, excepté dans les pièces de fantaisie ou d'étrennes, dont nous avons parlé ci-dessus[2], qui étaient souvent d'un poids plus considérable, et auxquelles on donnait toujours, pour qu'elles eussent plus d'apparence, un diamètre beaucoup plus grand.

Les plus grandes pièces de ce genre, frappées au Kaire, que nous ayons vues, ont trente-quatre millimètres de diamètre. Tel est le double fondoukli que nous avons fait graver sous le n°. 1[3]. La pièce sous le n°. 5, qui n'est qu'un fondoukli d'étrennes, a de diamètre vingt-cinq millimètres, tandis que le fondoukli ordinaire n'a communément que dix-neuf millimètres[4].

Ce module est presque exactement celui des anciens *dynâr*. Nous en avons vu plusieurs, et nous en avons un, entre autres, fort bien conservé, frappé l'an 97 de l'hégire (716 de notre ère), et dont le diamètre est de dix-neuf millimètres.

[1] *Voyez* pag. 302, alinéa 3, et le §. 1 du chap. IV, *première partie*.

[2] *Voyez* pag. 300, alinéa 1er.

[3] *Voyez* la pl. jointe à ce mém. La pièce d'or de Constantinople que M. Bonneville a publiée sous le n°. 6 (planche 1re des monnoies d'or de Turquie), et qui vaut 5 fondouklis, a quarante-six millimètres de diamètre; et celle sous le n°. 7, valant 3 fondouklis, a trente-six millimètres.

[4] *Voyez* les pièces gravées sous les nos. 2, 4 et 5.

C'est à peu près aussi le module des anciennes monnoies d'or et *ex-voto* du Bas-Empire[1], des sequins de Venise et de Rome, des ducats de Hollande, etc.; et ce ne serait pas une conjecture hasardée que d'attribuer à l'imitation et aux rapports commerciaux ce rapprochement dans le module et le poids[2], et, anciennement, dans le titre des monnoies d'or, chez des peuples si différens.

Le module des demi-fondouklis est ordinairement de quatorze millimètres.

Les sequins *zer-mahboub*, quoique d'un moindre poids que les fondouklis, sont d'un module un peu plus grand, et ont communément vingt-un millimètres de diamètre.

Les sequins d'étrennes ont beaucoup plus de surface. Celui qui est gravé sous le n°. 12 a vingt-sept millimètres de diamètre, tandis que le sequin ordinaire du même règne, gravé sous le n°. 11, et qui est du même poids, n'a guère que dix-neuf millimètres[3].

Le module des demi-sequins, qui est environ de dix-huit millimètres, est rarement diminué dans le rapport des poids respectifs des sequins et des demi-sequins. Quelquefois même, les demi-sequins, surtout lorsqu'ils sont destinés à des étrennes ou gratifications, sont égaux en surface aux sequins, et frappés au même coin, comme on peut le voir par celui gravé sous le n°. 14[4].

[1] Tels sont un *ex-voto* d'*Ælius Constantius*, et une pièce d'or de *D. N. Valens*, que nous avons rapportés d'Égypte.

[2] Le poids des anciens fondouklis, particulièrement ceux de Constantinople, était le même que celui des sequins de Venise. *Voy*. p. 280, alinéa 5, et pag. 281, note [1].

[3] *Voyez* la pl. jointe à ce mém.

[4] *Voyez* la planche. *Voyez* aussi le §. VII du chap. III, *prem. partie*, et le Tableau des monnoies, pièce n°. d'ordre 42.

On pourrait donc les confondre à la première vue; mais on les distingue assez facilement à l'épaisseur.

On peut en dire à peu près autant du quart de sequin, qui se rapproche quelquefois de la largeur que devrait avoir le demi-sequin; son diamètre moyen est de seize millimètres.

Les *qirât* et les *kharoubah*[1], n'étant guère que la vingt-quatrième partie du *dynâr* ou du *mitqâl*, devaient être une monnoie d'or d'un très-petit module, malgré qu'on cherchât, en diminuant son épaisseur, à lui donner plus de surface; nous n'avons pu nous procurer de ces petites pièces d'or.

Le module des *dirhem* variait aussi sensiblement, comme celui des *dynâr*. Si, dans l'origine, la monnoie d'argent était égale en poids au *dynâr*[2], l'argent étant d'une pesanteur spécifique moindre que l'or, il est probable que les pièces d'argent étaient d'un module plus grand que les *dynâr*. Mais, lorsque les *dirhem* furent réduits au poids de dix pour sept *dynâr*, leur module fut diminué. C'est ce que nous paraît prouver un passage très-curieux de *Maqryzy*, où il dit que l'un des motifs qui engagèrent *A'bd-el-Melek ben-Merouân*[3] à donner à dix *dirhem* le poids de sept *mitqâl* ou *dynâr*, c'est que l'or a une pesanteur spécifique plus grande que l'argent, et que l'on s'est assuré que cette différence est dans le rapport de dix à sept[4]. Pourquoi aurait-on

[1] *Voyez* pag. 304, alinéa 2.

[2] *Voyez* le §. I du chap. IV, *première partie.*

[3] عبد الملك بن مروان. *Voyez* le §. II du chap. III, *prem. partie.*

[4] La pesanteur spécifique de l'or pur, fondu et non forgé, est de 192581; celle de l'argent pur est de 104743, suivant Brisson : ce qui donne, pour le rapport de la pesan-

eu égard à cette pesanteur spécifique, si ce n'est pour faire les *dirhem* égaux en volume, c'est-à-dire en surface et en épaisseur, aux *dynâr* ?

Un *dirhem* que nous avons rapporté d'Égypte, frappé sous *el-Dâher Rokn-ed-dyn Bybars*[1], est assez exactement du même module que les anciens *dynâr*.

Si *A'ly-bey* a fait frapper au Kaire des pièces de 100 et de 80 médins semblables à celles de Constantinople[2], elles devaient avoir, comme ces dernières, environ quarante-trois ou quarante-cinq millimètres de diamètre.

Le module des pièces de 40 médins est de trente-six millimètres, et celui des pièces de 20 médins, de vingt-neuf millimètres[3].

Les médins, la plus petite des monnoies d'argent d'Égypte, qu'on peut comparer pour la largeur à nos pièces de 25 centimes, mais qui sont bien moins épais, ont quinze millimètres de module. Nous ne savons pas si l'on a frappé autrefois au Kaire des subdivisions de médin comme à Constantinople; nous avons rapporté d'Égypte des demi ou tiers de pârat, frappés à *Islâmboul*[4], qui n'ont que douze millimètres de diamètre.

Quant au module des monnoies de cuivre, il varie beaucoup; c'est en cuivre qu'on trouve le plus de pièces de différens types et grandeurs. Le diamètre des plus grandes que nous ayons vues peut se comparer à celui

teur spécifique de ces deux métaux, à peu près 10 est à 5 $\frac{412}{1000}$; ce qui s'éloigne beaucoup du rapport donné par *Maqryzy*.

[1] *Voyez* pag. 282, alinéa 2 et note [5].

[2] *Voyez* pag. 270, alinéa 3, et le §. I du chap. IV, *première partie*.

[3] *Voyez* la pl. jointe à ce mém.

[4] *Voyez* pag. 276, note [1]; *voyez* aussi le Tableau des monnoies, pièce sous le n°. d'ordre 61.

de nos pièces de cuivre de 2 sous ou de 10 centimes. Les plus petites sont de la grandeur d'un de nos centimes. Telles sont celles que nous avons fait graver sous les n°s. 25 et 26[1], et dont le module est de dix-huit millimètres environ.

Le module ou le diamètre des pièces n'est fixé rigoureusement en France que depuis qu'on les frappe en virole[2]. Il en résulte que l'épaisseur varie extrêmement peu, suivant que le métal a été un peu plus ou moins comprimé sous le coup du balancier. Elle doit au contraire varier beaucoup lorsqu'on frappe à coin libre, et que le graveur, lors même que la pièce doit conserver le même poids, a la facilité, toutes les fois qu'il exécute un nouveau coin, d'en diminuer ou d'en augmenter plus ou moins la surface, selon que, d'après son goût ou son talent particulier, il attache du prix à donner à son écriture des traits déliés ou plus larges et plus pleins, et à la pièce plus de délicatesse et de fini ou plus de largeur et d'apparence.

Une fois le module et le poids donnés, l'épaisseur s'en peut conclure à peu près, et il n'en est point en général question lorsqu'on traite des monnoies ou des médailles; nous n'en disons ici un mot que pour donner une idée plus exacte de l'apparence des monnoies d'Égypte.

L'épaisseur des fondouklis peut se comparer à celle de nos anciennes pièces de 24 sous. Celle des sequins est moindre, parce qu'ils ont plus de surface et moins de poids.

[1] *Voyez* la planche jointe à ce mémoire.

[2] *Voyez* les notes du §. IX, chapitre III, *première partie.*

Les pièces de 40 médins, qui sont d'une épaisseur plus uniforme parce qu'elles sont passées au laminoir et taillées au découpoir, peuvent se comparer à nos pièces de 2 francs.

Les feuilles qui servent à fabriquer les médins, s'aplatissant plusieurs à-la-fois à coups de marteau[1], ont des épaisseurs assez variables, et il s'en trouve d'extrêmement minces.

Enfin, les monnoies de cuivre ont autant varié en épaisseur qu'en diamètre : le *gedyd*[2], que nous avons fait graver sous le n°. 25, a plus de deux millimètres d'épaisseur[3], tandis que celui qui est gravé sous le n°. 26 n'en a pas $\frac{3}{4}$ de millimètre[4].

M. Tychsen s'étonne de la grande quantité de pièces arabes qu'on trouve coupées, et il en demande la raison. Elle peut tenir à l'usage singulier et fort ancien qu'ont plusieurs princes, chefs d'Arabes, etc., lorsqu'ils exigent des tributs des caravanes, des marchands ou des voyageurs qui passent sur leur territoire, de faire couper une portion de chaque pièce de monnoie de différens pays dont l'étranger est porteur, soit qu'ils veuillent éviter par-là d'être trompés sur la valeur des monnoies, soit que le marchand ou le pèlerin tienne à faire constater ainsi la portion de son numéraire qui lui a été prélevée en contribution sur sa route.

[1] *Voyez* les §. VI et X du ch. I, section II, *seconde partie*.

[2] *Voyez*, pour le mot *gedyd*, pag. 299, alinéa 1er.

[3] Cette pièce paraît faite avec un petit cylindre de cuivre aplati d'un coup de balancier, comme cela se pratique pour les sequins *zer-mahboub*. Voyez les §. VI et VII du chapitre III, section II, *seconde partie*. Voyez, pour le type de cette pièce, les §. VI et IX du ch. III, *pr. partie*.

[4] *Voyez* la planche à la suite de ce mémoire.

CHAPITRE III.

Type.

§. I. *Figures d'hommes et d'animaux.*

On sait qu'en général presque tous les peuples qui suivent la religion musulmane s'accordent à regarder comme une pratique coupable, qui sent l'idolâtrie et qui n'appartient qu'aux infidèles, de représenter des figures d'hommes et d'animaux. Cependant il existe un grand nombre de monnoies ou médailles portant des légendes arabes, le nom de Dieu et du prophète, ou quelques passages du *Qorân*, et sur lesquelles on remarque la figure d'un prince dont le nom est ordinairement rapporté dans la légende ou dans l'exergue, ou différentes figures d'animaux.

Pour expliquer un usage qui paraît si contraire aux mœurs et à la croyance des musulmans, on a fait diverses conjectures.

L'opinion de M. Tychsen[1] est que ces monnoies ou médailles ont été frappées par des peuples chrétiens, soit que, sujets, vassaux ou tributaires des sectateurs de Mahomet, et obligés, par force ou par crainte, de faire graver sur leurs monnoies le nom du prince vain-

[1] Pag. 96 de l'ouvrage cité ci-dessus, pag. 273, note [1].

queur ou suzerain et la légende adoptée par lui, ils aient cependant conservé l'ancien usage d'y mettre une figure ou les armes de leur nation ou de leur ville; soit que, vainqueurs eux-mêmes ou alliés des musulmans, ou commerçant principalement avec eux, ils n'aient inscrit le nom du prince étranger ou quelque passage du *Qorân* que par politique et par intérêt, pour flatter le voisin puissant, ou pour que leur monnoie eût cours dans les pays sous la domination des mahométans, et fût reçue favorablement par eux dans le commerce.

Ce qui peut confirmer l'opinion que ces monnoies n'ont pas été frappées par les princes musulmans, c'est qu'ils y sont représentés le plus souvent dans des attitudes et avec des cheveux, des bandeaux, des tiares, des sceptres et des vêtemens qui n'ont évidemment aucun rapport avec les usages des mahométans.

On voit, sur quelques-unes de ces monnoies, un centaure ou sagittaire. Cette invention ne peut être que grecque et ne peut appartenir aux Arabes [1]. Enfin, quelques monnoies offrent des attributs et des figures des princes chrétiens avec des légendes et des sentences arabes, et même le nom du prophète Mahomet.

M. Tychsen, dans son Introduction à la Numismatique des mahométans [2], cite un édit du pape Innocent IV qui défend aux chrétiens, sous peine d'excommunication, de frapper de pareilles monnoies.

Adler pense, d'après Barthélemy, qui a publié sur

[1] Les monnoies d'or de l'empire du Grand-Mogol présentent les différens signes du zodiaque. *Voyez* l'ouvrage de M. Bonneville; monnoies orientales, pl. 2. Les pièces gravées sous les n°s. 9 et 10 offrent la figure du Sagittaire.

[2] Pag. 94. *V.* la note préc., n°. 1.

cette espèce de monnoies un mémoire fort curieux[1], que les Seljeucydes[2] et les Turkomans[3], peuple barbare, composé, en grande partie, d'Arabes pasteurs et de brigands, lorsqu'ils se répandirent dans les divers pays qui devenaient leur conquête, n'adoptèrent les usages extérieurs et la religion des mahométans que par politique, pour éprouver moins de résistance dans leurs usurpations, et se maintenir plus facilement; mais qu'ils mêlèrent aux mœurs et aux coutumes des vaincus une partie de celles qu'ils avaient contractées ou prises dans divers pays d'où ils étaient venus. Il paraît d'autant moins étonnant, d'après cela, qu'ils aient cru pouvoir orner les monnoies de diverses figures, à l'imitation des autres peuples, que l'aversion pour les figures est plutôt une opinion particulière ou une maxime des docteurs et des interprètes de la loi, qu'une loi formelle et obligatoire. On voit encore aujourd'hui, chez différens peuples qui professent la religion musulmane, des figures et des tableaux qui représentent des hommes et des animaux.

On peut ajouter que, les chrétiens étant à cette époque beaucoup plus nombreux qu'aujourd'hui en Orient, et presque tous ceux qui étaient chargés des détails des monnoies et des impôts étant Juifs ou chrétiens, cette circonstance a pu contribuer à favoriser l'usage ou la

[1] Dissertation sur les médailles arabes, par M. l'abbé Barthélemy, Mémoires de l'Académie, t. XXVI, pag. 557, in-4°.

[2] *Voyez* pag. 308, note 4.

[3] Les Turkomans, Gozzes ou Uzzes, entrèrent en Égypte avec Saladin. *Voy.* l'Histoire des Huns. tom. I, p. 240; tom. III, p. 256, etc. (Note de M. de Sacy; traduction du Traité des monnoies de Makrizi, pag. 37.)

mode de représenter des figures sur les monnoies, surtout lorsque celui qui gouvernait ne s'y opposait pas, par insouciance, ou parce que cette pratique ne répugnait pas à son opinion particulière.

Enfin, ne peut-on pas conjecturer que les Arabes eux-mêmes auront fait quelquefois frapper des monnoies imitant plus ou moins grossièrement les figures usitées chez les peuples chrétiens, pour commercer avec eux, ou faire un bénéfice considérable en introduisant chez eux une fausse monnoie[1] ?

Quant aux contradictions que ces figures ou têtes présentent avec les usages des musulmans, elles proviennent de ce que les arts étaient très-peu florissans à cette époque, et que les conquérans ou chefs, qui n'en avaient aucune teinture, abandonnaient le soin de la fabrication des monnoies à des hommes ignorans, qui, n'étant pas assez habiles pour faire un portrait, se contentaient d'imiter imparfaitement les figures ou empreintes des anciennes monnoies grecques ou romaines, ou même d'autres peuples, qu'ils pouvaient se procurer ou qu'ils trouvaient le plus à leur goût, et gravaient autour, ou de l'autre côté, en caractères arabes, le nom du prince ou du gouverneur du pays.

Lorsqu'ils furent plus exercés, ou qu'ils sentirent l'inconvénient d'une imitation aussi étrange, ils cherchèrent à représenter les traits et le costume particulier de leurs princes; mais, n'ayant plus de guide dans leur travail et n'étant pas assez habiles en dessin pour composer, leurs représentations n'en furent que plus ridi-

[1] *Voyez* pag. 306, alinéa 4.

cules et plus mal exécutées. Telles sont celles des figures que l'on voit représentant le prince avec un turban, assis sur un sofa ou divan[1], les jambes croisées à la manière des Turks, tenant d'une main son sabre et de l'autre une tête coupée.

Si l'on ne rencontre guère, dans le commerce et dans les médailles d'Europe, que des pièces en cuivre qui offrent les figures dont nous avons parlé, on pourrait en donner pour raison que celles en or et en argent sont recherchées, d'une part, pour les ornemens des femmes, et ne sortent guère des *harem*[2], et que, d'un autre côté, leur valeur intrinsèque a déterminé, dans différentes circonstances, ceux qui en avaient à les vendre, pour être fondues, aux *serrâf*[3], aux orfévres ou aux Juifs qui approvisionnent les monnoies de Turquie; en sorte qu'elles sont devenues rares ou ont disparu entièrement. Les pièces de cuivre d'ailleurs ont été frappées en bien plus grande quantité, surtout dans les temps de désordre et de malheur, où le cuivre devenait presque la seule monnoie en circulation[4].

Quoiqu'il soit vraisemblable que plusieurs de ces médailles ont été frappées par des peuples chrétiens, suivant l'opinion de M. Tychsen; quoique nous ayons lieu surtout de conjecturer que parmi ces monnoies il

[1] En arabe, *dyouân* (ديوان), mot tiré du persan, qui signifie originairement les coussins ou espèces de canapés très-bas, garnis de carreaux, sur lesquels les Orientaux s'asseyent, et, par extension, assemblée, réunion de personnes assises. C'est de là qu'est dérivé notre mot *douane*.

[2] *Voyez* pag. 278, note [3].

[3] *Voy.* notre Notice sur les poids arabes, pag. 105, rem. 26°. *Voyez* aussi les notes du §. x, chapitre i, sect. ii, *seconde partie*.

[4] *Voyez* pag. 296, alinéa 3.

s'en trouve un grand nombre de fausses, fabriquées dans le pays ou introduites des pays voisins, il paraît cependant certain que les musulmans eux-mêmes en en ont fait frapper, du moins dans les premiers temps de l'islamisme.

Lors de l'établissement de la religion musulmane, l'usage de représenter sur les monnoies la figure du prince, ou diverses figures emblématiques d'hommes et d'animaux, étant généralement adopté pour la plupart des peuples, fut suivi ou imité par les Arabes. L'aversion pour les images n'était pas encore devenue générale, et passée, pour ainsi dire, en loi, comme cela eut lieu par la suite.

Le prophète lui-même, au rapport des divers auteurs, fit usage des monnoies qui avaient cours du temps du paganisme, et les laissa dans le même état qu'avant l'établissement de sa nouvelle religion.

Abou-Bekr, qui succéda à Mahomet[1], en fit autant: l'*émyr* des fidèles *Abou-Hafs O'mar ben-el-Khattâb*[2], qui conquit l'Égypte, la Syrie et l'Irak, laissa les monnoies sur l'ancien pied, jusqu'en l'an 18 de l'hégire (639 de notre ère), où il fit frapper, selon *Maqryzy*, « des *dirhem* de la même forme et aux mêmes empreintes qui étaient en usage du temps des Cosroës[3] : il ajouta seulement sur les uns, *Louange à Dieu*[4]; sur d'autres,

[1] أبو بكر. La date de son avénement est l'an 11 de l'hégire (632 de notre ère).

[2] امير المومنين ابو حفص عمر بن الخطاب. *Voy.* p. 275, alin. 2.

[3] *Cosroës*, nom propre person, *Khosrou* (خسرو); en arabe, *Kesrâ* (كسري), nom que les Arabes donnent en général aux rois de Perse.

[4] *El-hamd-ellah* (الحمد لله).

Mahomet est l'envoyé de Dieu; sur quelques autres, *Il n'y a de dieu que le seul Dieu;* sur d'autres enfin, *O'mar.* »

Il résulterait de ce passage que les *dirhem* qu'*O'mar* fit frapper à l'imitation de ceux des rois de Perse, portaient des figures, et que les légendes étaient écrites en persan.

Mo'avyah ben-Sofyân[1] fit frapper des *dynâr* sur lesquels il est représenté ceint d'une épée.

A'bd-el-Melek ben-Merouân[2], vers l'an de l'hégire 76 (696 ou 697), fit frapper des *dynâr* et des *dirhem* en Égypte et dans l'Irak. Ses monnoies étant parvenues à Médine, où il restait encore quelques-uns des compagnons du prophète, ils n'en désapprouvèrent que les empreintes; car elles portaient une figure. *Maqryzy* ajoute : « *Sa'yd ben-Mosavab*[3] en faisait usage et n'y trouvait rien à critiquer. »

La représentation des figures d'animaux semble répugner moins aux mahométans, particulièrement celle du lion. On en voit assez souvent dans les sculptures et peintures qui servent d'ornement à leurs maisons ou à leurs meubles. Tous leurs vaisseaux portent en proue la figure sculptée et peinte d'un lion[4].

El-Dâher Rokn-ed-dyn Bybars[5], qui monta sur le trône en 658 (1260 de notre ère), fit frapper des *dir-*

Voyez, pour les deux formules suivantes, p. 334, note 4, et même page, note 3.

[1] Ou *Mo'aouyah ben-Aby Sofyân* (معوية بن ابى سفيان).

[2] *Voyez* pag. 319, note 3.

[3] صعيد بن مسيب

[4] Ces lions sont toujours représentés avec un énorme *phallus*.

[5] *Voyez* pag. 284, alinéa 2 et

hem qu'on appela *dâhery*[1], sur lesquels il fit mettre ses armes, qui étaient la figure d'un lion.

Nous avons une de ces médailles d'argent qui porte, au-dessous de la légende écrite en arabe, la figure d'un lion courant, la gueule béante[2].

Abou-l-Farag[3], dans son Histoire d'Égypte, rapporte que le sultan *Ghayât ed-dyn ben-Kayqobâd*[4], de la dynastie des Seljeucydes[5], par amour pour son épouse, fille d'un prince de Géorgie, avait voulu faire mettre son portrait sur ses monnoies, et qu'on lui conseilla d'y faire graver plutôt son horoscope, qui était le soleil dans le signe du Lion.

Adler a publié, dans son Musée Borgien[6], une monnoie arabe sur laquelle on voit la figure du soleil au-dessous de celle d'un lion, et de chaque côté une étoile. Elle porte l'an 637 (1239 ou 1240 de notre ère).

M. Marcel[7] possède une médaille qui offre la même empreinte.

§. II. *Légendes religieuses, ou tirées du* Qorân.

L'usage de ne mettre sur les monnoies que de simples légendes s'établit de bonne heure, et c'est une des plus

note 5; *voyez* aussi le §. VI du chapitre III et le §. II du chapitre IV, *première partie*.

[1] *Voyez* pag. 284, alinéa 2.

[2] *Voyez* le §. VI du chap. III et le §. II du chap. IV, *première partie*; *voyez* aussi le Tableau des monnoies à la suite de ce mémoire, pièce n°. d'ordre 54, et note 4.

[3] *Abou-l-Farag* (أبو الفرج), nom arabe de Grég. Bar-Hebræus.

[4] السلطان غياث الدين بن كيقباد

[5] *Voyez* pag. 306, note 4.

[6] *Museum Cuficum Borg. Velit.* Rom. 1782, pag. 60.

[7] *Voyez* pag. 269, alinéa 1er.

fortes raisons qu'on ait de penser que les pièces de cuivre dont nous avons parlé, sont fausses, ou n'ont pas été frappées par les musulmans ; c'est que presque toutes appartiennent au VIe et au VIIe siècle de l'hégire (le XIIIe et le XIVe de notre ère), et se rapportent à la dynastie des Seljeucides [1], tandis qu'il existe des pièces d'or, d'argent et de cuivre, frappées dès le 1er siècle de l'hégire (le VII de l'ère chrétienne), qui n'offrent point de figures, mais seulement des légendes, et qu'on en connaît de semblables frappées par les Seljeucydes mêmes.

On attribue à *A'bd el-Melek ben-Merouân* [2], qui commença à régner en 65 (685 de notre ère), l'institution du nouveau type musulman, consistant uniquement en légendes sans figures.

On rapporte qu'il adopta cet usage par le conseil d'*Yezyd ben-Khâled ben-Yezyd* [3], qui lui dit que les docteurs des peuples dépositaires des anciens livres révélés prétendent que les princes qui ont joui d'une plus longue vie sont ceux qui ont sanctifié le nom de Dieu sur leurs monnoies.

Suivant une autre tradition, *Ben-Merouân* [4] ayant fait mention du prophète en tête d'une de ses lettres à l'empereur grec, celui-ci le trouva mauvais, et lui répondit : « Si vous ne renoncez à cette manière d'agir, nous ferons mention de votre prophète, sur nos *dynâr*, dans des termes qui ne vous seront pas agréables. »

A'bd el-Melek en fut piqué, et *Khâled ben-Yezyd*,

[1] *Voyez* p. 308, alin. 2 et note 4.

[2] *Voyez* p. 319, alin. 3 et note 3.

[3] يزيد بن خالد بن يزيد

[4] *Voyez* la note 2 ci-dessus.

qu'il consulta, lui conseilla de créer un type musulman et de cesser de faire usage des *dynâr* grecs[1]; ce qu'il executa.

On lit dans le *Merat el-zamân*[2] que, l'année 75 de l'hégire (695 ou 696 de notre ère), *A'bd el-Melek ben-Merouân*, ayant trouvé des *dynâr* et des *dirhem* qui portaient une date antérieure de quatre cents ans à l'islamisme, et sur lesquels était la légende *Au nom du Père, du Fils et du Saint-Esprit*[3], les fit fondre, et fit mettre, sur les monnoies qu'ils servirent à fabriquer, le nom de Dieu et du prophète, et des passages du *Qorân*.

Dès-lors les diverses légendes consistèrent en sentences religieuses, choisies ou inventées par le prince ou par celui de qui dépendaient les monnoies, ou en passages littéralement extraits du *Qorân*.

Pour donner une idée de ces légendes, nous citerons celles écrites en caractères koufiques qu'offre un *dynâr* que nous avons rapporté d'Égypte.

Sur l'aire A, en trois lignes, le symbole des musulmans[4]:

Il n'y a de dieu (que)
le Dieu unique
Et il n'a point d'égal (ou d'associé).

[1] *Voyez* pag. 276, alinéa 2.

[2] مراة الزمان, c'est-à-dire Miroir des temps, histoire d'Égypte, composée par Ben-el-Giauzy. (Note de M. de Sacy.).

[3] *In nomine Patris, et Filii, et Spiritûs sancti.* En arabe, *Besm el-Ab ou el-Ebn ou el-Rouah* (بسم الاب والابن والروح).

[4] لا اله الا *Lá Allah ella.*
الله وحده *Allah ouhadeh.*
لا شريك له *Lá châryk leh.*

En marge, en une ligne circulaire, ce passage extrait en partie du *Qorân*[1] :

Mahomet est le légat de Dieu
qu'il (Dieu) a envoyé avec la vraie direction ou religion,
pour qu'il l'élevât au-dessus de toutes les religions[2].

Sur l'aire B, en trois lignes, ce passage du chapitre CXII du *Qorân*[3] :

Dieu (est) un. Dieu
(est) éternel. Il n'engendre point
et il n'est point engendré.

En marge, en une ligne circulaire[4] :

Au nom de Dieu (a été) frappé ce *dynâr*,
l'an quatre-vingt-dix-sept (716 de notre ère).

M. Tychsen a fait graver un *dynâr* semblable (planche 1re, n°. 1) à la suite de son Introduction à la Numismatique des mahométans.

On n'a indiqué, comme on le voit, sur ces *dynâr*, ni

[1] Surat. IX, vers. 33, édition de Hinckelmann. La citation commence au mot *arsaleh* (أرسله).

[2] *Mohamed resoul Allah arsaleh b-elhedy ou dyn el-haq l-ydaheret a'lä ed-dyn kouleh* (محمد رسول الله ارسله بالهدي ودين الحق ليظهرة على الدين كله). Sur. CXII, vers. 1er et suivans.

[3] الله احد الله *Allah ahed. Allah.* الصمد لم يلد *el-semed. Lam yaled,* و لم يولد *ou lam youlad.*

[4] *Besm Allah drob hadá el-dynár senet saba' ou tessa'yn* (بسم الله ضرب هذا الدينر سنة سبع وتسعين). L'*a* (أ) manque dans le mot *dynár* (دينر). *Voyez* pag. 274, note 3.

le lieu où ils ont été fabriqués, ni le nom du prince régnant. On sait qu'ils ont été frappés à Damas. Des *dirhem* de la même époque portent, outre des légendes semblables, le nom de la ville de Damas[1]. L'Égypte, depuis qu'elle fut conquise, jusqu'au commencement du IIIe siècle de l'hégire (le Xe de notre ère), fut toujours la résidence d'un *émyr*, et son type monétaire fut celui des khalifes. Les *dirhem mo'ezzy*[2], frappés au Kaire l'an 358 (969 de notre ère), offrent, au rapport de *Maqryzy*, les mêmes passages du *Qorân*.

Ces citations ont été plus ou moins étendues, selon que la pièce avait plus ou moins de surface, ou qu'on en a remplacé une partie par le nom et les titres du khalife ou de ses lieutenans, et par le nom de la ville; mais les mots qu'on remarque le plus souvent et qui ont subsisté le plus long-temps sur les diverses monnoies, sont ceux du symbole ou de la profession de foi des musulmans : *Il n'y a de dieu que Dieu*[3]; *Mahomet est son prophète*[4] (ou son envoyé). Nous les avons retrouvés sur les monnoies du VIIe siècle de l'hégire (le XIIIe de notre ère)[5].

On peut consulter, pour connaître ces diverses sentences, le traité de *Maqryzy*, les divers ouvrages publiés sur les monnoies musulmanes, particulièrement le *Museum Cuficum* d'Adler[6], l'ouvrage de M. Tych-

[1] *Bi-Damachq* (بدمشق), à Damas. *Voyez* le texte et les notes du §. VI, chap. III, *première partie*.

[2] *Voyez* pag. 279, alinéa 3, et le §. VI du chap. III, *première partie*.

[3] لا اله الا الله

[4] محمد رسول الله

[5] Et notamment sur celle de *Bybars* que nous avons citée pag. 329, alinéa 5. *Voyez* aussi le Tableau des monnoies, pièce n°. d'ordre 54.

[6] *Voy.* ci-dessus, p. 330, note 6.

sen[1], et les médailles koufiques et arabes publiées par M. Marcel[2].

L'usage d'inscrire des sentences religieuses sur les monnoies fut critiqué, dans le temps, par les *qâry*[3] ou lecteurs du *Qorân*, qui furent scandalisés de voir qu'on lût en langue vulgaire[4] les noms de Dieu et du prophète, et des passages du *Qorân*, sur des monnoies susceptibles d'êtres maniées par les Juifs, les chrétiens, les infidèles, les hommes en état d'impureté et les femmes dans le temps de leurs souillures. Quelques-uns de ces docteurs musulmans firent difficulté de s'en servir lorsqu'ils étaient en état d'impureté légale. Cependant plusieurs autres docteurs ne furent pas du même avis, et l'*émyr* des fidèles *Ben A'bd-el-A'zyz*[5], à qui l'on proposait de supprimer les sentences, fit cette réponse remarquable : « Voulez-vous que les nations nous soupçonnent d'avoir changé notre croyance en un seul dieu et en notre prophète? » Cependant, long-temps après, l'opinion qui regardait cette coutume comme profane finit par prévaloir, et l'on ne mit plus sur les monnoies que le nom du prince et ses titres, la date de son avénement et celle de la fabrication, et le lieu où la monnoie avait été frappée.

[1] *Voyez* pag. 273, note [1].

[2] Description de l'Égypte.

[3] *Qâry* (قارى) de *qarâ* (قرأ), il a lu. *Voyez* pag. 272, note [2].

[4] On s'était d'abord servi de la langue persane. *Voyez* pag. 329, alinéa 1er, et le §. VIII du chap. III, *première partie*.

[5] بن عبد العزيز

§. III. *Noms et titres des princes.*

Les anciennes monnoies, outre les sentences religieuses, portaient quelquefois le nom du khalife ou prince régnant[1].

Abou-Ga'far el-Mansour[2], qui commença à régner l'an 136 de l'hégire (754 de notre ère), paraît être le premier des khalifes A'bbassydes[3] qui ait fait mettre son nom sur les monnoies; mais on remarque que ce ne fut que depuis 153 (770 de notre ère). Les monnoies des années antérieures de son règne ne présentent que des passages du *Qorân*.

L'*émyr Abou-l-A'bbâs Ahmed ben-Touloun*[4], s'étant rendu absolu dans son gouvernement, comme nous l'avons déjà dit page 279[5], fit frapper des *dynâr* sur lesquels il paraît qu'il fit mettre son nom.

Nous ne savons pas précisément quand on cessa par la suite d'inscrire des sentences religieuses sur les monnoies d'Égypte, pour n'y mettre que les noms et les titres du prince régnant. Ce dernier usage doit être rapporté aux sultans de Constantinople, et nous croyons qu'il a commencé sous *Mourâd* fils d'*Aour-khân*[6], qui monta sur le trône en 761 (1360 de notre ère).

[1] *Voyez* pag. 329, ligne 2.

[2] *El-Mansour* (المنصور). Son nom entier est *Abou-Ga'far el-Mansour Mahmed ben-A'bd-Allah* (ابو جعفر المنصور محمد بن عبد الله).

[3] Abbassydes ou A'bbassydes, du nom d'*A'bbâs* (عبّاس) que portait le premier des khalifes de cette dynastie, *Abou-l-A'bbâs el-Safâh* (ابو العبّاس الصفاح).

[4] *Voyez* pag. 279, alinéa 2 et note [2].

[5] *Voyez* ibid.

[6] مراد بن اور خان ; vulgaire-

Le nom du prince s'écrivait en toutes lettres, et non en forme de chiffre ou paraphe, et il était suivi de celui de son père, selon l'usage constant des Arabes.

C'est en relatant ainsi le nom que portait le père, qu'on distingue ceux des sultans qui portent le même nom. Les Arabes n'ont pas l'habitude de les désigner par des noms de nombre, comme nous faisons pour nos rois, François 1er, Henri IV, Louis XIII; et quand nous disons Amurath II, Amurath III, Mahomet II, Mustapha III, Sélim III, c'est pour nous conformer à un usage adopté dans toute l'Europe.

On lit donc sur diverses pièces de monnoie de Turquie[1] :

> *Mourâd* (que nous appelons Amurath) fils de *Mahamed;*
> *Mourâd* fils de *Selym;*
> *Mahamed* fils de *Mourâd;*
> *Moustafâ* fils d'*Ahmed;*
> *Selym* fils de *Moustafâ.*

La manière de s'exprimer des Européens a l'avantage d'indiquer l'ordre dans lequel les princes de même nom ont régné; tandis que celle des Arabes, non-seulement ne nous l'apprend pas positivement, mais laisse encore de l'incertitude quand il arrive que les noms du fils et du père sont les mêmes pour plusieurs sultans. Ainsi, il y a deux *Mahamed* fils de *Mourâd*, Mahomet II et

rement, Amurath fils d'Orkan, ou Amurath 1er.

[1] مراد بن محمد
مراد بن سليم
محمد بن مراد
مصطفى بن احمد
سليم بن مصطفى

Mahomet III; deux *Ahmed* fils de *Mahamed*, Achmet Ier et Achmet III; deux *Moustafa* fils de *Mahamed*, Mustapha Ier et Mustapha II.

Il existe une espèce de sequins *zer-mahboub* sur lesquels les noms sont ainsi écrits en toutes lettres[1], et qu'on a continué à frapper même depuis que l'usage s'est assez généralement introduit de figurer le nom du sultan dans une espèce de paraphe.

Cet usage vient de Constantinople : on appelle *toughrâ*[2] le chiffre ou paraphe du sultan.

Les fondouklis[3], ainsi que les pièces de 40 et de 20 médins[4], les quarts de sequin[5], les médins[6], et quelquefois même les *gedyd*[7], ne présentent, sur l'aire A, que ce chiffre, qui occupe la surface de la pièce, ou seul, ou accompagné de quelques fleurons qui servent d'ornement.

Sur l'espèce des sequins où le nom du prince est écrit en forme de paraphe, son chiffre occupe la partie supérieure de l'aire A, comme on peut le voir sur les sequins que nous avons fait graver sous les nos. 10, 11 et 13[8].

Ce chiffre ou paraphe, suivant ce que rapporte M. Tychsen, ne représente pas seulement le nom du

[1] *Voy.* la planche des monnoies, fig. 8, 9 et 14; et, sur le Tableau des monnoies, les pièces d'or sous les nos. d'ordre de 27 à 31, 39, et de 41 à 44.

[2] *Toughra* (طغر). Ce mot est turk, et différent de celui de *doughra* (طوغری), qui signifie vérité, et que M. Tychsen donne pour l'étymologie de ce nom du paraphe du sultan.

[3] *Voyez* la planche, fig. 1, 2, 3, 4, 5, 6 et 7.

[4] *Idem*, fig. 16, 17, 18 et 19.

[5] *Idem*, fig. 15.

[6] *Idem*, fig. 20, 21, 22, 23 et 24.

[7] *Idem*, fig. 26.

[8] *Voyez* la planche.

sultan entrelacé dans des traits; il figure encore, si on le regarde de côté, un cavalier qui court à toute bride : ce qui paraît aux musulmans une invention ingénieuse et qui convient parfaitement au génie belliqueux des Turks, qui jadis combattaient de préférence à cheval[1].

Il est vrai que les Arabes, comme autrefois les Grecs, dans le temps de la décadence du bon goût, et comme ceux de nos écrivains qui ont plus d'adresse dans la main que de jugement, attachent du prix au jeu puéril de figurer avec des lettres et des traits de plume divers oiseaux ou animaux, etc.; mais l'idée de faire ressembler le paraphe du sultan à un homme à cheval nous semble tirée de bien loin, et paraît aussi recherchée et aussi forcée que la plupart de leurs étymologies.

Ce qu'il y a de certain, c'est que dans ces chiffres, outre divers traits qui ne servent souvent que d'ornement, on distingue les lettres du nom du sultan entrelacées avec plus ou moins d'art ou de confusion, mais de manière à présenter toujours à peu près la même forme du paraphe. On y remarque quelquefois aussi le nom du père du sultan, et toujours le titre de *khân*[2], qui signifie empereur.

M. Tychsen, dans son Introduction à la Numismatique des mahométans, donne, page 19 et suivantes, la série des premiers khalifes, des khalifes Ommyades[3] et des khalifes A'bbassydes, de l'empire desquels a dé-

[1] Pag. 61 du prem. Supplément à l'Introduction à la Numismatique des mahométans. *Voyez* les notes du §. VII, ch. III, *première partie*.

[2] خان. On dit *le grand khân de Tartarie*.

[3] *Beny Ommyah* (بنى اميّه).

pendu long-temps l'Égypte; pag. 114, la série des Fâtémytes[1], dont quelques-uns régnèrent sur l'Égypte; pag. 23, la série des khalifes A'bbassydes créés par les sultans d'Égypte, après la mort d'*el-Mosta'sem Billah;* pag. 28, la série des Ayoubytes[2], qui prirent en Égypte le titre de *malek* ou roi. Pour celle des Mamlouks, il renvoie aux tables de M. de Guignes. Enfin il donne, pag. 173, la série des sultans de Constantinople, à laquelle il faut ajouter aujourd'hui les noms de *Moustafä* fils d'*A'bd-el-Hamyd*[3] ou Mustapha IV, avénement de 1222 de l'hégire (27 février 1808), et de *Mahmoud* fils d'*A'bd-el-Hamyd*[4] ou Mahmoud II ou Mahomet VI, avénement de 1223 de l'hégire (11 août 1808).

Les princes ont toujours joint divers surnoms ou titres à leurs noms.

Ordinairement ces titres étaient religieux, tels que *A'bd-Allah*[5], serviteur de Dieu; *Dâher Bi-amr-Allah*[6], élevé ou triomphant par le pouvoir de Dieu; *el-Nâser le-dyn-Allah*[7], vainqueur pour la religion de Dieu; *el-Mansour Billah*[8], *el-Mostanser Billah*[9], vainqueur ou victorieux par Dieu. Cette terminaison *Billah* a été adoptée successivement par presque tous les princes A'bbassydes, et jointe par eux à leurs surnoms, depuis *el-Mo'tasem Billah*, fils de *Haroun el-Rachyd*[10], qui

[1] *Voy.* p. 336, note [3], et p. 302, note 7.

[2] *Voyez* pag. 343, alinéa 1er.

[3] مصطفى بن عبد الحميد

[4] محمود بن عبد الحميد

[5] *Voyez* pag. 341, note [1].

[6] ظاهر بامر الله

[7] الناصر الدين الله

[8] المنصور بالله

[9] *Voyez* pag. 341, note [1].

[10] المعتصم بالله بن هرون

commença à régner en 218 (833 de notre ère), jusqu'à *el-Mosta'sem Billah*[1], le dernier des khalifes A'bbassydes résidant à Bagdad, qui fut tué en 656 (1258 de notre ère), lors de la prise de cette ville par les troupes de l'empereur du Mogol, *Mankou-khân*[2], sous la conduite de *Houlâkou*[3].

Les khalifes de la race des A'bbassydes, que les sultans d'Égypte créèrent ou reconnurent après la mort d'*el-Mosta'sem Billah*, en leur laissant une ombre de pouvoir, ou plutôt un vain titre et l'honneur de faire inscrire leurs noms sur les monnoies, continuèrent pour la plupart à joindre le mot *Billah* à leurs titres, depuis *el-Mostanser Billah*, en l'an 659 (1260 à 1261), jusqu'à *el-Motaouakkel*[4] *A'lä-Allah*[5] ou *A'l-Allah*, le dernier des khalifes A'bbassydes, emmené à Constantinople par ordre de *Selym* 1er, lorsqu'il eut fait la conquête de l'Égypte[6].

Les khalifes Fâtémytes d'Afrique et d'Espagne prirent des surnoms semblables.

Ces expressions religieuses, jointes au nom du prince, ont de l'analogie avec celle de *Dei gratiâ*, par la grâce de Dieu, qui a été long-temps inscrite, soit en entier,

الرشيد, celui qui succéda à *el-Mâmoun*, khalife pour la seconde fois. *Voyez* pag. 346, alinéa 1er.

[1] *El-Mosta'sem Billah Abou-Ahmed A'bd-Allah el-Mostanser Billah* (المستعصم بالله ابو احمد عبد الله المستنصر بالله).

[2] منكو قاان ou منكو خان

[3] هولاكو

[4] Dont le nom est en partie semblable à celui du khalife dont il est parlé pag. 278, alin. 2, et pag. 279, note 3.

[5] على الله, de la préposition *a'lä* (على), sur, et du mot *Allah* (الله), Dieu. *Voyez* ibid.

[6] En 922 (1516 de notre ère). *Selym* fit aussi pendre à une des portes du Kaire, l'an 923 de l'hég. (1517),

soit en abrégé, sur les monnoies de plusieurs princes chrétiens, et particulièrement sur les monnoies de France.

Les titres que prit la dynastie des Ayoubytes, qui commença à régner en Égypte l'an 568 (1173 de notre ère), ainsi nommée du nom d'*Ayoub*[1], père de Saladin, au lieu de se terminer par le mot *Allah*, Dieu, se terminaient par *ed-dyn*[2], qui signifie la religion : tels sont *Sâlah ed-dyn*[3], le salut de la religion; *Nasr ed-dyn*[4], le soutien de la religion; *Sayf ed-dyn*[5], le glaive de la religion; *Negm ed-dyn*[6], l'étoile de la religion; *Ghayât ed-dyn*[7], le protecteur de la religion. Ce dernier surnom est celui d'*el-Mo'adam*[8], qui commença à régner en 647 (1249 de notre ère), et en qui finit la dynastie des Ayoubytes en Égypte. Quelquefois les titres étaient emphatiques ou glorieux, comme *Malek el-A'del*[9], le roi juste; *Sultân el-A'dam*[10], le très-puissant seigneur; *el-Nâser*[11], le victorieux. Ce dernier nom distingue principalement la race des Mamlouks Circassiens qui se sont emparés du pouvoir souverain en Égypte.

Tomân-bey, le dernier des sultans d'Égypte.

[1] ايوب

[2] *El-dyn* (الدين), la religion. L'article *el* (ال) devant un mot qui commence par une des lettres que les Arabes appellent solaires, change *l* (ل) en la première lettre de ce mot. Ainsi, au lieu de prononcer *el-dyn*, on prononce *eddyn*.

[3] *Voy.* p. 275, alinéa 3 et note 4.

[4] ناصر الدين

[5] سيف الدين

[6] نجم الدين

[7] غياث الدين. *Voyez* p. 330, alinéa 2 et note 4.

[8] المعظم, plus connu sous le nom de *Tourân-châh*.

[9] ملك العادل

[10] Ou *el-A'zim* (سلطان الاعظم)

[11] الناصر. *Voyez* pag. 280, alinéa 1er, notes 1, 2 et 3.

Les Ayoubytes en Égypte, depuis Saladin en 568 (1173 de notre ère) jusqu'à *el-Mo'adam Ghayât ed-dyn*[1], firent précéder leur nom du titre d'*el-Malek*[2], qui signifie roi. Les Mamlouks Baharytes et les Mamlouks Circassiens suivirent le même usage.

Le titre de *sultân* a été pris fort anciennement par différens princes. Les empereurs turks de Constantinople l'ont constamment adopté et en font toujours précéder leur nom. Après leur nom et celui de leur père, soit que les monnoies les présentent écrits en toutes lettres ou en forme de chiffre, ils ajoutent toujours le mot *khân*[3].

Sur l'autre aire (B) de la pièce, on lit ces mots disposés en quatre lignes[4] :

Sultan des deux terres (l'Europe et l'Asie),
et roi[5] des deux mers (la mer Noire et la Méditerranée).
Le sultan, fils
de sultan.

Ces titres n'ont point varié sur les sequins *zer-mahboub* depuis fort long-temps. Le plus ancien sur lequel nous les ayons vus est de *Mourâd* fils de *Selym*[6], avé-

[1] *Voyez* les deux notes 7 et 8 de la page précédente.

[2] الملك. *Voyez* pag. 339, alinéa 3.

[3] *Voyez* pag. 339, alinéa 2 et note [2].

[4] سلطان البرين
و خاقان البحرين
السلطان ابن
السلطان

Sultân el-baryn,
ou khâqân el-baharyn.
El-Sultân ebn
el-sultân.

[5] *Khâqân* (خاقان) signifie roi en Tartarie.

[6] *Voyez* pag. 338, alinéa 1er, et pag. 337, note [1], ligne 2.

nement de 982 (1574 de notre ère); peut-être ont-ils été consacrés à une époque antérieure.

Néanmoins, sur les sequins d'étrennes [1], on est souvent revenu à d'anciennes légendes. Au lieu d'y mettre le nom du sultan en forme de chiffre, on a quelquefois renouvelé l'usage de l'écrire en toutes lettres; et, au lieu des titres du prince que nous venons de citer, on en a rappelé d'usités plus anciennement. C'est ainsi que sur le sequin d'étrennes gravé sous le n°. 12 [2], et qui ne porte point de chiffre ou *toughrâ* [3], on lit, sur l'aire A :

Sultân Moustafä, fils d'*Ahmed khân*. Que ses victoires soient illustres.

Frappé au Kaire l'an 1171 [4] (1757 de notre ère).

Sur l'aire B :

(Celui qui) a frappé cet or (est) le maître du pouvoir et de la victoire sur terre et sur mer, 87 [5].

[1] *Voyez* pag. 300, alinéa 2.

[2] *Voyez* la planche des monnoies gravées.

[3] *Voyez* pag. 338, alinéa 2 et note [2].

[4] سلطان مصطفى
بن احمد خان
عز نصره ضرب في
مصر سنة
١١٧١

Sultân Moustafä, *ben-Ahmed khân*. *A'z nasret. Drob fy Masr, senet* 1171.

[5] ضارب النضر
صاحب العز و النصر
في
البر و البحر

Dârab el-nader sâhab el-a'z ou el-nasr, fy el-bar ou el-bahar.

c'est-à-dire 11-87 de l'hégire (ou 1774 de notre ère), année de la fabrication de la pièce, qu'on doit attribuer au Mamlouk *Mohamed-bey,* qui succéda, cette année, au célèbre *A'ly-bey,* et qui réunit à l'autorité de *cheykh el-beled,* usurpée sur son maître et son bienfaiteur *A'ly,* le titre de *pâchâ* du Kaire, que lui conféra le sultan *Moustafa.*

Cette formule est exactement la même que celle des pièces d'or citées par M. Tychsen, de différens règnes, comme l'indiquent les années d'avénement 974 (1566 de notre ère), 982 (1574), 1003 (1595), 1143 (1730), frappées à Constantinople, au Kaire, à Alger, à Tunis, à Tripoli[1]. Elle est aussi la même que celle du sequin d'un moins grand module, publié par M. Bonneville sous le n°. 16 des monnoies d'or de Turquie, frappé sous *A'ly-bey,* comme nous le ferons voir ci-après, pag. 349[2]. L'année de la fabrication, qui est 1183 de l'hégire (1769 ou 1770), est antérieure de quatre ans à celle du sequin que nous avons ci-dessus cité, page précédente, dernier alinéa.

§. IV. *Noms, titres et lettres distinctives des lieutenans du prince, des gouverneurs de l'Égypte, etc.*

Outre les noms du souverain de qui dépendait l'Égypte, les monnoies présentent quelquefois les noms de ses lieutenans ou du fils du khalife désigné pour son successeur, du gouverneur de l'Égypte, etc., quelque-

[1] Pag. 180 de l'Introduct. à la Numismatique des musulmans. (*Voyez* pag. 273, note [1].)

[2] *Voyez* pag. 349, alinéa 1er.

fois avec la formule, *par mandement* ou *par ordre* (du khalife)[1]; et souvent sans cette formule, comme, par exemple, sur un *dynâr* que nous avons eu et dont nous rapportons ici les légendes, qui nous paraissent offrir d'autant plus d'intérêt que l'année et le lieu de la fabrication y sont indiqués.

L'aire A présente les mêmes passages du *Qorân* que le *dynâr* cité page 332 de ce mémoire[2], excepté qu'au milieu de la pièce, au-dessus du symbole, est le nom d'*el-Mâmoun*[3], 26e khalife, le 7e de la dynastie des A'bbassydes, second fils de *Haroun el-Rachyd*[4], et qui commença à régner en 198 (813 de notre ère).

Sur l'aire B, au milieu de la pièce, au-dessus de la formule, *Mahomet est l'envoyé de Dieu*[5], on lit le nom de *Tâher*[6], et au-dessous de la formule celui d'*el-Sery*[7].

Tâher était le vizir et jouissait de toute la faveur d'*el-Mâmoun*, qui, peu après, lui donna le gouvernement du Khorasan et de tout l'Orient, où il se rendit indépendant; *el-Sery* était gouverneur de l'Égypte, où il mourut en 205 (820 de notre ère).

En marge, autour de la pièce, on lit :

Au nom de Dieu (a été) frappé ce *dynâr*,
au Kaire, l'an deux cent trois[8] (de 818 à 819 de l'ère chrétienne).

[1] *Mimmâ emir beh* ou *mammâ amer beh* (ممّا أمر به). *Voyez*, au sujet de cette formule, l'Introduction à la Numismatique des mahométans de M. Tychsen, pag. 66 et suiv. (citée pag. 273, note [1]).

[2] Alinéa dernier.

[3] المامون

[4] هرون الرشيد

[5] *Voyez* pag. 334, note 4. Cette formule se trouve ainsi répétée sur les deux côtés de la pièce.

[6] طاهر. Ce mot est précédé du mot *Allah* (الله), Dieu.

[7] السرى

[8] *Besm Allah drob hadâ el-dy-*

Cette date est d'autant plus curieuse, qu'*el-Mâmoun* fut remplacé dans le khalifat, en l'an 202 (de 817 à 818), par *Ibrâhym* fils d'*el-Mohdy*[1], qui lui-même fut déposé en 203 (818 ou 819); et la médaille que nous citons prouve que le pouvoir fut rendu à *el-Mâmoun* en 205, ou du moins que les monnoies, en cette année, continuèrent d'être frappées à son nom.

Sur diverses médailles, on ne voit inscrit que le nom du vizir ou du lieutenant du khalife, quoiqu'il ne se fût point déclaré indépendant, tandis que, dans d'autres temps, ceux même qui s'emparèrent du pouvoir et se déclarèrent rois ou sultans d'Égypte, conservaient encore, sur les monnoies où ils faisaient mettre leur nom et leurs titres, ceux des khalifes dont ils ne reconnaissaient plus l'autorité, soit pour leur rendre un vain hommage, soit pour ne pas décréditer les nouvelles espèces qu'ils faisaient fabriquer.

Dans des temps plus modernes, les *cheykh el-beled*[2] ou gouverneurs du pays, les *pâchâ* ou les beys, de qui relevait l'hôtel de la monnoie, ajoutèrent, à différentes époques, sur les monnoies, comme marques distinctives, la première ou les deux premières lettres de leur nom.

Ces lettres se trouvent diversement placées.

Sur les fondouklis, on les remarque vers le bas de la pièce, sur l'aire B, avant ou après le millésime de

nâr bi-Masr senet talat ou mâyetyn (بسم الله ضرب هذا الدينار بمصر سنة ثلث و مايتين).

[1] ابراهيم ابن المهدى

[2] شيخ البلد, titre ou dignité qui ne remonte guère qu'à l'an de l'hé-

l'avénement, qui est exprimé en chiffres; comme on peut le voir sur le fondoukli gravé n°. 4 et sur le demi-fondoukli n°. 7 [1], où les chiffres 1143, année de l'avénement de *Mahmoud* fils de *Moustafâ* [2] (1730 de notre ère), sont précédés d'un *syn* [3]. Il existe d'autres fondouklis du même règne sur lesquels le même millésime est suivi d'un *noun* [4].

On remarque aussi, sur des fondouklis de Constantinople, particulièrement sur ceux d'étrennes, des lettres distinctives placées sur l'aire B, vers le haut de la pièce, dans le fleuron qui se trouve sur le *b* du mot *drob* [5] : tels sont les fondouklis publiés par M. Bonneville sous les n°s. 6, 7, 8, des monnoies d'or de Turquie.

Sur les sequins, ces lettres initiales sont ordinairement placées du côté B, à la fin de la troisième ligne de la légende, au-dessus de la dernière lettre *noun* du mot *ebn* [6], qui veut dire fils; à la place du fleuron, ou des chiffres [7] que l'on remarque, dans d'autres sequins, au-dessus de la même lettre.

Le sequin sans chiffre ou paraphe, frappé sous *Mou-*

gire 1167 (1753 de l'ère chrétienne).

[1] *Voyez* la planche jointe à ce mémoire; *voyez* aussi, à la suite de ce mémoire, les fondouklis cités dans le Tableau des monnoies sous les n°s. d'ordre 11, 13 et 14.

[2] محمود ابن مصطفى

[3] Ou *s* (س). *Voyez* le Tableau des monnoies, pièces n°s. d'ordre de 10 à 14.

[4] Ou *n* (ن). *Voyez* ibid. de 15 à 19.

[5] *Voyez* pag. 351, alinéa 3 et note 8. Ces lettres paraissent être, sur le n°. 6, *h* (حـ ou ح), et sur les n°s. 7 et 8, *ayn* (عـ ou ع) ou *a'b* (عب), lesquelles sont peut-être les initiales des mots *A'bd-Allah* (عبد الله).

[6] *Ben* (بن) ou *ebn* (ابن). On lit tantôt l'un et tantôt l'autre de ces deux mots sur les monnoies, mais plus souvent le dernier.

[7] *Voyez* pag. 364, alinéa 1er.

râd fils d'*Ahmed*[1], avénement de 1032 (1623 de notre ère), que nous avons fait graver sous le n°. 9[2], présente un *lâm-alef*[3].

Sur le sequin publié par M. Bonneville sous le n°. 16, planche 2 des monnoies d'or de Turquie, et dont les légendes et le millésime sont les mêmes que ceux du sequin d'étrennes que nous avons fait graver sous le n°. 12, on remarque, aire A, vers le haut de la pièce, à la place du fleuron que présente notre sequin n°. 12, les deux lettres *ayn* et *lâm*[4], qui sont les initiales du nom d'*A'ly-bey*, placées après le mot *sultân*, au-dessus du mot *Moustafâ*, et, sur l'aire B, les chiffres 83, qui indiquent que la pièce a été frappée en 11-83 de l'hégire (1769 ou 1770), époque à laquelle *A'ly-bey* s'était rendu indépendant.

Il ne fit donc point frapper, comme les historiens l'ont avancé[5], la monnoie à son propre coin, mais à celui du sultan régnant, *Moustafa* fils d'*Ahmed;* et il ne fit que suivre l'usage des *cheykh el-beled*, en faisant graver sur les monnoies les initiales de son nom.

Le sequin publié par M. Bonneville sous le n°. 9 de la planche 1re des monnoies d'or de Turquie présente un *sâd*[6], et a été frappé au Kaire sous le règne d'*Ot'mân*

[1] مراد بن احمد, Amurath IV.

[2] *Voyez* la planche à la suite de ce mémoire.

[3] Le *lâm* (ل), réuni à l'*alef* (ا) qui le suit, s'appelle *lâm-alef* (لام الف), et s'écrit ainsi, لا (*lá*).

[4] *A'l* (عل), la lettre ع, qui s'appelle *ayn* (عين), et qu'on est convenu de rendre en français par *a*, *e* ou *o*, avec le signe de l'aspiration ('), réunie à la lettre ل, qui s'appelle en arabe *lâm* (لام). *Voyez* pag. 345, alinéa 1er.

[5] M. de Volney, p. 110 du Voyage en Égypte, etc., t. 1er, éd. de 1787.

[6] Ou *s* (ص). On est convenu,

fils de *Moustafa*, avénement de 1168 (1754 de notre ère).

Le sequin que nous avons fait graver sous le n°. 11[1], frappé au Kaire sous le règne de *Moustafa* fils d'*Ahmed*[2], avénement de 1171 (1757 de notre ère), présente les deux lettres *mym* et *dâl*[3]. Ces mêmes lettres se remarquent sur deux sequins publiés par M. Bonneville, l'un d'étrennes sous le n°. 15, l'autre ordinaire sous le n°. 14 (planche 2 des monnoies d'or de Turquie), tous deux frappés au Kaire, sous le même règne et dans la même année que celui qui est publié par nous, mais avec un coin différent, comme on peut le voir par la différence du grenetis et du caractère d'écriture.

Ces trois sequins ont cela de particulier, qu'à côté des lettres distinctives dont nous venons de parler, on voit encore le chiffre indicatif de l'année de la fabrication; chiffre qui n'existe pas sur la plupart des autres sequins, parce que la lettre distinctive en occupe la place.

D'autres sequins, compris dans le Tableau des monnoies joint à ce mémoire, sous les n°s. d'ordre 35, 36 et 37, et qui sont du règne de *Moustafa*, avénement

dans la Description de l'Égypte, de rendre également en français par *s* le *syn* (س) et le *sâd* (ص), parce qu'on ne peut assigner par nos lettres la différence qui existe entre les sons de ces deux lettres arabes; d'autres personnes, pour les distinguer, représentent le *sâd* par *sh*. *Voyez* l'*Avertissement* qui est à la suite de la *Préface* de la Description de l'Égypte.

[1] *Voyez* la planche jointe à ce mémoire; *voyez* aussi pag. 273, alin. 3.

[2] *Voyez* pag. 337, note [1], ligne 4.

[3] *Md* (مد). Peut-être est-ce une abréviation d'*Ahmed* (أحمد) ou de *Mahamed* (محمد). *Voyez* pag. 369, alinéa dernier.

de 1171 (1757), portent, à la place du chiffre indicatif, les lettres *mt* ou *ms*[1].

Un autre sequin, n°. 27 (planche 3 des monnoies de Turquie, même ouvrage), frappé au Kaire, sous *Selym*[2], avénement de 1203 (1789 de notre ère), présente les lettres *alef* et *syn*[3], qui sont les initiales du nom d'*Isma'yl-bey*[4], à qui *Hassan, capitan-pâchâ*[5], laissa le gouvernement de l'Égypte, après son expédition contre *Ibrâhym* et *Mourâd* beys[6], et qui mourut dans la fameuse peste du Kaire, l'an 1205 de l'hégire (1791 de notre ère).

Enfin, parmi les sequins et demi-sequins frappés du temps de l'occupation de l'Égypte par les Français, il en a été fabriqué et nous en avons conservé sur lesquels la lettre distinctive était un *b*[7], initiale du nom du général en chef Bonaparte.

Sur les piastres ou *ghrouch* qu'*Aly-bey* fit frapper, les initiales de son nom se voient sur l'aire B, au haut de la pièce, au-dessus du *b* du mot *drob*[8]; et, par un de ces artifices communs aux écrivains arabes, la lettre *lâm* (*l*) se trouve réunie au *b* du mot *drob*, de manière à représenter un *lâm* et un *yâ* (*ly*)[9]; ce qui forme le mot entier *A'ly*[10], comme on peut le voir sur notre pièce de 40

[1] مصر, c'est-à-dire مط ou مص.

[2] سليم. *Voyez* pag. 337, note 1, ligne 5.

[3] *A* (ا), *alef*, et *s* (س), *syn*, qu'on prononce *is*.

[4] اسمعيل بيك

[5] حسن قپطان پاشا

[6] ابراهيم et مراد

[7] ب

[8] ضرب

[9] *L* (ل), *lâm*, et *y* (ى), *yâ*, c'est-à-dire *ly* (لى ou ليا).

[10] عا. Le même caractère re-

médins, gravée sous le n°. 16, et sur celle de 20 médins, gravée sous le n°. 18[1].

Les médins frappés sous *A'ly-bey* sont marqués des mêmes initiales semblablement disposées; nous en publions un sous le n°. 20.

Les piastres d'*A'ly-bey* offrent cependant une particularité remarquable; c'est qu'il lui a plu d'y changer le millésime, et qu'au lieu d'y faire graver celui de 1171 (1757 de notre ère), année de l'avénement de *Moustafâ*, il y a fait mettre 1183 (1769 ou 1770). Ce qui le porta à cette innovation, qu'il ne se permit sur aucune des autres monnoies, c'est sans doute l'intention de constater l'époque où il se déclara indépendant, ou seulement l'année où il établit en Égypte la fabrication de ces pièces[2]. Il n'y conserva pas moins le chiffre du sultan régnant *Moustafâ*; en sorte qu'on ne peut pas dire que cette espèce de monnoie même, quoique de sa création, ait été frappée à son coin.

Personne jusqu'ici n'avait donné l'explication du sens ou de l'usage de ces lettres qu'on remarque sur plusieurs monnoies de Turquie, et qui avaient paru surnuméraires ou inutiles. Elles serviront, si l'on parvient à connaître les noms et le temps précis du commandement des *cheykh el-beled*, *pâchâ* ou beys qu'elles désignent, à déterminer davantage l'époque de la fabrication; car, sur les pièces où on les remarque, elles tiennent ordinairement la place des chiffres qui servi-

présente alors à-la-fois le *y* (ي) de *A'ly* (علي) et le *b* (ب) du mot *drob* (ضرب).

[1] *Voyez* la planche jointe à ce mémoire.

[2] *Voyez*, ci-après, le §. VII de ce chapitre.

raient à indiquer l'année du règne ou de la fabrication, la pièce ne présentant du reste que l'année de l'avénement du sultan, comme nous le verrons à l'article du millésime[1].

§. V. *Invocations ou vœux pour le prince.*

C'est une formule de politesse et une manière distinguée de s'exprimer, consacrées chez les Arabes par un usage fort ancien, que d'ajouter, après les noms des grands personnages, lorsqu'on les cite, tels que ceux du prophète, de ses descendans, du grand-seigneur ou des princes, une invocation ou un vœu en leur honneur. Celles des formules de cette nature qu'on lit le plus souvent sur les médailles ou monnoies, sont les suivantes : *Que Dieu lui soit propice*[2] *! Que Dieu prolonge son règne et son empire*[3] *! Que Dieu éternise son règne*[4] *! Que son règne se prolonge*[5] *!* Ce dernier vœu est celui que portent les piastres ou pièces d'argent, sans chiffre ou *toughrâ*, frappées à Constantinople, et gravées dans l'ouvrage de M. Bonneville; la première, sous le n°. 1, du règne de *Moustafa*, avénement de 1171 (1757 de notre ère); la seconde, n°. 4, du règne d'*A'bd-el-Hamyd*, avénement de 1187 (1774 de notre ère).

Celle qui est consacrée depuis long-temps est la sui-

[1] *Voyez* pag. 360, alin. 3 et suiv.

[2] *Saly Allah a'leyeh* (صلى الله عليه).

[3] *Khald Allah malekah ou sultânah* (خلد الله ملكه وسلطانه).

[4] *Khald Allah malekah* (خلد الله ملكه).

[5] *Dâm malekah* (دام ملكه).

vante : *Que sa victoire soit illustre*[1] ! Elle se trouve, en même temps que la précédente[2], sur une pièce de Bajazet[3]. On la remarque seule sur une pièce d'or de *Solymân* fils de *Selym*[4], avénement de 926 (1520 de notre ère), et dont les légendes sont les mêmes que celles que nous avons citées pages 343 et 344 de ce mémoire[5]. Elle fait seule partie du type des sequins généralement adopté par les sultans depuis près de trois siècles, comme on peut le voir sur les divers sequins que nous avons fait graver dans la planche jointe à ce mémoire[6].

Elle est placée sur l'aire A des sequins *zer-mahboub*, à la suite des noms du sultan, après le mot *khân*, pour celles de ces pièces d'or qui présentent les noms du prince écrits en toutes lettres[7], et au-dessous du chiffre du sultan, pour celles qui présentent son nom figuré en forme de paraphe[8].

La même formule est placée vers le haut de la pièce, sur l'aire B des quarts de sequin[9].

Ces invocations répondent à celle qui est usitée en France, *Domine, salvum fac Regem* (Seigneur, sauvez

[1] *A'z nasreh* (عز نصره).

[2] *Que son règne se prolonge!* *Voyez* la 16e lig. de la page précédente et la note 5.

[3] *Bayâzyd* (بايزيد).

[4] *Voyez* les notes du §. VII de ce chapitre.

[5] Aux noms et millésime près. — Pag. 344, alinéa 1er et notes 4 et 5.

[6] Aire A des fig. de 8 à 14, et aire B de la fig. 15.

[7] *Voy.*, 1°. les deux pièces nos. 8 et 9; la formule y est coupée en deux, *A'z* (عز) se trouvant à la fin de la seconde ligne, et *nasreh* (نصره) au commencement de la troisième ligne; 2°. la pièce no. 12, où la formule est placée à la fin de la seconde ligne; 3°. la pièce no. 14, où la même invocation se trouve au commencement de la troisième ligne.

[8] *Voyez* les pièces nos. 10, 11 et 13.

[9] *Voyez* la pièce no. 15.

le Roi), laquelle est gravée sur la tranche de nos monnoies.

§. VI. *Villes où les monnoies ont été frappées.*

Sur les médailles anciennes, souvent la ville où elles ont été frappées n'est pas indiquée. On en a plusieurs exemples : nous en avons cité deux, pages 332 et 333 de ce mémoire[1], et un autre, page 360[2].

L'usage s'établit, de bonne heure, de graver constamment sur les monnoies le nom de la ville.

Les Égyptiens modernes ne se sont point servis, comme beaucoup d'autres peuples, pour désigner les villes ou les hôtels des monnoies, d'un emblème, d'un signe convenu, d'une abréviation, ou enfin d'une seule lettre, comme cela se pratique encore pour toutes les monnoies de France.

Cette lettre n'est pas même l'initiale du nom de la ville : Paris est indiqué par *A*, la Rochelle par *H*, etc.[3]

Il nous semble que, si l'on considère les monnoies comme des monumens historiques, elles ne peuvent offrir trop de clarté dans les indications. Les abréviations ne sont indispensables que lorsque le peu d'étendue de la surface de la pièce l'exige, et elles doivent porter de préférence sur les mots les plus connus, les moins essentiels et les plus faciles à deviner. Rien n'empècherait qu'on ne mît sur nos monnoies le nom de la

[1] 1°. alinéa dernier, 2°. alinéa 6.

[2] Alinéa dernier.

[3] *Voyez*, pour les lettres qui indiquent la ville ou l'atelier monétaire, l'ouvrage de M. Bonneville, pag. xxij. La ville de Pau, au lieu d'une lettre, avait pour marque distinctive la figure d'une vache.

ville en entier ou en abrégé, ou du moins qu'on ne prît pour lettres distinctives les initiales du nom de la ville.

Les Égyptiens écrivaient donc, et ils écrivent encore, en entier, le nom de la ville; et, pour qu'il y ait encore moins de doute, ils le font précéder des mots *frappé à*. . . . . . .[1]

Sur les fondouklis et les quarts de sequin, sur les pièces de 40 et de 20 médins, et sur les médins, le nom de la ville se lit au-dessus du mot *senet*[2], sur l'aire B, opposée au chiffre ou *toughrâ*[3]. Sur les sequins et demi-sequins, à chiffre ou sans chiffre, il se lit sur l'aire A, immédiatement au-dessus du millésime, et est suivi, sur la même ligne, du mot *senet* écrit en plus petits caractères[4].

La pièce gravée n°. 25 offre le nom de la ville, *Masr*, placé vers le haut de la pièce et au-dessus du nom du sultan *Mahmoud*[5]; nous soupçonnons qu'il existait au-dessus quelques caractères qu'on n'a pu reconnaître[6] ou qui n'ont pas marqué, et que le graveur n'a pu représenter sur la pièce n°. 25.

Autrefois on faisait précéder le nom de la ville de la préposition *be* ou *bi*, qui signifie *à* ou *par*[7]. On y a

[1] *Drob be* ou *bi* (ضرب ب) ou *drob fy* (ضرب فى).

[2] *Senet* (سنة ou سنه), qui signifie an ou année.

[3] *Voyez* les pièces gravées, du n°. 1 au n°. 7 inclusivement, et de 15 à 26 inclusivement, excepté le n°. 25. *Voyez* pag. 338, alinéa 2.

[4] *Voyez* les pièces gravées n°s. 8, 9, 10, 11, 12, 13 et 14.

[5] محمود. *Voyez* pag. 347, alinéa 5, et pag. 348, note [2].

[6] Tels pourraient être *drob fy* (ضرب فى).

[7] *Bi-Damachq*, à Damas; *voyez* pag. 334, note [1]. *Bi-Masr*, à *Masr* ou au Kaire; *voyez* pag. 345, note [1]. *B-l-Qâhirah*, au Kaire; *voy.* p. 359, alinéa 3 et note [4].

substitué constamment, depuis long-temps, la préposition *fy*[1], qui veut dire *à* ou *dans*.

Les villes d'Égypte qui ont eu anciennement des hôtels de monnoies sont Alexandrie, Mansoure, *Qous*, *Fostât* ou l'ancien Kaire, le Kaire ou *Masr*.

Alexandrie s'appelle en arabe *Iskanderyah*[2]. L'hôtel des monnoies de cette ville fort ancienne, et jouissant, presque dès sa fondation par Alexandre-le-Grand, d'un commerce considérable, a dû être antérieur à tous les autres. Il subsistait encore au VIe siècle de l'hégire (le XIIIe de notre ère).

L'hôtel des monnoies de Mansoure n'existait plus à cette époque. *El-Mansourah*[3], que nos anciens écrivains appelaient la Massoure, fut bâti, près du Nil,

[1] في. La manière dont ce mot est figuré est assez remarquable. Le *yâ* (ى) est retourné et prolongé en un long trait qui divise en deux la surface de la pièce. *Voyez* les pièces gravées nos. de 1 à 9, 12 et 14, de 15 à 24, et 26. Sur les sequins et demi-sequins à chiffre ou *toughrâ*, le *b* (ب) du mot *drob* se prolonge aussi au-dessous du *yâ* (ى), de manière que ces deux lettres forment deux lignes parallèles qui traversent la pièce (في). *Voy.* les pièces nos. 10, 11 et 13.

Tantôt le *yâ* (ى) est sans points, comme sur la plupart des pièces gravées dans la planche jointe à ce mémoire (nos. 1, 2, 5, 6, 8, 9, de 11 à 15, 17, de 20 à 24); tantôt les deux points sont au-dessous et vers la gauche du *yâ*, comme sur les pièces nos. 3, 4, 7, 16, 18, 19 et 26; tantôt enfin ils sont placés au-dessus, de chaque côté du paraphe du sultan, comme on peut le voir sur la pièce no. 10.

Enfin, dans les sequins et demi-sequins, à chiffre ou paraphe, le *fy* est transposé et placé immédiatement au-dessous du paraphe; il se trouve, dans l'ordre de l'écriture, le premier mot de l'exergue, quoique, dans l'ordre du discours, il ne soit que le quatrième mot, et qu'il doive précéder immédiatement le mot *Masr*, comme cela a lieu sur les autres monnoies. Ces transpositions sont très-fréquentes dans l'écriture arabe.

[2] اسكندريه

[3] المنصورة, ou *el-Mansouryah* (المنصورية).

sur la branche de Damiette, par *el-Mansour Billah*[1], père d'*el-Mo'ez le-dyn-Allah*[2], vers l'an 338 (949 de notre ère). Cette ville est fameuse par la défaite des croisés français, sous la conduite de S. Louis, qui y fut conduit prisonnier. Elle a été quelquefois la résidence du khalife. On voit le nom de cette ville sur quelques monnoies et sur des médailles de verre, ainsi que le nom de *Mo'ez le-dyn-Allah*[3].

Qous[4], autrefois *Apollinopolis parva*, est situé dans la haute Égypte, à treize cents mètres environ des bords du Nil. Le voisinage du fleuve et de *Qoçeyr* avait sans doute fait choisir l'emplacement de *Qous* pour le point de départ et d'arrivée des caravanes qui entretenaient le commerce de l'Arabie et de l'Inde avec l'Égypte. Si l'on en croit *Abou-l-Feda'*, cette ville était, après *Fostât*, la plus considérable de toute la contrée. Elle était l'échelle du grand commerce qui se faisait par le golfe Arabique. L'immense étendue des décombres qui limitent l'emplacement de la ville, confirment entièrement le témoignage d'*Abou-l-Feda'*. *Qous* n'est plus maintenant qu'un bourg, dont un grand nombre de maisons abandonnées tombent en ruine. Ses habitans sont, pour la plupart, des chrétiens qobtes[5].

[1] المنصور بالله. *Mansour* mourut en 341 de l'hégire (953 de notre ère). *Voyez*, pour le nom de *Billah*, pag. 340, alinéa 2.

[2] *Voyez* l'alinéa 1er de la p. 359; *voyez* aussi pag. 279, note 5.

[3] *Voyez* le *Museum Cufic. Borgianum* d'Adler, tom. II, pag. 151.

[4] En arabe, قوس.

[5] *Voyez* la Notice sur les ruines de *Qeft* et de *Qous*, par MM. Jollois et Devilliers, Descript. de l'Égypte, *Antiquités-Descriptions*, tom. III. *chapitre X*, pag. 409.

L'ancien Kaire, autrefois *Fostât*[1], était sur le bord même du Nil. Le nouveau Kaire en est à quelque distance, et un canal y conduit les eaux du fleuve.

Ga'ouar el-Khatyb el-Saqaly[2], suivant *Maqryzy*, entra en Égypte, à la tête de l'armée d'*el-Mo'ez le-dyn-Allah*[3], en l'an 358 (969 de notre ère), bâtit, dans le lieu même où il avait campé, le Kaire[4], qui devint le siége de l'empire des khalifes, et fit frapper, au nom du khalife *el-Mo'ez*, une grande quantité de *dynâr*. La troisième ligne de la légende portait : *Frappé à Masr, en l'an trois cent cinquante-huit*.

En arabe, le Kaire s'appelle rarement *el-Qâhirah*[4] : on l'appelle *Masr*[5] dans le style historique, et ce nom s'applique aussi à toute l'Égypte. C'est le seul qu'on lise sur les monnoies depuis plusieurs siècles; néanmoins, sur le *dirhem* de *Rokn-ed-dyn Bybars*, que nous avons cité page 329, on lit : *b-el-Qâhirah* (au Kaire).

L'hôtel des monnoies fut d'abord établi dans le voisinage du magasin des boucliers, qui, du temps de *Maqryzy*, était le *khân* (ou marché) *Mesrour-el-Kebyr*[6].

Saladin, devenu maître de l'Égypte, le fit établir ailleurs. On construisit un nouvel hôtel au lieu appelé

[1] *El-Fostât* (الفسطاط), qui veut dire tente, parce que cette ville fut bâtie par *A'mrou ben el-A'âs* (عمرو بن العاص) dans le lieu même où il avait fait dresser sa tente sur le bord du Nil. On l'appelle aujourd'hui l'ancien Kaire, *Masr el-A'tyqah* (مصر العتيقة).

[2] *Voyez* pag. 279, alinéa dernier et note 4.

[3] *Voyez* pag. 279, alinéa dern.; *voyez* la 2e ligne de la page précédente.

[4] *El-Qâhirah* (القاهرة), qui veut dire la Victorieuse. Selon *Abou-l-Feda'*, *Ga'ouar* jeta les fondemens du Kaire en 359 (969 de notre ère).

[5] مصر

[6] خان مسرور الكبير

el-Qachâchyn[1]. On le nomma *el-Dâr el-Ameryah*[2], du nom du khalife *el-Amer Bi-ahkâm-Allah*[3]. L'ancien hôtel fut réservé pour certaines fabrications particulières. C'était là qu'on fabriquait les pièces des étrennes et du jeudi des lentilles, dont nous avons parlé page 302 de ce mémoire.

Il est aujourd'hui au château de la citadelle du Kaire[4], et il est bâti sur les murs du château, en face du mont *Moqattam*[5], au pied duquel on découvre du haut de la citadelle, dans une vaste plaine déserte et aride, la Ville des tombeaux, qui est le plus ancien et le principal cimetière du Kaire.

La monnoie du Kaire est la seule qui existe actuellement en Égypte; son établissement remonte à l'an 1000 de l'hégire (1591 de notre ère). On appelle en arabe l'hôtel des monnoies, *dâr el-darb*[6], qui signifie la maison où l'on frappe.

§. VII. *Millésime.*

Sur les monnoies arabes les plus anciennes, c'est l'année même de la fabrication, et non celle de l'avénement du prince, qui est indiquée; et cette année est exprimée en toutes lettres. Nous en avons cité deux

[1] القشاشين. *Voyez* la traduction du Traité des monnoies de *Maqryzy*, par M. de Sacy, p. 76, note 147.

[2] الدار الامريه. *El-dâr* veut dire l'hôtel.

[3] Le nom de ce khalife signifie « qui accomplit les ordres de Dieu. » (الامر باحكام الله).

[4] *El-qala'h* (القلعه), le château.

[5] En arabe, مقطم, qui signifie taillé. Cette montagne est celle qui borde la rive orientale du Nil, à l'opposite de la chaîne libyque, qui longe l'autre rive du fleuve.

[6] دار الضرب

exemples : l'un, de l'an 97 (716 de notre ère), page 333 de ce mémoire; l'autre, de l'an de l'hégire 203 (818 ou 819), page 346. Nous pourrions en citer plusieurs autres; nous nous contenterons d'indiquer, pour troisième exemple, un *dynâr* que nous avons eu, et qui portait, *Au nom de Dieu, ce* dynâr *a été frappé l'an cent soixante et douze* (788 de notre ère), lequel répond au khalifat de *Haroun el-Rachyd*[1], qui commença à régner en 170 (786 de l'ère chrétienne). Les sentences du *Qorân* sont les mêmes que celles citées page 346; mais la pièce ne porte ni les noms du khalife et de ses délégués, ni le nom de la ville où elle a été frappée.

Nous observerons, pour ceux qui ne sont pas familiers avec l'arabe, que les noms de nombre s'écrivent et se prononcent en commençant par les unités : ainsi, 172 s'écrit, *deux et soixante-dix et cent*[2]; en sorte que, quoique les Arabes placent les chiffres que nous leur avons empruntés, dans le même ordre que nous le faisons, ils les lisent et écrivent et ils prononcent les noms de nombre à rebours comme le reste de leurs écritures, c'est-à-dire dans un sens contraire au nôtre, en allant de droite à gauche.

Dans quelques provinces de l'empire Ottoman, on continue d'inscrire sur les monnoies, en chiffres arabes, le millésime de la fabrication. C'est ce qu'on remarque sur la pièce d'or et sur les deux pièces d'argent gravées dans l'ouvrage de M. Bonneville, planche 5, monnoies

[1] *Voyez* pag. 346, alinéa 1er et note 4.

[2] *Senet tenty'n ou sabe'yn ou myeh* (سنة ثنتين و سبعين و ميه).

des puissances barbaresques, sous les n°s. 6, 1 et 2, frappées à Tunis, la première sous *Moustafa*, en 1187 (1773 de notre ère), la seconde sous le même règne en 1186 (1772), et la troisième sous *Selym*, en 1212 (1797).

L'usage a cependant prévalu depuis long-temps, dans presque tous les hôtels des monnoies de l'empire Ottoman, d'indiquer sur les monnoies, au lieu de l'année de la fabrication, celle de l'avénement, et d'écrire les nombres en chiffres, comme on peut le voir sur toutes les pièces gravées dans la planche relative à ce mémoire.

Cet usage a induit en erreur plusieurs auteurs : ils ont pris l'année que porte la pièce pour celle de la fabrication, tandis que la pièce peut avoir été frappée plusieurs années après[1].

Dans le bel ouvrage de M. Bonneville sur les Monnoies d'or et d'argent des diverses puissances[2], les pièces de Turquie sont indiquées comme étant de telle ou telle année, au lieu de tel ou tel règne.

Nous croyons devoir rapprocher ici la forme des chiffres arabes de celle des nôtres, pour qu'on ait cette forme présente, et qu'on en reconnaisse de suite la valeur dans les médailles arabes qui sont gravées dans la Description de l'Égypte :

0	1	2	3	4	5	6	7	8	9	10.
٠	١	٢	٣	٤	٥	٦	٧	٨	٩	١٠.

Le cinq a la forme de notre zéro, et le zéro a la forme d'un point.

[1] *Voyez* pag. 375, alinéa 1er. [2] *Voyez* pag. 302, note 1.

Le millésime de l'avénement se trouve toujours placé, pour les fondouklis, les pièces de 40 et de 20 médins, les médins et les pièces de cuivre, au bas de la pièce, sur l'aire B, opposée à celle qui porte le chiffre du sultan. Quant aux sequins, ce millésime est placé sur l'aire A, qui présente, ou les noms du sultan écrits en toutes lettres, ou son paraphe.

Le mot *senet*[1], qui veut dire l'an ou l'année, précède toujours le millésime écrit en toutes lettres ou en chiffres, sur les monnoies d'Égypte anciennes et modernes, comme on peut le voir par les exemples que nous avons cités pages 333, 346 et 360[2], et pour toutes les pièces gravées dans la planche relative à ce mémoire; tandis qu'on ne lit ce mot *senet* sur aucune des monnoies de Constantinople, comme on peut s'en assurer d'après toutes celles que M. Bonneville a publiées dans son ouvrage[3], et comme le prouvent celles que nous avons rapportées d'Égypte.

Nous avons déjà remarqué que le fameux Mamlouk *A'ly-bey*, qui s'est conformé lui-même à l'usage généralement suivi à Constantinople, au Kaire, etc., en faisant graver sur les autres monnoies le millésime de l'avénement du sultan *Moustafa*, qui est 1171 (1757 de notre ère), a néanmoins dérogé à cette règle pour les pièces de 40 et de 20 médins, lesquelles portent l'an 1183 (1769 ou 1770 de notre ère).

Sur plusieurs monnoies du Kaire et de Constantinople, on remarque, outre le millésime de l'avéne-

[1] *Voyez* p. 356, alin. 2 et note [2].

[2] Alinéa 3 et note [4]. Alinéa 4 et note [8]. Alin. 3, et pag. 361, note [2].

[3] *Voyez* pag. 302, note [1].

ment, des chiffres sur l'explication desquels on varie, mais que l'on s'accorde à reconnaître pour être destinés à indiquer l'époque de la fabrication [1].

Ces chiffres, pour les fondouklis, les pièces d'argent [2], les médins, et même les monnoies de cuivre [3] qui présentent le paraphe du sultan, sont placés sur l'aire B, vers le haut de la pièce, au-dessus du *b* du mot *drob* [4], comme M. Tychsen, dans son Introduction à la Numismatique des mahométans [5], l'a remarqué pour les monnoies frappées à Constantinople et portant le chiffre du sultan. Mais ce qu'on ne paraît pas avoir encore remarqué, c'est que, sur les sequins du Kaire et même de Constantinople, soit que ces pièces d'or présentent le nom du sultan en toutes lettres, soit qu'elles offrent le paraphe du sultan, on aperçoit aussi des chiffres dont la destination est également d'indiquer, par abréviation, l'année de la fabrication ou du règne, placés également sur l'aire B, mais à la fin de la troisième ou avant-dernière ligne, vers la gauche de la pièce, au-dessus du *noun* du mot *ben* ou *ebn* [6], qui veut dire fils; ou vers le bas de la pièce à gauche, comme sur le n°. 12 de nos monnoies gravées; ou enfin

[1] *Voyez* les notes [5] et [6] de cette page.

[2] *Voyez* pag. 298, alin. 3 et suiv.

[3] Telles que le *gedyd* que nous avons fait graver sous le n°. 26. *Voyez* la planche jointe à ce mémoire.

[4] *Voyez* pag. 351, alinéa dernier et note [8]. *Voyez* aussi les pièces gravées sous les n°s. 5, 17, 19, de 12 à 24 et 26; et celles du Tableau des monnoies sous les n°s. d'ordre 25, 59, 66, 67, 69, 70, 73, 74, 75, 77, 78, 83 et 84.

[5] Page 182. *Voyez* pag. 273 de ce mémoire, note [1].

[6] *Voyez* pag. 348, alinéa 2 et note [6]. *Voyez* aussi les pièces gravées n°s. 10, 11, 13, 14, et celles qui sont citées dans le Tableau des monnoies, sous les n°s. d'ordre 34, de 40 à 44, 46, 47 et 53.

vers la droite, comme sur la pièce gravée dans l'ouvrage de M. Bonneville, n°. 12, planche 2, monnoies d'or de Turquie.

M. de Sacy avait d'abord pensé que ces nombres étaient ceux des années du règne, et il avait donné cette indication au Cabinet des médailles de la monnoie de Paris.

M. Tychsen, dans son premier Supplément à l'Introduction à la Numismatique des mahométans[1], page 65, pense que ces chiffres qu'on remarque outre le millésime de l'avénement, et dont il n'avait pu donner l'explication dans son Introduction[2], indiquent simplement l'année du règne du sultan. Il observe que cet usage est aussi celui de l'empire du Mogol.

La conjecture de ces savans est exacte pour différentes pièces. En effet, sur le demi-sequin, par exemple, que nous avons publié sous le n°. 14[3], frappé au Kaire sous *A'bd-el-Hamyd,* fils d'*Ahmed,* dont l'avénement est de l'année 1187 (1774 de notre ère), et sur les deux sequins publiés par M. Bonneville sous les n°s. 17 et 19, frappés aussi au Kaire et sous le même règne, le chiffre 2 qu'on remarque sur l'aire B, vers la fin de l'avant-dernière ligne, indique évidemment la deuxième année du règne du sultan.

Il en est de même du chiffre 2 que présente le médin gravé sous le n°. 21, dans la planche jointe à ce mémoire; et, par conséquent, ces quatre pièces ont été

[1] *Voyez* pag. 372, note [2].
[2] *Voyez* pag. 367, alinéa 1er.
[3] *Voyez* la planche à la suite de ce mémoire.

frappées la même année, la deuxième du règne d'*A'bd-el-Hamyd*, en 1188 ou 1189 de l'hégire (1775 de notre ère).

La même notation paraît, en général, avoir été suivie sous le règne d'*A'bd-el-Hamyd*, et notamment à Constantinople, pour les fondouklis, comme on peut le voir sur les pièces gravées dans l'ouvrage de M. Bonneville; savoir, le grand fondoukli sous le n°. 20, planche 3, et la piastre sous le n°. 3, planche 4, monnoies de Turquie.

Ces deux pièces sont de la première année du règne d'*A'bd-el-Hamyd* : la piastre n°. 5 est de la dixième année, et celle n°. 4, de la onzième. Le demi-fondoukli sous le n°. 23, planche 3, frappé à *Islâmboul*, est de la quinzième année, et, par conséquent, de 1201 ou 1202 (1787 ou 1788 de notre ère). Enfin, le fondoukli sous le n°. 22, qui est aussi d'*Islâmboul*, a été frappé, comme le nombre 16 l'indique, la seizième année ou la dernière du règne d'*A'bd-el-Hamyd*, c'est-à-dire en 1202 (1788 de notre ère), ou dans les commencemens de 1203 de l'hégire, année à laquelle répondrait alors, en même temps, la première du règne de *Selym* III, ou celle de son avénement[1], qui a eu lieu le 7 avril 1789.

Mais il est fort remarquable que, sous le règne même d'*A'bd-el-Hamyd*, on n'ait pas suivi toujours la même notation, comme nous le verrons bientôt[2], et comme

[1] *Voyez*, pag. 373, alinéa 2, des exemples de pièces frappées la première année du règne de *Selym*, et qui portent le chiffre 1.

[2] *Voyez* pag. 371, alinéa dernier.

nous aurons aussi occasion de le remarquer pour le règne de *Selym*[1].

M. Tychsen, page 182 de son Introduction à la Numismatique des musulmans, observe, 1°. que, parmi les monnoies qui présentent d'un côté le seul paraphe du sultan, il n'y a que celles du plus grand module sur lesquelles, outre le millésime, on remarque un chiffre placé au-dessus de la lettre *b* du premier mot de la légende; 2°. que les monnoies du plus petit module ne portent point le mot *drob*[2] en tête de la pièce; 3°. que les chiffres, autres que ceux de l'ère ou millésime, sont en quelque sorte particuliers aux seules monnoies de grand module du règne de *Moustafa* III, frappées à Constantinople, et qu'ils sont remplacés sur celles de petit module par un fleuron ou un astérisque; 4°. que les chiffres qu'on remarque sur les susdites monnoies du règne de *Moustafa*, représentent les nombres 2, 3, 4, 6, 8, 9, 83, 85, 86, 87, mais qu'il ignore absolument ce que signifient ces chiffres; qu'ils ne peuvent désigner l'année du règne de *Moustafa*, puisqu'il n'a régné que dix-sept ans, et non quatre-vingt et quelques années; 5°. que parmi les monnoies de *Moustafa*, outre celles qui portent un seul chiffre, il n'en a remarqué aucune, soit à paraphe ou *toughrâ*, soit sans paraphe, qui offrît d'autres nombres que 80 et quelques; 6°. enfin, il conjecture que lorsqu'il y a deux chiffres, en les additionnant on a l'année du règne dans laquelle la monnoie a été frappée; qu'ainsi 87 indiquerait la quinzième année du règne.

[1] *Voyez* pag. 373, alinéa 2. [2] *Voyez* pag. 351, note [1].

1°. Nous observerons que les chiffres dont il s'agit de trouver le sens existent non-seulement sur des monnoies de grand module, mais encore sur celles de petit module. La pièce de cuivre que nous avons fait graver sous le n°. 26[1] en offre un exemple, et nous en donnerons plusieurs que fournissent les sequins *zer-mahboub* pour le même règne[2] : or, on ne peut considérer ces pièces comme étant du plus grand module.

2°. Il est certain que la plus petite pièce d'argent frappée à Constantinople, que M. Tychsen a gravée planche 4, sous le n°. 47, et qui est d'une valeur moindre d'un pârat, ne présente pas le mot *drob*. Nous avons rapporté d'Égypte de petites pièces semblables, du même règne et frappées également à *Islâmboul*. Mais c'est sans doute à cause de la petitesse de la surface qu'on a cru devoir se dispenser d'y mettre ce mot : il existe sur toutes les autres monnoies du Kaire et de Constantinople, même celles du plus petit module. Nous avons un demi-fondoukli frappé à *Islâmboul*, avénement de 1115, relaté dans le Tableau des monnoies à la suite de ce mémoire, n°. d'ordre 5, sur lequel on lit le mot *drob*, comme sur les pièces du plus grand module.

3°. Les chiffres particuliers dont il est question se remarquent, comme nous le verrons, sur des pièces d'un autre règne que celui de *Moustafâ*; les monnoies du règne de *Selym* en offrent plusieurs exemples[3].

[1] *Voyez* pag. 371, alinéa 1er.

[2] *Voyez* pag. 369, alinéa 3, et pag. 370, alinéa dernier.

[3] *Voyez* pag. 372, alin. 2; *voyez* aussi le Tableau des monnoies, règne de *Selym*, avénement de 1203.

Nous avons déjà fait voir qu'ils n'existent pas seulement sur les pièces de grand module : nous ne croyons pas non plus que ce soit seulement sur des pièces de petit module qu'on voit les chiffres dont il est question remplacés par des fleurons ou des astérisques; au moins le sont-ils quelquefois par des lettres distinctives sur les monnoies de petit module du règne de *Moustafâ* [1], comme le prouve le médin que nous avons fait graver sous le n°. 20 [2], et sur des monnoies de grand module frappées sous d'autres règnes, comme on peut le voir par les trois grands fondouklis publiés dans l'ouvrage de M. Bonneville, planche 1re des monnoies de Turquie [3].

4°. Voici maintenant la signification de ces chiffres : ce sont les derniers de l'année de la fabrication, ou, si l'on veut, une abréviation du millésime de cette année.

Si, depuis l'avénement du sultan, il n'y a que le dernier chiffre de l'année de cet avénement de changé, la pièce ne porte qu'un chiffre. Ainsi les monnoies citées par M. Tychsen, frappées sous *Moustafa*, qui commença à régner en 1171 (1757 de notre ère), portent les chiffres 2, 3, 4, 6, 8, 9, parce qu'elles ont été fabriquées en 117-2, 117-3, 117-4, 117-6, 117-8, 117-9 de l'hégire [4].

Le sequin du Kaire que nous avons fait graver sous le n°. 11, présente, aire B, le chiffre 6 [5], qui indique

[1] *Voyez*, pour le sens de ces lettres, pag. 346 et suiv.

[2] *Voyez* pag. 352, alinéa 1er.

[3] *Voy.* ce que nous avons dit de ces fondouklis, p. 348, alin. 1er, note 5.

[4] 1758, 1759, 1760 ou 1761, 1762 ou 1763, 1764 ou 1765, 1765 ou 1766 de l'ère chrétienne.

[5] Ce chiffre (٦) se trouve placé, sur le même sequin, à côté des let-

que ce sequin, fabriqué sous le règne de *Moustafa*, a été frappé en 117-6 de l'ère musulmane (1762 ou 1763 de notre ère). Nous ne doutons pas que les deux sequins, l'un d'étrennes, l'autre ordinaire, du même règne, et frappés aussi au Kaire, publiés par M. Bonneville sous les nos. 15 et 14 (planche 2, monnoies de Turquie), ne soient de la même année que le nôtre, et que le chiffre indicatif de l'année de fabrication, qui n'a pas été bien gravé, ne soit aussi un 6[1].

5°. Si les deux derniers chiffres du millésime de la fabrication diffèrent de ceux de l'année de l'avénement, la pièce présente alors deux chiffres. Les chiffres 83, 85, 86, 87, relatés par M. Tychsen, désignent donc, pour l'année de l'émission de la monnoie, 11-83, 11-85, 11-86, 11-87[2]; et, comme *Moustafa* III, a régné de 117-1 à 11-87 de l'hégire, on voit que les chiffres qui indiquent l'année de la fabrication ne peuvent être compris que dans les unités ou dans les 80.

6°. Nous avons fait graver, sous le n°. 12, un sequin du grand module du règne de *Moustafa*, avénement de 1171, frappé au Kaire, et qui offre, sur l'aire B, les chiffres 87[3]; ce qui signifie que cette pièce d'or a été frappée en 11-87 de l'hégire (1773 ou 1774). C'est la seizième du règne de *Moustafa*, ou le commencement

tres distinctives *md* (مد). *Voyez* pag. 349, alinéa dernier; pag. 350, alinéa 1er et note 3.

[1] Ce chiffre, dans l'ouvrage de M. Bonneville, est ainsi gravé, ٩ , tandis que ce doit être ٦, comme dans la note précédente.

[2] 1769 ou 1770, 1771, 1772, 1773 ou 1774 de l'ère chrétienne. *Voyez* la note suivante.

[3] ٨٧, abréviation de ١١٨٧. C'est en même temps l'année de l'avénement d'*A'bd-el-Hamyd* fils d'*Ahmed*, qui succéda à *Moustafa* III, le 23 janvier 1774.

de la dix-septième et dernière; tandis que, si l'on additionnait les chiffres 8 et ٧, on n'aurait que la quinzième année.

La pièce de cuivre de petit module que nous publions sous le n°. 26, fabriquée sous le même règne de *Moustafá*, l'a été en 11-81 (1767 ou 1768), comme le fait voir le nombre 81 gravé vers le haut de la pièce. Le sequin n°. 16 de la planche 2 des monnoies de Turquie de M. Bonneville, frappé au Kaire et portant les initiales du nom d'*Aly-bey*, est de 11-83 (1769 ou 1770), et celui sous le n°. 12, frappé à Constantinople[1], est de 11-86 (1772 ou 1773). Enfin, ce n'est peut-être pas sans quelque intérêt qu'on pourra rapprocher la pièce de 40 médins d'*Aly-bey*, frappée au Kaire et publiée par nous, que nous avons citée page 363[2], d'une pièce aussi de 40 médins, frappée à Constantinople en la même année, comme l'indique le nombre 83, et portant le millésime 11-71 de l'avénement de *Moustafa*. (Monnoies d'argent de Turquie, pièce n°. 2.)

Lorsque l'année de la fabrication diffère de celle de l'avénement par les trois derniers chiffres, on remarque trois chiffres sur les monnoies. Le médin gravé sous le n°. 22 dans la planche relative à ce mémoire, qui porte le millésime 1-187, époque de l'avénement d'*A'bd-el-Hamyd ben-Ahmed*, présente, vers le haut de la pièce, les chiffres 200[3], qui constatent que la pièce a été frap-

[1] *Fy Islâmboul* (في اسلامبول). *Voyez* pag. 276, alinéa 2 et note [1].

[2] Alinéa 3, et pag. 352, alin. 2.

[3] ٢٠٠. *Voyez* le Tableau des monnoies. On y cite, sous le n°. d'ordre 69, un autre médin qui porte les chiffres 201 (٢٠١), lesquels indiquent, pour l'année de la fabrication, 1-201 de l'hégire (1786 ou 1787 de notre ère).

pée en 1-200. Il en est de même du sequin d'étrennes publié par M. Bonneville sous le n°. 21, planche 3 des monnoies de Turquie, et qui porte les mêmes chiffres 200. Ainsi ces deux dernières pièces ont été frappées au Kaire dans la même année, et ce sont deux exemples des notations différentes que nous avions annoncées ci-dessus [1] comme adoptées, dans le même hôtel des monnoies, sous le même règne, pour indiquer l'année de la fabrication.

M. Tychsen, dans son Supplément à son Introduction à la Numismatique des mahométans [2], observe que M. Akerblad prétend, non sans vraisemblance, que les chiffres qu'on remarque sur les pièces de *Moustafä* sont une abréviation du millésime de la fabrication. La conjecture de M. Akerblad se trouve parfaitement confirmée par ce que nous venons de dire.

Au reste, cette manière d'indiquer l'année de la fabrication n'est pas particulière, comme nous l'avons déjà annoncé, au règne de *Moustafä* : nous venons de la voir adoptée sur une pièce du règne d'*A'bd-el-Hamyd*; elle l'a été généralement, du moins au Kaire, sous celui de *Selym* III, sultan qui régnait à l'époque de la conquête de l'Égypte par les Français.

Sur les pièces gravées dans la planche jointe à ce mémoire, savoir, celle de 40 médins n°. 17, et celle de 20 médins n°. 19, le millésime 1203 est celui de l'avénement du sultan *Selym*, et le nombre 13, placé vers

[1] *Voyez* pag. 366, alinéa dernier; *voyez* aussi le Tableau des monnoies à la fin de ce mémoire.

[2] *Olai Gerhardi Tychsen Introductionis in rem numarium Muhammedanorum Additamentum I*; Rostochii, MDCCXCVI, *in officin. libr. Stilleriana*; pag. 62.

le haut de la pièce, indique l'année 12-13 (1799), qui est celle de la fabrication. Ce sont les Français qui ont fait frapper ces pièces, dont ils ont rétabli la fabrication, abandonnée depuis *A'ly-bey*[1]. M. Bonneville en a publié une de 20 médins, sous le n°. 10, planche 4 des monnoies d'argent de Turquie.

Sur le sequin gravé n°. 13, les chiffres 15 qu'on lit à la fin de la troisième ligne, sont les deux derniers de l'année 12-15 (l'an IX du calendrier alors suivi en Égypte par les Français, ou 1801 de l'ère chrétienne)[2].

Quoiqu'il paraisse que la même notation a été suivie en général, du moins au Kaire, pour les pièces frappées sous *Selym*, nous remarquons cependant que le médin que nous avons fait graver sous le n°. 23, quoique frappé au Kaire sous le règne de *Selym*, porte le chiffre 1, qui indique la première année du règne. Il en est de même du demi-fondoukli gravé dans l'ouvrage de M. Bonneville sous le n°. 25, planche 3, monnoies de Turquie, et du fondoukli sous le n°. 24, où le millésime de l'avénement est gravé vers le bas de la pièce, entre les ornemens du grenetis[3], et qui portent vers le

[1] Ou peu après *A'ly-bey*. Nous avons vu une pièce de 20 médins, frappée au Kaire, portant le paraphe d'*A'bd-el Hamyd* et l'année de son avénement 1187 (١١٨٧). Le chiffre 9 (٩), placé au-dessus du mot *drob*, indique, pour l'année de la fabrication, 118-9 de l'hégire, époque de la domination de *Mohammed-bey*. Voyez pag. 309, alinéa 1er de ce mémoire.

[2] Si l'on prenait le nombre 15 (١٥) pour la quinzième année du règne de *Selym*, on reporterait la fabrication de cette pièce, qui a été frappée sous nos yeux, à l'an 1218 de l'hégire (l'an XII ou 1804), c'est-à-dire bien après le départ de l'armée française.

[3] Nous observerons, au sujet de cette pièce, que le millésime de l'avénement est mal gravé; il faut, au lieu de 1202 (١٢٠٢), 1203 (١٢٠٣), qui est l'année de l'avénement de *Selym* III. Ces deux pièces sont d'*Islâmboul*.

haut, le premier, le chiffre 1, et l'autre le chiffre 2, lesquels chiffres désignent la 1re et la 2e année du règne de *Selym* III.

De ces deux manières d'indiquer l'année de la fabrication, il est facile de voir que la plus précise est celle qui consiste à reproduire ceux des derniers chiffres du millésime qui ont changé depuis l'avénement : en effet, l'année du règne comprend presque toujours la fin d'une année de l'hégire et le commencement de l'année suivante; en sorte qu'on ne peut savoir dans laquelle des deux la pièce a été frappée.

Afin de faire connaître de quelle utilité peuvent être, pour distinguer les époques, les chiffres dont nous avons parlé, il nous paraît curieux de rapprocher deux pièces de monnoie frappées la même année, sous deux règnes différens, dans le même hôtel des monnoies, dont l'une présente l'année de la fabrication indiquée par les derniers chiffres du millésime, et l'autre l'année du règne. La première est le sequin du grand module frappé au Kaire sous le règne de *Moustafâ*, et qui, d'après ce que nous avons fait voir, a été fabriqué en 1187 (1773 ou 1774)[1], quoiqu'il porte le millésime 1171 (1757 de notre ère), qui est la première année du règne de *Moustafâ*. La seconde pièce est le sequin qui se trouve gravé dans l'ouvrage de M. Bonneville, sous le n°. 18, planche 2, monnoies de Turquie, frappé au Kaire sous *A'bd-el-Hamyd* fils d'*Ahmed* et successeur de *Moustafâ* : le chiffre 1, qui se trouve placé au-dessus de la dernière lettre de l'avant-

[1] *Voyez* pag. 370, alin. dernier.

dernière ligne, indique l'an 1er du règne d'*A'bd-el-Hamyd*.

Si l'on avait pris les millésimes 1171 et 1187 que portent ces pièces, pour les années de la fabrication, on aurait cru qu'elles avaient été frappées à seize années de distance, tandis qu'elles l'ont été dans la même année : on pourrait prendre au contraire, pour avoir été frappées dans la même année, deux pièces portant le même millésime, quoiqu'elles l'eussent été à vingt-cinq ou trente ans de distance, l'une au commencement, l'autre à la fin d'un même règne; ou même à près d'un demi-siècle de distance, pour un règne qui aurait duré une cinquantaine d'années, comme, par exemple, celui de *Solymân* 1er[1].

Si la pièce a été fabriquée l'année même de l'avénement, il semblerait inutile d'indiquer l'année de la fabrication, soit par la première notation, en y inscrivant le chiffre 1, ce qu'on a cependant fait souvent[2] pour désigner la première année du règne; soit par la seconde notation, en y répétant le dernier chiffre de l'avénement[3]. Peut-être est-ce pour cette cause que sur plusieurs monnoies on n'aperçoit point de chiffres (outre

[1] *Solymân ben Selym* (سليمان بن سليم) commença à régner en 926 de l'hégire (1520 de notre ère), et *Selym* II lui succéda en 974 (1566 de notre ère).

[2] Nous en avons cité divers exemples, pag. 366, alinéa 1er; pag. 373, alinéa 2; *voyez* aussi le 2e alinéa de la page précédente.

On peut même dire que cet usage a été suivi assez généralement pour toutes les premières années des règnes, même de ceux sous lesquels on a adopté la seconde notation pour les autres années du règne.

[3] Nous n'avons pas vu d'exemple de pièces sur lesquelles on ait répété, pour indiquer que la fabrication a eu lieu l'année même de l'avénement, le dernier ou les derniers chiffres de cette année.

le millésime de l'avénement) et que ces chiffres sont remplacés par un astérisque ou fleuron, ou par une des lettres distinctives dont nous avons parlé page 348. Néanmoins, toutes les pièces qui sont dans ce cas ne nous paraissent pas avoir été frappées dans la première année du règne : tels sont les sequins que nous avons cités page 351 [1]. Il résulte alors de l'absence des chiffres particuliers dont il s'agit, qu'on n'a aucun moyen de connaître l'année précise de la fabrication.

§. VIII. *Écriture, forme des lettres.*

Les légendes des monnoies usitées en Égypte, qui avaient été écrites en grec sous les successeurs d'Alexandre, en grec ou en latin sous la domination des Romains, en persan avant l'établissement de l'islamisme, le furent depuis en caractères koufiques.

En effet, *el-Macin* [2], dans son Histoire des Arabes, rapporte, sur le témoignage d'*Abou-Ga'far* [3], que les légendes des monnoies d'or usitées avant l'islamisme étaient en grec, et celles des monnoies d'argent, en persan [4]. *O'mar*, vers l'an 18 de l'hégire (639 de notre ère), suivant le passage de *Maqryzy* que nous avons déjà cité [5], fit fabriquer des *dirhem* à l'imitation de ceux des rois de Perse, jusqu'alors seuls en usage, et y fit mettre, en langue persane, les légendes que nous avons indiquées.

[1] *Voyez* l'avant-dernier alinéa de cette page.

[2] *El-Makyn* (المكين). *Voyez*, pour les noms de cet auteur et le titre de son ouvrage, le Mémoire de M. Marcel sur le *meqyâs* de l'île de Roudah, *É. M.*, tom. xv.

[3] ابو جعفر

[4] Pag. 329, alinéa 1er.

[5] Pag. 328, alinéa dernier.

Lorsqu'*A'bd-el-Malek* institua le type musulman, et qu'il fit écrire en langue vulgaire les légendes qu'il adopta[1], on se servit sans doute du caractère qui prit par la suite le nom de koufique.

L'écriture koufique a pris son nom de *Koufah*[2], ville de Mésopotamie, où se trouvaient les plus habiles écrivains. Cette écriture devint célèbre et très-répandue par l'usage qu'on en fit pour écrire le *Qorân*. Elle est surtout remarquable par l'absence de tous les points et accens diacritiques qui servent à indiquer les voyelles et les redoublemens de lettres; en sorte qu'un même mot pourrait avoir un grand nombre de prononciations différentes. Il faut être très-exercé à la lire et très-versé dans l'ancienne langue arabe, pour deviner, par le sens du mot et de la phrase, comment il faut lire, prononcer et traduire. Le koufique ne continua guère à être l'écriture ordinaire que jusqu'au IIIe siècle environ de l'hégire (le IXe de notre ère); mais il fut en quelque sorte long-temps consacré aux inscriptions monumentales, et devint comme l'écriture lapidaire des Arabes. On l'employa sur les monnoies jusqu'au VIIe siècle de l'hégire (le XIIIe de notre ère), ou du moins un caractère approchant et qui en dérivait, tel que l'écriture appelée karmatique[3].

Cependant ces écritures mêmes n'ont pas conservé une forme bien fixe et bien invariable; et dans les manuscrits, comme dans les inscriptions et sur les mé-

[1] *Voyez* pag. 331, alinéa 1er et suivans.

[2] كوفة, ville de l'*I'râq* Babylonien, qui comprend l'ancienne Chaldée.

[3] *Voyez* le Mémoire de M. Mar-

dailles, on remarque que l'écriture change et s'altère successivement; en sorte qu'on peut suivre, jusqu'à un certain point, le passage progressif de l'écriture koufique à l'écriture arabe plus moderne.

La plupart des monumens publics, principalement les mosquées, présentent de nombreuses inscriptions qui sont, pour la plupart, des passages du *Qorân*. Toutes celles qui sont anciennes sont koufiques; il y en a de plus modernes qui sont encore en partie dans ce genre d'écriture ou en caractères qui s'en rapprochent. Il en est de même de quelques-unes des inscriptions qui décorent souvent l'intérieur des appartemens, et qui sont extraites ou du *Qorân*, ou de divers auteurs et poëtes arabes.

Les lettres arabes, indépendamment des différentes formes qui leur sont affectées selon qu'elles se trouvent au commencement, au milieu ou à la fin d'un mot, n'ont pas toujours, comme nos lettres majuscules et nos lettres gravées ou imprimées, une forme constante et rigoureusement déterminée; elles varient sensiblement, comme celles de notre écriture à la main, au gré de celui qui écrit ou qui grave : mais, malgré les nuances fort nombreuses qu'on peut remarquer dans les diverses écritures des manuscrits et des inscriptions, on peut cependant distinguer un certain nombre de genres principaux d'écritures, auxquels on a assigné des noms particuliers, et dont on donne des exemples qui servent de prototype pour y comparer et rapporter

cel sur les inscriptions koufiques recueillies en Égypte, *É. M.*, tom. xv, pag. 137.

les différentes écritures qui rentrent dans le même genre[1]. Nous ne pouvons mieux faire, pour en donner une idée, que de renvoyer aux mémoires publiés par M. Marcel, et qui font partie de la Description de l'Égypte; savoir, celui sur les inscriptions du *meqyâs*[2] de l'île de *Roudah*, et celui sur les inscriptions koufiques recueillies en Égypte[3]. L'art de l'imprimerie n'étant pas répandu en Orient[4], on y attache à l'habileté des écrivains beaucoup plus de prix qu'en Europe. La profession d'écrivain fait vivre une classe nombreuse, qui est considérée et qui jouit d'une existence assez heureuse. On met un très-grand luxe dans les manuscrits, surtout ceux du *Qorân*. Le Voyage en Égypte contient plusieurs modèles de calligraphie dans différens genres d'écritures, et l'on a rapporté en France plusieurs manuscrits arabes admirables par la beauté et la netteté de l'écriture.

Quoique l'art de graver en lettres n'ait pas été aussi pratiqué et poussé aussi loin que celui d'écrire, cependant, pour peu qu'on soit habitué à voir de l'écriture arabe, on peut distinguer aisément, aux proportions

[1] On peut comparer cette distinction de différens genres d'écritures auxquels on donne différens noms, a celle qui est établie chez nous et qui nous fait donner à nos diverses sortes d'écritures les noms de *coulée*, *ronde*, *bâtarde*, *etc.* L'écriture arabe varie aussi dans les différens pays, à peu près comme l'écriture européenne, qui diffère en France, en Italie, en Angleterre, etc.

[2] *É. M.*, tom. xv. Le *meqyâs* est un nilomètre construit par les Egyptiens modernes, dans une île du Nil, appelée *Gezireт el-Roudah* (جزيرة الروضة), à peu de distance du Kaire.

[3] *É M.*, tom. xv, pag. 137.

[4] L'art de l'imprimerie n'a été pratiqué dans l'Orient que rarement, par des Européens, et ne s'y est pas répandu. Les Français avaient établi au Kaire une imprimerie française et arabe, dont M. Marcel était directeur.

des lettres, à leur disposition, à la fermeté et à la netteté des traits, qu'il y a une différence sensible entre les talens des graveurs qui ont exécuté tel ou tel coin. Ainsi, sur les trois pièces d'or nos. 9, 11 et 14 que nous avons publiées, et dont l'aire B offre exactement la même légende, on peut remarquer trois caractères d'écriture fort différens; et l'on peut voir facilement que l'écriture du sequin no. 14 est plus correcte et plus élégante que celle des deux autres médailles.

Les légendes, surtout lorsqu'elles consistaient en passages du *Qorân*, étant assez longues, on remarque sur les *dynâr* et *dirhem* anciens que l'écriture est d'un caractère petit et fort serré; qu'outre l'exergue, qui comprend ordinairement trois ou quatre lignes droites et parallèles, il règne autour de la pièce une et quelquefois deux lignes circulaires d'écriture[1]. Nous avons une pièce de cuivre, rapportée d'Égypte, d'un petit module[2], mais fort épaisse pour son diamètre, sur laquelle on lit seulement, en trois lignes droites et en caractères assez gros, d'un côté, la première partie, et, de l'autre, la seconde partie du symbole[3].

Lorsque l'usage s'introduisit de ne plus mettre sur les sequins des passages du *Qorân*, l'écriture, moins serrée, fut disposée par lignes droites; mais l'habitude

[1] Tel est le *dynâr* que nous avons décrit page 332, dernier alinéa.

[2] 14 millimètres de diamètre et 3 millimètres ½ d'épaisseur.

[3] Ces légendes sont ainsi disposées :

Aire A. لا اله
الا الله
احدة

Aire B, محمد
رسول
الله

de transposer plusieurs lettres et quelquefois des mots entiers, ou de les placer au-dessus des autres, faisait que la disposition de l'écriture était assez irrégulière, ou que les lignes n'étaient pas parfaitement droites, comme on peut le voir sur les pièces gravées sous les nos. 8 et 9[1].

Depuis assez long-temps, pour donner plus de régularité à l'écriture, on a imaginé de tracer des lignes droites, également distantes, qui divisent la surface B de la pièce en quatre parties et servent d'encadrement à chaque ligne d'écriture. Ces lignes sont réunies aux deux extrémités par des portions de cercle qui se rapprochent beaucoup de la ligne circulaire qui sépare le grenetis du champ de la pièce[2].

§. IX. *Ornemens.*

On peut regarder les lignes dont nous venons de parler, comme faisant partie des ornemens de la pièce. Nous pensons cependant que cet usage, qui n'est pas très-ancien, n'indique pas beaucoup d'habileté de la part des graveurs. C'est comme si l'on rayait le papier pour diriger les lignes de l'écriture. Il serait plus élégant et plus correct d'avoir une écriture bien alignée, sans qu'on eût besoin de régler la surface du métal sur lequel on grave.

Les autres ornemens, en général fort simples et peu recherchés, qu'on remarque sur les pièces de monnoie modernes, sont,

[1] *Voyez* la planche jointe à ce mémoire.

[2] *Voyez* ibid. les pièces nos. 10, 13 et 14.

1°. Les fleurons,
2°. Le grenetis,
3°. Le cordon sur tranche.

Le chiffre ou paraphe du sultan pourrait être regardé comme un ornement; nous en avons parlé à l'article des noms du prince, page 337 [1]. Nous ferons seulement remarquer ici qu'au lieu de ce chiffre, la pièce de cuivre frappée sous *Mahmoud,* avènement de 1143 (1730 de notre ère), et que nous avons fait graver sous le n°. 25, offre une rosace ou entrelacs qui occupe toute la surface de la pièce.

Les fleurons sont placés, sur l'aire A, dans les espaces vides que laisse le chiffre du sultan. Sur l'aire B des fondouklis, on en remarque souvent un vers le haut de la pièce, au-dessus du *b* du mot *drob* [2], et il y remplace le le chiffre indicatif de l'année du règne ou de l'année de la fabrication, comme sur les pièces n°. 1, 2, 3, 4, 6, et 7 [3]. Enfin, on en voit de distribués, en plus ou moins grand nombre, selon le goût du graveur, au-dessus et entre les lignes de l'écriture : le sequin gravé dans l'ouvrage de M. Bonneville sous le n°. 1, planche 1re des monnoies d'or de Turquie, en offre une grande quantité [4].

La forme de ces fleurons varie. Les deux plus re-

[1] Alinéa 4.

[2] *Voyez* pag. 351, alinéa dernier et note 8; pag. 364, alinéa 1er.

[3] *Voyez* la planche jointe à ce mémoire. Le fleuron que portent les trois pièces nos. 1, 2 et 4, est le même que celui des deux pièces nos. 6 et 7, excepté que, sur les trois premières, il est surmonté d'un autre petit fleuron, [fleuron], dont la pièce n°. 7, aire A, offre trois exemples.

[4] On peut voir aussi la piastre

marquables et qui se présentent le plus souvent, sont, 1°. celui dont la pièce que nous avons fait graver sous le n°. 19, offre un exemple, aire A; 2°. celui qu'on voit sur l'aire B de la pièce n°. 7[1]. On a cru y distinguer les lettres entrelacées ou une abréviation, pour le premier fleuron, du mot *Allah*[2], et, pour le second, du nom de Mahomet[3]; mais il nous paraît plus vraisemblable qu'on a cherché dans de simples ornemens de fantaisie un sens auquel ceux qui les ont inventés n'ont probablement jamais songé.

Il serait peut-être plus naturel de voir dans le premier de ces fleurons le commencement du symbôle *lâ ilaha*[4], etc. La forme qu'on lui a donnée sur la pièce gravée dans l'ouvrage de M. Bonneville sous le n°. 4, semble offrir en effet assez distinctement deux *lâm-alef*[5], dont un retourné.

Les pièces d'or, d'argent, et même de cuivre, portent, de chaque côté, en relief, sur les bords, un grenetis composé, soit de points ronds plus ou moins larges, que les Arabes comparent à un collier de perles[6], soit de points allongés ou grains d'orge[7], soit enfin de petits

sous le n°. 6, ouvrage de M. Bonneville, planche 4, monnoies d'argent de Turquie.

[1] *Voy.* la pl. jointe à ce mémoire.

[2] ألله, *Dieu.*

[3] *Mahamed* (محمد). — L'usage de faire un ornement de lettres entrelacées aurait quelque rapport avec celui qui est commun en France, d'indiquer le nom de Jésus par IHS, celui de Marie par M, et celui de Louis (comme cela s'est pratiqué sur plusieurs monnoies) par deux L croisés, LL.

[4] لا اله. *Voyez* pag. 332, note 4, et 334, note 3.

[5] لالا. *Voyez* pag. 349, note 3.

[6] *Voy.* les monnoies gravées sous les n°s. 5, 8, 9, 12, 16, 17, 19, 22 et 26, planche jointe à ce mémoire.

[7] *Voyez* la pièce n°. 18, planche jointe à ce mémoire.

nœuds ou fleurons[1]. Une ligne circulaire pleine[2] ou ponctuée[3] sépare le grenetis de la légende.

Sur les fondouklis et les sequins du plus grand module, ou sur les pièces d'étrennes[4], autour de ce grenetis, on remarque une portion circulaire de la surface de la pièce (ou un anneau), qui est unie et sans ornement, comme on peut le voir pour les pièces que nous avons fait graver sous les n°s. 1, 3 et 12[5] : cela tient à ce que ces pièces, quoique d'une surface beaucoup plus grande que les fondouklis ou sequins ordinaires, étaient néanmoins frappées avec les mêmes coins, qui marquaient au centre de la pièce, et laissaient le reste uni et sans empreinte.

Celles des pièces qui étaient fabriquées avec le plus de luxe, et principalement les grands fondouklis de Constantinople, étaient frappés avec des coins gravés exprès, aussi grands que la pièce et ornés de deux grenetis, entre lesquels le champ de la pièce restait uni[6], ou était décoré de divers entrelacs, fleurons ou rinceaux[7], comme on peut le voir sur les monnoies de Turquie publiées par M. Bonneville.

Mahmoud fils de *Moustafa*, que l'on désigne vulgai-

[1] *Voyez* les pièces n°s. 1, 2, 3, 4, 6 et 7, planche jointe à ce mémoire.

[2] *Voyez* les pièces n°s. 3, 5, 8, 9, 11, 12, 14 et suiv., planche jointe à ce mémoire.

Cette ligne circulaire est presque le seul ornement qu'on remarque sur les pièces les plus anciennes.

[3] *Voyez* les pièces n°s. 1, 2, 4, 6 et 7, planche jointe à ce mémoire.

[4] *Voyez* pag. 300, alinéa 1er.

[5] *Voyez* la planche jointe à ce mémoire.

[6] *Voyez* l'ouvrage de M. Bonneville, planche 1re des monnoies d'or de Turquie, la pièce n°. 4; pl. 2, les pièces n°s. 10, 11 et 15; et pl. 3, les pièces n°s. 20 et 21.

[7] *Voyez*, ouvrage de M. Bonneville, planche 1re, les fondouklis de grand module, n°s. 6 et 7.

rement par le nom de Mahomet v, avénement de 1143 (1730), est un des sultans de Constantinople qui ont mis le plus de soin et de luxe dans la fabrication des monnoies. On peut s'en assurer par les fondouklis de grand module publiés par M. Bonneville, sous les nos. 6 et 7[1]. Nous en avons rapporté d'Égypte un de cette espèce qui est d'un titre élevé et très-bien exécuté.

Ce n'est pas seulement pour l'ornement ou l'élégance des pièces de monnoie qu'on a adopté généralement en Europe l'usage de faire graver sur la tranche divers dessins et diverses légendes : le but a été d'empêcher l'altération des monnoies, dont on ne pourrait diminuer le poids en en diminuant le diamètre, sans qu'on s'en aperçût à la simple vue, par l'altération ou la suppression de ces ornemens ou de ces légendes.

Lorsque les monnoies étaient sans empreinte sur la tranche, rien n'était plus facile que d'en enlever une portion, sans qu'elles parussent altérées, les pièces n'étant pas parfaitement circulaires et leur diamètre variant.

Lorsque la tranche n'est marquée que d'une légère ciselure, il est trop facile de la contrefaire. Les lettres ou légendes sont infiniment plus difficiles à imiter.

Anciennement, les lettres sur tranche de nos monnoies étaient saillantes et s'effaçaient promptement par le frottement ou le frai; aujourd'hui elles sont empreintes en creux. Cette précaution, jointe à ce que nos pièces d'or et d'argent, frappées en virole[2], son exac-

[1] Planche 1re des monnoies d'or de Turquie.

[2] La virole est une plaque d'acier, percée, au milieu, d'un trou circu-

tement du même diamètre, rend impossible la moindre diminution de ce diamètre, sans qu'on s'en aperçoive au premier coup d'œil, surtout si l'on rapproche la pièce d'une autre semblable qui soit bien conservée.

Ceux des anciens *dynâr* et *dirhem* que nous avons vus ne nous ont point paru avoir été ciselés sur la tranche, quoiqu'il soit possible que cette ciselure ait été effacée par le frai ou par ceux qui font métier d'altérer les monnoies; cependant il paraît certain que l'on a été longtemps dans l'usage, surtout lorsqu'on se contentait d'arrondir les pièces en les cisaillant, de ne point mettre d'empreinte sur la tranche.

Les fondouklis, comme beaucoup de nos monnoies d'Europe, ont une espèce de ciselure qui a quelque ressemblance avec celle que présente une corde ou un cordon; et c'est de là que vient le nom de cordon donné en général à toute espèce de ciselure ou d'empreinte que portent sur la tranche les pièces de monnoie.

Les sequins sont cordonnés à peu près de la même manière, ou légèrement dentelés, comme nous le verrons[1] en traitant des procédés de la fabrication.

Plusieurs pièces d'argent d'un fort poids et même celles de 40 et 20 médins, et plusieurs pièces de cuivre, eussent été susceptibles de recevoir sur la tranche un cordon figuré ou une légende; mais l'art n'était pas assez perfectionné en Égypte pour qu'on pût adopter le procédé par lequel on grave, en Europe, des lettres sur

laire dans lequel se place la pièce de monnoie pour recevoir le coup de balancier.

[1] *Voy.* le §. x du ch. III, sect. II, *seconde partie*.

la tranche des monnoies, quoique ce procédé soit aussi simple qu'ingénieux.

CHAPITRE IV.

Valeurs des monnoies.

§. I. *Poids.*

Il ne paraît pas qu'on ait frappé habituellement en Égypte de monnoie d'or qui excédât le poids d'une drachme et demie (4 grammes 618), ou d'un *mitqâl* actuel[1], ou même d'un *mitqâl* ancien, équivalent à 1 drachme $\frac{3}{7}$ (4 grammes 398). Tel est, en effet, à peu près le poids des *dynâr* que nous avons eu occasion de vérifier.

Ce n'est que par exception à la règle générale et dans des circonstances particulières qu'on a quelquefois frappé des pièces d'or d'un poids plus considérable, telles que les doubles fondouklis et les fondouklis et demi d'étrennes, dont nous avons parlé pag. 300.

Les princes ou gouverneurs qui faisaient frapper les monnoies en altérèrent à différentes époques les poids et les titres, afin de faire un plus grand bénéfice; mais, l'altération du poids pouvant se vérifier à chaque instant et plus facilement que celle du titre, la diminution

[1] *Voy.*, au sujet du *mitqâl*, notre Notice sur les poids arabes (citée note [1] de la page 271), p. 81, alinéa dernier et suiv.

du poids fut lente et successive, pour qu'elle devînt moins sensible.

Les plus anciens fondouklis et les mieux conservés dont nous ayons constaté le poids n'excédaient pas 1 drachme 15 (5 grammes 541); et les demi-fondouklis, la moitié de ce poids [1].

Tel devait être aussi dans l'origine le poids des sequins *zer-mahboub*, comme on peut s'en assurer par le Tableau des monnoies joint à ce mémoire [1]; mais, vers le commencement du règne de *Moustafà* fils d'*Ahmed*, qui monta sur le trône en 1171 de l'hégire (1757 de notre ère), le poids en fut diminué jusqu'à 0 drachme 8435 (2 grammes 597), et fixé à 0 drachme 842 (2 grammes 592), au commencement du règne de *Selym* fils de *Moustafà*, dont l'avénement est de l'année 1203 de l'hégire (1789 de l'ère vulgaire).

Les Français les maintinrent à ce poids, et la tolérance, ou remède, fut fixée, par réglement du directeur général et comptable des revenus publics de l'Égypte, en date du 25 nivose an IX (15 janvier 1801), à 2 drachmes en dessus et 2 drachmes en dessous; ce qui équivaut à. . . . . 0002575.

Cette tolérance était anciennement, en France, de 15 grains par marc [2], ou de. . 0003255.

Et, depuis la fabrication des pièces de 40 francs et de 20 francs [3], de. . . . . . . 0002000.

[1] *Voyez* le Tableau des monnoies ci-joint, depuis le n°. d'ordre 4 jusqu'au n°. 30 inclusivement.

[2] Édit de janvier 1726.

Les mêmes remèdes ont été conservés par les déclarations et édits des 23 mai 1774, 30 octobre 1785, et par les décrets des 9 avril 1791 et 5 février 1793.

[3] Loi du 23 mars 1803.

Le remède de poids accordé en Égypte était donc moindre que celui qui était accordé en France pour les louis, et à peu près égal à celui qui est fixé pour les pièces d'or de 40 et de 20 francs. Cependant, comme l'or était bien plus subdivisé en Égypte, le remède de poids aurait dû être plus fort[1]. Il était donc presque impossible que chaque pièce séparément atteignît avec exactitude le poids fixé; mais, comme l'on ne tenait pas compte à l'ouvrier de la surcharge de poids, et qu'on ne recevait pas les sequins, s'ils ne pesaient pas assez exactement 84 drachmes (258^{grammes}628) le cent, il était intéressé à ajuster les pièces avec une assez grande précision.

Du reste, plus les pièces présentent de surface, et plus le frai en diminue promptement le poids; et en Égypte, comme dans la plupart des pays du monde, il se trouvait des gens dont la basse cupidité faisait métier d'altérer le poids des pièces d'or : les *serrâf* ou changeurs[2] avaient soin de les peser lorsque le poids en paraissait trop affaibli.

Si les sequins, comme nous avons lieu de le conjecturer, ont remplacé les anciens *dynâr*, dont 7, dans l'origine, pesaient 10 drachmes, 7 sequins ne pesant plus aujourd'hui que 5^{drachme}894, il y aurait eu entre 7 *dynâr* anciens et 7 sequins nouveaux une différence de poids de 4^{grammes}106, ou plus de 41 p. o/o de diminution sur le poids des pièces d'or.

[1] Par le motif indiqué page 393, alinéa 2.

[2] *Voyez* pag. 311, notes [2] et [3], et la note [2] du §. x, chap. I, sect. II, *seconde partie*.

Les demi-sequins ou *nousfyeh*[1] devaient avoir la moitié du poids des sequins, c'est-à-dire 42 drachmes au moins (environ 129 drachmes $\frac{1}{3}$) le cent; et les quarts de sequin ou *rouba'yeh*[2], ou le quart du poids des sequins entiers, 21 drachmes (à peu près 64 grammes $\frac{1}{2}$ le cent).

Quant au poids des anciens *kharoùbah*, voyez ce que nous avons dit de cette petite monnoie d'or, pag. 302[3].

Nous avons fait voir, dans notre Notice sur les poids arabes[4], que, dans l'origine, la monnoie d'argent appelée *dirhem*, et celle d'or appelée *dynâr*, pesaient également un *mitqâl*; mais il s'introduisit, par la suite, dans la circulation, des *dirhem* de différens poids provenant de divers pays. Les impôts, ou la dîme sur l'argent monnoyé, se payaient en deux parties, l'une en *dirhem* forts de poids, et l'autre en *dirhem* faibles. *Ben-Merouân*[5], voulant établir un système de monnoies uniforme, craignit, s'il adoptait les *dirhem* forts, de surcharger les habitans; et, s'il se décidait pour les faibles, de diminuer l'impôt. Il prit un terme moyen et fit fabriquer des *dirhem* au poids de 10 pour 7 *mitqâl*. Il fut déterminé à adopter cette proportion par un motif curieux que nous avons fait connaître en parlant du module des monnoies[6].

Le nouveau *dirhem* devint l'unité de poids, laquelle conserva, ainsi que la monnoie, le nom de *dirhem*, lors même que la monnoie ne pesa plus que $\frac{7}{10}$ de *mit-*

[1] *Voyez* pag. 282, alinéa 1 et note [2].

[2] *Ibid.* note [3].

[3] Alinéa dernier et page suiv.

[4] Citée note [1] de la page 271.

[5] *Voyez* pag. 319, alinéa dernier et note [3].

[6] *Voyez* ibid. et note [4].

qâl, et même après qu'il n'exista plus de monnoie appelée *dirhem*.

Afin de distinguer la monnoie d'avec le poids, nous avons adopté, pour désigner la pièce d'argent, le mot arabe *dirhem*, et pour distinguer le poids usuel, le mot français *drachme*, qui paraît avoir avec le précédent une origine commune[1].

Cet usage de faire les monnoies égales en poids aux poids usuels, et de leur donner les noms mêmes des divisions de ces poids, paraît fort ancien et avoir été suivi chez plusieurs peuples. Diverses monnoies ont été connues en Europe sous les noms de *livre*, d'*once*, de *gros* (d'argent ou d'or); et, jusqu'à l'adoption de notre nouveau système monétaire en francs, le mot *livre* se disait également de notre unité de poids et de notre unité de monnoie, quoique nous n'eussions point de monnoie qui fût du poids d'une livre.

Quoiqu'on ne doive pas considérer les médins actuels comme une altération des anciens *dirhem*[2], mais comme une monnoie nouvelle, de l'établissement de laquelle nous ignorons l'époque précise, il est certain qu'anciennement leur poids était bien plus considérable. A différentes époques, la Porte, informée des abus qui s'étaient glissés dans les monnoies, envoya des ordres, ou même des commissaires spéciaux, pour ramener le poids et le titre des monnoies aux mêmes règles que celles qui étaient suivies à Constantinople.

L'an 1176 de l'hégire (1762 de notre ère), sous le

[1] *Voy.* notre Notice sur les poids arabes anciens et modernes, (citée à la p. 271, note [1]), pag. 75, alinéa 2.

[2] *Voyez* pag. 292, alin. 4 et suiv.

règne de *Moustafa*, lorsque *Rodouân*, *kikhâyâ* d'*Ibrâhym*[1], mamlouk, dominait au Kaire, *Ahmed Aghâh Khatyb Zâdah*[2] y fut envoyé de Constantinople avec le *pâchâ Rahâb* pour inspecter la monnoie. Il fixa le poids de 1000 médins à 125 drachmes (384^{grammes}862). Au commencement du règne de *Selym*, en 1203 (1789 de notre ère), on reçut l'ordre de la Porte de rehausser le poids des médins, qui avait été diminué de 115 drachmes à 100 drachmes : mais on obtint à la monnoie l'autorisation de le baisser de nouveau; et, dans l'espace de dix ans, il fut successivement réduit à 73 drachmes (224^{grammes}760). Lorsque les Français prirent possession de la monnoie, ils ne changèrent rien à l'usage établi déjà depuis un certain temps avant leur arrivée.

Ainsi, dans l'espace des trente-sept dernières années, le poids des médins aurait été diminué de 41 $\frac{2}{3}$ p. o/o.

Si l'on veut comparer le poids actuel de cette monnoie, la seule en argent ou haut-billon qui existe depuis long-temps en Égypte, avec le poids de celle qui s'y fabriquait anciennement sous le nom de *dirhem*, on voit que le médin pèse treize à quatorze fois moins que le *dirhem*.

Cette ténuité des pièces et la manière dont on les

[1] رضوان كحايا ابرهيم. Le mot *kikhyâ* (كخيا) ou *kikhâyâ* (كخايا), qu'on prononce vulgairement *kikhy*, et que nos auteurs écrivent *kiahya* ou *kiaya*, est une corruption du mot *kotkhedâ* (كتخدا); il signifie confident, lieutenant.

[2] احمد اغاة خطيب زاده

Voyez le texte du §. II de ce chapitre.

fabrique[1] mettent dans l'impossibilité de donner le même poids à chaque pièce; il suffit que 1000 médins pèsent assez exactement 73 drachmes.

Sous notre administration, on tolérait une drachme (3grammes078) en plus ou en moins; ce qui donnait un remède de poids de 0014 environ : mais il fallait qu'un certain nombre de milliers de médins équivalût au poids exigé.

On ne peut comparer ce remède sur un poids de 1000 pièces à ceux accordés en France[2] sur le poids de chaque pièce en particulier : cependant on y a adopté pour principe que plus la monnoie était subdivisée, plus le remède de poids devait être fort; et, tandis qu'on l'a fixé, pour les pièces de 5 francs, à 0002, il l'a été, pour les pièces de 25 centimes, à 0010, ou à 10 grammes par kilogramme.

L'avantage d'avoir une monnoie d'argent moins difficile à compter que les médins et dont la valeur tînt le milieu entre celle des pièces d'or et celle des médins (qui n'auraient dû servir que de menue monnoie pour les appoints), engagea sans doute *A'ly-bey* à faire fabriquer des piastres à l'imitation de celles de Constantinople[3].

Il résulte des renseignemens que nous nous sommes procurés au Kaire, que la série des piastres ou pièces fortes d'argent qu'*A'ly-bey* a fait fabriquer ou qu'il avait projeté de mettre en émission, n'en comprend

[1] *Voyez* les §. VI et X du chap. II, section II, *seconde partie*.

[2] Elle était anciennement, pour l'argent, de 36 grains par marc, ou de 0007812.

[3] *Voyez* pag. 298, alinéa 1er.

point de la valeur de 60 ni de 30 médins, et que le poids de ces diverses pièces devait être comme il suit :

Pièces de			
	100 médins	11 drachmes	$\frac{1}{4}$ [1].
	80	9	»
	40	4	$\frac{1}{2}$
	20	2	$\frac{1}{4}$

Cependant celles des pièces frappées sous ce *bey* qu'on nous a données en Égypte pour être de 40 et de 20 médins, pesaient de. . . 5 drachmes 143.
à. . . 5 173.

Terme moyen. . . 5 drachmes 163.

Ces pièces seraient-elles de 60 et de 30 médins? Cela ne nous paraît pas probable, puisqu'on nous a assuré qu'il n'en avait pas été fabriqué de cette espèce. Où sont-elles les premières de 40 et de 20 médins qu'*A'ly-bey* ait fait frapper, tandis que celles qui furent mises plus tard en émission furent réduites au poids de 4 drachmes $\frac{1}{2}$ et de 2 drachmes $\frac{1}{4}$? Ce qui pourrait le faire croire, c'est que l'*effendy* de la monnoie, de qui nous tenons les renseignemens sur la série des diverses pièces ci-dessus, n'en fait remonter l'époque qu'à 1185 de l'hégire, tandis que les pièces que nous avons rapportées d'Égypte et fait essayer et graver [2], portent le millésime de 1183. Reste à savoir si ce millésime in-

[1] *Voyez*, pour l'évaluation des drachmes en poids de France, le tableau joint à notre Notice sur les poids arabes (citée p. 271, note [1]), pag. 100.

[2] *Voyez* la planche jointe à ce

dique seulement l'année où *A'ly-bey* se rendit indépendant, ou l'année même de la fabrication des pièces[1].

Les pièces de 40 et de 20 médins, dont la fabrication fut rétablie par les Français[2], devaient être du poids de 4 drachmes et de 2 drachmes.

D'après cela, la diminution sur le poids de cette monnoie, comparée à celle du même genre du temps d'*A'ly-bey*, eût été d'environ $1^{\text{drachme}}163$ sur $5^{\text{drachmes}}163$, ou de $22\frac{1}{2}$ p. o/o, si la pièce de 40 médins d'*A'ly-bey* devait peser $5^{\text{drachmes}}163$, ou seulement de $11\frac{211}{1000}$ p. o/o, si elle ne devait peser que $4^{\text{drachmes}}\frac{1}{2}$.

Comme on attache ordinairement beaucoup moins d'importance aux monnoies de cuivre, qu'elles ont éprouvé des variations continuelles, qu'elles ont presque toujours une valeur fictive qui résulte du besoin journalier qu'on en a pour servir de signe ou de moyen d'échange dans l'achat des menues denrées, et que, pour cette raison et à cause du bas prix du métal, on ne regarde guère au poids que peut avoir chaque pièce, il nous paraît moins essentiel de constater le poids des monnoies de cuivre à diverses époques.

Nous nous contenterons d'observer que les plus fortes pièces de cuivre qu'on ait fabriquées en Égypte depuis les khalifes, ne nous paraissent pas avoir excédé le poids de 7 drachmes $\frac{1}{2}$, un peu plus de 23 grammes.

Une pièce de cuivre, dont la légende, en caractères koufiques, présente le mot *dynâr*, et qui est de la na-

mémoire, nos. 16 et 18; *voyez* aussi p. 363, alin. 3, et p. 352, alin. 2.

[1] *Voyez* ibid. et p. 349, alin. 1er.

[2] *Voyez* pag. 292, alinéa 2, et la note [1] du §. II, chap. II, sect. II, *seconde partie*.

ture de celles dont nous avons parlé page 308[1], pèse 1 drachme 644 (5 grammes 062); et celle que nous avons citée page 380[2], 1 drachme 614 (4 grammes 969).

Le *gedyd* que nous avons fait graver sous le n°. 25[3] pouvait peser environ 1 drachme 75 (5 grammes 388).

Ceux du règne de *Moustafä*, avénement de 1171 (1757 de notre ère), dont un a été gravé dans la planche ci-jointe sous le n°. 26, varient de $\frac{1}{2}$ à $\frac{2}{5}$ de drachme[4].

Enfin les *gedyd* sans empreinte, dont il a été question page 299, ne pesaient guère, les dix ensemble, que 2 drachmes $\frac{1}{4}$ à 2 drachmes $\frac{1}{2}$; ou la pièce, $\frac{1}{4}$ de drachme au plus[5].

§. II. *Titre.*

Dans l'origine de l'établissement de presque toutes les monnoies, les pièces d'or et d'argent ont d'abord été à un titre fort élevé; et, chez presque tous les peuples, les anciennes sont ordinairement les plus pures[6]. Ainsi, par exemple, le *dynâr* que nous avons cité page 332, et qui est de l'an 97 de l'hégire (716 de l'ère chrétienne), s'est trouvé, d'après les essais rigoureux faits à la monnoie de Paris, à 987, ou 23 karats $\frac{22}{32}$[7]. Tant que les gouvernemens n'ont pas un intérêt personnel à surcharger la monnoie d'alliage, rien n'est plus naturel que de donner à ce signe représentatif de toutes les autres valeurs la plus grande valeur possible

[1] Alinéa 3.

[2] Ligne 16 et note [3].

[3] *Voyez* la pl. jointe à ce mém.

[4] Quatre de ces pièces ont pesé 0 drachme 406; 0 dr. 385; 0 dr. 373; 0 dr. 529. *Voyez* pag. 394, note [1].

[5] *Voyez* pag. 394, note [1].

[6] *Voyez* le Tableau des monnoies à la suite de ce mémoire, colon. 17 et 19.

[7] *Voyez* ibidem la pièce n°. d'ordre 1er.

sous le moindre volume; ce qui la rend plus facile à serrer et à porter, et ce qui diminue les frais de fabrication.

Néanmoins, il ne faut pas croire que le mieux soit de porter l'or et l'argent au titre le plus élevé. L'expérience a appris qu'une certaine proportion d'alliage donne à ces métaux plus de dureté et les rend moins susceptibles de s'altérer par le frai.

Indépendamment de cette considération, comme la plupart des monnoies s'alimentaient avec des espèces fabriquées par les Espagnols et les Portugais, qui possédaient les mines les plus abondantes du monde, les autres nations d'Europe ont été obligées d'allier leurs monnoies à peu près dans les mêmes proportions qu'eux; autrement, il aurait fallu qu'elles supportassent, en pure perte, les frais d'affinage des monnoies espagnoles et portugaises.

Hors ces motifs particuliers, le seul qui ait pu déterminer les différens gouvernemens à altérer les monnoies, a été le désir de faire un bénéfice qui tourne toujours au détriment des particuliers, et qui finit par devenir fatal à l'État et au gouvernement lui-même, en ruinant son commerce et son crédit, et en jetant dans les finances un embarras difficile et souvent impossible à réparer.

Comme le titre n'est pas très-facile à constater pour les particuliers, surtout dans les pays où les arts sont peu perfectionnés, et où presque personne, excepté l'essayeur de la monnoie, ne sait la manière de s'assurer exactement du titre, ceux de qui dépendaient les monnoies d'Orient ont pu faire subir plus impunément des altérations successives au titre des espèces d'or et d'argent, et jouir plus long-temps du bénéfice qu'ils y trouvaient.

Quelquefois les princes se firent un honneur de donner à leur monnoie un plus haut degré de pureté que leurs prédécesseurs ou leurs voisins; ou les gouvernemens, revenus à des principes plus justes et plus éclairés, sentirent qu'il était de l'intérêt des particuliers, et du leur propre, de faire fabriquer la monnoie avec plus de soin et d'un meilleur aloi, afin de lui donner plus de crédit dans le commerce intérieur et de lui assurer la faveur du change avec l'étranger.

Ahmed ben-Touloun[1] paraît être celui qui fit frapper en Égypte, depuis l'islamisme, les *dynâr* les plus purs. On les appela de son nom *ahmedy*, et ce mot servit à désigner par la suite l'or le plus fin.

La circonstance qui donna lieu, dit-on, à cette opération, nous paraît fort curieuse, quoiqu'elle présente bien quelque chose du caractère fabuleux de la plupart des anecdotes que les historiens arabes recueillent avec tant d'empressement et de confiance.

Maqryzy rapporte qu'en faisant faire des fouilles aux pyramides, dans l'espoir d'y trouver des trésors, *Ahmed ben-Touloun* découvrit un vase plein de *dynâr*.

Le couvercle portait cette inscription, en caractères anciens : « Je suis un tel, fils d'un tel; je suis celui qui a séparé l'or de ses impuretés. Quiconque voudra savoir combien mon règne a été supérieur au sien, n'aura

[1] *Voyez* pag. 279, alinéa 2 et note [2]; *voyez* aussi pag. 336, alinéa 3.

qu'à considérer combien l'aloi de mes *dynâr* est meilleur que l'aloi des siens; car celui qui purifie l'or de son alliage est lui-même purifié de son vivant et après sa mort. »

Ahmed fit essayer ces *dynâr,* et les trouva en effet supérieurs à ceux frappés avant lui. Il apporta le plus grand soin à améliorer le titre de la monnoie d'or.

En supposant que le *dynâr ahmedy* fût aussi pur que le sequin de Venise, dont le titre le plus élevé est porté, au tarif des monnoies de France[1], à 996, le titre légal du sequin du Kaire étant aujourd'hui à 16 karats $\frac{24}{32}$ ou 698, il y aurait eu, dans le titre des monnoies d'or, une altération successive de 288 sur 1000, c'est-à-dire de près de 29 p. o/o.

Avant l'entrée des Français à la monnoie du Kaire, le titre des sequins avait quelquefois été au-dessous de 16 karats $\frac{24}{32}$. Le titre le plus bas paraît être celui du sequin publié par M. Bonneville dans son Traité des monnoies d'or et d'argent, sous le n°. 21 des monnoies d'or de Turquie. Ce sequin est du règne d'*A'bd-el-Hamyd,* monté sur le trône de Constantinople en 1187 de l'hégire (1774). Il est frappé au Kaire l'an 1200 (1785 ou 1786), et coté au titre de 15 karats $\frac{15}{32}$ ou 645 : cependant le titre devait être de 16 karats $\frac{28}{32}$ ou 703, avec une tolérance de $\frac{4}{32}$ de karat en dessous; ce qui donnait, pour le remède. . . . . 00052.

Le titre des *zer-mahboub* fut fixé, par les Français[2], à 16 karats $\frac{24}{32}$ ou à 698, avec la

[1] Tarif du 17 prairial an XI (6 juin 1803).

[2] Réglement du 25 nivose an IX, cité pag. 388, alinéa 3.

tolérance de $\frac{1}{32}$ en dessus et $\frac{1}{32}$ en dessous;
environ. . . . . 00039.
ou près de. 00040.

La tolérance du titre ou remède de loi était en France[1], pour les louis, de $\frac{1.2}{32}$ de karat, ou de. . . . . 00156.
et depuis, pour les pièces d'or de 40 et de 20 francs[2], de. . . . . 00020.

Ainsi le remède qui fut accordé était près de trois fois moindre qu'anciennement en France, et pas tout-à-fait le double de celui qui a été adopté pour les pièces de 40 et de 20 francs.

Les procédés pour les essais, que nous décrirons à la fin de ce mémoire[3], étant moins parfaits qu'en France, le remède de loi fixé pour le titre des sequins n'était pas assez fort.

Les fondouklis, dont la fabrication avait cessé depuis le règne d'*A'bd-el-Hamyd* fils d'*Ahmed*, étaient, en général, d'un titre plus élevé que les sequins[4].

Les sequins fondouklis de Turquie sont portés, au tarif des monnoies de France du 17 prairial an XI (6 juin 1803), à 996, titre qui paraît trop élevé, même quand il s'agirait des plus anciens et des plus purs.

Ceux frappés au Kaire, sous les règnes des sultans *Ahmed* fils de *Mahamed* et *Mahmoud* fils de *Moustafâ*, années de l'avénement 1115 et 1143 de l'hégire (1703

[1] Déclaration du 12 février 1726.

[2] Loi du 7 germinal an XI (23 mars 1803).

[3] *Voyez* le §. III du chap. III, section II, *seconde partie*.

[4] *Voyez* pag. 280, alin. 3 et suiv.

et 1730 de l'ère chrétienne), sont d'un très-bon aloi; mais ceux du règne d'*Abd-el-Hamyd* fils d'*Ahmed*, avénement de 1187 (1774 de notre ère), et qui portent le chiffre 9, sont très-altérés, au point que ceux qui restent dans le commerce au Kaire y passaient pour faux et d'argent doré, comme nous l'avons déjà dit[1], quoiqu'ils se soient encore trouvés, d'après les essais faits à la monnoie de Paris, au titre de 710 à 725[2]. Ces pièces ne sont donc pas précisément fausses; mais elles ont été émises par le gouvernement du pays pour une valeur égale à celle des anciens fondouklis, et, par conséquent, bien supérieure à celle qu'elles avaient réellement.

Les *dirhem nâsery* que fit fabriquer Saladin (*voyez* page 284, alinéa 2), étaient alliés, suivant *Maqryzy*, à parties égales d'argent et de cuivre.

Le seul *dirhem* assez ancien que nous ayons rapporté d'Égypte est celui qui fut frappé en l'an 665 ou 675 (1266 ou 1267 de notre ère), sous *Dâher Rokn-ed-dyn Bybars*, dont nous avons parlé pag. 329, al. 5. Son titre, d'après l'essai fait à la monnoie de Paris, est à 672[3].

Nous n'avons pas de données exactes sur le plus haut titre qu'aient eu les *dirhem* anciens. En le supposant

[1] *Voyez* le §. III du chapitre II, section II, *seconde partie*.

[2] *Voy*. le Tableau des monnoies, pièces nos. 24 et 25.

Le titre des fondouklis de Constantinople, sous le règne d'*A'bd-el-Hamyd*, était fixé à 19^k et $\frac{1}{4}$ ou 802. On les fabriqua sans doute au Kaire avec le même or que les *zer-mahboub*; alors, d'après leur poids et leur titre, ils ne valaient que $166^{méd.}66$, et ils furent fixés à 200^m.

[3] *Maqryzy* rapporte que l'aloi des *dirhem dâhery* fut réglé à 70 p. % d'argent fin; ce qui ne s'éloigne pas beaucoup du titre trouvé à la monnoie de Paris. *Voyez* le Tableau des monnoies, pièce no. d'ordre 54.

à 983, titre le plus élevé des monnoies d'argent, suivant le tarif du 17 prairial an XI (6 juin 1803), il y aurait eu, dès le milieu du VIIe siècle de l'hégire (vers la fin du XIIIe siècle de l'ère vulgaire), une diminution successive dans le titre des monnoies d'argent, de près de 31 et $\frac{2}{3}$ p. o/o.

Ahmed Aghâh Khatyb Zâdah, commissaire envoyé par la Porte, en 1176 de l'hégire (1762 de notre ère), à la monnoie du Kaire[1], fixa le titre des médins à 580. A l'époque de l'arrivée des Français en Égypte, ce titre était baissé jusqu'à 348 environ; ce qui donne, dans un espace de trente-sept ans, une altération successive de 39 et $\frac{2}{3}$, ou près de 40 p. o/o.

Nous verrons[2] qu'à cette dernière époque, sur 1 drachme d'argent fin on ajoutait $1^{\text{drachme}}870432$ d'alliage. Si, dans la fabrication, cette proportion n'éprouvait aucun changement, on aurait eu, pour le titre des médins, 348.

A compter du 1er vendémiaire an IX (23 septembre 1800), la proportion de l'alliage à ajouter fut fixée[3] à 2 drachmes sur 1 d'argent fin; et, si la matière des médins ne s'était pas sensiblement affinée dans les différentes manipulations auxquelles elle est soumise, le titre en eût été exactement à 333 ou $\frac{1}{3}$ d'argent fin : mais la plupart des opérations du monnoyage, telles que la fonte, la forge, les divers recuits, et surtout le décapage, tendent à séparer une portion du cuivre qui se

[1] *Voyez* pag. 391, alinéa dernier, et pag. 392, note [2].
[2] *Voyez* le §. II du chap. I, section II, *seconde partie*.
[3] *Voyez* ibid.

volatilise ou se brûle, en colorant la flamme en vert, ou s'oxide et se sépare à la surface et est enlevée au blanchîment; en sorte que la matière, ou l'argent allié, s'affine un peu successivement et d'une manière qui finit par être sensible, parce que les médins offrent une très-grande surface par rapport à leur masse : le titre réel des médins s'élève donc. Ceux que M. Vauquelin, membre de l'Institut, essayeur pour la garantie de la marque d'or et d'argent à Paris, avait essayés à notre retour d'Égypte, se sont trouvés à 356. Ils avaient été fabriqués, sous nos yeux, au Kaire, l'an 1213 de l'hégire (1798 à 1799 de notre ère). D'autres essais faits dernièrement, à la monnoie de Paris, sur des médins de la même fabrication, ont porté leur titre de 352 à 354[1], au lieu de 348 qu'aurait dû donner la proportion d'alliage ajoutée, comme il est dit à l'alinéa précédent.

Des expériences très-exactes, faites récemment par M. Darcet, inspecteur des essais à la monnoie de Paris, ont prouvé que, pour la formation du billon, si l'on fond ensemble des quantités bien constatées de cuivre pur et d'argent d'un titre bien connu, l'essai donne ensuite un peu moins d'argent fin qu'on n'en avait ajouté. D'après cela, on peut porter encore un peu plus haut que ne l'ont donné les essais ci-dessus cités, l'affinage qui a lieu dans les diverses opérations de la fabrication des médins.

Pour la fabrication des pièces de 40 médins et de 20

[1] *Voyez* le Tableau des monnoies joint à ce mémoire, pièces nos. d'ordre 80 et 82.

médins, on ajoutait également sur 1 drachme d'argent fin 1 drachme 870432 d'alliage[1]. Le titre, s'il n'y avait eu aucune bonification dans le cours du monnoyage, aurait dû être de 348. Il pouvait s'élever à 350, parce que l'affinage qui a lieu dans la fabrication de ces sortes de pièces est nécessairement moins considérable que celui qu'éprouvent les médins.

§. III. *Valeur nominale.*

Tous les peuples qui connaissent l'usage des monnoies adoptent une certaine unité, réelle ou fictive, qui leur sert de terme de comparaison pour évaluer les autres monnoies et les diverses denrées et calculer toutes les valeurs. Ainsi, anciennement en France, l'unité monétaire était la livre, et, depuis le nouveau système monétaire, l'unité est le franc.

La valeur nominale des diverses monnoies est la quantité de ces unités monétaires à laquelle elles sont censées équivaloir.

Presque tous les systèmes monétaires admettent concurremment deux métaux, l'or et l'argent, souvent un troisième, le cuivre, et quelquefois une autre espèce de métal composé, qui est le billon.

C'est presque toujours l'argent qui a fourni l'unité monétaire, parce qu'il est plus abondant que l'or dans le commerce et plus propre à servir habituellement de moyen d'échange; une certaine quantité d'argent, telle qu'elle soit facile à manier et à transporter, ne se trou-

[1] *Voyez* le §. II du chap. I, sect. I, *seconde partie.*

vant être ni d'une trop grande valeur ni d'une valeur trop faible pour les besoins ordinaires ou l'usage journalier.

L'or, dont la destination principale est de réaliser les fortes valeurs et de les rendre plus facilement transportables, a fourni rarement l'unité monétaire; cependant, en parlant des monnoies d'or, nous avons vu qu'anciennement en Égypte[1] les comptes, les stipulations, le prélèvement des impôts, etc., se faisaient en *dynâr*.

Dès le moment qu'on substitua en Égypte aux diverses monnoies d'argent étrangères qui y circulaient une monnoie d'argent nationale, uniforme, qu'on appela *dirhem* comme le poids auquel elle était égale dans l'origine, le *dirhem* devint l'unité monétaire, ou tout s'évalua en *dirhem*.

Lorsqu'on cessa de fabriquer des *dirhem*, les médins qui remplacèrent cette monnoie d'argent devinrent et sont encore aujourd'hui l'unité monétaire, et c'est peut-être la plus petite unité de ce genre dont aucune nation ait fait usage pour évaluer des sommes considérables[2].

La monnoie de cuivre ne sert ordinairement que d'appoint à celle d'argent; mais il faut bien, dans ce cas même, qu'il s'établisse un rapport entre la valeur respective de ces deux espèces de monnoies. S'il n'existait pas de monnoie d'or, ou s'il en circulait très-peu; que la monnoie d'argent fût elle-même rare, et celle de cuivre abondante, l'évaluation en monnoie de cuivre

[1] Page 274, alinéa dernier.

[2] *Voyez* pag. 293, alinéa dern.

deviendrait si fréquente et si habituelle, que l'unité de cette dernière monnoie finirait par être, en quelque sorte, considérée comme la seule unité monétaire : c'est ce qui arriva en Égypte vers le VIIIe siècle de l'hégire (au commencement du XVe siècle de notre ère), où tout, jusqu'à l'or lui-même, finit par s'évaluer en *felous* ou monnoie de cuivre[1].

Dès qu'on évalue les monnoies fabriquées avec une espèce de métal, celles d'or, par exemple, en unités de monnoie d'un autre métal tel que l'argent, on établit nécessairement une comparaison ou un rapport entre la valeur de ces deux métaux.

Ce rapport peut varier par diverses circonstances, selon que l'un des deux métaux est plus abondant ou plus recherché.

Aussi plusieurs écrivains, aussi estimés par la justesse de leurs vues que par l'étendue de leurs lumières[2], ont-ils proposé de ne fixer la valeur nominale que pour les pièces d'argent, et d'inscrire sur les monnoies d'or, au lieu de la valeur nominale, leur poids et leur titre, en laissant au commerce le soin d'établir le rapport de la valeur de l'or à celle d'argent.

Cependant cette mesure ne paraît guère praticable. Il en résulterait une incertitude continuelle sur la valeur relative des deux espèces de monnoies, parce que, malgré le soin que le gouvernement pourrait prendre de faire publier souvent ce rapport, il resterait ignoré de

[1] *Voyez* p. 296, alin 1er et suiv.

[2] *Voyez* pag. 24 du mémoire de M. Mongez, que nous avons déjà cité, pag. 315, note [1]. *Voyez* également, page suivante, l'opinion de M. de Sacy.

la grande majorité des gens du peuple, pour qui d'ailleurs il serait gênant ou impossible d'effectuer sans cesse les calculs d'évaluation, lesquels ne sont ordinairement familiers qu'aux caissiers, ou à ceux qui s'occupent des opérations de change ou de la banque.

Tels sont les motifs qui ont empêché d'adopter cette idée dans notre nouveau système monétaire, et qui ont fait prendre le parti d'inscrire sur les monnoies d'or, comme sur celles d'argent, leur valeur nominale en francs.

Lorsqu'en Égypte la monnoie d'or était la seule monnoie légale, et qu'il n'y circulait que quelques monnoies d'argent étrangères, leur valeur relative, ou leur cours, a bien pu être fixée seulement par le commerce. C'est ce qui a donné lieu à M. de Sacy [1] de conjecturer que, sous le gouvernement des Fâtémytes, on avait une idée plus juste de la monnoie que celle qui dirige aujourd'hui le système monétaire dans la plupart des états d'Europe, où l'on croit pouvoir établir une proportion fixe et invariable entre l'or et l'argent; mais est-il probable qu'à l'époque dont il s'agit un système qui suppose une civilisation si avancée, et qui ne pourrait guère être adopté qu'entre banquiers ou négocians, eût été établi par le gouvernement d'Égypte? Comme il ne s'agissait que de monnoies d'argent étrangères de diverses valeurs, il n'existait à leur égard qu'une règle fort simple et fort naturelle, adoptée chez la plupart des nations d'Europe, et qui consiste à ne pas en taxer

[1] Note 79, pag. 42 de sa traduction du Traité des monnoies musulmanes, édition de 1797.

ou tarifer la valeur, et à tolérer leur circulation au taux que leur assigne le commerce ou l'état du change avec les nations qui les fournissent : mais, dès que l'Égypte eut une monnoie d'argent particulière, il est indubitable que le gouvernement fixa le rapport de sa valeur à celle de la monnoie d'or, comme cela s'est pratiqué dans presque tous les pays du monde; c'est ce que prouvent évidemment plusieurs passages de *Maqryzy*.

Les princes et gouverneurs de l'Égypte dûrent même se montrer d'autant plus jaloux du droit de fixer la valeur nominale des monnoies, qu'ils ont presque tous été dans l'habitude de chercher à faire sur leur fabrication le plus grand bénéfice possible : or, ce bénéfice ne pouvait avoir lieu qu'en donnant un cours forcé aux monnoies, ou en fixant leur valeur nominale bien au-dessus de leur valeur intrinsèque. C'est dans le même but qu'ils ont ordonné souvent la démonétisation non-seulement de toutes les espèces étrangères qui s'étaient introduites à diverses époques dans la circulation, mais encore des monnoies de leurs prédécesseurs, et leur versement à la monnoie, où elles n'étaient reçues au plus que pour leur valeur intrinsèque et où elles étaient converties en nouvelle monnoie d'un plus bas aloi.

Cependant, comme il arrive nécessairement, malgré l'ignorance du peuple, d'une part, et malgré le pouvoir du gouvernement, de l'autre, que le niveau entre la valeur nominale des monnoies et leur valeur intrinsèque tend sans cesse à se rétablir plus ou moins vite et plus ou moins exactement, aucun moyen coercitif ne pouvait empêcher qu'à la longue, lorsque l'altération du poids et du titre des espèces devenait trop sensible, et surtout lorsqu'on mettait en émission une trop grande quantité de monnoies de bas aloi, le prix des denrées, celui de l'or et de l'argent en lingot, et par suite celui de l'or même monnoyé, s'il avait subi moins d'altération, n'augmentassent successivement. Le gouvernement finissait alors par être forcé à changer lui-même la valeur nominale de la monnoie d'or [1]; et, pour continuer à faire des bénéfices sur la fabrication, il baissait encore le titre des monnoies, et exigeait qu'on les prît d'après la nouvelle fixation de leur valeur nominale, comme si elles eussent conservé la même valeur intrinsèque qu'auparavant.

Voici maintenant ce qui empêchait que le niveau ne s'établît rigoureusement entre la valeur nominale et la valeur intrinsèque des médins; c'est que la quantité de cette monnoie, qui servait à-la-fois aux achats en gros et en détail dans toute l'Égypte et même avec les pays voisins, n'était pas assez abondante pour les besoins du commerce : ce qui lui donnait une valeur fictive assez considérable, comme moyen d'échange; valeur qu'elle eût continué à conserver en partie, lors même que la connaissance de son bas aloi eût été généralement répandue.

On peut voir dans *Maqryzy* les principales variations qu'éprouva la valeur nominale des monnoies dans les sept premiers siècles de l'hégire. Nous nous contente-

[1] *Voyez* ce que nous avons dit de la pataque, pag. 311, alinéa 1er et suivans.

rons d'en rapporter ici un passage curieux [1] et qui confirme ce que nous avons dit précédemment.

En Égypte, vers l'an 363 de l'hégire (974 de notre ère), le cours du *dynâr mo'ezzy* [2] était au pair de 15 *dirhem* $\frac{1}{2}$.

Du temps de l'*émyr* des fidèles *el-Hâkem bi-Amr-Allah Abou-A'ly el-Mansour ben el-Azyz* [3], le nombre des *dirhem* étant fort augmenté, on donna jusqu'à 34 *dirhem* pour un *dynâr* : le prix de toutes les denrées changea, et il en résulta un grand désordre dans toutes les affaires des particuliers. Alors on démonétisa les *dirhem*. On emporta du palais vingt caisses pleines de *dirhem* neufs; on supprima ceux qui faisaient le métier de changeurs, et il fut publié un édit qui défendit de faire aucune affaire en *dirhem* de l'ancienne fabrication. Tous les propriétaires de ces espèces eurent ordre de porter tout ce qu'ils en avaient à l'hôtel des monnoies, dans le délai de trois jours. Cela causa beaucoup de confusion : quatre *dirhem* anciens se donnèrent pour un *dirhem* de la nouvelle fabrication. La proportion de la nouvelle monnoie fut réglée à 18 *dirhem* pour un *dynâr*.

Le Tableau des monnoies joint à ce mémoire indique la valeur nominale en médins à laquelle furent fixés les fondouklis, les sequins, les piastres ou *ghrouch* [4], soit par les *pâchâ* ou les beys à diverses époques, soit par les Français lors de leur entrée en Égypte.

[1] Page 41 du Traité des monnoies de Makrizi, trad. de M. de Sacy.

[2] *Voyez* pag. 279, alin. dernier, et pag. 359, alinéa 2.

[3] الحاكم بامر الله ابو على المنصور بن العزيز

[4] *Voyez* pag. 298, alinéa dernier et note 3.

Cette dernière fixation eut lieu par un tarif qu'arrêta une commission formée à Alexandrie et composée de Français et d'habitans du pays.

Ce tarif établit, en même temps, la valeur relative en monnoie d'Égypte pour laquelle auront cours les monnoies de France et de divers autres pays. Il est donc d'une importance si directe pour le sujet que nous traitons, que nous croyons indispensable de le relater ici. Nous avons seulement ajouté, en regard du tarif, une colonne qui contient l'évaluation des mêmes monnoies en francs, en prenant pour base celle de 142 médins donnée à la pièce de 5 francs.

TARIF DES MONNOIES D'ÉGYPTE.

Il a été convenu entre les citoyens Sucy, commissaire ordonnateur en chef; Berthollet et Monge, membres de l'Institut national de France; Poussielgue, contrôleur des dépenses de l'armée; Estève, payeur général; Magalon, consul général à Alexandrie, commissaires nommés par le général en chef, et[1] Hagi Homed Abu il Rizo, marchand; Hagi Abd il Vahab, il Hoschi check et Hagi Ali Mebergi il Dakak, marchands, tous trois établis à Alexandrie et convoqués exprès; que les monnoies françaises, les monnoies turques et autres monnoies étrangères, auront cours suivant le tarif ci-après, qui sera en conséquence imprimé, tant en arabe qu'en français, et qu'elles devront être données et reçues pour la valeur dudit tarif;

[1] On relate ici les noms et titres des commissaires égyptiens, etc., tels qu'ils sont orthographiés dans le tableau imprimé en Égypte.

SAVOIR :

TARIF

EN OR.	MONNOIES DU PAYS.	MONNOIES DE FRANCE.	RÉDUCTION EN FRANCS, sur le pied de 142 médins pour 5 francs.
	Pârats ou médins.	liv. s. d.	fr. cent.
Le quadruple d'Espagne vaut	2352.	ou 84. 00. 00. 00.	82. 81,69.
Le demi-quadruple	1176.	42. 00. 00. 00.	41. 40,84.
Le quart de quadruple	588.	21. 00. 00. 00.	20. 70,42.
Le huitième de quadruple	294.	10. 10. 00. 00.	10. 35,21.
Le seizième de quadruple	147.	5. 5. 00. 00.	5. 17,61.
Le double louis de France	1344.	48. 00. 00. 00.	47. 32,39.
Le louis simple	672.	24. 00. 00. 00.	23. 66,19.
Le sequin de Venise	340.	12. 2. 10. 2/7.	11. 97,18.
Le sequin *zer-mahboub* du Kaire	180.	6. 8. 6. 6/7.	6. 33,80.
Le demi-sequin	90.	3. 4. 3. 3/7.	3. 16,90.
Le sequin de Constantinople [1]	200.	7. 2. 10. 2/7.	7. 04,22.
Le sequin de Hongrie et de Hollande	300.	10. 14. 3. 3/7.	10. 56,34.
EN ARGENT.			
L'écu de six livres de France	168.	6. 00. 00. 00.	5. 91,52.
L'écu de cinq livres	142.	5. 1. 5. 1/7.	5. 00,00.
L'écu de trois livres	84.	3. 00. 00. 00.	2. 95,77.
La pièce de trente sous	42.	1. 10. 00. 00.	1. 47,88.
La pièce de quinze sous	21.	0. 15. 00. 00.	0. 73,94.
L'écu de Rome	140.	5. 00. 00. 00.	4. 92,95.
L'écu simple de Malte	67.	2. 7. 10. 2/7.	2. 35,91.
L'écu et quart de Malte	84.	3. 00. 00. 00.	2. 95,76.

SAVOIR :

TARIF

EN OR	MONNOIES DU PAYS.	MONNOIES DE FRANCE.	RÉDUCTION EN FRANCS, sur le pied de 142 médins pour 5 francs.
	Pârats ou médins.	liv. s. d.	fr. cent.
Le quadruple d'Espagne vaut	2352.	ou 84. 00. 00. 00	82. 81,69.
Le demi-quadruple	1176.	42. 00. 00. 00.	41. 40,84.
Le quart de quadruple	588.	21. 00. 00. 00.	20. 70,42.
Le huitième de quadruple	294	10. 10. 00. 00.	10. 35,21.
Le seizième de quadruple	147.	5 5 00. 00.	5. 17,61.
Le double louis de France	1344	48. 00. 00. 00.	47. 33,39.
Le louis simple	672.	24. 00. 00. 00.	23. 66,19.
Le sequin de Venise	340.	12. 2. 10. [illegible]	11. 97,18.
Le sequin *zer-mahboub* du Kaire	180.	6. 8. 6. [illegible]	6. 33,80.
Le demi-sequin	90.	3. 4. 3. [illegible]	3. 16,90.
Le sequin de Constantinople[1]	200.	7. 2. 10. [illegible]	7. 04,22.
Le sequin de Hongrie et de Hollande	300.	10. 14. 3. [illegible]	10. 56,34.
EN ARGENT.			
L'écu de six livres de France	168.	6. 00. 00. 00.	5. 91,52.
L'écu de cinq livres	142.	5. 1. 5. [illegible]	5. 00,00.
L'écu de trois livres	84.	3. 00. 00. 00.	2. 95,77.
La pièce de trente sous	42.	1. 10. 00. 00.	1. 47,88.
La pièce de quinze sous	21.	0. 15. 00. 00.	0. 73,94.
L'écu de Rome	140.	5. 00. 00. 00.	4. 93,95.
L'écu simple de Malte	67.	2. 7. 10. [illegible]	2. 35,91.
L'écu et quart de Malte	84.	3. 00. 00. 00.	2. 95,76.
Le double écu de Malte	134.	4. 15. 8. [illegible]	4. 71,83.
Le double et demi écu de Malte	168.	6. 00. 00. 00.	5. 91,55.
La piastre d'Espagne	150.	5. 7. 1. [illegible]	5. 28,17.
Le thalari	150.	5. 7. 1. [illegible]	5. 28,17.
L'écu de huit livres de Gênes	186.	6. 12. 10. [illegible]	6. 54,93.
L'écu de six livres de Milan	130.	4. 13. 10. [illegible]	4. 57,74.
Il existe quatre espèces de piastres turques.			
La première vaut	100.	3. 11. 5. [illegible]	3. 52,11.
La seconde	80.	2. 17. 1. [illegible]	2. 81,69.
La troisième	60.	2. 2. 10. [illegible]	2. 11,27.
La quatrième	40.	1. 8. 6. [illegible]	1. 40,84.
Par ce calcul,			
La livre tournois de compte vaut	28.	1. 00. 00. 00.	0. 98,59.
Le pârat	1.	0. 00. 8. [illegible]	0. 03,52.

Nota. Les recettes et dépenses de l'armée sont comptées en pârats.

A Alexandrie, le 17 messidor, an VI de la république française, et de l'hégire le 20 de moharrem[2].

(*Suivent les signatures.*)

[1] Le fondoukli n'est pas tarifé. Il passait pour 300 médins. *Voy.* p. 280, alin. 3; *voy.* aussi les fondouklis, Tabl. des mon.

[2] L'an 1213 de l'hég. (5 juillet 1798). Moharrem (محرّم), premier mois de l'année musulmane.

Le double écu de Malte	134.	4. 15. 8. $\frac{4}{7}$.	4. 71,83.
Le double et demi écu de Malte	168.	6. 00. 00. 00.	5. 91,55.
La piastre d'Espagne	150.	5. 7. 1. $\frac{5}{7}$.	5. 28,17.
Le thalari	150.	5. 7. 1. $\frac{5}{7}$.	5. 28,17.
L'écu de huit livres de Gênes	186.	6. 12. 10. $\frac{2}{7}$.	6. 54,93.
L'écu de six livres de Milan	130.	4. 12. 10. $\frac{2}{7}$.	4. 57,74.
Il existe quatre espèces de piastres turques.			
La première vaut	100.	3. 11. 5. $\frac{1}{7}$.	3. 52,11.
La seconde	80.	2. 17. 1. $\frac{2}{7}$.	2. 81,69.
La troisième	60.	2. 2. 10. $\frac{6}{7}$.	2. 11,27.
La quatrième	40.	1. 8. 6. $\frac{4}{7}$.	1. 40,84.
Par ce calcul,			
La livre tournois de compte vaut	28.	1. 00. 00. 00.	0. 98,59.
Le pârat	1.	0. 00. 8. $\frac{4}{7}$.	0. 03,52.

Nota. Les recettes et dépenses de l'armée sont comptées en pârats.

A Alexandrie, le 17 messidor, an VI de la république française, et de l'hégire le 20 de mohharrem[2].

(*Suivent les signatures.*)

[1] Le fondoukli n'est pas tarifé. Il passait pour 300 médins. *Voy.* p. 280, alin. 3; *voy.* aussi les fondouklis, Tabl. des mon.

[2] L'an 1213 de l'hég. (5 juillet 1798). Moharrem (محرّم), premier mois de l'année musulmane.

Nous terminerons ce qui concerne la valeur nominale des monnoies, par l'examen des motifs qui ont servi de bases au tarif ci-dessus.

Le parti que la Commission avait à prendre pour la fixation du tarif était compris entre deux limites, qui consistaient ou à tarifer rigoureusement les monnoies du pays d'après leur valeur intrinsèque, ou à leur donner la plus grande valeur possible en monnoies de France.

La première mesure, outre qu'elle paraissait, en théorie, la plus conforme aux principes d'une bonne administration, semblait conseillée par l'intérêt des membres de l'armée, qui, à leur arrivée en Égypte, devaient naturellement désirer d'échanger les monnoies qu'ils apportaient d'Europe contre la plus grande quantité possible de monnoie du pays; mais cette disposition eût été, par le fait, très-impolitique. En décriant ainsi la monnoie du pays, le plus grand inconvénient n'eût pas été de priver le trésor de tout le bénéfice qu'il pouvait faire sur la fabrication de cette monnoie, ou même de le grever d'une dépense considérable si les frais de fabrication étaient tombés à sa charge : mais, comme les impôts se percevaient en médins, il est évident que le trésor, continuant à n'en percevoir qu'une même quantité, aurait vu diminuer considérablement ses ressources, à moins qu'il n'eût augmenté les impôts, ce qui présentait bien plus d'inconvéniens encore.

Par la seconde mesure (si l'on eût tarifé, par exemple, la piastre à 100 médins et le sequin *zer-mahboub* à 120), on eût obtenu les résultats suivans :

1°. Les appointemens de l'armée ayant été fixés en argent de France, la dépense du trésor, qui les eût payés en médins, eût été moindre d'un tiers;

2°. L'impôt étant fixé et perçu en médins, en continuant à en prélever la même quantité, la valeur du produit eût été, par le fait, plus considérable d'un tiers;

3°. Le bénéfice sur la fabrication de la monnoie eût été aussi plus grand en proportion.

Cependant, comme la valeur nominale des monnoies tend sans cesse à se rapprocher de la valeur intrinsèque, que partout où se trouve une augmentation sensible de consommateurs qui ont tout à acheter et rien à vendre, surtout lorsqu'ils dépensent facilement et qu'ils apportent dans la circulation une assez grande quantité d'espèces étrangères, le prix des denrées augmente rapidement, il aurait été bien difficile et peut-être même impossible de rehausser au Kaire la valeur des médins et de la maintenir long-temps au même taux, et il aurait fallu employer à cet effet des mesures rigoureuses et peut-être impolitiques; en sorte que la Commission nous semble avoir choisi réellement le parti le plus sage et le plus loyal, en prenant un terme moyen entre les deux limites dont nous avons parlé ci-dessus, et en fixant, pour la valeur nominale en médins du sequin *zer-mahboub* et de la piastre d'Espagne, celle à laquelle ils étaient parvenus au Kaire, parce qu'il était naturel que cette ville, par son importance et en sa qualité de capitale et de centre du commerce et du gouvernement, réglât le cours des monnoies.

§. IV. *Valeur intrinsèque.*

M. Mongez, dans son excellent traité qui a pour titre, *Considérations générales sur les monnoies*[1], démontre que leur valeur réelle se compose (lorsqu'on n'est pas obligé d'affiner le métal) de la valeur intrinsèque du métal et des frais de fabrication. Mais, pour estimer les valeurs des métaux séparément et entre elles, il faudrait les comparer avec celles des principales denrées du pays; il resterait encore, pour avoir une idée exacte du prix des denrées, à le comparer avec celui qu'elles ont chez nous : en second lieu, les frais de fabrication ne sont pas les mêmes; ils sont beaucoup plus considérables en Égypte, par la nature même et la forme de la monnoie, et plus qu'ils ne devraient l'être, si les arts y étaient moins imparfaits. Le seul moyen de donner une idée simple et facile à saisir de la valeur intrinsèque des monnoies d'Égypte, est donc de les comparer, sous ce rapport, à celles de France, en supposant les frais de fabrication les mêmes de part et d'autre, et c'est ce que nous avons fait dans le tableau joint à ce mémoire[2].

§. V. *Proportion de l'or et de l'argent dans les monnoies d'Égypte.*

Pour connaître en général ce rapport, il faut comparer, dans les deux espèces de monnoies, la valeur

[1] Déjà cité pag. 315, note [1].

[2] *Voyez* colonnes 23 et suiv. du Tableau des monnoies. *Voyez* aussi le §. 1 du ch. III, sect. I, *sec. partie*.

d'un poids égal d'or et d'argent fins ou au même titre, en ne tenant pas compte de la valeur de l'alliage[1].

Dans le système actuel des monnoies de France, celle d'or et celle d'argent étant au même titre (toutes les deux sont alliées à $\frac{1}{10}$) et leurs subdivisions étant décimales, rien n'est plus facile à établir que le rapport dont il s'agit. En effet, un kilogramme d'argent monnoyé contenant 10 fois 20 francs, et un kilogramme d'or monnoyé 155 pièces de 20 francs, on voit tout de suite que le rapport de l'argent à l'or est de 10 à 155 ou de 1 à 15 $\frac{1}{2}$.

M. Mongez, dans ses Considérations générales sur les monnoies[2], donne des détails fort curieux sur les variations de la proportion de l'or à l'argent dans divers pays, à différentes époques.

Pour connaître celles qui eurent lieu en Égypte, il faudrait que les auteurs nous eussent transmis en même temps la valeur nominale respective, le poids et le titre précis des monnoies d'or et d'argent : c'est ce que ne présente point le traité de *Maqryzy*, qui indique le poids, tantôt de l'une, tantôt de l'autre monnoie, quelquefois leur valeur nominale ou leur cours, et très-rarement leur titre, mais sans parler alors de leur poids. On ne peut prendre la valeur des *dynâr* en *dirhem*, rapportée par *Maqryzy* dans les passages que nous avons cités précédemment, page 410,

[1] En général, on n'en tient pas compte; mais, lorsque dans les monnoies d'or il y a une quantité assez considérable d'argent, il semble qu'on doive avoir égard à une partie de la valeur de cet argent. *Voyez* le §. II du ch. II, sect. I, *sec. partie.*

[2] Pag. 20 et suiv. *Voyez*, pour cet ouvrage déjà cité, pag. 315, note [1].

pour le rapport de valeur entre l'or et l'argent[1]. En effet, il faudrait pour cela que le *dynâr* eût été alors du même poids et du même titre que le *dirhem*; ce qui n'avait pas lieu.

Comme le poids et le titre des monnoies d'argent ont subi en Égypte bien plus d'altération que ceux des monnoies d'or, la proportion dont il s'agit a tendu constamment à baisser, puisqu'on a toujours donné à l'argent, dans les monnoies, une valeur fictive bien au-dessus de la valeur qu'avait dans le commerce et chez les autres nations l'argent en lingot, ou même l'argent monnoyé.

Sous le règne d'*Ahmed* fils de *Mahamed*, avénement de 1115 de l'hégire (de 1703 à 1730 de notre ère), la proportion dont il s'agit était, dans les fondouklis et les médins, de 1 à 14 $\frac{1}{5}$[2]. Or, cette proportion est, à très-peu de chose près, la même que celle qui fut établie en France par Louis XV, lors de la refonte de 1726, et celle que Romé de Lisle avait trouvé exister entre les monnoies d'or et d'argent de Constantin, c'est-à-dire quatorze siècles auparavant; parité qui, suivant l'observation de M. Mongez, « est tout-à-fait surprenante, puisqu'il semble que la découverte du nouveau monde aurait dû rompre le rapport entre l'or et l'argent par l'abondance avec laquelle elle a fait couler ce nouveau métal sur notre continent. »

[1] Traduction du Traité des monnoies musulmanes de Makrizi, par M. de Sacy, pag. 42.

		drachmes.			
[2]	100 fondouklis pesant	114.00	au titre de 968,	et valant 13400 méd.	
	1000 médins	125,00	944		

En Égypte, un demi-siècle seulement après le règne d'Achmet III, lorqu'*A'ly-bey* se fut emparé du pouvoir, la proportion dans les *zer-mahboub* et dans les médins était déjà baissée à 11 $\frac{36}{100}$ ou un peu plus de 11 $\frac{1}{3}$[1]. Lors de notre arrivée en Égypte, d'après les poids, titre et valeur nominale que nous avons donnés des sequins et des médins[2], la proportion était réduite à 7 $\frac{4}{5}$.

Quoique les pièces de 40 et de 20 médins n'aient jamais été une monnoie habituelle en Égypte, si on veut les comparer à la monnoie d'or, on verra que, sous *A'ly-bey*, la proportion de l'or et de l'argent dans les sequins et dans les *ghrouch* (en supposant ces dernières pièces au même titre que les médins, et au poids de 516 drachmes le cent) était un peu plus de 13 $\frac{1}{3}$[3], et que sous les Français elle fut de 10 $\frac{2}{3}$.

Cette proportion plus élevée tient à ce que les *ghrouch* avaient, en raison de leur poids, plus de valeur intrinsèque que les médins[4].

D'après le tableau qu'on trouvera à la suite de ce mémoire, on pourra calculer le rapport de la valeur de l'or et de l'argent dans les monnoies, aux diverses époques pour lesquelles ce tableau offre les données nécessaires; on observera, pour celles comprises au tarif des monnoies page 412, qu'une même valeur nominale

		drachmes		
[1]	100 sequins pesant	84,33	au titre de 750,	et valant 12500 médins.
	1000 médins	115.00	500	
[2]	100 sequins	84,20	698	18000.
	1000 médins	73,00	350	
[3]	100 *ghrouch*	516,00	500	4000.
[4]	100 *ghrouch*	400,00	348	4000.

en médins a été donnée aux fondouklis et aux sequins *zer-mahboub* de diverses époques, quoique leur valeur intrinsèque soit bien différente et qu'ils aient valu un moins grand nombre de médins à l'époque de leur émission.

SECONDE PARTIE.

État actuel des monnoies en Égypte. — Procédés de fabrication. — Administration.

SECTION PREMIÈRE.

ÉTAT ACTUEL DES MONNOIES.

CHAPITRE Ier.

Système monétaire actuel.

Les seules monnoies usuelles d'Égypte étaient, avant l'arrivée des Français, et ont continué d'être, depuis lors :

1°. *Monnoies d'or.*

Le sequin *zer-mahboub*, allié avec argent, au titre de 16 karats $\frac{3}{4}$, ou un peu moins de 698, pesant 0drachme 842 (2gram. 592), valant 180 médins (6fr. 35cent. 80 en monnoie de France), portant le chiffre du sultan et les légendes arabes, telles que les présente la pièce que nous avons fait graver sous le n°. 13[1];

Le demi-sequin, ou *nousfyeh*, d'un module un peu

[1] *Voyez* la planche jointe à ce mémoire.

moins grand, moitié poids du *zer-mahboub*, même titre, moitié valeur, même chiffre et même légende;

Le quart de sequin, ou *rouba'yeh*, module moins grand que celui du demi-sequin, moitié de son poids, moitié de sa valeur, même titre, portant d'un côté le chiffre du sultan, et de l'autre une partie seulement des mêmes légendes que les demi-sequins. *Voyez* celui qui est gravé, planche ci-jointe, sous le n°. 15.

2°. *Monnoies d'argent ou plutôt de billon.*

Les médins, très-petite monnoie, dont mille pèsent 73 drachmes (ou 224gram.76), au titre de 350 millièmes de fin, valant, en argent de France, 35 francs 21 centimes, portant d'un côté le chiffre seulement ou paraphe du sultan de Constantinople; et de l'autre, *Frappé à Masr* (le Kaire), *l'an* (de l'avénement du sultan). *Voyez* la figure du médin gravé sous le n°. 24 de la planche ci-jointe.

Quant aux pièces de 40 et de 20 médins, ou *ghrouch*, il n'en a été frappé qu'une quantité peu considerable[1] sous le commandement du général français Bonaparte : on peut considérer ces pièces comme ne faisant plus partie du système monétaire actuel de l'Égypte; on en verra la forme et le type sous les n°s. 17 et 19 de la planche jointe à ce mémoire.

Pour tout ce qui concerne les monnoies actuelles, on peut consulter ce que nous avons dit aux divers chapitres et articles dont le sommaire est à la suite de ce mémoire.

[1] *Voyez* le §. III du chap. III, sect. I, *seconde partie.*

CHAPITRE II.

Change des matières d'or et d'argent.

§. I. *Moyens d'approvisionnement de la monnoie du Kaire en matières d'or et d'argent.*

Le principal approvisionnement de la monnoie en matières d'or et d'argent se faisait, de temps immémorial, par une compagnie de Juifs [1] qui avaient un marché passé avec la monnoie.

En Égypte, comme dans presque toutes les contrées de l'univers, les Juifs s'adonnent de préférence au commerce des métaux et des pierres précieuses. Ils achètent les bijoux et les pièces d'orfévrerie, les monnoies d'or et d'argent de divers pays, les médailles, la poudre d'or des caravanes, etc.; c'est à eux qu'un antiquaire devrait s'adresser pour se procurer des médailles d'or et d'argent, et il suffirait de leur en donner un prix un peu au-dessus de leur valeur intrinsèque.

Les Juifs portent dans le commerce cette patience, cette économie, cette ténacité, ce soin à ne pas négliger le gain le plus modique qui les caractérisent et qui n'appartiennent qu'à eux : là, comme partout ailleurs,

[1] En arabe, *el-Yhoudy* (اليهودى).

ils sont rebutés et vexés par les autres classes du peuple et opprimés par le gouvernement. C'est un préjugé assez général, que le commerce des métaux précieux est très-lucratif; dans le fond, il l'est très-peu, et bien moindre que celui des métaux les plus abondans et les moins chers. C'est à la main-d'œuvre et au prix fictif que le luxe et les arts donnent à l'or et à l'argent, que les orfévres et les joailliers d'Europe doivent leurs profits; il n'en font presque point sur les matières elles-mêmes.

Les Juifs chargés de la fourniture à la monnoie ont au Kaire plusieurs *serrâf* ou changeurs, et, dans les principales villes d'Égypte, des correspondans qui achètent pour eux.

Au Kaire, ceux qui ne veulent pas se servir de l'entremise des *serrâf*, viennent vendre à l'*oukel*[1], ou magasin des Juifs, qui estiment la valeur des métaux à l'essai, s'il s'agit d'une quantité un peu considérable de matières de même aloi, ou à la pierre de touche et même à la simple vue, pour les diverses pièces de monnoie ou d'orfévrerie.

Ils font faire leurs essais d'or et d'argent à leur magasin par les essayeurs de la monnoie; mais ils estiment eux-mêmes à la pierre de touche toutes les pièces d'or qu'ils achètent.

Ils ont des aiguillettes d'or séparées, alliées à différens titres; ils frottent sur la pierre de touche, qui est de même nature que celle dont on se sert en Europe, le morceau d'or qu'ils veulent essayer, et successivement à côté celles des aiguillettes ou touchaux qu'ils

[1] En arabe, *oukâleh* (وكالة); au pluriel, *oukâyl* (وكايل).

croient approcher le plus du même titre, et ils apprécient l'or avec beaucoup de justesse, en comparant l'aspect que présentent les traces laissées sur la pierre.

En France, on passe sur les taches ainsi faites de l'eau forte (préparée à cet effet avec de l'acide nitrique et un peu d'acide muriatique), à des degrés connus. On peut ensuite juger approximativement du titre de l'or par la comparaison des traces, si elles résistent l'une et l'autre en partie à l'action de l'acide. Si, au contraire, celle de l'or à essayer disparaît entièrement, on sait au-dessous de quel titre il faut qu'il soit pour que la trace soit effacée par l'eau forte à tel degré.

Les Juifs mêlent ensuite dans des proportions convenables l'or à différens titres, et approchent souvent si près du titre fixé pour les sequins, qu'après l'essai des lingots ils se trouvent entre les limites de la tolérance accordée, et sont dispensés de refondre leur or pour atteindre au titre prescrit; mais, s'il résulte de l'essai fait à la monnoie, que les lingots dépassent le remède d'usage en plus ou en moins, ils sont obligés de les remporter pour les fondre de nouveau et les allier plus exactement.

Lorsqu'il faut baisser le titre de l'or, ils ne manquent pas de se servir, de préférence, de l'argent doré, qu'ils n'achètent dans le commerce qu'au même prix que l'argent ordinaire, et ils enrichissent ainsi leurs lingots de la dorure que contient l'argent qu'ils emploient pour alliage. Ils ont aussi soin d'enlever, au moyen d'un peu de cire, les traces d'or qui restent sur la pierre de touche, et jettent dans leurs creusets ces boules de cire qui contribuent à servir de flux et à désoxider la surface de l'or.

Les caravanes qui vont de Maroc à la Mekke[1], et celles qui viennent de Dârfour, Sennâr, etc., apportent, chaque année, une certaine quantité de poudre d'or[2].

Toute celle qui est à vendre ne s'achète pas pour le compte de la monnoie, parce que les négocians, voulant réaliser pour eux-mêmes ou pour leurs commettans, offrent souvent un prix plus élevé que celui que pourrait en donner la monnoie.

Cet or, composé de paillettes ramassées sans doute dans les fleuves et les torrens, ou retirées du sable aurifère, ne présente presque aucun de ces morceaux un peu volumineux et cristallisés qu'on appelle en France pepie.

La poudre en est renfermée dans un morceau de linge fin, enveloppé de deux ou trois autres morceaux de toile plus grosse, et lié avec un fil en forme de nouet; le tout est recouvert d'un morceau de peau cousu et séché au soleil. La peau, en se séchant ainsi et se retirant, forme une enveloppe serrée et dure, et le paquet ou groupe d'or[3] présente parfaitement l'apparence d'un sac de couleur de nos peintres, ou d'un fruit de *solanum* appelé tomate.

[1] Ces caravanes recueillent dans leur route les pélerins d'Alger, de Tunis, de Tripoli, du Kaire, etc. Elles arrivent dans cette dernière ville vers le milieu d'avril. Celles de Dârfour, de Sennâr, etc., atteignent le Nil à Syène ou à Syout, dans la haute Égypte.

[2] La poudre d'or s'appelle en arabe *tebr* (تبر).

[3] En arabe, *sourrat*, qui veut dire bourse. *Voy.* p. 313, alin. 2 et note 4.

Dans chaque sac se trouve toujours quelque bijou ou ornement acheté des Africains ou des nègres.

Presque tous ces bijoux sont des anneaux ou bagues, des pendans d'oreilles ou ornemens de cou. Le seul travail qu'ils offrent est une espèce de ciselure semblable aux pas d'une vis très-fine. Presque tous les anneaux représentent des serpens. Nous avons vu un des ornemens de cou qui figurait bien distinctement une tortue, dont les pattes et la tête étaient saillantes.

Les sacs ou groupes d'or sont tous à peu de chose près du même poids, environ 97 drachmes ou 65 *mitqâl*[1].

Le titre varie de 21 à 22 karats $\frac{16}{32}$[2]; l'or en était anciennement plus pur, selon l'assertion de l'*effendy* de la monnoie et des Juifs, soit que les paillettes fussent plus riches, soit que les bijoux ajoutés à chaque groupe fussent à un plus haut titre.

Ces sacs, qui s'achètent communément 244 piastres[3] d'Espagne, sont une véritable monnoie qui sert aux caravanes de moyen d'échange : ils ont une valeur constante pour laquelle on les reçoit, sans même être obligé de les peser et de les ouvrir; on peut s'en rapporter à la bonne foi, dont l'usage, la religion, et l'intérêt même des marchands, leur font une loi sévère.

Cependant à la monnoie on s'assurait d'abord du poids et du titre d'un des groupes d'or pris au hasard, et les Juifs étaient assez exercés à juger l'or sur son apparence, pour estimer s'il était à un demi-karat de plus ou de moins.

[1] 298 à 300 grammes.

[2] De 875 à 938 millièmes de fin.

[3] 3660 médins, ou, en francs, 1288 francs 73 centimes.

Si le prix convenait au marchand, qui vendait ordinairement en présence ou par l'entremise du *cheykh* ou chef de la caravane, on se touchait dans la main, et le marché était conclu. Mais il n'est pas permis, dans les règles de la croyance de ces pieux voyageurs, d'acheter des métaux avec des métaux : pour obvier à cet inconvénient, comme il est dans toutes les religions des moyens d'éluder les préceptes, on n'appelait pas cela acheter, mais échanger. Les groupes d'or se mettaient d'un côté; l'argent convenu, de l'autre; et le vendeur demandait à l'acheteur lequel des deux lots lui faisait le plus de plaisir. L'acheteur prenait les groupes d'or, et l'argent restait au vendeur.

§. II. *Prix de l'or et de l'argent en Égypte.*

L'or au titre des sequins, ou 16 karats $\frac{24}{32}$ (698), se payait avant l'expédition d'Égypte, et s'est payé constamment par les Français, à raison de 112 sequins ou 20160 médins les 100 drachmes. Ces 100 drachmes contenant d'or pur $69^{\text{drachmes}}8$, les 100 drachmes d'or pur revenaient à. . . . . $28882^{\text{médins}}521$, si l'on ne tenait pas compte de l'argent allié à l'or dans les lingots[1].

Comme 100 drachmes d'or à 698 contiennent $30^{\text{dr.}}2$ d'argent, qu'on peut ne supposer qu'à 900, ce qui donne $27^{\text{drachmes}}18$ d'argent fin, valant $520^{\text{médins}}116$ (à raison de $19^{\text{médins}}136$ la drachme, prix basé sur celui de

[1] *Voyez*, pour cette première hypothèse, l'article 1er du tableau ci-après, page 434.

France), si de.	$20160^{\text{médins}}$	000,
prix des 100 drachmes d'or à 698, on déduit.	520	116,
restera, pour la valeur de 69^{drachme}8 d'or pur.	19639	884.
Alors les 100 drachmes d'or fin ne vaudront que [1].	28137	369.

Mais on ne peut compter, dans les lingots alliés d'argent, toute la valeur de l'argent qu'ils contiennent; il faut déduire de cette valeur les frais d'affinage qui seraient nécessaires pour séparer l'argent de l'or.

Ces frais sont fixés en France, par arrêté du gouvernement du 4 prairial an XI [2], à 32 francs par kilogramme de fin contenu dans l'or soumis à cette opération; il en coûterait donc, pour 69^{drachmes}8 d'or pur (ou $214^{\text{gram.}}$907), $6^{\text{fr.}}87^{\text{cent.}}$702, ou. . . . $195^{\text{médin.}}$307, qu'il convient d'ajouter au prix des 100 drachmes d'or à 698, trouvé ci-dessus. . . . . 19639 884.

Ce qui porterait ce prix à.	19835	191.
Alors les 100 drachmes d'or fin reviendraient à [3].	28417	179.

La poudre d'or qu'on acheta à la monnoie, en l'an VII (1799), de la caravane de Maroc [4], pesait, avant la fonte, 2919 drachmes; elle rendit net, après

[1] *Voyez*, pour cette seconde valeur, l'article 2 du tableau ci-après, page 434.

[2] Du 24 mai 1803.

[3] *Voyez*, pour cette troisième valeur, l'article 3 du tableau cité note [1].

[4] *Voyez* p. 426, alin. 1er et suiv.

la fonte, 2837 drachmes en lingots de 21 karats $\frac{12}{32}$ à 22 karats $\frac{20}{32}$, contenant ensemble 2602^{drachmes}51 d'or pur. On avait payé cette poudre d'or 730238 médins; ce qui fait revenir les 100 drachmes d'or fin à[1]. . . . . 28058^{médins}989.

Il résulte de la comparaison de ces prix avec ceux de France, comme on peut le voir par le tableau ci-après, 1°. que, même en ne tenant aucun compte de la valeur de l'argent allié à l'or dans les lingots, l'or fin revenait en Égypte à 131 francs 35 centimes par kilogramme de moins qu'en France, ce qui fait près de 4 p. o/o; 2°. qu'en tenant compte seulement de la valeur de l'argent, déduction faite des frais d'affinage, l'or fin revenait à 184 francs 57 centimes par kilogramme de moins qu'en France, ce qui fait plus de 5 $\frac{1}{3}$ p. o/o; 3°. que la poudre d'or s'y vendait 225 francs 53 centimes de moins par kilogramme de fin, ce qui fait plus de 6 $\frac{1}{2}$ p. o/o de moins qu'en France.

La manière dont s'achetait l'argent en Égypte, lors de l'entrée des Français à la monnoie, est assez remarquable.

On en faisait l'essai; on calculait l'argent pur que contenaient les lingots; on ajoutait au produit 2 p. o/o du poids total de l'argent brut, et c'est le pur fictif résultant de cette addition que l'on payait 18 médins la drachme.

On peut s'assurer que cette manière de calculer le prix de l'argent revenait à payer séparément l'argent

[1] *Voyez*, pour la comparaison de ce prix de l'or fin avec celui fixé par le tarif des monnoies de France, l'art. 4 du tableau ci-après, p. 434.

fin à raison de. . . . . 1836^médins^000,

et l'alliage sur le pied de 36 médins les 100 drachmes [1].

Comme le cuivre qu'on employait à la monnoie pour allier l'argent ne revenait qu'à 40 médins les 144 drachmes [2], ou à 27^médins^777 les 100 drachmes, on voit que les Juifs étaient intéressés à fournir de l'argent de bas aloi, et même à y ajouter de l'alliage.

S'ils avaient fourni de l'argent au titre des médins, savoir, à 1 drachme de fin contre 1^drachme^870452 d'alliage, les 100 drachmes d'argent fin eussent coûté [3]. . . . . 1903^médins^335,

en reportant la totalité du prix sur l'argent fin. Si la monnoie au contraire eût fourni tout l'alliage, les 100 drachmes d'argent fin eussent d'abord coûté [4] 1836^médins^000.

A reporter. . . . 1836^médins^000.

[1] En effet, soient P l'argent pur et A l'alliage contenus dans une drachme d'argent à un titre quelconque; on aura pour la valeur de cette drachme, représentée par

$$P + A = P + \frac{2}{100},$$

$$(P + A) \times 18 \text{ médins} = 18 \text{ médins} \left(\frac{100\,P + 2\,P + 2\,A}{100}\right),$$

$$18 \text{ médins} \left(\frac{102\,P + 2\,A}{100}\right) = \frac{1836 \text{ médins } P + 36 \text{ médins } A}{100};$$

ce qui donne, pour la valeur de 100, $(P + A) = 1836$ médins $P + 36$ médins A.

S'il n'y a pas d'alliage, alors $A = 0$, et l'on a pour la valeur de 100 drachmes d'argent pur, 1836 médins. Si, au contraire, $P = 0$, ou si tout est alliage, on a, pour la valeur de 100 drachmes d'alliage, 36 médins.

[2] *Voyez* le §. II du ch. I, sect. II, *seconde partie*.

[3] *Voyez*, pour l'hypothèse où les 100 drachmes d'argent fin coûteraient 1903^médins^335, le 8e article du tableau ci-après, page 434.

[4] *Voyez*, pour l'hypothèse où les 100 drachmes de fin coûteraient 1836 médins, le 5e article du même tableau.

Report. . . .	1836[médins]	000.
En y ajoutant la valeur de 187[dr.] 0432 d'alliage, qui, à raison de 40 médins les 144 drachmes, se serait élevée à. .	51	956,
on aura.	1887	956.
Différence.	15[médins]	379,
qu'il convient d'ajouter au prix des 100 drachmes d'argent fin.	1836	000,
pour estimer plus exactement à combien revenaient communément à la monnoie les 100 drachmes d'argent fin, abstraction faite de l'alliage, d'après la manière dont on avait coutume de payer aux Juifs le prix de l'argent en lingot fourni par eux [1].	1851	379.

On doit aussi remarquer que, l'essai, à cause de son imperfection, donnant toujours plus de fin que n'en contenait réellement l'argent [2], le fin ou l'argent pur se payait plus cher, par le fait, que ne paraissait le donner le calcul.

Le titre des piastres, d'après des essais plus exacts, étant déterminé à 895 $\frac{833}{1000}$, mille piastres, qui pesaient

[1] *Voyez*, pour cette 3e valeur de la drachme d'argent, le 6e article du même tableau.

[2] La piastre passait à la monnoie du Kaire, avant notre arrivée, pour être au titre de 910, tandis qu'elle n'est portée au tarif de France qu'à 896.

en tout.	8750 drachmes	000,
ne contenaient d'argent fin que. . . .	7838	541.

Ce qui donne, à raison de 150 médins pour la valeur de chaque piastre (au lieu de 1836 médins comme ci-dessus), pour le prix de 100 drachmes d'argent pur[1]. 1913 médins 600,

Tel est le prix auquel on paya l'argent fourni par les Juifs, d'après des essais plus rigoureux, sans ajouter au fin qu'il contenait 2 p. o/o du poids total, et sans leur tenir compte de l'alliage.

L'affinage eût été une opération trop difficile et trop dispendieuse, pour que les Juifs eussent intérêt à séparer le cuivre de l'argent. Tout l'alliage qui se trouvait dans les lingots fut donc en bénéfice pour la monnoie. Quant à celui qu'elle eut à y ajouter pour les mettre au titre, il était moins coûteux pour elle de le fournir que de le payer à 36 médins les 100 drachmes.

Les matières d'argent étant devenues plus rares par la suite, on paya les 100 drachmes d'argent fin 1950 médins[2] et enfin 2000 médins[3].

On verra, en comparant, dans le tableau ci-après, les valeurs de l'argent fin en Égypte avec celles qu'il a en France, 1°. que si les prix de l'argent fin établis avant l'entrée des Français en Égypte paraissent un peu moindres que celui fixé par le tarif des monnoies

[1] *Voyez*, pour cette valeur de l'argent fin, le 9e article du tableau ci-après, page 434.

[2] *Voy.* le 10e art. du tabl. ci-après.

[3] *Voyez* le 11e article du même tableau. Cette dernière augmentation eut lieu par arrêté du 1er nivose an IX (22 décembre 1800).

du 17 prairial an XI (6 juin 1803), ils étaient par le fait aussi forts ou peut-être plus élevés, à cause de l'imperfection des essais; 2°. que le prix d'abord fixé par les Français fut basé sur la valeur des monnoies de France; 3°. que les surachats accordés ensuite à deux époques différentes, et motivés par la rareté des matières, portèrent le prix de l'argent de 2 à près de 4 ½ p. o/o au-dessus de la valeur qu'il a en France, mais que les bénéfices qu'on trouvait à convertir l'argent et les monnoies d'Europe en médins permettaient facilement ce surachat.

(*Voyez le tableau ci-joint.*)

CHAPITRE III.

Bénéfice du gouvernement sur la fabrication.

---

§. I. *Retenue totale faite à la monnoie, tant pour les frais de monnoyage que pour le droit de seigneuriage.*

L'or, au titre des sequins, se payait, comme on l'a vu à l'article du prix de l'or, 112 sequins ou 20160 médins les. . . . . 100 drachmes 0000.
Le poids légal d'un sequin étant. . . 0 8420,

l'or qu'il contenait réellement coûtait 169 médins 7472;

TABLEAU comparatif du prix de l'argent fin en Égypte et en France.

NUMÉROS.	INDICATION DES CONDITIONS DE PAIEMENT.	EN ÉGYPTE. EN MÉDINS. Les 100 drachmes ou 307 drach. 8904. Avant la conquête.	Sous l'administration des Français.	324 drach. 7909 ou le kilogramme.	EN FRANCS. A raison de 142 médins pour 5 francs. — Le kilogramme.	EN FRANCE. Avec la retenue. — Le kilogramme.	Sans la retenue. — Le kilogramme.	DIFFÉRENCE entre le prix en Égypte et le prix en France. AVEC LA RETENUE. En moins par kilogramme.	En plus par kilogramme.	SANS LA RETENUE. En moins par kilogramme.	En plus par kilogramme.
		médins.	médins.	médins.	francs. cent.	francs. cent.	francs. cent.	francs. cent.	francs. cent.	francs. cent.	francs. cent.
	PRIX DE L'ARGENT.										
5.	Si l'argent eût été livré à la monnoie parfaitement pur...	1836,000.	1836,000.	5963.161.	209. 97,04.			8. 91,84.	....	12. 25,18.	»
6.	En tenant compte de la différence du prix de l'alliage à celui du cuivre qu'il eût fallu ajouter..................	1851,379.	1851,379.	6013,110.	211. 72,92.			7. 15,96.	....	10. 49,30.	»
7.	Si la monnoie eût fourni tout l'alliage................	1887,956.	1887,956.	6131,909.	215. 91,53.	218. 88,88.	222. 22,22.	2. 97,65.	....	6. 30,99.	»
8.	Si l'argent eût été fourni allié au titre des médins........	1903,335.	1903,335.	6181,858.	217. 67,10.			1. 21,78.	....	4. 55,12.	»
9.	Sans égard à l'alliage........	....	1913,600.	6215,198.	218. 84,50.			0. 04,38.	....	3. 37,72.	»
10.	*Idem*.....................	....	1950,000.	6333,422	223. 00,78.			....	4. 11,90	....	0. 78,56.
11.	*Idem*.....................	....	2000,000.	6495.818.	228. 72,59.			....	9. 83,71.	....	6. 50.37.

TABLEAU comparatif du prix de l'or fin en Égypte et en France.

NUMÉROS.	INDICATION DES CONDITIONS DE PAIEMENT.	EN ÉGYPTE. EN MÉDINS. Les 100 drachmes ou 307gram.8904.		324drach.7909 ou le kilogramme.	EN FRANCS. A raison de 142 médins pour 5 francs.	EN FRANCE.		DIFFÉRENCE entre le prix en Égypte et le prix en France. AVEC LA RETENUE.		SANS LA RETENUE.	
		Avant la conquête.	Sans l'administration des Français.		— Le kilogramme.	Avec la retenue. — Le kilogramme.	Sans la retenue. — Le kilogramme.	En moins par kilogramme.	En plus par kilogramme.	En moins par kilogramme.	En plus par kilogramme.
	PRIX DE L'OR.										
		médins.	médins.	médins.	francs. cent.	francs. cent.	francs. cent.	francs. cent.	francs. cent.	francs. cent.	francs. cent.
1.	En ne tenant pas compte de l'argent allié à l'or	28882,521.	28882,521.	93807,799.	3303. 09,14.			131. 35,30.	....	141. 35,30.	»
2.	En déduisant toute la valeur de l'argent qui sert d'alliage à raison de 19médins134 la drachme, valeur, basée sur le tarif de France	28137,369.	28137,369.	91387,614.	3217. 87,32.	3434. 44,44.	3444. 44,44.	216. 57,12.	....	226. 57,12.	»
3.	En déduisant seulement la valeur de l'argent, moins les droits d'affinage	28417,179.	28417,179.	92296,411.	3249. 87,36.			184. 57,08.	....	194. 57,08.	»
4.	Prix d'achat de la poudre d'or des caravanes de Maroc	....	28058,989.	91133,043.	3208. 90,99.			225. 53,45.	....	235. 53,45.	»

É. M., Tome XVI, page 434.

et la valeur du sequin étant fixée à. .	180 médins	0000,
la retenue totale de la monnoie était de	10	2528.

Le droit de seigneuriage (ou *monetagium*, comme on l'appelait jadis en France), comprenant les frais de fabrication et les bénéfices que pouvait faire le gouvernement, était donc d'un peu moins de 5 $\frac{7}{10}$ p. 0/0, ou de. 0,05696.

Ce droit de seigneuriage était en France, depuis près d'un siècle, de. . . . . 0,06770, sur la fabrication de l'or, et, par conséquent, plus fort que celui qui était établi en Égypte et qui fut maintenu par les Français, quoique les frais de fabrication dussent être plus considérables à la monnoie du Kaire, toutes choses d'ailleurs supposées égales, à cause de la plus grande division de l'or, les pièces étant bien plus petites et d'une valeur moindre que nos louis.

L'argent fin contenu dans les pièces de 40 et de 20 médins, revenant (y compris l'alliage qu'il fallait ensuite y ajouter), comme nous l'avons fait voir ci-dessus, à 1887 médins 956 les 100 drachmes, et le poids de

la pièce étant de.	4 drachmes	0000,
qui contenaient d'argent fin.	1	3935,
la monnoie les eût payées, l'argent et l'alliage compris.	26 médins	5086;
et comme la valeur nominale de la pièce était de.	40	0000,

le droit de *monetagium* sur chaque

pièce de cette espèce s'élevait à. . . . 13^{médins} 6914,

ou à. . . 0,34229,

c'est-à-dire à un peu plus de 34 p. o/o [1]; sur quoi il faut déduire les déchets et tous les frais de fabrication pour avoir le bénéfice net de la monnoie.

Quant aux médins qui pesaient 73 drachmes 000 les 1000 médins 000, et contenaient aux mêmes proportions que ci-dessus, en alliage. . . . . 47 drachmes 568,

en argent fin. 25 432,

valant, au même prix que d'autre part, 480 médins 145,
le *monetagium* sur 1000 médins eût été de. 516 855,

ou de. . . 0,5198,

c'est-à-dire près de 52 p. o/o.

Lorsqu'on paya la drachme d'argent fin 20 médins, indépendamment de l'alliage, l'argent fin contenu dans 1000 médins eût coûté. . . . . 508 médins 640;
et l'alliage, à 10 méd. les 36 drachm., 13 213.

Total. . . . . . 521 853.

Alors le *monetagium* eût été sur 1000 médins de. 478 147,

ou de. . . 0,4781,

c'est-à-dire, à peu de chose près, de 47 $\frac{4}{5}$ p. o/o [2].

[1] Le *monetagium*, en France, n'était depuis long-temps, sur l'argent, que de 5 $\frac{9}{10}$ p. $\frac{0}{0}$; mais, sous Charles VII, il avait été porté jusqu'à 75 p. $\frac{0}{0}$. *Voyez* page 17 de l'ouvrage de M. Mongez, déjà cité, pag. 315, note [1].

[2] *Voyez* la note [1] de cette page.

§. II. *Évaluation séparée des frais de fabrication, déchets, main-d'œuvre, et des bénéfices nets.*

1000 drachmes d'or rendaient 1180 sequins pesant ensemble 993 drachme. 56.

Les déchets, dans les divers ateliers, s'élevaient donc, pour 1000 drachmes d'or, à près de
6 drachmes $\frac{1}{2}$, ou plus exactement à. . . . 0,00644.
En France, on accordait anciennement. . . 0,01875.
On n'accorde plus aujourd'hui que. . . . . 0,00200.
Mais il faut observer que l'or est bien moins divisé et que les procédés sont beaucoup plus parfaits qu'en Égypte.

Le déchet total, sur 842 drachmes que pèsent 1000 sequins, était donc de. . . . . 5 drachmes 46,
valant, à raison de. . . . . 201 médins 60

la drachme. . . . . 1100 médins 75,
ou, en nombre rond, 1100 médins.

Les ouvriers employés à la fabrication de l'or étant en partie les mêmes que ceux qui sont employés à la fabrication de l'argent, les frais d'administration, d'entretien d'ateliers, etc., étant communs, on ne peut guère établir rigoureusement le montant des frais qu'entraînait la fabrication des sequins; et il est facile de voir que plus on fabriquait, moins ces frais étaient considérables, à cause des salaires et dépenses fixes.

Cependant, si l'on considère que ces derniers frais

On suppose, dans ces calculs, que le titre du métal ne s'est pas élevé dans la fabrication. *Voyez* pag. 402, alinéa 2 et suiv.

auraient eu lieu lors même que l'on n'eût point fabriqué de monnoie d'or, faute de matière, on peut estimer les frais de monnoyage particuliers à l'or, traitemens non compris, à environ 0,003, ce qui donnerait pour 1000 sequins valant 180000 médins :

en frais de fabrication.	540.
déchets, comme d'autre part.	1100.
TOTAL[1].	1640 médins.

La différence entre la valeur nominale et la valeur intrinsèque des 1000 sequins étant de.	10252 médins,
si l'on en déduit les frais et déchets évalués ci-dessus à.	1640,
il restera, pour le bénéfice de la monnoie, sur 180000 médins.	8612;

ce qui donne $4 \frac{781}{1000}$, ou un peu plus de $4 \frac{3}{4}$ p. o/o.

Mais comme, d'un autre côté, l'or était moins cher en Égypte[2] qu'en France, à peu près dans le même rapport, on voit que les sequins *zer-mahboub* du Kaire étaient une très-bonne monnoie. Aussi, ceux qui en ont rapporté en France n'auraient-ils rien perdu, si, au lieu de subir la défaveur du change, ils avaient eu soin de les faire fondre en lingots et essayer dans les monnoies de France, et de les y vendre au prix du tarif.

D'après l'usage établi à la monnoie et l'espèce de traité ou de convention passée avec l'*effendy* chargé de

[1] Ce qui ne fait que 0,00911, ou moins de 1 p. $\frac{0}{0}$, pour frais et déchets.

[2] *Voyez* pag. 429, alin. 4 et suivans.

la fabrication, 1000 piastres, pesant. .	8750 drachmes,
sur lesquelles on ajoutait d'alliage. . . .	13750,
ce qui donnait, avant la fonte, un poids total de.	22500,
devaient rendre, en médins fabriqués, à peu près 271500 médins, pesant, à raison de 73 drachmes le mille.	19819;
ce qui présente en moins une différence de.	2681,

ou près de 12 p. o/o. Cet énorme déchet était dû principalement, 1°. à la grande division de la matière, qui était cause qu'elle présentait beaucoup de surface au frottement et à l'action du feu, et qu'il retournait sans cesse à la fonte une quantité considérable de découpures, de feuilles et de médins brisés et déchirés; 2°. à l'imperfection des procédés, surtout de celui du décapage ou blanchîment, lequel enlevait, par les matières dissolvantes et le frottement, une portion notable de la matière.

C'est cette imperfection des procédés qui avait donné l'idée à M. Rosetti, négociant vénitien, dont parle M. de Volney dans son Voyage en Égypte, de conseiller à *A'ly-bey* de faire fabriquer en Europe les flans des médins.

Le général en chef Bonaparte eut la même idée, et il fut fait à la monnoie de Paris des essais pour fabriquer des flans de médins alliés à $\frac{1}{7}$ d'argent[1]. Il est

[1] *Voyez* le Tableau des monnoies à la suite de ce mémoire, pièce n°. d'ordre 83.

certain que la fabrication eût été beaucoup moins coûteuse, à cause de la perfection des arts en Europe et de l'exactitude des laminoirs dont on se serait servi pour réduire la matière en feuilles. Les bénéfices qu'eût faits le gouvernement auraient donc été sensiblement plus considérables. Peut-être la plus grande perfection de cette monnoie eût-elle été une cause de discrédit, parce qu'elle l'aurait fait reconnaître pour avoir été fabriquée au dehors.

Les frais de fabrication devaient nécessairement en Égypte être très-considérables à cause de la complication du travail; ils le devenaient encore beaucoup plus par la mauvaise habitude qu'ont les Orientaux d'établir, sur toutes les branches de revenus, un grand nombre de traitemens inutiles ou trop considérables, de pensions, de gratifications, de redevances.

On peut évaluer ces frais multipliés à près de 8 $\frac{1}{3}$ p. o/o. Ainsi, les déchets et les frais de fabrication auraient rédnit le bénéfice net de la monnoie à un peu plus de 51 p. o/o.

Quoique les déchets et les frais de fabrication pour les pièces de 40 et de 20 médins fussent bien moins considérables, on voit qu'une pièce de 20 médins pesant. 2 drachmes 000,
tandis que 20 pièces de 1 médin pesaient
seulement. 1 460
(à raison de 73 drachmes le mille), les *ghrouch* avaient plus de valeur intrinsèque, quoique ces pièces fussent encore bien au-dessous de leur valeur nominale, et que le bénéfice net qu'elles présentaient était beaucoup

moindre; c'est ce qui fit qu'on suspendit l'émission de cette monnoie, aussitôt que les matières devinrent assez rares pour pouvoir suffire à peine à la fabrication journalière des médins.

§. III. *Quantités fabriquées.*

L'or fabriqué en Égypte s'est élevé en totalité à 261727 sequins, valant 47110860 médins, ou 1658035 francs 10 centimes, pendant trente-trois mois que les Français ont dirigé la monnoie du Kaire; ce qui ne donne, pour le terme moyen de la fabrication par mois, que 750 sequins ou 4753 francs 55 centimes.

Le peu d'activité de cette fabrication tient en partie à ce que les Mamlouks, les négocians, ensuite les Français, recherchèrent les sequins de Venise, les fondouklis, les pièces anciennes, l'or en poudre et l'or en lingot à un titre élevé, pour réaliser leurs fonds en une valeur moins embarrassante que les piastres et plus réelle que les médins.

La quantité de médins fabriquée sous notre administration s'est élevée à 160829912 médins, valant 5663025 francs 7 centimes.

On avait pris possession de la monnoie le 8 thermidor an VI (26 juillet 1798), et nous l'avons quittée le 18 messidor an IX (7 juillet 1801); ce qui fait en tout trois ans moins vingt jours, ou. . . 1075 jours.
A déduire le temps qui s'est écoulé du 30 pluviose au 24 floréal an VIII (du 19 février au 14 mai 1800), pendant lequel

D'autre part. . . .	1075 jours.
la monnoie a été remise par le général Kléber au *pâchâ*, ou a été fermée. . . .	84.
Reste.	991;

ce qui donne par jour 162290 médins, ou, si l'on retranche de chaque semaine le jour de repos[1], qui est le vendredi des chrétiens, et environ cinq fêtes dans l'année, on n'aura que. . . . . 836 jours, et environ 192380 médins, pour le terme moyen de la fabrication par jour.

La totalité des pièces de 40 et de 20 médins qui furent fabriquées s'éleva à 30572 pièces de 40 médins,

valant.	1222880 médins,
et 90173 pièces de 20 médins, valant.	1803460.
TOTAL.	3026340;

ou.	43059 fr. 15 cent.
	63502 11.
TOTAL. . . .	106561 26.

Si l'on ajoute aux sommes ci-dessus celles qui furent fabriquées en médins et sequins, on aura,

en médins.	160829912 médins,
en pièces de 40 et de 20 médins. . .	3026340.
Total en argent.	163856252.

[1] On jour d'assemblée, *Youm el-Couma'h* (يوم الجمعه), le sixième jour de la semaine des musulmans; le premier répond au dimanche des chrétiens.

	Report. . . .	163856252 medins.
Valant.	5663025 fr. 07 cent.	
	106561 26.	
TOTAL. . . .	5769586 33.	
En sequins, demi-sequins et quarts de sequin.		47110860.
	TOTAL.	210967112.
Valant.	1658833 fr. 10 cent.	
D'autre part. .	5769586 33.	
TOTAL. . . .	7428419 fr. 43 cent.	

Enfin, si l'on veut savoir dans quel rapport la quantité d'or fabriquée se trouve avec celle de la monnoie d'argent, on verra que ce rapport est de 1 contre un peu moins de 3 $\frac{1}{2}$.

CHAPITRE IV.

Approvisionnement et prix des diverses denrées nécessaires à la fabrication.

Un écrivain qobte, faisant fonctions de garde-magasin, était chargé de la conservation et du compte d'emploi des matières nécessaires à la fabrication.

Quoique l'état de guerre et la cessation du commerce extérieur eussent donné à la plupart des marchandises une valeur supérieure à celle qu'elles auraient eue en temps de paix, il peut être utile de connaître le prix des diverses substances employées à la fabrication.

(*Voyez le tableau ci-joint.*)

SECTION DEUXIÈME.

PROCÉDÉS DE FABRICATION.

CHAPITRE Ier.

Fabrication des médins.

§. I. *Essai des matières d'argent*[1].

L'essayeur des matières d'argent apportait à la monnoie de la cendre d'os calcinés, qu'il avait préparée lui-même.

Il employait de préférence, à cet effet, des os de poulet, qu'il est facile de se procurer en abondance à cause de la grande consommation de poulets que l'on fait en Égypte, où l'on conserve, de temps immémorial, l'usage de les faire éclore par milliers dans des fours destinés à cet usage.

[1] Essai se dit en arabe *chichny* (ششانى). M. de Sacy pense que (ششنى); au pluriel, *chichâny* ce mot vient du persan چشن ou

DÉSIGNATION DES SUBSTANCES.	POIDS du pays[1].	POIDS de France.	VALEUR en médins.	VALEUR en francs.	OBSERVATIONS.
		kilogr.		fr. c.	
Cuivre[2]...........................	1 *rotl.* ou 144 drach.	0 443.	40.	1. 40.	Pour alliage.
Plomb purifié[3]........................	*Idem.*	*Idem.*	20.	0. 70.	Pour essais.
Fer[4]	1 *qantâr.*	44,336.	1000.	35. 21.	Pour les outils et les machines.
Acier[5]...........................	1 *rotl.*	0,443.	30.	1. 05.	*Idem*, et pour les coins.
Plaques d'acier[6]......................	La pièce.	....	89.	3. 13.	Pour filières.
Cordes[7]...........................	1 *rotl.*	0,443.	30.	1. 05.	*Idem*, et pour tirer les tenailles au moyen du cabestan ou treuil.
Leviers en bois[8]......................	La pièce.	....	9.	0. 31.	*Idem*, et pour tourner le treuil.
Cire[9]............................	1 *rotl.*	0 443.	70	2. 46	Pour graisser les filières.
Muriate d'ammoniaque[10]................	*Idem.*	*Idem.*	....	»	Pour décaper l'or. On s'en sert aussi pour décaper les pièces de 40 et de 20 médins. On accordait au décapeur, pour se fournir de ces substances, 400 médins par mois.
Salpêtre, ou nitrate de potasse[11]...........	*Idem.*	*Idem.*	......	»	
Verdet-gris, ou acétite de cuivre[12]..........	*Idem.*	*Idem.*	....	»	
Borax, ou borate de soude[13]...............	4 drachmes.	0 012.	9.	0. 31.	Pour fondre l'or.
Alun de Smyrne, ou sulfate d'alumine[14]......	1 *rotl.*	0,443.	30.	1. 05.	Pour décaper les médins.
Tartre, ou tartrite acidule de potasse[15]....	*Idem.*	*Idem.*	40.	1. 40	Tartre de tonneau ou tartre non purifié.
Sel marin, ou muriate de soude[16].	1 *ardeb*[17].	....	168.	5. 91.	
Creusets du pays[18]....................	La pièce.	....	90.	3. 16.	On accordait au fondeur, pour s'en fournir lui-même, le prix de 6000 médins par mois.
Couvertures de creuset................	*Idem.*	....	......	»	
Charbon de bois[19]......................	1 *qantâr.*	44.336.	300.	10. 56.	
Bois à brûler[20]........................	1 *hamleh.*	....	203	7. 14.	Le *hamleh* de bois tout débité
Tamis[21].............................	La pièce.	....	30	1. 05.	Pour nettoyer les médins.
Papier blanc[22].	100 feuilles.	....	100.	3. 52	
Papier gris[23].........................	*Idem.*	....	75.	2. 64.	
Couffes[24]...........................	La pièce.	....	8.	0. 28	Pour transporter les médins
Eau de rivière[25]......................	1 outre.	....	6.	0. 31.	
Eau de puits[26].......................	2 outres.	....	5.	0. 17.	

[1] *Voyez*, pour les noms des poids du pays, notre Notice sur les poids arabes, citée pag. 271, note [1], alinéa 2.

[2] *Voyez* pag. 295, note [1].

[3] *Voyez* pag. 445, note [1].

[4] *Voyez* pag. 458, note [1].

[5] En arabe, *soulb* (صلب).

[6] *Voyez* pag. 459, alinéa 4.

[7] En arabe, *habl* (حبل); d'où vient le mot français *câble*.

[8] En arabe, *o'sy* (عصي).

[9] En arabe, *chama'* (شمع).

[10] En arabe, *nechâder* (نشادر), vulgairement sel ammoniac.

[11] En arabe, *natroun* (نطرون).

[12] En arabe, *genzâr* ou *genzâr* (جنزار).

[13] En arabe, *bouraq* (بورق).

[14] Alun; en arabe, *chab* (شب). On s'en servait aussi pour préparer l'eau-forte ou acide nitrique. *Voyez* pag. 483, alinéa 3.

[15] Tartre; en arabe, *tartyr* (طرطير).

[16] Sel marin; en arabe, *maleh* (ملح).

[17] *Ardeb*, mesure de capacité; c'est le boisseau du pays. *Voyez* pag. 274, note [1], et pag. 275, alinéa 1er.

[18] Creuset; en arabe, *voyez* pag. 453, note [1].

[19] Charbon; en arabe, *faham* (فحم). L'Égypte étant presque entièrement dépouillée d'arbres, le charbon y est importé de *Tor* par les caravanes qui viennent du mont Sinaï en Syrie, en arabe *Gebel el-Tour* (جبل الطور).

[20] Bois à brûler; en arabe, *hatab* (حطب). On le tire de Grèce. La plus grande quantité s'en consomme dans les ateliers du décapage (*voyez* pag. 466, §. VIII; pag. 475, §. V; pag. 488, §. XI). On choisit le bois d'olivier pour faire recuire ou rougir les feuilles de billon destinées à la fabrication des médins (*voyez* pag. 462, alinéa 3). Le *hamleh*, en arabe حمل, est la charge d'un âne.

[21] Tamis; en arabe, *monkhal* (منخل).

[22] et [23] Papier; en arabe, *ouaraq*, qui signifie feuille. *Voyez* pag. 293. Le papier s'employait principalement, 1°. à envelopper l'argent et l'alliage (*voyez* pag. 452, alinéa 2); 2°. à envelopper les médins (*voyez* pag. 470, dern. alinéa).

[24] Couffes, espèce de paniers faits avec des feuilles de palmier entrelacées; en arabe, *qoffeh* (قفة). On en fait un très grand usage en Égypte. Comme ils sont aussi souples que solides, on en rapproche les bords et on les coud; ce qui fait d'excellentes enveloppes pour l'emballage du café, du riz et de la plupart des marchandises.

[25] L'eau à boire, destinée aux ouvriers, et celle qui servait au décapage ou blanchiment, s'apportaient de la ville dans des outres, et se puisaient, ou dans le canal, lors de la crue du Nil, ou dans les citernes ou fontaines publiques dans lesquelles on conserve l'eau du Nil, le reste de l'année. Ces fontaines, qui sont des espèces de fondation de bienfaisance, sont dues à la munificence des gouverneurs, des grands et des hommes riches et pieux. Elles sont un des ornemens du Kaire.

[26] L'eau du puits dit de Joseph, à la citadelle, était saumâtre.

L'essayeur formait à terre un tas circulaire de cette cendre, qu'il aplatissait et creusait avec la main pour lui donner la forme concave, et plaçait sur cette espèce de coupelle l'argent qu'on avait détaché du lingot à essayer, en présence de l'*effendy* directeur de la monnoie, et du surveillant ou commissaire du gouvernement.

L'opération se faisait sur 4 drachmes ($12^{grammes}315$), et l'on y ajoutait de cinq à huit fois autant de plomb[1], selon que l'argent était présumé contenir moins ou plus d'alliage.

Le plomb dont on se servait était choisi dans le commerce, et reconnu pour le plus pur qu'on pût trouver.

L'essayeur ajustait, au-dessus de son espèce de coupelle, des charbons et menus morceaux de bois bien secs. Un domestique, qui, comme l'essayeur, était juif de nation, soufflait le feu avec son outre[2] garnie d'un tuyau de terre cuite, dont la tête se terminait en bec d'oiseau.

Le plomb, en se fondant, détermine promptement la fusion de l'argent et de l'alliage qu'il contient; lorsque le mélange a été tenu assez long-temps en fusion pour contracter une forte chaleur, l'essayeur éloigne un peu les charbons, dont le contact empêcherait l'oxidation du plomb, et les dispose de manière à former une voûte au-dessus du bain : il dirige ensuite le vent

جشني, qui signifie goût, de جشدن, goûter. Chaque essai se paie 30 médins.

[1] En arabe, *rousâs* (رصاص).

[2] *Voyez*, pour la description de ce soufflet à outre, p. 454, alin. 4.

du soufflet sous cette voûte; ce qui, d'une part, entretient le feu, et, de l'autre, contribue à oxider le plomb.

L'essayeur écarte sans cesse, du bout de sa pince de fer rougie, la pellicule oxidée qui est encore liquide et qui recouvre le bain[1], laquelle contient le plomb et les autres métaux d'alliage, et que la cendre de coupelle boit ou absorbe, tandis qu'elle n'a pas la propriété d'absorber l'argent.

Quand la séparation est complète, l'argent, qui n'est pas à un degré de chaleur assez fort pour rester fondu dans son état de pureté, passe presque instantanément de l'état liquide à l'état solide de métal incandescent, et perd promptement ensuite cette incandescence : dans ce passage, il se produit une espèce de lueur que les essayeurs en France appellent l'éclair.

Il reste alors une plaque circulaire de métal, appelée culot, qui doit être de l'argent pur; et l'essai est d'autant mieux fait que la plaque est plus sphérique, la surface supérieure plus brillante, le dessous plus mat et plus net.

S'il adhérait aux bords ou au-dessous quelques particules de litharge et d'alliage, l'essayeur les détachait en frappant légèrement avec le marteau, et l'on pesait ensuite le culot d'essai, pour juger, par le poids qu'avaient perdu les 4 drachmes d'argent, de la quantité d'alliage qu'elles contenaient.

L'essai était une des premières choses qui demandaient à être perfectionnées.

[1] Il est à craindre, dans cette opération, qu'on n'enlève avec la litharge quelques molécules d'argent; ce que nous évitâmes par un

Nous cherchâmes à introduire l'usage des fourneaux de coupelle : mais, n'ayant pour les exécuter que des ouvriers du pays, nous éprouvâmes toute sorte de difficultés[1]. Il fut surtout impossible, parmi les différentes terres dont on fait usage au Kaire pour les poteries, d'en trouver dont on pût faire de bonnes moufles.

Nous parvînmes cependant à perfectionner sensiblement les essais. Nous fîmes préparer sous nos yeux la cendre de coupelle, de préférence avec des os de mouton, qui contiennent beaucoup de phosphate calcaire, lequel a éminemment la propriété de coupeler.

Nous formâmes, avec des moules, des coupelles très-régulières. Nous réduisîmes à 1 drachme $\frac{1}{2}$ ($4^{\text{gram.}}618$) la quantité d'argent à essayer; ce qui exigea une moindre quantité de plomb. En établissant la coupelle sous une voûte de charbons et entretenant le feu par le vent d'un soufflet à courant continu, tandis que celui du soufflet à outre est intermittent, nous accélérâmes l'oxidation, et nous parvînmes, en tenant le métal en fusion à un degré de chaleur plus élevé, à en séparer les dernières molécules de plomb et d'alliage qui adhèrent toujours plus fortement.

La quantité d'alliage, dans les pièces de 5 francs, étant rigoureusement constatée en France, nous nous en servîmes pour terme de comparaison, et nous nous assurâmes que, par notre nouveau procédé, nous approchions de très-près du titre exact, et autant qu'il était possible de le faire avec des moyens moins précis

autre procédé. *Voyez* le 3e alinéa de cette page.

[1] *Voyez* pag. 467, alinéa dernier, et pag. 454, alinéa 1er.

et surtout avec des balances moins parfaites que ne sont en France les balances d'essai.

§. II. *Alliage.*

Quoique la monnoie fût obligée de faire l'achat du cuivre pour allier les médins, elle ne tenait cependant pas compte aux Juifs de celui qui se trouvait uni à l'argent de leurs lingots; mais, l'argent du commerce étant, comme nous l'avons dit, en général d'un bas aloi, ils étaient dans l'usage de le fournir à un titre peu élevé; en sorte que la proportion d'alliage à ajouter était beaucoup moins considérable que pour les piastres qu'on livrait à la fonte.

Le cuivre d'alliage était fourni par un Turk, chef des *serrâf,* à la monnoie. Ce cuivre se préparait dans son atelier en ville, de la manière suivante.

Il achetait dans le commerce le cuivre rouge provenant de vieux ustensiles. Presque tous les vases de cuisine et de ménage étant en cuivre, il se fait de ces ustensiles qu'on tire de l'étranger, et qu'on préfère en cuivre rouge, un commerce considérable.

Ces pièces étaient d'abord déployées, coupées et aplaties, de manière à présenter, autant que possible, une surface unie, du côté qui a été étamé.

On exposait cette surface étamée à un jet de flamme entretenu par le courant d'air d'un soufflet. L'étain s'oxide par cette opération et s'enlève en écailles. On détache ce qui peut en rester, en battant et grattant la surface du cuivre. Quand les pièces sont suffisamment nettes, on les replie sur elles-mêmes, en les frappant avec un maillet de bois ou un marteau, jusqu'à ce qu'on les ait réduites à occuper le moins de volume qu'il est possible.

On jette ces pièces dans un creuset de terre, semblable à ceux dont on se servait à la monnoie, et placé sur un têt, au fond d'un fourneau cylindrique qu'on remplit de charbon.

L'orifice du fourneau est recouvert d'une simple plaque de tôle.

Un soufflet à boudin, à double courant d'air [1], entretient dans le fourneau un feu de forge suffisant pour faire fondre le cuivre. A mesure que le charbon s'affaisse en se consumant, on recharge le fourneau; et lorsque le cuivre a commencé à fondre, on en ajoute une quantité suffisante pour remplir le creuset à trois doigts du bord environ.

On a soin de laisser sur le creuset, qui n'est point couvert, des charbons allumés qui empêchent l'oxidation du cuivre, et on projette, sur la surface, du borax qui sert de flux et purifie le métal, en scorifiant les matières étrangères.

Quand le bain est bien fluide, on tire le creuset, en en pinçant le bord avec de longues tenailles ou une pince plate : on écarte la scorie avec une spatule de fer, et on fait couler, d'un mètre et demi de haut, le cuivre fondu en un filet assez délié, dans un bassin plein d'eau où il se divise en grenaille.

[1] *Voyez* celui qui est représenté dans la planche XXI des Arts et métiers, *É. M.*

Le cuivre ainsi préparé se payait à la monnoie 40 médins le *roll* de 144 drachmes, ou 3 francs 17 centimes le kilogramme.

Si l'on avait à fondre des piastres, la proportion

d'alliage usitée était de. .	13750 drach. ou	42 kilogr. 335
sur 1000 piastres, pesant	8750.	26 940.
TOTAL. . . .	22500 drach.	69 kilogr. 275.
On prenait 60 piastres,		
pesant.	525 drach. ou	1 kilogr. 616;
on y ajoutait d'alliage. . .	825.	2 540;
total par chaque creuset. .	1350 drach.	4 kilogr. 156;

le tout indépendamment des retailles et cisailles qui retournaient à la fonte.

Si l'argent destiné à la fabrication était en lingots, après s'être assuré du titre par l'essai, on le coupait en morceaux égaux d'un poids suffisant pour former environ 1400 drachmes ou 4 kilogrammes 310. On pesait chaque morceau et l'on y ajoutait la quantité nécessaire d'alliage.

Pour calculer cette quantité avec plus de facilité, nous nous servions de tables dressées à cet effet et basées sur la proportion d'alliage déterminée pour la fonte des piastres.

Le tarif des monnoies de France porte les piastres d'Espagne à 896. Mais, en supposant que le remède de titre soit pris plutôt en dessous qu'en dessus, ou d'après divers essais faits en France postérieurement au tarif, nous les supposions en Égypte à 10 deniers $\frac{1}{4}$ de fin ou à 895 $\frac{833}{1000}$.

D'après cela, 1000 piastres

pesant.	8750 drachmes 000
devaient contenir d'argent pur. .	7838 541,
et d'alliage.	911 drachmes 459.
On ajoutait de nouvel alliage. .	13750 000.
Le total de l'alliage était donc. .	14661 drachmes 459
sur une quantité d'argent pur de	7838 541.
Total déjà indiqué ci-dessus. .	22500 drachmes 000.
Ce qui donne, pour 1 drachme d'argent pur.	1 drachme 870432

d'alliage[1].

C'est d'après ces données qu'avait été calculée la table d'alliage suivante, qui a servi à déterminer, tant pour les médins que pour les pièces de 40 et de 20 médins, les quantités d'alliage à ajouter sur l'argent, depuis le 8 thermidor an VI (26 juillet 1798) jusqu'au commencement de l'an IX (23 septembre 1800), époque à laquelle la proportion de l'alliage fut fixée à deux parties sur une d'argent fin[2].

[1] Alliage se dit, en arabe, *moudâf* ou *modâf* (مضاف), qui signifie ajouté.

[2] *Voyez* pag. 402, alinéa dernier

Table d'alliage.

ARGENT FIN.	ALLIAGE.	
drachmes.	drachmes	
1.	1	,870431893.
2.	3	,740863786.
3.	5	,611295679.
4	7	,481727572.
5.	9	,352159465.
6.	11	,222591358.
7.	13	,093023251.
8.	14	,963455144.
9.	16	,833887037.

On enveloppait l'argent et l'alliage en grenaille dans deux feuilles, l'une de papier blanc, l'autre de papier gris, qui se ployaient et se fermaient par l'*effendy* chargé de la fabrication, en présence de l'administrateur ou commissaire du gouvernement, du peseur et du maître fondeur.

§. III. *Atelier de la fonte.*

Les mêmes personnes surveillaient le transport des matières à l'atelier de la fonte, le chargement des creusets et le coulage en lingots.

On ajoutait dans chaque creuset une portion égale de découpures ou cisailles provenant de la fabrication des médins.

Les creusets[1], quelque temps avant l'arrivée des Français, étaient de la nature de ceux qu'on appelle creusets de plombagine, et se tiraient d'Europe; ils pouvaient contenir environ 4000 drachmes, ou plus de 12 kilogrammes de matière, et coûtaient de 2$^{fr.}$50^{cent} à 3 francs la pièce.

Lorsque les creusets qui pouvaient se trouver en approvisionnement au Kaire furent épuisés, presque tout commerce étant interrompu avec l'Europe, surtout depuis l'expédition, il fallut faire des creusets avec la terre du pays.

On mêla d'abord avec cette terre une quantité assez considérable de plombagine provenant des anciens creusets dont on avait conservé les débris; mais cette ressource finit par s'épuiser.

Ceux de terre que faisaient les ouvriers du pays avaient le corps cylindrique et le fond sphérique. La terre avait le défaut d'être peu liante, fort poreuse, et susceptible de se vitrifier à un grand feu.

Il résultait des deux premiers défauts, qu'on était obligé de faire les creusets très-épais, surtout du fond, ce qui les rendait difficiles à échauffer; et il résultait de l'inégalité d'épaisseur et de la porosité, que souvent le creuset se fendait ou se cassait, quand il était retiré du fourneau, ou du moins que la terre absorbait une partie de la matière. La vitrification était encore l'effet le moins sensible; elle n'avait guère lieu qu'à l'extérieur, vers le fond, où s'appliquait la plus grande chaleur: mais ce commencement de fusion était souvent la cause

[1] En arabe, *boutaqeh* (بوتقه).

de la facilité avec laquelle le creuset se fendait, soit au contact de l'air, quand on voulait couler la matière, soit au contact du feu, lorsqu'on voulait fondre une seconde fois dans les creusets qui avaient servi la veille.

Malgré tous nos essais dans le choix et le mélange des terres, nous ne pûmes parvenir à rapprocher les qualités des creusets de celles du creuset de plombagine, ou même de certaines espèces de creusets de terre usités en France. Il aurait fallu pouvoir faire chercher d'autres espèces de terre[1], ou en tirer de Syrie.

La fonte se faisait dans huit creusets, disposés dans autant de fourneaux à soufflet et sans cheminée, égaux et cylindriques, pratiqués dans la longueur d'un massif ou d'une banquette éloignée d'environ un mètre du mur de l'atelier et construite en briques, terre glaise et ciment.

Au fond du fourneau, ou trou circulaire dans lequel se plaçait le creuset sur un têt ou rondelle de terre, on avait ménagé entre les briques un vide suffisant pour laisser couler les cendres et passer le vent du soufflet. On entourait et l'on couvrait le creuset de charbon de bois; mais, comme la couche de charbon était fort peu épaisse, un ouvrier était constamment occupé à recharger les fourneaux.

A chaque fourneau était appliqué un soufflet à outre. Ces soufflets singuliers, qui indiquent tout-à-fait l'enfance de l'art, consistent en une outre ou peau de chèvre, à une extrémité de laquelle est lié un tuyau en

[1] Celle de toute la plaine d'Égypte est de la même nature. C'est une terre d'alluvion produite par les dépôts lents et successifs du Nil. Elle est partout bonne à faire des briques pour bâtir; mais elle n'est pas propre à résister à un grand feu.

terre cuite : l'autre extrémité est ouverte comme l'entrée d'un sac, et garnie d'une espèce de fermoir composé de deux portions d'un cylindre de bois fendu selon son axe. Un seul homme fait jouer deux soufflets, un de chaque main. Il écarte les deux portions du cylindre en bois ou fermoir, et, en les retirant à lui (ce qui ouvre et étend l'outre), il y fait entrer l'air; il rapproche ensuite et serre l'un contre l'autre les deux morceaux de bois, et les pousse sur l'outre, qu'il refoule et dont il fait sortir l'air par le tuyau.

Les souffleurs se tiennent assis par terre, entre la banquette et le mur, et sont préservés des étincelles par un rebord ou petit mur d'appui qui règne de leur côté, tout le long de la banquette. Ce sont de pauvres malheureux aveugles, couverts d'un lambeau de toile, et qui ne gagnent que 4 à 5 médins par jour, ou de 14 à 19 centimes.

Lorsque la fusion était complète, ce dont on s'assurait au moyen d'une verge de fer, qui servait en même temps à brasser et à mêler la matière, un ouvrier enlevait le creuset, en le saisissant par le bord avec une pince plate, et le portait au maître fondeur[1], placé devant une espèce d'établi en maçonnerie et terre glaise. Celui-ci posait le creuset sur de la cendre chaude, au bord d'une terrine sur laquelle étaient disposées les lingotières à main, de même forme et dimension, et qu'on avait eu soin de frotter d'avance avec un peu de cire ou d'huile. Il prenait la lingotière de la main gauche, et de

[1] Fondeur se dit, en arabe, *sabâk* (سباك); au pluriel, *sabâkyn* (سباكين).

l'autre main la pince ou tenaille pour incliner le creuset, et remplissait ainsi successivement chaque lingotière.

Les lingots qui en résultaient n'avaient guère que 2 centimètres d'épaisseur et 35 à 40 centimètres de longueur.

Lorsque la fonte est terminée, le maître d'atelier porte ses lingots pour être pesés. On lui passe pour les déchets de son atelier 0,016. Ce déchet est beaucoup plus considérable que celui qu'on accorde en France pour les monnoies de billon : mais il faut observer que les deux tiers des matières remises au fondeur étaient en découpures extrêmement minces, dont la surface, d'abord très-oxidée, s'était ensuite chargée de matières grasses et charbonneuses dans les différentes manipulations qu'elle avait subies; circonstances qui augmentaient sensiblement le déchet à la fonte.

Le maître d'atelier ne rapportait jamais de la première fois la quantité précise qu'il devait. L'*effendy* portait le déficit en débet à son compte. Le fondeur nettoyait ensuite son atelier, lavait les cendres et les balayures, et faisait piler, par un ouvrier chargé de ce travail, la portion des creusets qu'il soupçonnait avoir absorbé de la matière métallique. Cet ouvrier broyait les résidus du lavage avec du mercure[1], et séparait l'amalgame, des terres et cendres, par des lavages successifs.

Le fondeur introduisait ensuite cet amalgame dans de petits vases de verre coniques à long col (ou espèces de matras) qu'il lutait avec soin. Il disposait ces vases

[1] En arabe, *zybaq* (زيبق).

dans une espèce de foyer, au milieu de charbons, et adaptait, au col des matras, des roseaux, au lieu de tubes de verre, pour recueillir dans d'autres vases de verre non lutés une partie du mercure qui se sublimait dans la distillation. Le soir, il allumait les charbons et laissait l'évaporation se faire dans la nuit. Le matin, il retirait les matras pleins d'un résidu métallique spongieux et grenu, ayant l'apparence cuivreuse, mais contenant de l'argent; il brisait les verres, et séparait en portions égales le résidu métallique, pour le distribuer dans les creusets; et, si la nouvelle fonte, avec cette augmentation, complétait la quantité dont il devait rendre compte à l'*effendy*, il était déchargé de son débet. S'il y avait plus, il retirait l'excédant pour son compte et pour compléter le prochain déficit; s'il y avait moins, il était obligé, au commencement de la semaine, d'acheter et de rapporter la quantité d'argent qui manquait.

La méthode de fondre en un seul creuset, dans un seul fourneau, a sans doute beaucoup d'avantages, tels que ceux d'employer moins de bras, moins de temps, moins de combustible; d'avoir plus sûrement et plus facilement une matière homogène, et beaucoup moins de déchet qu'en opérant séparément sur de petites masses; de ne pas être exposé à casser plusieurs creusets, à voir couler l'argent dans les cendres, et à recommencer les fontes : mais de très-grands creusets supposent un très-grand travail; et, quand on aurait constamment de grandes quantités de matières à fondre, il est difficile et dispendieux, même en France, de faire exécuter des creusets en fer battu. On ne s'en sert guère qu'à Paris, et l'usage de fondre dans des creusets de plombagine[1] est encore assez généralement suivi dans la plupart des monnoies de France, et peut-être d'Europe. Du reste, il nous semble que, dans ce dernier cas, il est préférable de fondre au fourneau à soufflet. A la monnoie de la Rochelle, dont la direction nous a été confiée, nous les avons substitués en 1818 aux grands fourneaux à courant d'air, et nous y avons trouvé beaucoup d'économie dans les frais de construction, un peu dans le temps nécessaire pour la fonte, et près de moitié dans la consommation du charbon.

§. IV. *Ateliers de la forge.*

Les lingots sont ensuite livrés, au poids, au chef des ateliers de la forge[2].

L'argent ou haut-billon ne demandant pas un grand degré de chaleur pour être forgé, un simple feu de charbon, sans soufflet de forge, suffit pour amener le lingot au rouge-cerise.

Un des ouvriers le saisit avec une pince plate, et, aidé d'un ou de deux autres ouvriers, il le forge en le frappant alternativement avec un marteau plat, ou sur une petite enclume à tranchant mousse, ou sur une enclume plate; ce qui revient au même que si l'on forgeait seulement sur une enclume plate, avec des mar-

[1] Les creusets de plombagine qu'on emploie communément ne contiennent que 18 à 20 kilogram.

[2] Forgeron se dit, en arabe, *haddâd* (حدّاد); au pluriel, *haddâdyn* (حدّادين), de *hadyd* (حديد), fer : c'est-à-dire ouvrier en fer.

teaux à double tête, en frappant, tantôt du tranchant du marteau, et tantôt du plat.

Ce travail est très-simple; mais les ouvriers y sont si exercés, ils frappent, à trois, avec tant de vitesse, de précision, et une cadence si bien marquée, qu'en les voyant la première fois on ne peut s'empêcher d'être surpris de leur adresse et de leur activité.

Le lingot, qu'on forge d'abord carrément, puis en baguette ronde, en ayant soin de rendre les deux extrémités plus amincies pour les passer à la filière, prend une longueur presque triple en diminuant de diamètre. Il acquiert plus de liant, de souplesse et de ductilité. Il serait impossible de l'étirer, s'il n'avait pas été forgé, parce qu'il serait trop cassant.

On accorde 0,001 de déchet dans l'atelier des forges. Ces forges étaient au nombre de huit.

§. V. *Ateliers des filières.*

L'étireur [1] exécute ses filières avec des plaques d'acier fondu qu'on trouve dans le commerce, et qui sont d'une forme assez irrégulière. Leur surface n'est même pas plane, et leur épaisseur diminue du centre aux bords.

Il les fait recuire ou détremper pour les percer, au fleuret, avec un foret d'acier. Il n'observe point d'ordre régulier dans la position de ses trous; il les fait successivement de plus en plus petits, avec divers forets

[1] En arabe, *maddâd* (مدّاد); de *madd* (مدّ), il a étendu, ou au pluriel, *maddâdyn* (مدّادين), étiré.

de diverses grosseurs, ou un foret qu'il diminue et retrempe à chaque fois, et perce ses trous çà et là, tant que la plaque d'acier peut en contenir.

La filière ainsi préparée se place vis-à-vis un double tenon, ménagé à l'extrémité d'une pièce de bois enfoncée en terre.

Un ouvrier passe d'une main l'extrémité de la baguette de métal, qu'on a amincie par le bout, dans le trou de la filière, et vient la saisir de l'autre main, à l'aide d'une pince ou tenaille dont les mâchoires sont cannelées.

Cette pince a ses branches, ou leviers extrêmement courts, saisies par une espèce d'anneau ou de chaînon de fer recourbé d'un côté et attaché de l'autre à une corde qui s'enroule sur un treuil.

Deux ouvriers font tourner le treuil au moyen de deux paires de leviers croisés, placés à une distance suffisante pour ne pas se gêner l'un l'autre. Les deux extrémités de l'axe tournent dans des entailles pratiquées au sommet de deux pièces de bois dur, enfoncées dans la terre.

Au moyen d'une vive saccade qui serre les branches de la tenaille, les ouvriers en font mordre profondément les dents sur la tige de métal, qu'ils forcent à passer, en s'allongeant, par les trous de la filière.

Comme la diminution de ces trous ne suit pas un décroissement bien régulier, que le treuil, construit fort grossièrement, éprouve un frottement très-considérable, que les bras de levier du treuil sont très-courts, que l'alliage n'est pas souvent très-pur, en sorte que le métal reste quelquefois dur et cassant, il faut des efforts considérables pour l'étirer. Les hommes chargés de tourner le treuil, choisis parmi les plus robustes, travaillent ordinairement nus [1] dans une action violente, s'aidant de leurs mains et de leurs pieds. Les travaux de ces ateliers, comme ceux de la plupart des autres, se font au bruit d'une espèce de cri ou de chant régulièrement répété; à peu près comme le travail des manœuvres par nos matelots, sur les vaisseaux de guerre.

Lorsque les baguettes de métal ont passé un certain nombre de fois à la filière, opération qui tend à déranger et à écarter les molécules du métal, il faut, pour le rendre plus ductile et moins cassant, avoir soin de les faire recuire.

On les dispose par couches dans du menu charbon qu'on allume le soir; les enfans de l'atelier, munis de plumeaux disposés en éventail [2], soufflent ces charbons, qu'on laisse se consumer pendant la nuit.

Les enfans s'occupent aussi à amincir les baguettes de métal par l'extrémité, à ramasser les morceaux qui se rompent à la filière, à balayer l'atelier. Ce sont presque toujours les fils des ouvriers mêmes. Ils reçoi-

[1] L'habitude qu'ont les Orientaux de vivre isolés des femmes, et de les tenir voilées et enfermées, est cause que les hommes ont entre eux moins de pudeur, et qu'on y voit avec moins de surprise des faquirs ou derviches aller nus dans les rues, et beaucoup d'ouvriers travailler nus dans leurs ateliers. C'est cette différence d'usages et de mœurs qui leur faisait voir avec tant de surprise les femmes européennes sortir sans voile, se mêler, se promener, causer avec les hommes, et surtout avoir la curiosité de visiter leurs ateliers. Leur première idée était de les prendre toutes pour des femmes publiques.

[2] *Voyez* les notes du §. III, chapitre III, sect. II, *seconde partie*.

vent une modique rétribution, qui sert aux parens à les faire vivre, et ils apprennent de bonne heure et insensiblement le même métier qu'eux. Dans la classe des artisans, comme dans la plupart des autres classes, l'ancien usage des Égyptiens d'élever presque constamment les enfans dans la profession de leurs pères s'est conservé jusqu'à nos jours.

On accorde, pour le travail de la filière et du recuit qui se fait dans deux ateliers, 0,005 de déchet.

§. VI. *Ateliers du planage.*

Lorsque les fils de métal ont été réduits à 2 millimètres environ de diamètre, on les remet au planeur [1].

Celui-ci les coupe en morceaux de 25 à 30 centimètres de long; il les met ensuite dans une espèce de four chauffé avec du bois sec, pour les faire rougir.

Ce four est circulaire, et a cinq ou six bouches. A proximité de chaque bouche est disposée une enclume, ou tas d'acier à surface circulaire et plane.

L'ouvrier-maître prend un des fils avec une tenaille ou pince plate, et, avec le marteau à deux têtes plates et circulaires, il aplatit d'abord le fil de métal dans toute sa longueur; il le ploie ensuite en deux et en aplatit de nouveau les deux branches, en les forgeant l'une sur l'autre, et en les saisissant à cet effet avec sa pince, alternativement par les extrémités et par le point de réunion.

[1] Planeur se dit, en arabe, *raqqâh* (رقاق), qui amincit: pluriel. *raqqâqyn* (رقاقين).

Lorsque tous les fils sont suffisamment amincis de cette manière, et ont acquis environ 2 centimètres de largeur, les enfans de l'atelier les ouvrent et les emboîtent au nombre de six, de manière que les plis, ou charnières, rentrent tous les uns dans les autres.

Alors le maître saisit avec la pince ces six feuilles réunies, les humecte souvent d'huile pour qu'elles ne s'oxident pas ou ne se brûlent pas, et qu'elles n'adhèrent pas ensemble; il les fait chauffer au fourneau, et, les présentant sur l'enclume, un autre ouvrier et lui les frappent à grands coups de leurs marteaux plats; il a soin de les redresser quelquefois, en les frappant plus légèrement sur la tranche.

Ce travail est très-pénible : tous les ouvriers, extrêmement robustes, sont continuellement dans la plus violente action; de leurs corps nus et musculeux ruisselle la sueur; et la vue de cet atelier[1] obscur et enfoncé, ressemblant à une caverne enfumée et retentissant du bruit cadencé des marteaux et des cris des forgerons qui travaillent à la lueur de leurs fourneaux, rappelaient parfaitement l'idée de l'antre des Cyclopes.

Les feuilles de métal qui sortent du planage sont fort défectueuses : elles sont inégales en épaisseur et surtout aux extrémités, déchirées sur les bords, souvent cassées et trouées; ce qui est cause qu'au découpoir il y a une grande quantité de retailles ou cisailles qui retournent à la fonte. Les flans sortent très-noirs et oxidés, et il faut en enlever, pour les décaper ou les blanchir, une partie de la surface.

[1] L'atelier contient deux forges, ou fours, à six enclumes chacune.

Il aurait fallu employer, pour préparer ces feuilles, des laminoirs construits avec beaucoup de précision; mais les ouvriers du pays étaient incapables de les exécuter.

Le déchet accordé, dans les ateliers du planage, n'était que de 0,0025, ou d'un quart de millième.

§. VII. *Atelier du découpage.*

Les feuilles pesées et examinées pour s'assurer si elles ont une épaisseur convenable, sont livrées au chef de l'atelier du découpage[1].

Les découpoirs[2] sont composés d'une vis, à l'extrémité inférieure de laquelle est adapté l'emporte-pièce ou piston, qui est une portion de cône dont la base est acérée et tranchante. Ce piston entre dans une pièce qu'on appelle lunette, percée d'un trou circulaire et d'un diamètre presque égal, dont le rebord est aussi acéré et tranchant.

A l'autre extrémité de la vis est adapté le balancier ou levier à un seul bras, qui sert à faire mouvoir la vis et le piston.

L'ouvrier applique de la main gauche la feuille de métal sur la lunette, et de la main droite, en donnant un demi-tour de levier, fait descendre le piston, qui enlève la pièce, ou morceau de métal, qu'on appelle flan dans le style de nos monnoies, et qui tombe, à

[1] En Égypte, découpeur se dit *doughremeh* (دوغرمه), du mot turk دوغرمق ou طوغرامق, qui signifie couper en petits morceaux.

[2] *Voyez* pag. 315, alinéa 2.

travers la table percée à cet effet, dans un panier ou couffe, disposé pour le recevoir.

Ce mouvement se fait avec une grande rapidité; le travail est très-facile, et ce sont des jeunes gens qui le font : un seul ouvrier peut découper au-delà de vingt mille médins par jour.

Les défauts de ces découpoirs consistent en ce que la vis est conique, au lieu d'être parfaitement cylindrique, ce qui lui donne du jeu et fait varier l'emporte-pièce; en ce que l'emporte-pièce, au lieu d'être dirigé entre des règles et de n'avoir d'autre mouvement que celui d'ascension et de descension, est adapté à la vis, et tourne avec elle, ce qui contribue encore à lui donner du jeu : enfin, le diamètre du collet ou de la lunette est trop grand par rapport à celui de l'emporte-pièce, d'où il résulte que la pièce de métal a souvent des bavures, et que, comme elle est très-mince, elle est fort concave du côté de l'emporte-pièce, et convexe du côté de la lunette.

L'ouvrier taille deux rangs de pièces dans la feuille, en commençant par un bord et reprenant par l'autre; il évite de couper les endroits qui sont trop minces ou trop épais, ou déchirés. Les découpures qui restent sont plus des deux tiers de la feuille et retournent à la fonte.

On frotte dans du son les pièces découpées, pour en enlever l'huile qui provient des découpoirs, et l'on trie celles qui sont trop imparfaites.

Les pièces ainsi nettoyées, triées et pesées, sont remises au décapeur.

§. VIII. *Atelier du décapage ou blanchîment*[1].

On fait d'abord bouillir les pièces ou flans dans une chaudière de cuivre, qui contient du tartre, de l'alun et du sel marin[2], en ayant soin de remuer et agiter souvent. Cette première opération dissout l'huile, et enlève les matières grasses ou charbonneuses, ainsi qu'une partie de l'oxide qui se trouve à la surface. La pièce prend alors une couleur rougeâtre et semblable à celle du billon.

Cette première opération ne suffisait pas pour décaper les médins. On les jetait dans une espèce d'auge pratiquée dans une forte pièce de bois ou tronc équarri de sycomore. On y ajoutait de l'alun, du sel marin, du tartre, et même du sable; et deux forts ouvriers, assis sur chaque extrémité de la pièce de bois, en remuant, brassant et frottant les pièces, parvenaient à leur donner une apparence métallique semblable à celle de notre billon neuf.

Nous avons dit qu'il résultait de l'imperfection des découpoirs qu'une des surfaces des médins était convexe; c'est celle qui, éprouvant beaucoup plus de frottement, se blanchissait beaucoup mieux que l'autre.

On lavait ensuite, à plusieurs eaux, les petites pièces de métal; on les séchait, et on les essuyait, en les frottant dans du son, sur un crible; enfin, on triait les

[1] Celui qui décape ou blanchit s'appelle, en arabe, *gallâ* (جلّا); au pluriel, *gallâyn* (جلّاين).

[2] *Voyez* ces mots dans le tableau joint à la page 434.

pièces brisées ou qui n'étaient pas suffisamment décapées.

Il est facile de présumer combien le déchet doit être considérable dans cette opération; et, quoique la partie oxidée qu'enlèvent les dissolvans soit presque entièrement cuivreuse, cependant le frottement seul doit enlever aussi une portion d'argent. Les eaux de lavage se jetaient, et l'on retirait fort peu de métal des autres résidus. Le déchet accordé était de 0,055.

Nous avions le désir de perfectionner les procédés du blanchîment; et l'action du sel et du tartre, portés à l'ébullition, eût sans doute suffi : mais il aurait fallu trouver un moyen simple et facile d'agiter constamment les pièces dans la chaudière, et de leur faire présenter à-la-fois chaque face à l'action du dissolvant; tandis que d'ordinaire, et malgré le soin qu'on a de les brasser avec une spatule dans la chaudière, la plupart des pièces se collent ou adhèrent entre elles, en sorte qu'une des surfaces, ou une portion des deux, conserve une apparence noire ou cuivreuse.

Malheureusement, nous fûmes constamment contrariés dans nos projets d'amélioration par l'impossibilité de pouvoir occuper long-temps les ouvriers français, qui étaient en trop petit nombre, et qui étaient employés ailleurs à une foule de travaux, pour lesquels le génie inventif de M. Conté[1] avait eu à tout recréer, depuis l'outil le plus simple jusqu'aux machines les plus difficiles à exécuter, après que tout ce qu'on avait apporté de France en ce genre eut été pillé ou détruit

[1] *Voyez* pag. 268, ligne 24 et note [1].

dans l'insurrection du Kaire. La routine des ouvriers du pays était un autre obstacle qui eût été encore plus difficile à surmonter.

En examinant ce qui se passe dans l'opération du décapage ou blanchîment, on a lieu de s'assurer que la portion d'acide libre que peuvent contenir le tartre et l'alun, en agissant sur la surface des pièces de métal, leur enlève et dissout une quantité suffisante de cuivre oxidé pour leur donner cette apparence de blanc mat qu'a l'argent plus pur, lorsqu'on l'a passé à l'acide sulfurique. Cette apparence que prend le billon, mais qui s'efface par le frottement, a donné lieu à l'erreur vulgaire que ces pièces sont de cuivre argenté. Savary, dans ses Lettres sur l'Égypte, dit que le médin est une petite pièce de cuivre argenté qui vaut six liards[1].

§. IX. *Atelier des balanciers ou du monnoyage.*

Les petites pièces de métal, ou flans, préparées comme nous venons de le dire, se livrent, au poids, au chef de l'atelier du monnoyage.

Les balanciers sont composés, comme les découpoirs, mais dans une plus forte proportion, d'une vis roulant dans une boîte ou écrou de cuivre.

A l'extrémité inférieure de la vis s'adapte le coin d'acier qui s'enfonce simplement dans une cavité pratiquée dans la tête de la vis. A l'autre extrémité est adapté un balancier garni de deux têtes de plomb. Le coin inférieur s'assujettit dans un carré de fer, au

[1] Lettre du 5 octobre 1777.

moyen de coins de fer. Un ouvrier, ordinairement un jeune homme, est chargé de placer les pièces sur le coin inférieur. Il en prend une poignée de la main droite, les fait glisser du pouce et de l'index sur le coin, et les détache avec l'index de la main gauche, tandis qu'un autre ouvrier fait, d'une seule main, aller le balancier, en regardant les pièces qu'on place dessous.

Les ouvriers sont si exercés à ce travail, que souvent celui qui place la pièce ne regarde point le coin supérieur, et celui qui fait aller le balancier se fie à son mouvement uniforme et régulier, sans fixer les yeux sur la pièce qui se place sous le coin; et il n'arrive presque jamais que la pièce soit frappée deux fois, ou que celui qui la pose ait les doigts pris entre les coins.

Les balanciers sont affectés des mêmes imperfections que nous avons remarquées dans les découpoirs, c'est-à-dire que la vis est légèrement conique, au lieu d'être parfaitement cylindrique; que le coin tourne avec la vis, au lieu de monter et de descendre entre des régulateurs. Il en résulte que le coin supérieur vacille et ne s'applique jamais rigoureusement sur l'autre; en sorte que les deux empreintes se correspondent rarement, et qu'elles ne sont pas toujours, comme dans nos monnoies de France, dans la même position respective l'une par rapport à l'autre. Le mouvement de torsion ou circulaire qu'éprouve la pièce au moment où elle vient à être serrée entre les deux coins, tend à effacer ou coucher les empreintes. La profondeur beaucoup trop considérable du trait de gravure dans les deux coins, et le peu d'épaisseur de la feuille métallique, sont cause que les parties saillantes d'un des coins refoulent le métal dans les parties creuses de l'autre, et les empreintes en sortent comme effacées, hachées et en partie illisibles.

§. X. *Atelier des* serrâf[1], *ou compte et poids des médins.*

Le chef de l'atelier du monnoyage doit rendre le même poids en médins marqués qu'il en a reçu en flans, puisqu'il ne peut y avoir aucun déchet dans la manipulation.

On livre la monnoie ainsi pesée aux compteurs ou *serrâf*[2].

Le chef des *serrâf* mêle avec soin les médins frappés; il en prend au hasard une certaine quantité, en fait compter quelques mille, et les pèse.

Si tous les mille sont trop forts de poids, ou s'ils pèsent sensiblement moins qu'il ne faut, on recommande au planeur de faire des feuilles un peu plus minces ou un peu plus épaisses; et l'on attend le produit d'une seconde fabrication, qu'on mêle à celui de la première.

Si ce mélange donne, à très-peu de chose près, 73 drachmes (223 grammes environ) pour 1000 médins, les *serrâf* commencent à compter.

Leur chef a préparé d'avance des cornets d'une demi-feuille de papier gris, dont le poids est d'abord taré,

[1] *Voyez* pag. 311, alinéa dernier et notes [2] et [3].

[2] *Serrâf* s'entend de celui qui change et vérifie les monnoies; compteur se dit, en arabe, *a'ddâd* (عدّاد).

lorsque chaque main est pesée. Les *serrâf* comptent les médins sur des planchettes garnies d'un rebord et qui se terminent en bec. Ils ont soin de séparer les médins défectueux. Ils remettent les médins ainsi comptés par 500 au *serrâf* en chef, qui les pèse; si le poids n'en diffère pas de 36 drachmes $\frac{1}{2}$, il réunit deux demi-milliers dans un cornet, le ferme, et écrit dessus le nom du compteur.

Si les demi-milliers sont les uns un peu trop forts, les autres un peu trop faibles de poids, le maître compteur mêle 500 médins de la première espèce avec 500 autres de la seconde, et parvient, avec ces précautions ou tâtonnemens, à former des milliers de médins d'un poids égal, à très-peu de chose près.

A la fin de la journée, on compte les cornets; on en pèse la totalité, en déduisant la tare du papier, afin de savoir si les *serrâf* ont rendu exactement le poids qui leur a été remis.

Ces cornets de mille médins sont versés, en cet état, dans la circulation.

Si la personne qui en donne un en paiement est connue, et que le nom du *serrâf* soit écrit dessus, on ne le compte ni on ne le pèse; quelquefois on se contente de le peser.

Parmi les médins défectueux triés par le *serrâf*, on choisissait autrefois ceux qui l'étaient le moins; et, quoiqu'ils fussent ou trop faibles, ou déchirés, ou mal décapés, ou même échancrés, pourvu qu'ils présentassent une partie de l'empreinte, on s'en servait pour payer les ouvriers. Nous nous opposâmes à cet abus, qui tendait à mettre en circulation une assez grande quantité de très-mauvaise monnoie.

CHAPITRE II.

Fabrication des pièces de 40 et de 20 médins.

§. I. *Alliage et fonte.*

Ce qui a rapport à l'alliage et à la fonte de la matière des pièces de 40 et de 20 médins, se pratiquait de la même manière que pour les médins[1] : seulement, au lieu de couler l'argent en lingots, on le coulait en lames.

On emploie en France, pour couler l'argent ou l'or en lames, des lingotières qui consistent en une grande et forte tenaille de plus de 2 mètres de long, appuyée sur un chevalet en fer, dont l'extrémité des leviers se rapproche et se serre pour faire appliquer hermétiquement les mâchoires l'une contre l'autre, au moyen d'un crochet en fer brisé et à levier. Les deux mâchoires sont des masses de fonte oblongues, dans la surface intérieure d'une desquelles est creusée la rainure qui doit servir de moule à la lame d'argent qu'on y coule. Ces machines, difficiles à exécuter et qui

[1] *Voyez* pag. 448, alinéa 2 et suivans.

demandent beaucoup de précision, coûtent jusqu'à 500 francs pièce.

Le procédé suivi en Égypte était extrêmement simple et économique.

Le fondeur avait une ou plusieurs caisses oblongues pleines de sable à mouler. Avec une règle en fer, emmanchée dans une poignée de bois [1], et qu'il enfonçait dans le sable et retirait avec précaution, il formait les moules destinés à y couler les lames.

En enclinant son creuset, il versait le métal en fusion dans les vides ainsi pratiqués à une certaine distance les uns des autres, et tâchait d'éviter de former, à la partie supérieure, des têtes qu'il aurait fallu casser et refondre. Chaque lame avait environ 45 centimètres de longueur, sur 4 de largeur pour les pièces de 40 médins et sur 3^{centimètres}2 pour celles de 20 médins.

Comme les lames s'oxidaient un peu à la surface par le contact du sable en décomposant une partie de l'humidité dont il était imprégné, et qu'un peu de sable aurait pu adhérer à la surface du métal, ce qui aurait promptement détérioré les cylindres du laminoir, on lavait les lames dans une eau acidulée et on les essuyait avec soin.

§. II. *Laminoirs.*

Les deux cylindres ou rouleaux des laminoirs, revêtus en acier, étaient assujettis dans un châssis de cuivre ou bronze [2]. La partie supérieure des coussinets, aussi en

[1] Cet outil ressemblait assez à un sabre droit.

[2] Nous avions fait exécuter par les ouvriers du pays, dénués de toute expérience, les diverses machines nécessaires à la fabrication

cuivre, était mobile, pour qu'on pût rapprocher plus ou moins les cylindres, au moyen de cales et de vis de pression.

L'axe du cylindre supérieur était garni d'une lanterne dans laquelle engrenait une grande roue horizontale.

Cette grande roue était mue par un levier passé dans son axe vertical, fixé à la circonférence, et dépassant assez le diamètre de la roue pour que les bœufs pussent tourner autour et en dehors des cylindres.

En passant trois ou quatre fois au plus la totalité des lames entre les cylindres, qu'on rapprochait successivement autant de fois, on réduisait les lames à l'épaisseur requise; ce dont on s'assurait en les passant dans une rainure ou fente pratiquée dans une règle d'acier qu'on appelle calibre. Comme les lames étaient coulées à peu de chose près à l'épaisseur que devaient avoir les pièces, on n'était pas obligé de les faire recuire, comme cela se pratique en France, après qu'on les a fait passer au laminoir de dégrossîment.

§. III. *Découpoirs.*

On ne découpait qu'une pièce dans la largeur des lames.

Les découpoirs étaient construits dans les mêmes formes à peu près que ceux pour les médins, excepté qu'ils étaient beaucoup plus forts, et que le levier ou balancier était à deux têtes garnies de plomb.

des pièces de 40 et de 20 médins. Les corps du grand balancier, du laminoir et des découpoirs, avaient été fondus avec des bombes en bronze que nous avait remises l'artillerie.

§. IV. *Ajustage.*

On pesait les pièces une à une; et comme on avait eu soin de les tenir en général d'un poids un peu plus fort, si elles excédaient 4 drachmes pour celles de 40 médins, et de 2 drachmes pour celles de 20 médins, on les ajustait en les limant un peu autour de la tranche, si le découpoir y avait laissé un peu de bavures, ou sur la surface. On ne faisait point recuire les pièces, comme cela se pratique en France, dans quelques monnoies, avant l'ajustage[1], quoique la matière dût être moins ductile que celle qui sert à la fabrication de nos monnoies. Ainsi, l'on épargnait ce recuit et celui du laminage[2]; ce qui diminuait la dépense et le temps nécessaires à la fabrication.

§. V. *Décapage ou blanchîment.*

Pour décaper ou blanchir les pièces, on les faisait bouillir, comme les médins, dans une lessive de tartre, d'alun et de sel marin; on les faisait ensuite rougir au four, et on y projetait du salpêtre et de l'ammoniaque pilés; après quoi, on les lavait et on les séchait, en les frottant avec du son.

La surface prenait une apparence argentée, comme nous l'avons dit en parlant du décapage des médins.

[1] Le recuit des pièces avant l'ajustage n'a pas toujours lieu dans les divers hôtels monétaires de France: il avait été constamment pratiqué dans celui de la Rochelle; l'expérience nous a convaincus qu'on pouvait le supprimer sans inconvénient.

[2] *Voyez* pag. 474, alinéa 3.

§. VI. *Empreinte.*

On frappait les pièces à un fort balancier construit sur les mêmes principes que ceux qui servaient à la fabrication de l'or et des médins[1].

CHAPITRE III.

Fabrication de l'or.

§. I. *Fonte.*

Il était de règle que l'or, fourni par les Juifs, fût livré à la monnoie, réduit en lingot, et au titre exigé pour la fabrication des sequins. Les particuliers ne fournissaient point d'or au change, et les Juifs achetaient ordinairement pour leur compte la poudre d'or qu'apportaient les caravanes; de sorte qu'habituellement il n'y avait point de fonte d'or à la monnoie. Celui qui s'en chargeait, au besoin, était l'essayeur d'or, qui fondait au soufflet à double courant[2] dans des creusets de plombagine, dont il avait conservé une petite quantité[3].

La poudre d'or contenait toujours quelques corps étrangers, et avait besoin d'être fondue avec soin, à

[1] *Voyez* pag. 469, alinéa 2, et pag. 489, alinéa dernier.

[2] *Voyez* pag. 449, alinéa 3.

[3] Le déchet à la fonte était évalué à 0,002 ou $\frac{2}{1000}$.

deux reprises au moins, et d'être en quelque sorte purifiée pour former des lingots d'un métal homogène, ductile et maniable. La poudre d'or exigeait un beaucoup plus haut degré de chaleur pour se fondre, et une plus grande quantité de borax[1], que l'or déjà purifié. Le déchet en matière volatilisée ou qui formait scorie avec le borax, s'élevait jusqu'à 0,028; et, lorsqu'on refondait cet or avec l'alliage, le déchet n'était plus que de 0,004.

Plusieurs essais faits à la monnoie de Paris, sous les yeux de MM. Darcet, inspecteur, et Bréant, vérificateur des essais, par MM. Chévillot et Chaudet, essayeurs, ont donné, pour un même sequin du Kaire, 963, 964, 965, 966 et 967; et pour un autre sequin, 939, 941, 944 et 945[2]. Ces variations, que ne présentent presque jamais les essais d'une pièce, ne peuvent être attribuées qu'à la fusion imparfaite de la poudre d'or qui aura servi à fabriquer les pièces anciennes dont il s'agit.

§. II. *Alliage.*

Tout l'or ouvré ou monnoyé en Égypte s'alliait avec de l'argent.

Cet alliage lui donne une couleur pâle, citrine, légèrement verdâtre; et il se rapproche de l'apparence du cuivre jaune ou cuivre allié de zinc.

Il n'y a guère plus d'un siècle que le même usage

[1] Borate de soude. *Voyez* l'article 12 et la note 13 du tableau joint à ce mémoire.

[2] *Voy.* le Tableau des monnoies, pièces n^{os}. d'ordre 4 et 8, à la suite de ce mémoire.

existait en France. Les guinées en Angleterre s'allient encore aujourd'hui avec l'argent.

On aura sans doute préféré assez généralement le cuivre en Europe, parce qu'il coûte moins; parce que l'alliage qui en résulte est plus solide et susceptible de prendre un plus beau poli; parce que la couleur rouge que le cuivre donne à l'or est plus vive et plus flatteuse à l'œil, que le jaune pâle et verdâtre que lui fait contracter l'argent. Néanmoins, telle est la force de l'habitude que les gens du pays ne croyaient pas que nos louis, parce qu'ils ont une apparence rouge, fussent d'un or de bon aloi; ce qui contribuait à leur discrédit.

Dans tout l'Orient, où l'on se sert d'argent pour alliage, on cherche, par divers procédés, à rehausser l'éclat de l'or et à lui donner cette apparence de jaune plus intense ou plus rouge qui appartient à l'or pur. Nous parlerons de ces procédés à l'article du décapage.

On se servait, en Égypte, pour allier l'or, de piastres dont le titre est assez constant, et, de préférence, de celles aux deux globes, qui sont plus anciennes et à un titre supérieur. Mais, comme ces piastres sont elles-mêmes alliées d'environ $\frac{1}{10}$ de cuivre, on introduisait une certaine quantité de ce dernier métal dans l'alliage de l'or.

§. III. *Essais.*

Pour s'assurer si les lingots fournis à la monnoie étaient au titre exigé de 16 karats $\frac{24}{32}$ (698), on prenait, aux extrémités et au milieu des lingots[1], 1 drachme $\frac{1}{2}$ (4^{grammes}618) d'or, poids qu'on appelle *mitqâl*[2].

On ajoutait 4 drachmes (12^{grammes}316) d'argent de piastre d'Espagne aux deux globes, dont le titre moyen peut être de 906 à 910.

Cette opération est celle que l'on désigne en France sous le nom d'inquartation, parce que l'or forme le quart de l'alliage : mais on n'avait pas soin, comme en France, de passer d'abord cet alliage à la coupelle, en le fondant avec du plomb, de la même manière que pour les essais d'argent; opération préparatoire, qui a pour but de séparer l'or et l'argent de tous les autres métaux auxquels ils pourraient être unis.

L'essayeur, après avoir pesé le plus exactement possible, d'abord l'or à essayer et l'argent séparément, ensuite tous les deux ensemble, les place au fond d'un petit creuset de terre qu'il pose dans un fourneau de forge circulaire, alimenté par un soufflet[3]. Il emploie pour flux du borax, ou borate de soude, et a soin de

[1] On se contentait, avant nous, de prendre au hasard un peu d'or à une des extrémités des lingots; ce qui pouvait induire en erreur, parce qu'il est possible que, dans un même lingot, il y ait variation de titres, si la matière n'a pas été bien fondue et bien mêlée.

[2] *Voy.* notre Notice sur les poids arabes anciens et modernes (citée pag. 271, note [1]), pag. 78, 80, 86 et 95.

[3] Le soufflet dont il se sert est du genre de ceux qu'on appelle soufflets à boudin (*voyez* pag. 449, alin. 8); mais, au lieu d'être horizontal, il est vertical, et a la forme qu'ont en petit nos lanternes en papier plissé.

remuer l'or et l'argent avec une baguette de fer, pour que le mélange se fasse exactement[1].

Quand l'alliage est en fusion parfaite, il le verse d'une certaine hauteur dans une capsule de cuivre pleine d'eau; ce qui fait que l'alliage se divise et se réduit en grenaille.

Il décante l'eau, fait sécher la capsule, recueille exactement toute la grenaille, aplatit sur un tas d'acier les morceaux qui sont restés sous un trop gros volume, et les divise avec une cisoire.

Il fait ensuite entrer l'or ainsi divisé dans un matras, et il y verse environ 200 grammes d'eau-forte.

Les matras dont il se sert sont des flacons de verre blanc, qui ont la forme d'un petit ballon à long col, et dans lesquels on envoie le vin de Chypre[2].

L'essayeur pose son matras sur des charbons allumés dans une petite terrine, excite le feu avec un plumeau en forme d'éventail[3] et entretient l'ébullition, jusqu'à ce qu'il ne se forme plus de bulles autour de l'or; ce dont il s'assure, en retirant un moment le matras et laissant refroidir un peu et reposer le liquide.

L'or, séparé de l'argent qui a été entièrement dissous par l'eau-forte, reste déposé au fond du matras, sous

[1] Comme il était possible que quelques molécules d'or adhérassent à la baguette de fer, nous faisions prendre le creuset avec une pince plate pour agiter le mélange avec précaution.

[2] Pour que ces flacons, par eux-mêmes très-fragiles, ne se cassent pas dans le transport, on les empaille avec un tissu de palmier ou d'algue marine.

[3] On ne connaît point en Égypte les soufflets à main. Au lieu de cet instrument, qui coûte trop cher, on ne se sert, pour aviver le feu ou allumer les charbons, que d'une espèce d'éventail, (de plumes ou de feuilles de dattier) qu'on appelle

la forme de poudre d'un pourpre foncé. L'essayeur décante l'eau-forte, lorsqu'elle est reposée et bien transparente; pour en séparer ensuite les dernières portions et bien laver la poussière d'or, il renverse le col du matras dans une soucoupe de porcelaine pleine d'eau claire[1].

La vapeur qui existait dans le matras encore chaud, et qui en avait déplacé l'air, se trouvant en contact avec l'eau froide, se condense tout-à-coup. Le vide se forme dans l'intérieur du vase, et l'eau y monte précipitamment. L'essayeur, en l'agitant dans le matras, dont il tient toujours le col plongé dans l'eau, détache toutes les particules d'or, qui descendent ensuite dans la soucoupe, lorsqu'il soulève le matras.

Il laisse alors reposer l'eau, et décante toute celle qui est bien transparente. La poudre d'or, que nous avons dit être d'un pourpre foncé, tient si peu à l'oxigène, qu'en la frottant simplement dans la soucoupe de porcelaine avec une molette d'agate, une grande partie de cette poudre se revivifie et se réunit en une masse arrondie qui paraît liquide comme une bulle de mercure, mais avec l'éclat et la couleur propres à l'or. Ces globules, qu'on prendrait pour de l'or fondu, ne sont composés que de poussière d'or, qui serait friable et sans aucune adhérence, si l'on évaporait l'eau.

L'eau qui reste, et qui pourrait tenir en suspension quelques particules d'or, se verse avec l'or dans un petit creuset de grès, et, au moyen de la molette

moqacheh (مقشة). *Voyez* la pl. XI des Arts et métiers, *É. M.*

[1] On ne connaît point l'eau distillée.

d'agate, l'essayeur fait descendre, de la soucoupe dans le creuset, jusqu'aux dernières molécules de ce métal.

Il place ensuite le creuset dans son fourneau de forge; et, lorsque l'eau est vaporisée et le creuset échauffé, il ajoute le borax qui doit servir de flux.

L'or fondu forme, dans un bain de ce flux, un globule qui se refroidit promptement quand on retire le creuset, avant même que le borax ait cessé d'être liquide.

L'essayeur verse le tout dans l'eau pour dissoudre le borax, et obtient un bouton rond, net et mat à la surface, légèrement déprimé, et qui ne contient que de l'or pur.

Quelque soin et quelque adresse qu'on puisse mettre dans ces diverses manipulations, il est presque impossible que l'acide nitrique, l'eau, le borax, n'emportent pas quelques molécules d'or, et qu'il n'en adhère pas quelques-unes à la molette, aux vases et au creuset. Le procédé que nous venons de décrire ne peut donc présenter autant de certitude et de précision que celui qui est usité en France.

Après avoir opéré l'inquartation et la coupellation, on réduit l'alliage d'or et d'argent, en le passant au laminoir, en feuille étroite et mince que l'on roule sur elle-même, peu serrée et de manière à laisser un léger intervalle entre les surfaces. L'eau-forte qu'on emploie dans cette première opération à un degré plus faible qu'en Égypte, dissout l'argent, sans détruire l'agrégation des molécules d'or, lesquelles restent réunies en feuille roulée qu'on fait sécher et chauffer fortement dans un petit creuset. Les molécules du métal se rapprochent alors et se désoxident, et la feuille d'or, qu'on appelle cornet, conserve de la consistance, peut se dérouler et n'a pas besoin d'être fondue.

Si l'on employait de l'eau-forte trop concentrée, elle séparerait les particules d'or et les réduirait en poussière légèrement oxidée. Alors on n'aurait plus de cornet; et l'opération serait manquée, ou il faudrait la continuer comme en Égypte.

L'impossibilité de faire exécuter un laminoir assez exact pour réduire le métal en lames très-minces, n'eût pas permis de faire en Égypte le départ de l'or en cornet; mais nous y introduisîmes la méthode d'ajouter, après avoir décanté l'eau-forte qui a dissous l'argent et le cuivre uni à l'or, une certaine quantité d'acide nitrique plus concentré, pour enlever les dernières molécules d'alliage.

L'essayeur de la monnoie préparait lui-même l'eau-forte qui lui était nécessaire, en distillant ensemble de l'alun (sulfate d'alumine) et du nitre (nitrate de potasse).

L'acide sulfurique, uni à l'alumine dans l'alun, ayant plus d'affinité avec la potasse que l'acide nitrique, décompose le nitre, forme un sel neutre avec la potasse, et l'acide nitrique se dégage et se vaporise.

La distillation se faisait dans des espèces de cruches de grès, ou vases de terre coniques, à peu près semblables à ceux qu'on appelle quines en France, et auxquels on adaptait un chapiteau de verre à gorge et à bec. Ce chapiteau était luté au col de la cornue avec de la terre glaise, et le bec aboutissait dans le col d'une bouteille, ou d'un ballon de verre blanc plongé dans l'eau.

L'essayeur d'or était un chrétien arménien, le seul en Égypte qui fût en possession, depuis maintes années, d'un art qui s'était transmis jusqu'à lui dans sa famille par une longue suite de générations, et qu'il regardait comme une science profonde et un secret merveilleux. Il fut extrêmement surpris en voyant que les jeunes Français préposés à l'administration de la monnoie, qui n'avaient point reçu de leurs pères la tradition de ces mystères et n'en avaient jamais fait leur profession, connaissaient cependant la manière de préparer l'eau-forte et d'essayer l'or. Son étonnement redoubla, lorsque nous lui assurâmes que l'eau-forte pouvait se préparer de plusieurs autres manières que celle qu'il connaissait, en distillant, par exemple, de l'huile de vitriol (acide sulfurique) ou de la couperose (sulfate de fer) avec du nitre. Nous en fîmes l'expérience devant lui; mais il ne pouvait croire que le résultat fût le même que celui qu'il avait coutume d'obtenir. Il n'en fut convaincu que lorsqu'il eut fait lui-même un essai comparatif avec cet acide nitrique, lequel réussit tout aussi bien que le sien.

Nous perfectionnâmes ses procédés, autant qu'il nous fut possible, en épargnant le combustible, en lutant exactement les vaisseaux, et en condensant plus promptement l'acide nitrique, dont il laissait auparavant une partie se volatiliser.

§. IV. *Forge.*

Lorsque les lingots étaient au titre requis, on les livrait au forgeron, le même qui était chargé des ouvrages en fer[1]. Il faisait chauffer les lingots au rouge-cerise, et les forgeait pour en former des baguettes rondes d'environ 8 millimètres de diamètre, amincies en pointe aux deux extrémités, pour qu'on pût les passer à la filière.

On accordait, dans cet atelier, 0,00025 de déchet, ou un quart de millième.

§. V. *Filière.*

On passait ensuite l'or à la filière. Cette opération se faisait dans le même atelier que celui où l'on étirait l'argent[2] pour la fabrication des médins. Il suffisait de passer la baguette d'or trois ou quatre fois à la filière, pour lui donner partout le même diamètre, d'environ 5 ou 6 millimètres.

Le déchet accordé dans cet atelier était aussi de 0,00025.

§. VI. *Découpage.*

On débitait les baguettes d'or sorties de la filière en petits cylindres de 5 à 6 millimètres à peu près de longueur chacun[3].

Un ouvrier faisait passer la baguette d'or par un trou

[1] Il s'appelle aussi *haddâd*. Voy. pag. 458, note 2.

[2] L'étireur pour l'or se dit aussi *maddâd*. Voyez la note de la p. 459.

[3] L'ouvrier qui découpe ou débite les baguettes d'or en petits cy-

pratiqué dans un montant d'acier, et en appuyait l'extrémité contre un morceau de fer qui servait de régulateur.

Un autre ouvrier, avec un ciseau dont le tranchant était concave, et sur la tête duquel il frappait avec un marteau, coupait la baguette le plus près possible du montant d'acier.

On accordait le même déchet pour ce genre de travail que dans les autres ateliers.

§. VII. *Aplatissage.*

Chaque petit cylindre d'or s'aplatissait sous un fort balancier, dont les coins étaient sans empreinte.

Un ouvrier [1] plaçait le petit cylindre d'or debout sur le coin d'acier inférieur; deux autres ouvriers, en imprimant un mouvement rapide au coin supérieur par le moyen d'un fort balancier garni de deux têtes de plomb, aplatissaient le cylindre d'un seul coup.

Cette forte et rapide compression, qui élevait la température de la pièce d'or au point qu'on ne pouvait la serrer de suite dans sa main sans se brûler, produisait quelquefois un déchirement dans le bord de la pièce; mais cette défectuosité ne passait pas pour un motif suffisant de rebuter et refondre les sequins qui en étaient affectés.

On accordait 0,00075 de déchet, ou $\frac{3}{4}$ de millième, pour ce travail.

lindres, s'appelle, en arabe, *qattâ'* (قطاع), c'est-à-dire celui qui coupe.

[1] L'ouvrier qui aplatit se dit, en arabe, *rasâ'* (رصاع).

§. VIII. *Ajustage.*

L'ajusteur[1] pesait ensuite successivement toutes les pièces, et il les arrondissait avec des cisoires, en tâchant de leur donner à chacune, le plus exactement possible, le poids qu'elles devaient avoir; après quoi, il les livrait au maître ouvrier chargé de faire le cordon sur tranche.

Le déchet accordé à l'ajusteur de l'or était de 0,0005, ou $\frac{1}{2}$ millième.

§. IX. *Planage.*

Les pièces d'or aplaties et ajustées ne présentaient pas encore assez de surface; elles n'étaient d'ailleurs jamais ni bien circulaires, ni d'une épaisseur égale, ni du même diamètre. On les donnait aux ouvriers, qui les forgeaient et planaient[2] en les frappant sur des tas d'acier avec un marteau à tête étroite. Ils parvenaient, par ce travail, à leur donner une épaisseur égale et à les rendre plus minces et à peu près rondes. Le déchet de cet atelier était le même que ci-dessus.

§. X. *Cordon sur tranche.*

Le sequin qu'on voulait cordonner se plaçait entre deux petites plaques d'acier circulaires, et dont le diamètre était un peu moins grand, en sorte que le bord de la pièce destinée à recevoir la ciselure excédait

[1] Ajusteur se dit, en arabe, *ma'âyr* (معاير).

[2] Le planeur se disait *menakys* (منكيس).

les bords des deux plaques entre lesquelles elle était serrée.

Ces plaques étaient garnies chacune, au centre de leur face extérieure, d'une pointe qui entrait, en forme de tourillon, dans les deux branches d'une pince à ressort.

L'ouvrier [1] faisait rouler alors la tranche de la pièce d'or dans une rainure d'acier ciselée; et, comme le frottement des deux plaques ne s'exerçait extérieurement qu'au seul point de contact des tourillons bien polis et bien huilés, avec les extrémités de la pince, tandis qu'il avait lieu à l'intérieur des plaques, de toute leur surface rayée en forme de lime sur les surfaces mattes de la pièce d'or, cette pièce et les deux plaques d'acier tournaient ensemble, comme ne formant qu'un tout, entre les deux branches de la pince à ressort.

La tranche du sequin se trouvait, par ce procédé, légèrement dentelée ou ciselée. Le déchet était le même que pour le planage.

§. XI. *Décapage* [2].

Il ne restait plus alors qu'à décaper les pièces, avant de leur donner l'empreinte.

On les faisait bouillir dans une dissolution d'alun (sulfate d'alumine) et de tartre (tartrite acidule de po-

[1] L'ouvrier qui fait le cordon des sequins se dit, en arabe, *zengerly* (زنجرلى) ou *zengyrly* (زنجيرلى), mot turk qui a passé dans la langue arabe vulgaire. On nomme *zengyrly*, à Constantinople, certaines pièces d'or.

[2] *Voyez* pag. 466, alinéa 1er et note [1].

tasse), afin d'enlever une légère couche de corps gras et d'oxide, qui en salissait la surface.

On les mettait ensuite dans une pelle de fer, et on les faisait chauffer au rouge dans un four.

On projetait sur les pièces rouges un mélange de sel ammoniac (muriate d'ammoniaque[1]), de salpêtre (nitrate de potasse), de couperose bleue (sulfate de cuivre) et de sel marin (muriate de soude); on répétait deux ou trois fois cette opération sur les pièces, que l'on retournait en les sautant dans la pelle de fer.

Il se forme, par la décomposition des sels, de l'acide nitro-muriatique, et peut-être un peu d'acide muriatique oxigéné, qui décape parfaitement la surface de l'or en dissolvant l'oxide déposé à sa surface.

Il est aussi probable qu'une légère oxidation de l'or lui donne une couleur plus vive, d'un jaune plus intense et plus approchant de la couleur de l'or pur. En soumettant l'or d'un titre élevé à l'action de ces sels, on lui donne souvent une nuance de rouge-pourpre.

Le déchet accordé pour le décapage s'élevait à 0,0035, ou à 3 millièmes $\frac{1}{2}$; ce qui est trop considérable.

§. XII. *Empreinte.*

Les sequins se frappaient ensuite à un fort balancier qui ne servait que pour les pièces d'or, et qui présentait les mêmes défauts que ceux destinés à frapper les médins[2].

[1] On employait aussi quelquefois, pour aviver l'or, du sel mercuriel ou sublimé, qu'on appelait, en arabe, *selymâny* (سليماني).

[2] *Voyez* pag. 469, alin. dernier.

Le maître-ouvrier posait les pièces sous le coin, et deux forts ouvriers suffisaient pour faire jouer le balancier.

CHAPITRE IV.

Gravure des coins.

L'art de la gravure sur métaux est presque inconnu en Orient, où le dessin et la sculpture des figures sont proscrits par la religion. Cet art se borne à la ciselure des pièces d'orfévrerie et à la gravure des cachets en métal et en pierres dures.

Dans chaque monnoie, un employé est spécialement chargé de la gravure des coins. Il serait difficile de trouver ailleurs un artiste qui pût le suppléer; et *Maqryzy* rapporte[1] « qu'*A'bd-Allah el-Mâmoun*, ayant réuni tout l'empire des khalifes sous son obéissance, ne trouva aucun artiste pour graver un coin pour les *dirhem*. On le grava, en conséquence, avec le touret, comme on grave les cachets. »

A la monnoie du Kaire, c'était un des fils de l'*effendy* qui était chargé de graver les coins pour la fabrication des diverses monnoies[2].

Le coin[3], ou morceau d'acier, destiné à recevoir le

[1] Page 33 du Traité des monnoies musulmanes, trad. de M. de Sacy. *Voyez* aussi ci-dessus, pag. 346, alinéa 1er.

[2] *Voyez* pag. 499, alinéa 5.

[3] *Voyez* pag. 281, note 4.

type, est préparé par le serrurier-mécanicien, en arabe *sâ'âty*[1].

Le graveur le détrempe, y grave au poinçon et au burin les lettres et les ornemens adoptés pour chaque espèce de pièce, et le retrempe ensuite.

En France, le graveur attaché à la monnoie de Paris, ou quelquefois les plus habiles graveurs, appelés à un concours, composent et gravent le modèle qui doit être adopté non-seulement pour la monnoie de Paris, mais pour toutes celles du royaume. Lorsque le type qui a paru présenter le plus de perfection, a été choisi et approuvé, on forme des coins-matrices qui servent à reproduire indéfiniment le type adopté, avec la plus scrupuleuse exactitude.

En Orient, au contraire, chaque fois qu'un coin est usé ou altéré, le graveur en fait un autre ordinairement avec le même morceau d'acier[2]; et, quoiqu'il suive à peu près la forme adoptée, chaque coin varie toujours et diffère des autres par la forme des lettres, la ponctuation, les ornemens, etc.; ce qui donnerait une extrême facilité aux contrefacteurs, et rendrait presque impossible de distinguer la fausse monnoie.

Il est bien d'usage de conserver quelques-uns des coins des différens règnes pour servir de guide et de modèle par la suite : mais, comme aucune prévoyance,

[1] *Voyez* p. 499, alin. 4 et note 4.

[2] Une tradition religieuse défend de briser le coin musulman, à moins qu'on ne soit réduit au désespoir. Par ce mot *coin* (*sikkat*; voyez pag. 281, note 4), on doit entendre les *dynâr* et *dirhem* monnoyés. Le but de cette tradition ou de ce précepte est d'empêcher qu'on n'altère ou qu'on ne fonde la monnoie du prince. Les lois ou réglemens, dans différens pays, ont porté contre cette action ou délit des peines plus ou moins graves.

aucun ordre et aucune constance ne président ordinairement aux établissemens publics des Orientaux, on n'a pas songé, comme en France, à former une série non interrompue de tous les coins gravés sous chaque règne; ce qui compose une collection très-intéressante, non-seulement pour l'histoire des progrès de l'art, mais encore pour la chronologie historique de la monarchie française. Nous n'avons trouvé à la monnoie du Kaire qu'un très-petit nombre de coins anciens; on avait employé les autres, en les reforgeant, à former des coins nouveaux.

Malgré le peu d'habileté des graveurs, il est cependant facile de distinguer, comme nous l'avons dit[1], quelques époques où la perfection de l'écriture indique une main plus habile et plus exercée à manier le burin, des progrès dans les arts et un soin plus particulier dans la fabrication des monnoies.

Les coins, comme les pièces de monnoie, sont ronds, et ont depuis très-long-temps cette forme; cependant, plusieurs anciennes pièces, chez les Arabes comme chez beaucoup de peuples d'Europe, offrent, quoique rondes, une empreinte carrée, ou bien un carré dans l'empreinte, formé par des lignes ou par la disposition de l'écriture. C'est à cette forme des anciens types qu'est dû le nom de carré qu'on donnait autrefois au coin, et qui s'est conservé jusqu'à nos jours dans le langage monétaire.

Lorsque le graveur trace un point, au centre du coin, pour y appuyer son compas, ce point, qu'il ne

[1] *Voyez* pag. 378, alinéa dernier, et pag. 379.

se donne pas la peine d'effacer, subsiste souvent sur la pièce, comme on peut le voir sur plusieurs des monnoies gravées [1]. Quelquefois même le graveur a eu l'idée de faire de ce point une espèce d'ornement, soit en le rendant plus apparent, soit en le changeant en un fleuron ou en une petite rosace. Nous n'en aurions point fait mention, si *Maqryzy* n'avait pas cité ce point comme une chose remarquable.

Voyez, pour ce qui concerne le type, etc., ci-dessus, page 323 et suiv.

SECTION TROISIÈME.

ADMINISTRATION.

§. I. *Surveillance et direction.*

La surveillance et la direction des monnoies, en Orient, ont dû fixer d'autant plus l'attention des princes et des gouverneurs, que cette administration, outre son importance naturelle, a toujours été considérée comme une branche assez considérable des revenus publics.

Les premiers khalifes exercèrent en personne l'inspection sur la fabrication des *dynâr* et des *dirhem* jus-

[1] *Voyez* la planche à la suite de ce mémoire, pièces n[os]. d'ordre 2, 3, 6, 19.

qu'à *Haroun el-Rachyd*[1], qui crut devoir confier les types monétaires à *Ga'far el-Barmeky*[2], et ce fut une des circonstances qui contribuèrent à illustrer le plus le nom de ce personnage célèbre dans l'Orient; car, dit *Maqryzy*, personne jusqu'à lui n'avait encore joui de ce privilége.

Depuis que l'Égypte fut conquise par les musulmans, l'*émyr* qui y commandait surveillait la monnoie frappée au coin des khalifes.

Lorsque l'Égypte devint le siége d'un khalife, il exerça lui-même ou délégua cette surveillance à son vizir ou à un de ses officiers.

Les premiers Mamlouks qui se rendirent indépendans, s'emparèrent ordinairement de la fabrication des monnoies, et quelquefois conservèrent, par un reste d'hommage, le type du khalife[3].

La même chose arriva sous les sultans de Constantinople : lorsque les pâchâs conservaient toute l'autorité dont ils avaient été revêtus par la Porte, la monnoie était surveillée, ou directement par eux, ou par un de leurs officiers, ou par un commissaire spécial envoyé par la Porte; et l'on comptait à Constantinople du revenu de la monnoie : mais, lorsque les beys parvenaient à enlever l'autorité au pâchâ et ne lui laissaient que quelques vains honneurs, le pâchâ cédait ordinairement au *bey cheykh el-beled*[4] la direction de la monnoie, moyennant une rétribution fixe. Enfin, lorsque les

[1] *Voyez* pag. 346, alinéa 1er et note 4.

[2] جعفر البرمكي

[3] *Voyez* pag. 347, alinéa 2.

[4] *Voyez* pag. 347, alinéa 3 et note 2.

Mamlouks secouaient entièrement le joug de la Porte, ils s'emparaient exclusivement de l'administration et des bénéfices de la monnoie.

Lors de l'entrée des Français au Kaire, la commission administrative établie provisoirement par le général en chef, et composée de MM. Monge et Berthollet, membres de l'Institut de France, et de M. Magallon, consul général, nous chargea, sous le titre d'inspecteur, de l'administration de la monnoie, et nous laissa la faculté de nous désigner un adjoint.

Son arrêté, en date de 7 thermidor an VI [1], portait que nous donnerions les ordres nécessaires pour mettre aussitôt en activité les travaux de la monnoie, tels qu'ils avaient été exécutés précédemment.

Il fut ensuite nommé un caissier, chargé en même temps d'échanger les pièces d'argent, conformément au tarif arrêté pour les monnoies [2].

Plus tard, comme il existait un contrôleur près de chacune des administrations françaises, il en fut aussi établi un près de la monnoie du Kaire.

Nos fonctions étaient absolument les mêmes que celles des commissaires du gouvernement près des monnoies de France. Les comptes, rendus en arabe par l'*effendy* chargé de la fabrication, étaient réglés, examinés et remis par nous en français à l'administrateur des finances et à une commission spéciale, nommée pour les vérifier et les arrêter définitivement.

[1] 25 juillet 1798.

[2] *Voyez* ce tarif, pag. 412.

§. II. *Employés, chefs d'atelier, ouvriers.*

Dans la Description historique et topographique de l'Égypte, *Maqryzy* rapporte « que c'était anciennement au *qâd el-qodâh*[1] et aux agens commis par lui qu'appartenait exclusivement la direction de la fabrication des monnoies, mais que, de son temps, cet emploi n'était plus confié qu'à de prétendus musulmans qui ne sont, au vrai, que des scélérats de Juifs, qui, sous le masque d'une profession extérieure de l'islamisme, conservent toute leur perversité. »

Il doit arriver fréquemment, dans un pays où la religion musulmane est dominante, où les mahométans ont tout le pouvoir et les privilèges, et où les autres sectes sont avilies et persécutées, que ceux des opprimés qui ont plus d'ambition que d'attachement à leur rit, finissent par embrasser la religion des vainqueurs et des maîtres; et il existe en Égypte plusieurs familles de naturels et d'étrangers, anciennement chrétiens ou Juifs, qui se sont faits musulmans.

Lors de la conquête de l'Égypte par les Français, l'*effendy*[2] chargé de la fabrication, qui avait géré long-temps cet emploi, tantôt sous l'autorité des pâchâs, tantôt sous celle des beys, était un ancien Juif, qui s'était fait mahométan.

[1] *Qâdy* des *qâdy*, en arabe *qâd el-qodâh* (قاض القضاة); ce qui signifie juge des juges, ou juge supérieur.

[2] En turk افندى.

Son fils aîné, élevé dans l'islamisme, était son adjoint et tenait la comptabilité.

L'un et l'autre, placés sur une estrade élevée, qui dominait la plupart des ateliers, et ayant à leurs côtés les deux peseurs de la monnoie[1], passaient toute la journée, assis sur un divan, soutenus sur des coussins, la pipe à la bouche, à donner les ordres nécessaires d'un signe ou d'un clin-d'œil, à enregistrer et calculer ce qui a rapport à la fabrication. A divers intervalles, ils priaient Dieu, ou prenaient le café, et faisaient, vers le milieu du jour, un repas extrêmement frugal, qui n'était souvent composé que d'un petit pain cuit sous la cendre et de quelques dattes ou de quelques olives.

Les déchets accordés dans chaque atelier; ce que devaient rendre mille piastres d'Espagne converties en médins, ou en pièces de 40 et de 20 médins, ou 100 drachmes d'or en sequins *zer-mahboub;* les frais de fabrication; le traitement des employés et ouvriers, et jusqu'à la consommation des matières, tout était réglé rigoureusement ou par approximation, et calculé d'avance par une espèce de forfait ou de marché passé avec l'*effendy*. Au moyen d'une surveillance journalière sur chaque détail, nous parvînmes à procurer des économies assez notables sur les déchets, sur l'emploi des matières et sur les traitemens, quoique les denrées fussent bien augmentées à cause de la guerre, de l'accroissement de consommation occasioné par l'armée française, et de la privation du commerce extérieur.

Une des améliorations que nous aurions le plus vive-

[1] *Voyez* pag. 498, alinéa dernier.

ment désirées eût été la diminution des déchets beaucoup trop considérables. Il fut fait plusieurs fois, soit par nous-mêmes, soit par une commission spéciale, dont M. Conté[1] faisait partie, une série d'expériences sur les déchets qui avaient lieu dans chaque atelier, et on les trouva toujours aussi forts et quelquefois même un peu plus considérables que ceux fixés précédemment.

Il aurait fallu, comme nous l'avons dit, changer à-la-fois tout le système de fabrication[2], toutes les machines, et former d'autres ouvriers; mais cela eût été impraticable dans les circonstances où se trouvaient les Français nouvellement établis en Égypte.

Les Turks ont pour principe et pour habitude, au lieu de tâcher comme les Européens, de remplacer les bras par des machines, de chercher au contraire à suppléer aux machines et aux outils par les bras. Loin de tendre à diminuer le nombre des employés et des ouvriers, ils se font une espèce de maxime de religion et de morale d'occuper au même travail et de faire vivre le plus grand nombre d'hommes qu'ils peuvent. Aussi ceux attachés à la monnoie étaient-ils au nombre de plus de deux cent quatre-vingts, y compris, il est vrai, les enfans des ouvriers; mais ces enfans aident tous en quelque chose au travail, et reçoivent tous un modique salaire[3].

Parmi les divers employés et salariés, nous citerons les suivans :

Deux peseurs, l'un chrétien, l'autre turk, constam-

[1] *Voyez* p. 268, lig. 24 et note [1].

[2] *Voyez* pag. 468, alinéa 1er.

[3] *Voyez* pag. 461, alinéa dernier; *voyez* aussi pag. 501, alinéa dernier.

ment occupés à peser les matières livrées à chaque chef d'atelier et celles qui étaient remises par eux ;

Un garde-magasin qobte[1], chargé de l'achat, de la conservation, de la distribution et de la comptabilité des diverses substances ;

Un essayeur des matières d'or[2] ;

Des forgerons travaillant journellement à faire ou à réparer les outils et les grosses machines, et quelquefois à forger les lingots d'or[3] ;

Un ouvrier mécanicien, qu'on appelle *sâ'âty*[4] (mot qui répond en français à celui d'horloger), chargé de la confection et de l'entretien des machines et pièces plus délicates, telles que les coins ou carrés, les lunettes et pistons des découpoirs, etc. ;

Un graveur, dont l'unique emploi était de retoucher ou de graver les coins ou types monétaires[5] ;

Un portier et des gardiens de nuit ;

Des porteurs d'eau[6] qui, chaque jour, allaient chercher en ville, dans des outres, de l'eau pour les ouvriers et les travaux, l'eau des puits de la citadelle étant légèrement saumâtre ;

Un écrivain qobte qui payait chaque soir les ouvriers et tenait registre des sommes dues et payées à chacun d'eux ;

Enfin, un *imâm*[7] ou aumônier musulman, attaché

[1] *Voyez* pag. 442, alinéa avant-dernier.

[2] *Voyez* les essais d'or, pag. 479, alinéa 1er et suiv.

[3] *Voyez* pag. 485, alinéa 1er.

[4] ساعاتي, proprement horloger, de *sâa't* (ساعة), heure.

[5] *Voyez* pag. 490, pour ce qui concerne la gravure des coins.

[6] En arabe, *saqqâ* (سقا).

[7] En arabe, امام.

à une espèce de chapelle établie dans l'intérieur de la monnoie, et où les employés turks allaient faire leurs prières et leurs ablutions.

Les ouvriers, en entrant dans leurs ateliers, quittent leurs habits, qu'ils roulent et suspendent en dehors près de la porte. Ils restent, les uns nus, les autres avec un simple caleçon, d'autres avec leur chemise ou surtout de toile bleue. En sortant, le chef d'atelier les fouille tous. Ils sont obligés de montrer l'intérieur de leur bouche, d'étendre les jambes et les bras, de secouer les mains et les pieds, en écartant les doigts. Quoique nos ouvriers en France ne soient pas ordinairement soumis à ces précautions humiliantes, les infidélités y sont tout aussi rares : ce qui prouve que les progrès de la civilisation sont plus favorables que contraires à la morale; car il y a bien peu de moralité partout où l'on ne peut être sûr de la probité des gens qu'en les fouillant, et de la vertu des femmes qu'en les tenant sous les verroux.

Les punitions qu'on infligeait aux ouvriers consistaient dans leur renvoi, pour faits graves, et dans des coups de baguette ou de *geryd*[1] sur le dos ou sur la plante des pieds. C'était l'*effendy* qui infligeait lui-même cette punition : chez les Européens plus civilisés et de mœurs plus douces, on regarderait comme une action répugnante et avilissante celle de frapper soi-même ses subordonnés; mais, en Orient, on est jaloux et l'on s'honore de tout ce qui tient à l'exercice du pouvoir et de la domination.

[1] En arabe, جريد, branche (ou plutôt côte de la feuille) du palmier.

Près de la moitié des ouvriers étaient chrétiens qobtes. Il existe une espèce de tolérance pratique, qui fait que les musulmans vivent en paix avec eux; mais il n'est pas sans exemple que la cupidité, l'envie ou l'intolérance, aient poussé quelquefois les Turks, qui, en leur qualité de vainqueurs et de sectateurs de la religion dominante, se regardent comme d'une race privilégiée, à recourir à la délation pour s'emparer de la place d'un Qobte. C'est ainsi qu'on nous citait, à la monnoie du Kaire, l'exemple d'un chrétien, ancien chef de l'atelier du blanchîment, que son second, qui était mahométan, avait remplacé, après l'avoir dénoncé et fait décapiter, en produisant de faux témoins qui attestèrent qu'il avait blasphémé contre Dieu et son prophète.

Les ouvriers n'emploient point, comme chez nous, plusieurs heures à leurs repas; ils sont extrêmement sobres, et mangent dans leurs ateliers presque en travaillant[1].

Leur force et leur activité[2], sous un climat et dans un pays dont les habitans sont en général si mous et si apathiques, ont d'abord de quoi surprendre. Ce sont, en effet, des hommes bien différens de ceux qui passent tout le jour, assis et les jambes croisées, à fumer leur pipe, et qui se maintiennent, par l'usage du café, du tabac et des plantes narcotiques, dans un état continuel d'étourdissement et de demi-ivresse.

Cette tendance générale au repos et à une espèce de

[1] Quelques dattes, ou un peu de légumes confits dans le vinaigre, suffisent pour leur nourriture.

[2] *Voyez* pag. 460, alin. dernier; pag. 463, pag. alin. 3, et 466, alinéa 1er.

léthargie doit moins être attribuée à l'influence du climat qu'à celle du despotisme et du dogme du fatalisme, qui persuade à la plupart des musulmans qu'il est inutile de se fatiguer à la recherche d'un bien-être dont on n'est pas sûr de jouir le lendemain, et de tâcher de sortir de l'état où l'on suppose que la Providence veut qu'on reste, parce que le hasard vous y a placé. Il n'y a pas de doute qu'un autre gouvernement et des institutions convenables ne pussent rendre les hommes aussi robustes, aussi ardens au travail, aussi animés d'émulation, que partout ailleurs, puisqu'il suffit, pour changer en quelque sorte leur nature et leurs habitudes, de quelques circonstances particulières, telles que celles où se trouve l'espèce d'ouvriers dont il s'agit. Dès l'âge le plus tendre, ils sont élevés dans cette profession laborieuse; ils s'y attachent par l'éducation, l'exemple, l'habitude, et par la certitude de jouir sans trouble de leur modique salaire. En effet, ils sont régulièrement payés chaque jour à la monnoie, ne sont jamais inquiétés, ni contrains à d'autres travaux ou corvées; leurs enfans, qu'ils élèvent autour d'eux, reçoivent une légère rétribution, et eux-mêmes obtiennent des secours lorsque l'âge ou les infirmités les rendent impropres au travail.

On doit observer, du reste, que les ouvriers qui ont le plus d'ardeur et sont les plus infatigables sont ceux qui se tiennent debout, habitude assez rare, même parmi les artisans, dont la plupart ne travaillent qu'accroupis, à peu près comme nos tailleurs. Pour rendre les Orientaux plus forts et plus actifs, un grand point serait de les accoutumer à se tenir debout comme les Européens.

Mais une des causes qui tendent le plus à inspirer l'amour du repos et de l'oisiveté, c'est l'espèce de honte ou de mépris dont le travail est flétri, chez un peuple où il a presque constamment existé deux classes bien distinctes, celle des vainqueurs et des maîtres qui commandent, et celle des vaincus et des esclaves qu'ils forcent à travailler pour eux. Ne voyons-nous pas encore des traces bien marquées d'un préjugé semblable, même chez les nations d'Europe les plus policées, où la noblesse féodale, qui tire son origine du droit de conquête et de la force des armes, a toujours cru déroger en travaillant?

Un de ces Turks aussi orgueilleux qu'ignorans, à qui un artiste français cherchait à faire admirer la supériorité des Européens sur les Arabes dans les arts et l'industrie, lui répondit : Je le crois bien; vous autres infidèles, vous êtes condamnés au travail, tandis que nous, disciples de Mahomet, nous sommes nés pour le repos et pour contempler le sublime *Qorân*.

OBSERVATIONS

RELATIVES AU TABLEAU SUIVANT.

COLONNES.

Nos. 2. Les chiffres que présente cette colonne sont les numéros d'ordre des pièces de monnoie gravées dans la planche jointe à ce mémoire.

4. L'astérisque (*) indique ceux des sequins qui présentent, sur l'aire A, le chiffre (ou paraphe) du sultan : sur les autres *zer-mahboub*, le nom du prince est écrit en toutes lettres, du même côté A.

5. On a désigné, dans cette colonne, pour chaque aire A et B, le type de la pièce, en indiquant à quelle autre pièce elle est semblable, et les différences qu'elle présente.

6. On y a indiqué, 1°. le nom du prince et celui de son père, conformes à l'orthographe des noms arabes, et tels que les pièces les offrent, soit en forme de chiffre, soit en toutes lettres; 2°. le nom vulgaire ou usité en France sous lequel le prince est connu.

9. On y a inscrit l'année de l'hégire où l'avénement du prince a eu lieu, écrite en chiffres arabes, et à côté la lettre arabe distinctive qu'offrent plusieurs pièces. (*Voyez* pag. 347, alinéa 3 et suiv.)

10. On a porté dans cette colonne l'année de l'ère chrétienne correspondante à l'année de l'hégire dans laquelle l'avénement du prince a eu lieu, et, à côté, la lettre française qui répond à la lettre arabe distinctive.

11. On a porté dans cette colonne (pour celles des pièces qui offrent cette indication), ou les chiffres arabes que porte la pièce, soit qu'ils indiquent l'an du

COLONNES.

règne, soit qu'ils présentent l'abréviation de l'année de l'hégire dans laquelle ladite pièce a été frappée, et au-dessous, en chiffres français, l'année de l'hégire que ces chiffres désignent (*voyez* pag. 364, alinéa 1er); ou bien la lettre distinctive arabe qui remplace les chiffres indicatifs de l'année de fabrication. (*Voyez* 348, alinéa 2.)

Nos. 12. On a porté dans cette colonne, ou les chiffres français qui répondent aux chiffres arabes servant à indiquer l'an du règne ou l'année de l'hégire dans laquelle la fabrication a eu lieu, et au-dessous l'année de l'ère chrétienne correspondante à celle de l'hégire indiquée dans la colonne précédente; ou les lettres françaises équivalentes aux lettres arabes qui remplacent sur la pièce le chiffre indicatif de l'année de fabrication.

13 et 14. On a porté dans ces colonnes, d'abord en drachmes, ou poids du Kaire, ensuite en grammes, ou poids de France, non le poids qui aurait dû être fixé authentiquement par la Porte ou le gouvernement d'Égypte, mais celui qui était censé adopté, ou qui était déclaré à cette époque. La colonne n°. 13 du poids, ainsi que celle du titre n°. 17, font voir les altérations successives introduites dans la fabrication des monnoies.

15 et 16. Le poids indiqué dans cette colonne est le poids réel de chaque pièce, tel qu'on l'a trouvé, soit que la pièce fût bien conservée, soit qu'elle eût été rognée ou altérée par le frai ou toute autre cause.

17. Le titre indiqué (non plus que le poids, colonnes 13 et 14) n'est point celui qui aurait dû être fixé authentiquement par la Porte, mais celui qui était avoué ou déclaré à la monnoie, quoique le titre réel de chaque pièce fût souvent inférieur.

18. Les numéros portés dans cette colonne sont ceux des

COLONNES.

procès-verbaux en date du 1er mars 1819, extraits du registre de l'inspecteur des essais des monnoies à Paris (M. Darcet), 1°. pour les pièces d'or d'Égypte, de 1 à 44; — 2°. pour les pièces d'argent d'Égypte, de 1 à 21.

19. Les titres sont ceux rigoureusement constatés à la monnoie de Paris, suivant les procès-verbaux indiqués ci-dessus.

20. On y a inscrit la valeur nominale en médins, des diverses pièces lors de leur émission, pour celles dont on a pu connaître le cours à cette époque.

21 et 22. La valeur en médins et en francs, portée dans ces colonnes, est celle qui fut fixée pour chaque pièce par le tarif de l'armée française du 17 messidor an VI (*voyez* pag. 412).

23. Cette colonne indique la valeur qu'aurait eue, d'après le tarif de France, chaque pièce si elle eût été au poids et au titre déclarés à l'époque de leur émission. (*Voyez* ci-dessus les Observations relatives aux colonnes 13, 14 et 17.)

24. Elle offre la valeur de chaque pièce (d'après le poids réel et le titre, constatés lors de l'essai), basée sur le tarif de France, c'est-à-dire avec la retenue qui est fixée dans les monnoies de France.

25. Cette colonne indique ce que vaudrait en francs, d'après le tarif des monnoies de France, le kilogramme d'or ou d'argent de chaque pièce, d'après le titre auquel cette pièce a été trouvée.

TABLEAU

DÉTAILLÉ

DES MONNOIES ARABES,

AVEC L'INDICATION

DE LEUR TYPE, DE LEURS VALEURS

NOMINALE ET INTRINSÈQUE, ETC.

TABLEAU DÉTAILLÉ DES MONNOIES D'ÉGYPTE.

N.os d'ordre de chaque pièce.	NUMÉROS de la pièce gravée.	NUMÉROS de la page où elle est citée.	NOM ou DÉSIGNATION des pièces.	INDICATION DU TYPE de chaque face ou aire de la pièce.	NOMS du prince sous le règne duquel la pièce a été frappée.	NOMS du pâchâ, du bey ou cheykh el-beled dont la monnoie dépendait.	VILLE où la pièce a été frappée.	INDICATION DE L'ANNÉE de l'avénement du prince. Hégire.	de l'avénement du prince. Ère chrétienne.	de la fabrication. Hégire.	de la fabrication. Ère chrétienne.	DROIT DE POIDS ou poids légal, en drachmes.	en grammes.	POIDS effectif, en drachmes.	en grammes.	TITRE. Droit de titre, ou titre légal.	Nombre du procès-verbal des essais de la monnoie de Paris.	Essais faits à la monnoie de Paris.	VALEURS D'UNE PIÈCE. nombre, hors de l'émission, en médins.	d'après le droit de poids et de titre. TARIF D'ÉGYPTE (a), en médins.	TARIF D'ÉGYPTE (a), en francs.	TARIF DE FRANCE (b), en francs.	d'après le poids et le titre effectifs. — TARIF DE CHANGE (b), en francs.	du kilogramme, d'après le tarif de France (b), en francs.
1.	2.	3.	4.	5.	6.[1]	7.	8.	9.	10.	11.	12.	13.	14.	15.	16.	17.	18.	19.	20.	21.	22.	23.	24.	25.
			MONNOIES D'OR. — DYNAR.																					
					Solymân, fils d'*A'bd-el-Melek* (Soliman).			76.	715.															
1.	»	317 et 332.	*Dynâr* de Damas	A. B. } Tout en lettres. { *Voyez* ci-dessus, pag. 332.	»[2]			[3]		97.[3]	716.	dr. 1,500.	gr. 4,618.	dr. 1,391.	gr. 4,282.	996.	24.	987.			fr. c.	fr. c. 15,80.	fr. c. 14,61.	fr. c. 3389,80.
					El-Mâmoun, fils d'*El-Rachyd* (Almamon).			198.	813.															
2.	»	346.	*Dynâr* du Kaire	A. B. } Tout en lettres. { *Voyez* ci-dessus, pag. 346.	*Id.*	*Tâher*, vizir (*El-Sery*, gouverneur d'Égypte).	Au nom de Dieu, ce *dynâr* frappé à *Masr*.	3		203.	819.	*Id.*	*Id.*			*Id.*						*Id.*		
			FONDOUKLIS. —	(L'aire A porte toujours le paraphe du sultan régnant.)												4				4				
					Ahmed, fils de *Mahamed* (Achmet III).			1115.	1703.															
3.	1.	300.	Double-fondoukli d'étrennes.	A. B. } *Voyez* la planche jointe à ce mémoire.	*Id.*		Frappé à *Masr*.	١١١٥	1703.			2,080.	7,020.	2,176.	6,700.	968.	39.	966.	263.	600.	21. 12,7.	23,34.	21,13.	3317,67.
4.	»	»	Fondoukli d'étrennes	A. B. } Même type que celui du n°. 1 de la planche, mais d'un module moins grand.	*Id.*		*Id.*	*Id.*	*Id.*			1,140.	3,510.	1,084.	3,337.	*Id.*	2.	965 6	134.	300.	10. 58,3.	11,67.	11,06.	3314,24.
5.	»	368.	Demi-fondoukli[6]	A. Type semblable au n°. 6 de la planche. B. Au lieu de *Masr*, *Istamboul*. — Le tour *sanet* n'existe pas.	*Id.*		Frappé à *Istamboul*.	*Id.*	*Id.*					0,546.	1,680.		27.	965.		150.	5. 28,2.		5,57.	[illegible]
6.	6.	382.	*Idem*	A. B. } *Voyez* la planche jointe à ce mémoire.	*Id.*		Frappé à *Masr*.	*Id.*	*Id.*			0,670.	1,755.	0,548.	1,687.	968.	38.	954.	67.	*Id.*	*Id.*	5,83.	5,53.	3078,66.
7.	»	383.	Fondoukli[7]	A. B. } Type semblable à celui du n°. 2 de la planche.	*Id.*		*Id.*	*Id.*	*Id.*			1,140.	3,510.	1,137.	3,500.	*Id.*		[7]	134.	300.	10. 56,3.	11,67.		3320,71.
8.	2.	»	*Idem*	A. B. } *Voyez* la planche.	*Id.*		*Id.*	*Id.*	*Id.*			*Id.*	*Id.*	1,109.	3,415.	*Id.*	31.	944.[8]	*Id.*	*Id.*	*Id.*	*Id.*	11,07.	32[illegible]
9.	»	»	Demi-fondoukli	A. B. } Type semblable à celui du n°. 6 de la planche.	*Id.*		*Id.*	*Id.*	*Id.*			0,670.	1,755.	0,533.	1,640.	*Id.*	3.	938.	67.	150.	5. 28,2.	5,83.	5,28.	3221,51.
					Mahmoud, fils de *Moustafâ* (Mahomet V ou Mahmoud I.er).			1142.	1730.															
10.	4.	318.	Fondoukli	A. B. } *Voyez* la planche.	*Id.*		*Id.*	١١٤٢ س[9]	1730 S.			de 1,140 à 1,120.	de 3,510 à 3,448.	1,120.	3,448	*Id.*	32.	960.	134.	300.	10. 56,3.	de 11,67 à 11,46.	11,37.	3297,05.
11.	»	*Id.*	Fondoukli d'étrennes	A. B. } Type semblable à celui du n°. 4 de la planche.	*Id.*		*Id.*	١١٤٣ س	1730 N.			*Id.*	*Id.*	1,107.	3,408.	de 968 à 960.	9.	959.	134.	*Id.*	*Id.*	de 11,67 à 11,25.	11,22.	[illegible]3,81.
12.	7.	*Id.*	Demi-fondoukli	A. B. } *Voyez* la planche.	*Id.*		*Id.*	١١٤٣ س	1730 S.			0,560.	1,7[illegible]6.	0,544.	1,676.	*Id.*	42.	949.	67.	150.	5. 28,2.	de 5,73 à 5,62.	5,56.	[illegible]

(a) Tête du Tableau, col. 21 et 22, Tarif d'Égypte. *Voyez* ci-dessus, pag. 412-413.

(b) *Idem*, col. 23, 24 et 25, Tarif de France. C'est celui du 17 prairial an XI (6 juin 1803).

[1] Monnoies d'or, col. 23 et 24. Les monnoies d'or dont il s'agit dans ce tableau ne sont point taxées au Tarif de France ; les valeurs que présentent ces deux colonnes sont déduites de celles du kilogramme d'or, au titre correspondant, portées audit Tarif de France. Du reste, ces valeurs, et celle du kilogramme portée colonne 25, sont, avec la retenue, de 9 francs par kilogramme d'or à 900, laquelle se prélève dans les monnoies de France pour frais de fabrication.

[2] N°. d'ordre 1, col. 6 et 8. Ce *dynâr*, en caractères koufiques, ne porte ni le nom du prince ni le nom de la ville ; mais on sait que les *dynâr* de cette espèce et de cette date ont été frappés à Damas, en Syrie (voyez pag. 333, alinéa dernier). Le *khalyfe* qui régnait alors est *Solymân*, fils d'*A'bd-el-Melek* (سليمان بن عبد الملك), le huitième *khalyfe* de la race des Ommyades (voyez pag. 413, note [1]).

[3] N.os d'ordre 1 et 2, col. 9. Les anciens *dynâr* ne portent pas l'année de l'avénement, mais l'année de la fabrication (col. 11) écrite en toutes lettres.

N.os d['ordre 1 et 2, col. 19. L'or était censé pur : on le suppose ici à 996.] La Tarif [...] pour les monnoies de France cote les sequins de Venise et les fondoukl[is] de Turquie à 996.

[4] Fon[douklis, col. 17. Le Tarif de France porte les fondouklis de Tur]quie au [titre] de 996, ce qui est trop élevé.

Idem, col. 21. Les fondouklis, dans le Tarif d'Égypte, ne sont point taxés ([voyez] la page 412). Les anciens et les plus purs se vendaient d'après l[e] poids et le titre, et avaient la même valeur en général que les sequins [de] Venise : tous les autres passaient communément pour 300 médins.

[5] N°. d'ordre 4, col. 13. Au commencement du règne d'*Ahmed* III, les fondouklis, comme les anciens *dynâr*, étaient censés du poids d'un *mitqâl* ou de 1 drachme 1/2 ; mais nous n'en avons trouvé aucun au-dessus de 1 drachme 140.

Idem, col. 19. Cinq autres essais faits à la monnoie de Paris sur la même pièce ont donné les titres suivans : 963,-963,-964,-960,-967. *Voyez*, au sujet de ces variations, la page 477.

[6] N°. d'ordre 5, col. 4. Ce demi-fondoukli de Constantinople est semblable à celui qu'a publié M. Bonneville, monnoies d'or de Turquie, planche 1.re, sous le n°. 3.

[7] N°. d'ordre 7, col. 4 et 19. Cette pièce d'or existe au cabinet de l'administration générale des monnoies ; le poids de 3 grammes 5 est celui qu'indique le médailler : le titre y est coté 996, ce qui est trop élevé. Elle vaudrait, d'après ce poids et ce titre, 11f 97c.

[8] N°. d'ordre 8, col. 19. Trois autres essais faits à la monnoie de Paris sur le même fondoukli ont donné les titres suivans : 939,-941,-956. *Voyez* pag. 477, alinéa 1.er.

[9] N.os d'ordre de 10 à 19, col. 9. *Voyez*, au sujet des lettres qui accompagnent le millésime de l'avénement, la page 356 et suiv. de ce mémoire.

TABLEAU DÉTAILLÉ DES MONNES MONNOIES D'ÉGYPTE.

(IIe TABLEAU.)

N° d'ordre de chaque pièce.	NUMÉROS de la présente planche.	NUMÉROS de la [illegible]	NOM ou DÉSIGNATION des pièces.	INDICATION DU TYPE de chaque face ou aire de la pièce.	NOMS du prince sous le règne duquel la pièce a été frappée.	NOMS du pâchâ, du bey ou cheykh el-beled dans la monnoie dépendante.	VILLE où la pièce a été frappée.	INDICATION DE L'ANNÉE de l'avènement du prince. Hégire.	de l'avènement du prince. Ère chrétienne.	de la fabrication. Hégire.	de la fabrication. Ère chrétienne.	DE L'ANNÉE de la fabrication. Hégire.	de la fabrication. Ère chrétienne.	DROIT DE POIDS du poids légal, en derhem.	en grammes.	POIDS effectif, en derhem.	en grammes.	TITRE. Titre de l'essai.	Nombre de [illegible] de la monnoie de Paris.	Titre fin à la monnoie de Paris.	VALEURS d'une pièce: nominale, lors de l'évaluation.	d'après le droit de poids et de titre. Tarif d'Égypte, en médins.	en francs.	Tarif en francs en France.	d'après le poids et le titre effectifs. Tarif en francs en France.	du kilogramme, d'après le tarif de France, en francs.
1.	2.	3.	4.	5.	6.	7.	8.	9.	10.	11.	12.	11.	12.	13.	14.	15.	16.	17.	18.	19.	20.	21.	22.	23.	24.	25.
			SEQUINS ZER-MAHBOUB.	On a indiqué par un astérisque * les [illegible]																						
					Mahmoud, fils de *Moustafa* (Mahmoud Ier).	....	*	1143.	1730.																	
26.	8.	351.	Zer-mahboub........	A. B. } Voyez la planche........	*Id.*	....	Frappé à *Misr*.	١١٤٣	1738.	....	....	....	....	1,140.	3,438.	1,...	3,438.	19½.	3.	983.	....	300.	10. 88,3.	11,79.	11,61.	3378,06.
					Osman, fils d'*Ahmed* (Osman III).	....	....	1168.	1754.																	
27.	*	336.	*Idem*........	A. { Semblable au type du nº. 9 de la planche, excepté qu'au lieu de *Moustafa* on lit *Osman*........	*Id.*	....	*Id.*	١١٦٨	1754.	....	....	....	....	*Id.*	*Id.*	1,1[illegible]	3,[illegible]	de 19½ à 19¾.	13.	980.	....	....	....	de 11,59 à 11,68.	11,38.	3372,60.
				B. { *Idem*, excepté qu'on n'y voit pas de *Marateb* (٧) au-dessus du *b* (ب) du mot *drab* (ضرب)........	....	....	....	....	....	٢	....	.	....													
					Moustafa, fils d'*Ahmed* (Moustafa III).	....	....	1171.	1757.																	
28.	*	339.	*Idem*........	A. { Type semblable à celui de la pièce nº. 30. L'année de l'avènement n'a pas été marquée sur la pièce.	*Id.*	....	*Id.*	١١٧١	1757.	....	....	....	....	*Id.*	*Id.*	1,1[illegible]	3,4[illegible]	*Id.*	16.	977.	....	....	....	*Id.*	11,45.	3353,46.
				B. Comme le nº. 30 ci-dessous........	....	....	....	....	....	....	....	....	....													
29.	*	333.	*Idem*........	A. B. } Type semblable à celui de la pièce ci-dessous, nº. 30.	*Id.*	....	*Id.*	*Id.*	*Id.*	١	....	....	....	*Id.*	*Id.*	1,118.	3,407.	*Id.*	15.	970.	....	....	....	de 11,79 à 11,68.	11,41.	3331,41.
30.	9.	340 et 344.	*Idem*........	A. B. } Voyez la planche........	*Id.*	....	*Id.*	*Id.*	*Id.*	٧	7.8	٧	7.8	*Id.*	*Id.*	1,116.	3,475.	*Id.*	43.	987.	....	....	....	*Id.*	11,79.	3480,96.
31.	*	327 et 328.	*Idem*........	A. { Semblable au type du nº. 9 de la planche, excepté que le mot *drab* (ضرب) est renvoyé au commencement de la 2e ligne, et n'a (ضرب) au commencement de la 3e........	*Id.*	....	Frappé à *Qostantyneyeh*.	*Id.*	*Id.*	٣	....	.	....	....	*Id.*	1,101.	3,390.	*Id.*	13.	952.	....	200.	5. 01,3.	....	11,09.	3013,23.
				B. { *Idem*, excepté qu'au lieu de *Misr* on lit *Qostantyneyeh*, et que le mot [illegible]. Il n'y a pas de ٧..	....	....	....	....	....	....	....	....	....													
					Ahmed, fils de *Mahmoud* (Ahmed III).	....	....	1115.	1703.																	
32.	*	*	* Zer-mahboub........	A. { Frappé du sultan *Ahmed*. Type ressemblant, du reste, à celui du nº. 9 de la planche, aux fleurons près. Le mot *Misr* est placé avant [illegible], et sur la même ligne........	*Id.*	....	Frappé à *Misr*.	١١١٥	1703.	....	....	....	....	*Id.*	*Id.*	1,137.	3,500.	*Id.*	....	[illegible]	....	....	....	*Id.*	11,97.	3400,71.
				B. { Type semblable à celui du nº. 8 ci-dessus. Les chiffres indicatifs de l'année de la fabrication sont illisibles.	....	....	....	....	....	١	....	١	....													
33.	*	*	* *Idem*........	A. B. } Type à peu près semblable à celui de la pièce précédente; lettres en partie effacées; plus irrégulières.	*Id.*	....	*Id.*	*Id.*	*Id.*	....	....	....	....	*Id.*	*Id.*	1,137.	3,500.	*Id.*	....	[illegible]	....	....	....	*Id.*	11,97.	3400,71.

[1] N[os]. d'ordre de 26 à 33, col. 19. Les anciens sequins paroissent pour or pur; mais ils sont presque toujours au-dessous de 998. Voyez la dernière note du verso du Ier tableau.

[2] *Idem*, col. 21. Pour la valeur nominale, voyez ibid.

[3] N[os]. d'ordre de 26 à 29 et de 31 à 33, col. 11 et 12. Ces sequins ne présentent ni chiffres indicatifs de l'année de fabrication (pag. 380, alinéa 1er), ni lettres distinctives (pag. 3[illegible], alinéa 3), ni fleurons qui les remplacent.

[4] N[o]. d'ordre 30, col. 8 et 9. Le nom de la ville et le millésime sont placés de la manière suivante, ١١٧١ مصر, tandis que presque toujours les chiffres du millésime de l'avènement sont seuls sur la dernière ligne, au-dessous du mot *Misr* (مصر), comme sur les sequins grands sous les n°s. 10, 11, 12, 13, 14; on voit le mot *ennoe* (سنه), comme pour le quart de sequin grand sous le nº. 15; et pour toutes les autres pièces, depuis le nº. 16 jusqu'au nº. 26 inclusivement, voyez la planche jointe à ce mémoire.

[5] N[os]. d'ordre 32 et 33, col. 18 et 19. Ces deux sequins existent au cabinet de l'administration générale des monnoies à Paris. Le poids est celui qu'indique le médaillier; le titre est censé à 998. Voyez la dernière note du verso du Ier tableau.

TABLEAU DÉTAILLÉ DES MONNOIES D'ÉGYPTE.

NUMÉROS		NOM ou DÉSIGNATION	INDICATION DU TYPE	NOMS		VILLE	INDICATION DE L'ANNÉE		DROIT DE POIDS	POIDS	TITRE	VALEURS
1	2–3	4	5	6	7	8	9–10	11–12	13–14	15–16	17–19	20–25
[illegible]	[illegible]	* Fer-mahboub [illegible]	A. B. Voyez la planche.	[illegible]	[illegible]	[illegible]	[illegible]	[illegible]	[illegible]	[illegible]	[illegible]	[illegible]
[illegible]	[illegible]	* Demi-zer-mahboub ou nousfyeh	A. Type semblable à celui du n° [illegible] de la planche, module [illegible] grand. B. [illegible]	*Id.*	[illegible]	*Id.*	[illegible]	[illegible]	[illegible]	[illegible]	[illegible]	[illegible]
[illegible]	[illegible]	* Double zer-mahboub d'or [illegible]	A. *Idem*, [illegible] B. *Idem*, [illegible]	*Id.*	[illegible]	*Id.*	*Id.*	[illegible]	[illegible]	[illegible]	[illegible]	[illegible]
[illegible]	*Id.*	* Zer-mahboub	A. Type et module semblables à ceux du n° [illegible] de la planche. B. [illegible]	*Id.*	[illegible]	*Id.*	*Id.*	*Id.*	[illegible]	[illegible]	[illegible]	[illegible]
[illegible]	[illegible]	* *Idem*	A. B. Voyez la planche.	*Id.*	[illegible]	*Id.*	*Id.*	[illegible]	*Id.*	[illegible]	[illegible]	[illegible]
[illegible]	[illegible]	Zer-mahboub [illegible]	A. B. *Idem*	*Id.*	[illegible]	*Id.*	[illegible]	[illegible]	[illegible]	[illegible]	[illegible]	[illegible]
[illegible]	[illegible]	* [illegible]	A. [illegible] B. [illegible]	*Id.*	[illegible]	*Id.*	[illegible]	[illegible]	[illegible]	[illegible]	[illegible]	[illegible]

[illegible]

TABLEAU DÉTAILLÉ DES MONNOIES D'ÉGYPTE.

(IIIe TABLEAU.)

N°. d'ordre de chaque pièce	NUMÉROS de la pièce gravée	NUMÉROS de la pièce décrite	NOM ou DÉSIGNATION des pièces	INDICATION DU TYPE de CHAQUE FACE OU AIRE de la pièce	NOMS du prince sous le règne duquel la pièce a été frappée	NOMS du pâchâ, du bey ou cheykh el-beled dont la monnaie dépendoit	VILLE OU LA PIÈCE a été frappée	INDICATION DE L'ANNÉE de l'avénement du prince : hégire	de l'avénement du prince : ère chrétienne	de la fabrication : hégire	de la fabrication : ère chrétienne	DROIT DE POIDS ou poids légal : en drachmes	en grammes	POIDS effectif : en drachmes	en grammes	TITRE : [illegible]	Nombre de [illegible]	Titre [illegible] de Paris	VALEURS D'UNE PIÈCE : nominale [illegible] en médins	d'après le droit de poids et de titre, TARIF D'ÉGYPTE : en médins	TARIF D'ÉGYPTE : en francs	TARIF DE FRANCE [illegible]	d'après [illegible] TARIF DE FRANCE [illegible]	du kilogramme, d'après le tarif de France en francs
1.	2.	3.	4.	5.	6.	7.	8.	9.	10.	11.	12.	13.	14.	15.	16.	17.	18.	19.	20.	21.	22.	23.	24.	25.
			Suite des [illegible]		Règne d'A'bd-el-Hamyd, fils d'Ahmed.			1187.	1774.															
41.	»	326.	Zer-mahboub	A. B. Type semblable à celui du demi-zer-mahboub, n°. 45 de la planche.	Id.		Frappé à Mesr.	Idem.	1774.	ſ 1188 ou 9.	1776.	0,838 ½.	2,556.	0,830.	2,555.	750.	18.	900.	de 115 à 180.	180.	6. 33,8.	6,68.	6,33.	2476,91.
42.	14.	342 et 348.	* Demi-zer-mahboub, ou nousfyeh	A. Tout en lettres. B. ... Voyez la planche.	Id.		Id.	Id.	Id.	Id.	Id.	0,419 ½.	1,278.	0,418.	1,267.	Id.	35.	918.	de 80 à 90.	90.	3. 16,9.	3,34.	3,17.	2403,93.
43.	»	345.	Zer-mahboub	A. B. Type semblable à celui du numéro d'ordre 41 ci-dessus.	Id.		Id.	Id.	Id.	Id.	Id.	0,838 ½.	2,556.	0,832.	2,663.	Id.	20.	916.	de 115 à 120.	180.	6. 33,8.	6,66.	6,09.	2155,03.
44.	»	Id.	Idem	A. B. Type semblable à celui du n°. 41. L'écriture est moins difforme.	Id.		Id.	Id.	Id.	Id.	Id.	Id.	Id.	0,810.	2,387.	Id.	22.	766.	Id.	Id.	Id.	Id.	6,27.	2526,79.
					Id.	Hassan, capitan pâchâ (A'ly pâchâ dirige la monnoie)				1200.	1785 ou 6.	Id.	Id.			de 750 à 729.			Id.	Id.	Id.	de 6,68 à 6,50.		
					Id.	Ismayl pâchâ[1].				1203.	1788.	0,843 ½.	Id.			de 729 à 960.			Id.	Id.	Id.	de 7,06 à 6,68.		
					Selym, fils de Moustafa (Selim III).			1203.	1789.			Id.	Id.			de 729 à 708.			Id.	Id.	Id.	de 6,60 à 6,31.		
					Id.	O'smân Aghâ dirige la monnoie				Fin de 1202.	1788.													
45.	»	»	* Idem	A. Type semblable à celui du n°. 13 de la planche. B. Idem, excepté qu'à la place du chiffre indicatif on remarque un fleuron[2].	Id.		Id.	۱۲۰۳	1789.			de 0,843 à 0,815.	de 2,5?? à 2,49?.	0,886.	2,7?3.	de 708 à 698.	23.	699.	Id.	Id.	Id.	de 6,31 à 6,22.	6,00.	2331,99.
46.	»	Id.	* Demi-zer-mahboub, ou nousfyeh	A. Type semblable à celui du n°. 13 de la planche. B. A la place des chiffres ١٥ (15), on remarque le chiffre ٣ (3).	Id.		Id.	Id.	Id.	ſ 1204 ou 1205.	1789, ou 1790.	0,422.	1,296.	0,399.	1,230.	698.	18.	678.	de 80 à 65.	90.	3. 16,9.	3,11.	2,86.	2328,58.
47.	»	Id.	* Idem	A. B. Idem	Id.		Id.	Id.	Id.	Id.	Id.	Id.	Id.	0,419.	1,290.	Id.	26.	667.	Id.	Id.	Id.	Id.	2,92.	2290,78.
48.	18.	338.	* Quart de zer-mahboub, ou roube'yeh	A. B. Voyez la planche.	Id.		Id.	Id.	Id.			0,212.	0,647.	0,211.	0,650.	Id.	30.	677.	50 ½.	45 ½.	1. 58,4.	1,55.	1,50.	2325,19.
49.	»	Id.	* Idem	A. B. Type semblable à celui du numéro ci-dessus.	Id.		Id.	Id.	Id.			Id.	Id.	0,210.	0,645.	Id.			Id.	Id.	Id.	Id.		
					Id.	A'zzat Mohammed pâchâ (A'bdy-bey O'smanly, son [illegible], dirige la monnoie.)				de 1205 à 1208.	de 1790 à 1793.	0,835.	2,492.			Id.			140.	180.	6. 33,8.	6,31.		
					Id.	Sâleh-bey est nommé pâchâ				de 1208 à 1211.	de 1793 à 1796.	Id.	Id.			Id.			180.	Id.	Id.	Id.		
					Id.	Bekyr pâchâ.				de 1211 à 1213.	de 1796 à 1798.	Id.	Id.			Id.			Id.	Id.	Id.	Id.		
					Id.	Bonaparte, général en chef des Français				de 1213 à 1214.	de 1798 à 1799.	0,830.	Id.			Id.			Id.	Id.	Id.	Id.		
50.	»	351.	* Demi-zer-mahboub, ou nousfyeh	A. Type semblable à celui du n°. 13 de la planche. B. Idem, excepté qu'à la place du chiffre indicatif de l'année de la fabrication, on remarque un ب (B), initiale du nom de Bonaparte[1].	Id.		Id.	۱۲۰۳	1789.	ب	B. de 1798 à 1799.	0,421.	1,29?.	0,410.	1,2??.	Id.	18.	685.	90.	90.	3. 16,9.	3,11.	2,9?.	2352,59.

* N°. d'ordre 51, col. 4. Voyez la note * du verso du tableau II.

[1] Col. 7. Ismayl pâchâ (voyez la note du IVe tableau, col. 7, [illegible]).

[2] Col. 17. En 1203 de l'hégire (1788 de notre ère), on reçut l'ordre de Constantinople d'élever le titre de l'or à 19 karats (ou 792), parce qu'il étoit ainsi élevé à ce titre à Constantinople; mais on [illegible], peu après, l'autorisation de le descendre à 18 karats (ou 750), et on le baissa encore davantage peu après.

[1] N°. d'ordre 45, col. 6. Ce fleuron est plus petit, mais de la même forme que celui qu'offre la pièce de 60 médins gravée sous le n°. 17 de la planche ci-jointe, et qui est placé sur la gauche, au-dessus du chiffre du tableau. — Idem, col. 19. Ce zer-mahboub avoit été essayé précédemment par M. Vauquelin (page [illegible] de ce mém.), et trouvé [illegible].

[3] Col. [illegible] de l'hégire est l'époque de la [illegible] du Kaire. La monnoie fut fermée un certain temps. Ismayl bey [illegible] de la [illegible] 1203 (fin de 1790 ou commencement de 1791 [illegible]).

[4] N°s. d'ordre 48 et 49, col. 20 et 22. Les quarts de sequin ne sont pas portés au tarif des monnoies d'Égypte ([illegible] de ce mémoire). Du temps des Français, ils ne passoient que pour 45 médins (1 franc 58 cent. [illegible]); avant leur arrivée, ils valoient communément 60 médins (1 franc [illegible] cent. [illegible]).

[1] N°s. d'ordre 50, 51 et 52, col. 6. Ces demi-sequins ont été frappés pendant le temps que Bonaparte commandoit en Égypte, de 1213 à 1214 de l'hégire (de 1798 à 1799 de notre ère).

N°. d'ordre 52, col. 19. Voyez, ci-après, la note * du verso de ce tableau.

TABLEAU DÉTAILLÉ DES MONNOIES D'ÉGYPTE.

N° d'ordre de chaque pièce	NUMÉROS de la pièce gravée	de la pièce citée	NOM ou DÉSIGNATION des pièces	INDICATION DU TYPE de chaque face ou aire de la pièce	NOMS du prince sous le règne duquel la pièce a été frappée	du pâchâ, du bey ou cheykh el-beled dont la monnoie dépendait	VILLE où la pièce a été frappée	INDICATION DE L'ANNÉE de l'avènement du prince : Hégire	ère chrétienne	de la fabrication : Hégire	ère chrétienne	DROIT DE POIDS ou poids légal : en drachmes	en grammes	POIDS effectif : en drachmes	en grammes	TITRE	[illegible]	[illegible]	VALEURS d'une pièce					
1.	2.	3.	4.	5.	6.	7.	8.	9.	10.	11.	12.	13.	14.	15.	16.	17.	18.	19.	20.	21.	22.	23.	24.	25.
			Suite des [illegible]		[illegible], fils de *Moustafa*	Bonaparte, général en chef des Français		1203.	1789.	de 1213 à 1214.	de 1798 à 1799.													•
61.	•	331.	* Demi-zer-mahboub, ou nousfyeh	A. (*Voyez* le n°. d'ordre 52.) B. *Idem* ... *Idem*	*Id.*	*Id.*	Frappé à Misr.	١٢٠٣	1789.	ب	*B.*	0,421.	1,297.	0,429.	1,320.	958.	21.	888.	90.	90.	2. 10,7.	3. 11.	3. 12.	2387,90.
62.	•	*Id.*	* *Idem*	A. *Idem* ... *Idem*. B. *Idem* ... *Idem*	*Id.*	*Id.*	*Id.*	*Id.*	*Id.*	*Id.*	*Id.*	*Id.*	*Id.*	0,414.	1,267.	*Id.*	...	...	*Id.*	*Id.*	*Id.*	*Id.*	•	•
63.	13.	351 et 353.	* Zer-mahboub	A. B. } *Voyez* le n°. 13 de la planche	*Id.*	Menou, général en chef des Français	*Id.*	*Id.* •	*Id.* •	١٥ 1215.	15. 1800 ou 1801.	0,830.	2,593.	0,830.	2,587.	*Id.*	20.	958.	180.	180.	6. 33,8.	6. 21.	6. 15.	2376,63.
			MONNOIES D'ARGENT. DIRHEM.		*Daher Rokn-ed-dyn Bybars.*			658.	1259 ou 1260.															
64.	•	284, 330 et 393.	*Dirhem*	A. B. } *Voyez* la note 4	*Id.*		Au Kaire.			666 ou 678.	1268 ou 1279.	1,000.	3,039.	0,859.	2,644.	700.	22.	872.	...	...	...	0. 472.	0. 389.	167,20.
			PIASTRES ou GHOUROUCH.	(L'aire A porte toujours le chiffre ou parafe du sultan.)	Moustafa, fils d'Ahmed (Mustapha III).			1171.	1757.															
65.	16.	290, 310 et 371.	Ghrouch de 40 médins	A. B. } *Voyez* la planche	*Id.*	*Aly-bey*, mamlouk, qui se rendit indépendant.	Frappé à Misr.			١١٨٣	Aly. 1769 ou 1770.	•	...	8,163.	25,838.	500.	7.	319.	40.	40.	1. 50,8.	...	1. 07,5.	67,86.
66.	•	•	*Idem*	A. B. } Type semblable à celui du n°. 16 de la planche	*Id.*	*Id.*	*Id.*			١١٨٤	Aly. *Id.*	•	...	8,273.	25,095.	*Id.*	...	...	*Id.*	*Id.*	*Id.*			
67.	18.	*Id.*	Ghrouch de 20 médins	A. B. } *Voyez* la planche	*Id.*	*Id.*	*Id.*			١١٨٣	Aly. *Id.*	[illegible]	...	2,541.	7,803.	*Id.*	5.	484.	20.	20.	0. 70,4.	...	0. 80,9.	103,58.
					Selym, fils de *Moustafa* (*Sélim* III).			1203.	1789.															
68.	17.	290 et 391.	Ghrouch de 40 médins	A. B. } *Idem*	*Id.*	Bonaparte, général en chef des Français	*Id.*	١٢٠٣	1789.	١٣ 1213.	13. 1799.	4,000.	12,318.	4,084.	12,596.	de 350 à 316.	...	...	40.	40.	1. 40,8.	de 0. 96,5 à 0. 95,8.	0. 96,1.	de 76,03 à 75,18.
69.	•	*Id.*	*Idem*	A. B. } Même type que celui du n°. 17 de la planche	*Id.*	*Id.*	*Id.*	*Id.*	*Id.*	*Id.*	*Id.*	*Id.*	*Id.*	4,029.	12,405.	*Id.*	...	...	*Id.*	*Id.*	*Id.*	*Id.*	...	*Id.*
70.	19.	*Id.*	Ghrouch de 20 médins	A. B. } *Voyez* la planche	*Id.*	*Id.*	*Id.*	*Id.*	*Id.*	*Id.*	*Id.*	2,000.	6,188.	...	...	*Id.*	...	...	20.	20.	0. 70,4.	0. 47,0.	...	*Id.*
			MÉDYNS, ou MAYDY, ou PARAHS.	(L'aire A porte toujours le chiffre ou parafe du sultan régnant.)	*Ahmed*, fils de *Mohammed* (*Achmet* III).			1115.	1703.															
71.	•	308.	Demi-parat de Constantinople	A. { Semblable type, mais plus petit module que celui de la pièce n°. 6 de la planche ; la grenetis un peu différent. B. *Voyez* la note 8	*Id.*	...	Frappé à Istamboul	ن ١١١٥	1703.	...	...	...	...	0,107.	0,315.	...	4.	244.	0 ½.	...	...	...	0. 06,3.	306,93.

[1] N°s. d'ordre 61 et 62. *Voyez* la note 7 de la page précédente.

[2] N°s. d'ordre 61, 62 et 63, col. 19. Il résulte des essais faits de ces pièces à la monnoie de Paris, que les deux premières, fabriquées avant que nous eussions tâché de perfectionner les essais, ne se sont guère trouvées qu'à 18 karats ½, et que la troisième, fabriquée postérieurement, est à 650, qui répond presque exactement à 23 karats ½, limites fixées pour le remède de titre (voyez les pag. 899 et 400 de ce mémoire).

[3] Monnoies d'argent, col. 23 et 24. Même observation que celle relative aux monnoies d'or, note 1 du recto du Ier tableau. Ces valeurs sont, avec la retenue de 3 francs par kilogramme d'argent, 3 gus.

[4] N°. d'ordre 64, col. 17 et 19. *Voyez*, pour le titre de cette pièce, pag. 401, ligne et la note 5.

Idem, col. 5 et 11. Le dirhem dont il s'agit ici étant mal arrondi et plus petit que le coin avec lequel il a été frappé, il manque aux légendes quelques lettres, et même quelques mots ; nous croyons intéressant de les rétablir ici, telles qu'elles ont été restituées par M. de Sacy :

A. الملك الظاهر ركن الدنيا و الدين بيبرس قسيم امير المومنين

El-Malek el-Dâher Rokn ed-donya ou ed-dyn Bybars Qesym emyr el-moumenyn.

« Le roi *el-Dâher*, soutien du monde et de la religion, *Bybars*, Qesym, prince des fidèles. »

(Au bas de la pièce, est la légende du Koran qui court le long du bâtonnet.)

B. لا اله الا الله محمد رسول الله ارسله بالهدى ... بالقاهرة سنة خمس و ...

Lâ ilah ill Allah. Mohammed resoul Allah ; arsalah b-el-hody ... b-el-Qâhirah, sena khamse, etc....

« Il n'y a de dieu que Dieu. Mahomet est le prophète de Dieu, qui l'a envoyé pour la vraie direction. Au Kaire, l'an cinq et ... (666 ou 678 de l'hégire). »

[5] N°s. d'ordre 65, 66 et 67, col. 11 et 12. Les pièces de 40 et de 20 médins d'Aly-bey se présentent par le millésime de l'avènement du sultan régnant. (*Voyez* pag. 351, 380, 383 et 391.)

Idem, col. 13 et 14. *Voyez* ce que nous avons dit du poids et de la valeur nominale que devraient avoir ces pièces, pag. 396.

[6] N°. d'ordre 65, col. 19. Le bas titre de cette pièce prouverait qu'elle fut fabriquée, au nom d'Aly-bey, hors du siècle de la prospérité de son règne, ou par Mohammed-bey, son successeur, qui altéra toutes les monnoies. (*Voyez* pag. 809, et la note 4 du recto du IVe tableau.)

[7] N°s. d'ordre 68, 69 et 70, col. 11. Les chiffres 13 indiquent, pour l'année de fabrication, 1213 de l'hégire (1799 de notre ère). *Voyez* pag. 391, alinéa dernier.

[8] N°. d'ordre 71, col. 5. L'aire B porte :

{ اسلامبول ١١١٥ ن } { *Istamboul*, N. 1115. } c'est-à-dire, { A Constantinople, N. 1115 (de l'hégire), (1703 de notre ère). }

Une autre pièce semblable, même titre, a pesé 0gr 304 ; le poids moyen des deux serait 0gr 209. Ces pièces sont sans doute d'anciens demi-médins de Constantinople ; le poids effectif et la valeur sont trop considérables, pour que ce ne soit pas une espèce particulière de monnoie différente de celle qu'on appelle aujourd'hui aspre, et qui est le tiers d'un para. Il existe, au cabinet de l'administration générale des monnoies à Paris, plusieurs aspres au titre de celle de Constantinople, dont le poids est indiqué sur le médaillier.

TABLEAU DÉTAILLÉ DES MONNOIES D'ÉGYPTE.

NUMÉROS	NOM ou DÉSIGNATION	INDICATION DU TYPE	NOMS	VILLE OU LA PIÈCE a été frappée.	INDICATION DE L'ANNÉE	DROIT DE POIDS	POIDS	TITRE.	VALEURS
[illegible]	[illegible]	[illegible]	[illegible]	[illegible]	[illegible]	[illegible]	[illegible]	[illegible]	[illegible]

[illegible]

TABLEAU DÉTAILLÉ DES MONNOIES D'ÉGYPTE.

N°s d'ordre de chaque pièce.	NUMÉROS de la pièce gravée.	NUMÉROS de la page où elle est citée.	NOM ou DÉSIGNATION des pièces.	INDICATION DU TYPE de chaque face ou aire de la pièce.	NOMS du prince sous le règne duquel la pièce a été frappée.	NOMS du pâchâ, du bey ou cheykh el-beled dont la monnaie dépendait.	VILLE où la pièce a été frappée.	INDICATION DE L'ANNÉE de l'avènement du prince: hégire.	de l'avènement: ère chrétienne.	de la fabrication: hégire.	de la fabrication: ère chrétienne.	DROIT DE POIDS ou poids légal, en drachmes.	en grammes.	POIDS EFFECTIF, en drachmes.	en grammes.	TITRE. Titre de l'or, ou titre légal.	Nombre de grains, résultat des essais de la monnaie de Paris.	Titre fixé à la monnaie de Paris.	VALEURS D'UNE PIÈCE nominale, lors de l'émission, en médins.	d'après le droit de poids et de titre, tarif d'Égypte, en médins.	tarif d'Égypte, en francs.	tarif de France, en francs.	d'après le poids et le titre effectifs, tarif de France, en francs.	de l'épargne, d'après le tarif de France, en francs.
1.	2.	3.	4.	5.	6.	7.	8.	9.	10.	11.	12.	13.	14.	15.	16.	17.	18.	19.	20.	21.	22.	23.	24.	25.
			Suite des MÉDINS OU PARATS.		Règne du sultan A'bd-el-Hamyd, fils d'Ahmed.	....	....	1187.	1774.															
					Id.	Hasan, capitân pâchâ, chasse du Kaire Mourâd-bey et Ibrâhym-bey. — A'ly pâchâ dirige la monnaie	....	....	....	1200.	1785 ou 6.	de 0,115 à 0,120.	de 0,354 à 0,408.	....	....	450.	....	....	1.	1.	0. 03,8.	de 0. 03,5 à 0. 03,7.		
					Id.	Isma'yl pâchâ, kikhyâ de Hasan, capitân pâchâ	....	....	....	1203.	1788.	Id.	Id.	....	....	Id.	....	....	Id.	Id.	Id.	Id.		
						O'smân Aghâ, son caissier, dirige la monnaie.	....	....	....	Fin de 1203.[1]	1789.	Id.	Id.	....	....	500.	....	....	Id.	Id.	Id.	de 0. 03,9 à 0. 04,4.		
					Selym, fils de Moustafa (Selim III).	....	....	1203.	1789.															
71.	23.	393.	Médin du Kaire	A. B. Voyez la planche	Id.	....	Frappé à Masr.	١٢٠٣	1789.	1203 ou 4.[2]	1789 ou 90.	Id.	Id.	0.083.	0,264.	Id.	9 16.	490.	Id.	Id.	Id.	Id.	0. 02,5.	104,19.
72.	"	Id.	Idem	A. B. Idem; type semblable	Id.	....	Id.	Id.	Id.	Id.	Id.	Id.	Id.	0.101.	0.310.	457.	9.	809.	Id.	Id.	Id.	de 0. 03,5 à 0. 03,1.	Id.	86,98.
					Id.	....	....	....	....	1204.	1789 ou 90.	0,100.	0,308.	....	....	452.	....	....	Id.	Id.	Id.	0. 03,1.		
					Id.	....	....	....	....	1205.	1790 ou 1.													
					Id.	A'zzet Mohammed pâchâ, envoyé de Constantinople	....	....	....	1205.	Id.	Id.	Id.	....	....	Id.	....	....	Id.	Id.	Id.	Id.		
					Id.	Sâleh-bey O'zmâly, son caissier, dirige la monnaie	....	....	....	Fin de 1206.	1791.	Id.	Id.	....	....	418.	....	....	Id.	Id.	Id.	0. 02,8.		
					Id.	Mourâd-bey et Ibrâhym-bey, rappelés du Sa'yd par A'zzet Mohammed pâchâ	....	....	....	1206.[3]	1791.	0,098.	0,302.	....	....	Id.	....	....	Id.	Id.	Id.	Id.		
73.	"	"	Idem	A. Type semblable à celui du n° 23 de la planche .... B. Idem, excepté le chiffre indicatif	Id.	....	Id.	١٢٠٣	1789.	٧ 12-07.[4]	1792 ou 3.	Id.	Id.	0.089.	0.296.	de 390 à 400.	12.	398.	Id.	Id.	Id.	de 0. 02,7 à 0. 02,6.	0. 02,4.	80,01.
					Id.	Sâleh ou rammé pâchâ.	....	....	....	1208.	1793.	Id.	Id.	....	....	de 380 à 370.	....	....	Id.	Id.	Id.	de 0. 02,5 à 0. 02,4.		
					Id.	Mohammed, kikhyâ de Mourâd-bey, dirige la monnaie	....	....	....	Fin de 1208.	1794.	Id.	Id.	....	....	370.	....	....	Id.	Id.	Id.	0. 02,4.		
					Id.	Le caissier de Sâleh pâchâ est ensuite chargé de cette direction	....	....	....	....	....	Id.	Id.	....	....	Id.	....	....	Id.	Id.	Id.	Id.		
74.	"	"	Parat de Constantinople.	A. Type semblable à celui du n° 23 de la planche .... B. Idem, A, au lieu de ١٢	Id.	....	Frappé à Istamboul.	Id.	Id.	٨ 1208.[5]	8. 1793 ou 4.	"	"	0,080.	0,257.	"	18 2/3.	450.	Id.	Id.	Id.	....	0. 02,0.	104,85.
75.	"	"	Idem	A. B. .... Idem	Id.	....	Id.	Id.	Id.	Id.[5]	Id.	"	"	0,084.	0,265.	"	18.	472.	Id.	Id.	Id.	....	Id.	103,30.
76.	"	"	Idem	A. Type semblable à celui du n° 23 de la planche .... B. Idem, à l'exception du chiffre indicatif	Id.	....	Id.	Id.	Id.	....	....	"	"	0,090.	0,287.	"	20.	470.	Id.	Id.	Id.	....	0. 02,8.	101,88.

[1] Col. 11 et 17. À la fin de 1203, on avait reçu aussi l'ordre de la Porte de diminuer le poids et le titre des médins; peu après, ils furent altérés plus qu'auparavant. Voyez la note [illegible] du recto du IIIe tableau.

[2] N°. d'ordre 71, col. 11 et 12. Le chiffre ٣ (3) indique évidemment la première année du règne de Selym. La pièce peut avoir été frappée en 1203 ou 1204 de l'hégire (1789 ou 1790 de notre ère).

[3] L'an de l'hégire 1206, col. 11 et 12. Voyez la note [illegible] du recto du IIIe tableau.

[4] N°. d'ordre 73, col. 11 et 12. Les chiffres ٧ (07) de 1207 sont encore dans un [illegible] l'espèce de notation adoptée pour indiquer l'année de la fabrication; ce sont les deux derniers de ١٢٠٧ (12-07) de l'hégire. Cette notation est donc différente de la précédente, n°. 71, laquelle [illegible] paraît n'avoir été employée au Kaire que pour la 1re année du règne de Selym. Voyez pag. [illegible], ligne [illegible].

[5] N°s. d'ordre 74, 75, 77 et 78. Même observation que ci-dessus, au sujet des chiffres ٨ (8), ٩ (9) et ١٠ (10) que portent ces pièces de monnaie.

[6] N°. d'ordre 78, col. 18. Un autre parat de Constantinople, du même titre, a pesé seulement [illegible]; ce qui donne pour terme moyen [illegible]; ou en drachmes, à peu de chose près, [illegible].

TABLEAU DÉTAILLÉ DES MONNOIES D'ÉGYPTE.

(Ve TABLEAU.)

N°s d'ordre de chaque pièce.	NUMÉROS de la planche.	NUMÉROS de la page où elle est citée.	NOM ou DÉSIGNATION des pièces.	INDICATION DU TYPE de chaque face ou côté de la pièce.	NOMS du prince sous le règne duquel la pièce a été frappée.	NOMS du pâchâ, du bey ou cheykh el-beled dans la monnaie dépendait.	VILLE où la pièce a été frappée.	INDICATION DE L'ANNÉE — de l'avènement du prince — Hégire.	de l'avènement du prince — Ère chrétienne.	de la fabrication — Hégire.	de la fabrication — Ère chrétienne.	DROIT DE POIDS ou poids légal — en grammes.	en drachmes.	POIDS effectif — en grammes.	en drachmes.	TITRE — Titre de fin, ou titre légal.	TITRE — Résultat de l'essai fait à la monnaie de Paris.	TITRE — Essai fait à la monnaie de Paris.	VALEURS d'une pièce — nominale, lors de l'émission. En médins.	d'après le droit de poids et de titre — Tarif d'Égypte — au médine.	Tarif d'Égypte — en francs.	Tarif de France en francs.	d'après le poids et le titre effectifs — Tarif de France en francs.	du kilogramme, d'après le tarif de l'hôtel des monnaies de France.
1.	2.	3.	4.	5.	6.	7.	8.	9.	10.	11.	12.	13.	14.	15.	16.	17.	18.	19.	20.	21.	22.	23.	24.	25.
			Suite des PIASTRES ET PARATS.		Selym III, fils de Moustafa.			1203.	1789.															
77.	·	·	Para de Constantinople.	A. Type semblable à celui du n°. 9 de la planche	Id.																			
				B. Idem. Le chiffre indicatif 9 (٩), au lieu de 18 (١٨). Islâmbol, au lieu de Misr. Le mot [illegible]			Frappé à Islâmbol.	١٢٠٣	1789.	٩ 1211-9.	1796 ou 7.	·	·	0,080.	0,080.	·	17.	477.	1.	1.	0. 02,5.	·	0. 02,0.	108,30.
78.	·	·	Idem	A. Type semblable à celui de la pièce ci-dessus	Id.																			
				B. Idem. Le chiffre indicatif 10 (١٠), au lieu de 9 (٩)			Id.	Id.	Id.	١٠ 12-20.	20. 1797.	·	·	0,085.	0,160.	·	18.	488.	Id.	Id.	Id.	·	Id.	102,41.
					Id.	Sâlih pâchâ quitte la monnaie; Mourâd-bey et Ibrâhym-bey en prennent possession				1211.	1796.	de 0,073 à 0,078.	de 0,231 à 0,248.			de 350 à 348.			Id.	Id.	Id.	de 0. 01,8 à 0. 01,9.		
					Id.	Bekyr pâchâ succède à Sâlih pâchâ. (Moustafa Aâhtyâl dirige la monnaie)				de 1211 à 1213.	de 1796 à 1798.	Id.	Id.			Id.			Id.	Id.	Id.	Id.		
79.	·	·	Médin du Kaire	A. Type semblable au n°. 18 de la planche	Id.																			
				B. Idem, sans chiffre indicatif		·	Id.	١٢٠٣	1789.			0,073.	0,225.	0,073.	0,235.	Id.	15.	338.	Id.	Id.	Id.	0. 01,7.	0. 01,8.	73,09.
					Id.	Bonaparte, général en chef des Français				de 1213 à 1214.	du 5 juillet 1798 au 22 août 1799.													
80.	21.	·	Idem	A. B. Voyez la planche	Id.																			
						Id.	Frappé à Misr.	١٢٠٣	1789.	١٣ 12-13.	13. 1798 ou 9.	Id.	Id.	0,078.	0,239.	Id.	21.	380.	Id.	Id.	Id.	Id.	Id.	77,08.
81.	·	·	Idem	A. B. Type semblable	Id.																			
						Id.	Id.	Id.	Id.	Id.	Id.	Id.	Id.	0,081.	0,260.	Id.	·	356.	Id.	Id.	Id.	Id.	0. 01,9.	77,93.
82.	·	·	Idem	A. B. Idem	Id.																			
						Id.	Id.	Id.	Id.	Id.	Id.	Id.	Id.	0,062.	0,192.	Id.	15.	351.	Id.	Id.	Id.	Id.		
83.	·	439.	Flans préparés à la monnaie du Kaire	A. B. Leur type eût été celui des médins du Kaire, où on les aurait frappés	Id.																			
						Id.	Id.	Id.	Id.	Id.	Id.	Id.	Id.	0,073.	0,230.	Id.	19.	330.	Id.	Id.	Id.	Id.	0. 01,6.	77,16.
					Id.	Kléber, général en chef des Français						Id.	Id.			de 348 à 333 ½.			Id.	Id.	Id.	de 0. 01,7 à 0. 01,6.		
					Id.	Les Osmanlis prennent possession de la monnaie le 30 pluviose an VIII. Les Français y rentrent le 28 floréal suivant				de 1214 à 1215.	du 23 août 1799 au 14 juin 1800.	Id.	Id.			Id.			Id.	Id.	Id.	Id.		
					Id.	Menou, général en chef des Français				de 1215 à 1216.	du 15 juin 1800 au 27 juin 1801.	Id.	Id.			333 ½.			Id.	Id.	Id.	0. 01,6.		
84.	·	·	Para de Constantinople.	A. Type semblable à celui des numéros d'ordre 77 et 78	Id.																			
				B. Idem, à l'exception des chiffres indicatifs		·	Frappé à Islâmbol.	١٢٠٣	1789.	١٦ 12-16.	16. 1800 ou 1.	·	·	0,109.	0,339.	·	·	421.	Id.	Id.	Id.	·	0. 03,5.	103,09.
85.	·	·	Idem	A. B. Type semblable à celui de la pièce ci-dessus	Id.																			
						·	Id.	Id.	Id.	Id.	Id.	·	·	0,084.	0,260.	·	·	Id.	Id.	Id.	Id.	·	0. 02,7.	Id.

[1] Ce Moustafa est le même que le général en chef Bonaparte avait fait émyr hâdjy (أمير حاج), c'est-à-dire prince ou conducteur de la caravane de la Mekke, qu'il avait emmené en Syrie, et qui y passa du côté de nos ennemis.

[2] N°. d'ordre 79, col. 16. Le poids de 0gramme,235 est le terme moyen de 5 médins du Kaire, qui ont pesé séparément 0gramme,235-180-200-270; six autres semblables ont pesé ensemble 1gramme,38; terme moyen de ces 6 médins, 0gramme,23; ce qui donne, pour le poids moyen de 10 médins, 0gramme,230.

[3] N°. d'ordre 80, col. 16. Treize pièces, fabriquées en même temps, ont pesé ensemble 3grammes,15; terme moyen, 0gramme,239.

[4] N°. d'ordre 82, col. 19. Ce médin a été essayé par M. Vauquelin. Voyez pag. 300, alinéa dernier.

[5] N°. d'ordre 83, col. 18 et 19. Quatre de ces flans pesaient 0gramme,237, 0gramme,233, 0gramme,231, 0gramme,218; ce qui donne, pour terme moyen, 0gramme,229 ou 230.

[6] Environ un tiers d'argent sur deux tiers d'alliage. Voyez pag. 430, dernier alinéa.

[7] Le général Kléber, par un traité pour l'évacuation de l'Égypte, avait rendu divers postes aux Osmanlis; ils avaient pris possession de la monnaie le 30 pluviose an VIII (19 février 1800). Les Français rentrèrent à la monnaie le 28 floréal même année (18 mai 1800). Le général Kléber fut assassiné au Kaire, par un Turk, le 14 juin 1800.

FIN DU TOME SEIZIÈME.

TABLEAU DÉTAILLÉ DES MONNOIES D'ÉGYPTE.

N°. d'ordre de chaque pièce.	NUMÉROS de la pièce gravée.	NUMÉROS de la page où il en est traité.	NOM ou DÉSIGNATION des pièces.	INDICATION DU TYPE de chaque face ou aire de la pièce.	NOMS du prince sous le règne duquel la pièce a été frappée.	NOMS du pâchâ, du bey ou cheykh el-beled dans la monnaie dépendante.	VILLE où la pièce a été frappée.	INDICATION DE L'ANNÉE de l'avènement du prince, hégire.	de l'avènement du prince, ère chrétienne.	de la fabrication, hégire.	de la fabrication, ère chrétienne.	DROIT DE POIDS ou poids légal, en drachmes.	DROIT DE POIDS, en grammes.	POIDS RÉEL, en drachmes.	POIDS RÉEL, en grammes.	TITRE, droit de titre, en carats.	TITRE, nombre des parties d'essai de la monnaie de Paris.	TITRE, poids fin à la monnaie de Paris.	VALEURS d'une pièce, nominale, hors du tarif, en médins.	d'après le droit de poids et de titre, TARIF D'ÉGYPTE, en médins.	TARIF D'ÉGYPTE, en francs.	TARIF DE FRANCE, en francs.	d'après le poids et le titre effectifs, TARIF DE FRANCE, en francs.	de l'espèce, d'après le tarif de France, en francs.
1.	2.	3.	4.	5.	6.	7.	8.	9.	10.	11.	12.	13.	14.	15.	16.	17.	18.	19.	20.	21.	22.	23.	24.	25.
			Suite des monnaies.		SOUS LE RÈGNE de *Mahmoud*, fils de *Moustafa*.			1143.	1730.															
13.	»	158.	Demi-fendouklî	A. B. Type semblable à celui du n°. 7 de la planche.	*Id.*		Frappé à *Misr*. *Id.*	١١٤٣ س	1730. S.			[illegible]	[illegible]	[illegible]	[illegible]	de 998 à 990	11	917	85.	150.	5. 28,2.	de 5,?3 à 5,89.	8,?1.	31;3,8?.
14.	»	*Id.*	Idem	A. B. Idem	*Id.*		*Id.*	١١٤٣ س	1730. S.			*Id.*	*Id.*	0,8??	1,880.	*Id.*	10.	930.	*Id.*	*Id.*	*Id.*	*Id.*	8,27.	3191,03.
15.	»	*Id.*	Fendouklî d'Istamboul	A. Type semblable à celui du n°. 3 de la planche. B. Le millésime précédé d'un noun (ن).	*Id.*		*Id.*	١١٤٣ ن	N. 1730.			de 1,1?? à 1,1??	de 3,5?? à 3,5??	1,108.	3,5??.	958.	8.	917.		300.	10. 56,3.	de 11,67 à 11,68.	11,??	3159,?9.
16.	»	*Id.*	Fendouklî	A. B. Type semblable à celui de la pièce précédente, n°. 15.	*Id.*		*Id.*	١١٤٣ ن	N. 1730.			*Id.*	*Id.*	1,1??	3,5??	de 958 à 9??	8.	917.	de 23? à 25?.	*Id.*	*Id.*	de 11,67 à 11,??	11,3?.	3159,39.
17.	»	*Id.*	Demi-fendouklî	A. Semblable au n°. 7 de la planche, aux fleurons près. B. Le millésime précédé d'un noun (ن), au lieu d'être suivi d'un syn (س).	*Id.*		*Id.*	١١٤٣ ن	N. 1730.			0,56?.	1,7??.	0,5??.	1,8??.	*Id.*	7.	958.	73.	150.	5. 28,2.	de 5,?7 à 5,8?.	5,8?.	3048,33.
18.	»	*Id.*	Idem	A. Idem, excepté le fleuron, qui est semblable à celui du n°. 3 de la planche. B. Même type que celui de la pièce précédente.	*Id.*		*Id.*	١١٤٣ ن	N. 1730.			*Id.*	*Id.*	0,5??	1,?8?.	*Id.*	»	9?0.	*Id.*	*Id.*	*Id.*	*Id.*	8,??.	3?3?,?3.
19.	»	*Id.*	Idem[1]	A. B. Même type que celui de la pièce précédente, sous le n°. d'ordre 17.	*Id.*		*Id.*	١١٤٣ ن	N. 1730.			*Id.*	*Id.*	0,?8?	1,?9?.	*Id.*		958.	*Id.*	*Id.*	*Id.*	*Id.*	5,39.	3090,20.
20.	»	»	Fendouklî et demi[2]	A. Type semblable à celui du n°. 6 de la planche, excepté les ornemens du cordon. B. Idem, *Istamboul*, au lieu de *Misr*. Le mot *zerb* n'existe pas.	*Id.*		Frappé à *Istamboul*.	١١٤٣	1730.			*Id.*	*Id.*	1,?3?.	5,13?.		19.	9?0.		5?0.	15. 8?,?		13,18.	3331,41.
21.	»	»	Fendouklî	A. B. Type semblable à celui du n°. 1 de la planche.	*Id.*		Frappé à *Misr*.	١١٤٣	1730.			de 1,1?0 à 1,1?0.	de 3,5?? à 3,4?8.	1,0??	3,3??[3]	de 958 à 9??.	8.	9??.	1?8.	300.	10. 56,3.	de 11,67 à 11,?8.	10,??	3?7?,8?.
22.	3.	201.	Fendouklî d'Istamboul	A. B. Voyez la planche.	*Id.*		*Id.*	١١٤٣	1730.			*Id.*	*Id.*	1,0??	3,3?5.	*Id.*	4?.	9?8.	*Id.*	*Id.*	*Id.*	*Id.*	10,??	3?53,8?.
23.	»	»	Fendouklî	A. Type semblable à celui du n°. 4 de la planche. B. *Id.* Le millésime sans lettre distinctive.	*Id.*		*Id.*	١١٤٣	1730.			*Id.*	*Id.*	1,1??	3,4?8.	*Id.*	4.	9?1.	*Id.*	*Id.*	*Id.*	*Id.*	11,16.	3?3?,8?.
					Id. *Moustafâ*, fils d'*Ahmed* (Moustapha III).			1171[4].	1757.	1170. 4	17?8.													
24.	5.	209.	Fendouklî	A. B. Voyez la planche.	*Abd-el-Hamyd*, fils d'*Ahmed* (Abdulhamid ou Abdul-Hamet Ier).[5] *Id.*			1187.	1774.															
25.	»	*Id.*	Idem	A. B. Type semblable à celui du n°. 5 de la planche.	*Id.*		*Id.*	١١٨٧	1774.	(1189)[6]	(1775 ou 76).	1,???	3,4?8.	1,1??	3,43?.	9??	[7]	9?8.	100.	300.	10. 56,3.	de 9,9? à 9,4?.	8.56.	2?3?,?8.
							Id.	*Id.*	*Id.*	*Id.*	*Id.*	*Id.*	*Id.*	1,1??	3,458.	*Id.*	??	?10.	*Id.*	*Id.*	*Id.*	*Id.*	8.48.	2138,?0.

[1] N°. d'ordre 19, col. 4, et 14 ?. Ce demi-fendouklî existe au cabinet de l'administration des monnaies de Paris. Le poids est celui qui est indiqué dans le médaillier; le titre y est porté à 9?8.

[2] N°. d'ordre 20, col. 4. Ce fendouklî et demi est semblable, pour les ornemens et la légende, à celui publié dans l'ouvrage de M. Bonneville, monnaies d'or de Turquie, planche 1re, sous le n°. 8.

[3] N°. d'ordre 21, col. 15. Ce fendouklî est très-altéré par le frai ou par l'eau régale, et a perdu beaucoup de son poids.

[4] 1171, col. 11 et 12. Voyez la note 1 du verso du IIe tableau.

[5] Col. 6. Il résulterait des renseignemens que nous avons pris au Kaire, qu'on n'y aurait pas fabriqué de fendouklî sous le règne de *Moustafâ* fils d'*Ahmed*.

[6] N°s. d'ordre 24 et 25, col. 11. Le chiffre 9 nous paraît indiquer l'an de l'hégire 1189 (1775 de notre ère), pour les motifs déduits page 3??, et page 3??, alinéa 1er. Il pourrait également servir à indiquer l'an 9 du règne d'*Abd-el-Hamyd*, et répondrait alors à 1195 ou 1196 de l'hégire (1781 ou 1782 de notre ère); mais nous ne croyons pas qu'on ait fabriqué des fendouklî au Kaire à cette époque.

[7] N°s. d'ordre 24 et 25, col. 17. Voyez, au sujet du bas titre de ces fendouklî, ce que nous avons dit page 3??, alinéa 1er, et page 4??, alinéa 1er.

N. B. Voyez, pour les *zermahboub*, tableau suivant. Ils sont portés au Tarif de France au titre de 8??; ce qui est trop bas pour les anciens, et trop haut pour les nouveaux.

Les anciens sequins du Kaire *zer-mahboub* valaient autant que les fendouklî.

La valeur de 100 médins portée au Tarif d'Égypte ne s'appliquait qu'aux sequins plus nouveaux, d'un poids et d'un titre inférieurs, depuis *Mahmoud*, avènement en 1143 (1730 de notre ère). Les sequins de Constantinople étaient tarifés à 100 médins.

TABLE

DES MATIÈRES DU TOME XVI.

ÉTAT MODERNE.

FIN DE LA TABLE.

COLLECTION

DES

CLASSIQUES LATINS

AVEC LA TRADUCTION EN REGARD

PUBLIÉE

PAR M. J. PIERROT

PROFESSEUR DE RHÉTORIQUE AU COLLÉGE ROYAL DE CHARLEMAGNE, ET PROFESSEUR SUPPLÉANT D'ÉLOQUENCE FRANÇAISE A LA FACULTÉ DES LETTRES DE L'ACADÉMIE DE PARIS;

ET PAR UNE SOCIÉTÉ DE PROFESSEURS.

ÉDITION IN-OCTAVO

C. L. F. PANCKOUCKE, ÉDITEUR

RUE DES POITEVINS, N°. 14.

CONDITIONS DE LA SOUSCRIPTION.

La collection formera CENT volumes in-8°. Le prix de chaque volume, sur papier superfin satiné, imprimé avec des caractères neufs de M. Firmin Didot, sera de SEPT francs.

La souscription est ouverte, et l'on doit s'inscrire dès à présent, en payant deux volumes à l'avance; ce paiement sera celui des deux derniers volumes de la collection.

Chaque ouvrage se vendra séparément au prix de HUIT francs le volume, mais on paiera toujours à l'avance le dernier volume de chaque auteur.

La souscription est ouverte chez C. L. F. PANCKOUCKE, éditeur, rue des Poitevins, n°. 14, et chez tous les libraires de la France et de l'étranger.

www.ingramcontent.com/pod-product-compliance
Lightning Source LLC
Chambersburg PA
CBHW070837230426
43667CB00011B/1831